Handbuch der Strategien

Dr. Ralph Scheuss hält drei akademische Abschlüsse der Universität St. Gallen. Er vertiefte sein Know-how an amerikanischen Universitäten, ist Mitglied der World Future Society, der Strategic Management Society, der International Society for Professional Innovation Management sowie akkreditierter Berater des Institute of Management Consultants in New York. Als international tätiger Wettbewerbsstratege führt ihn seine Tätigkeit in die aggressivsten Business-Zonen der Welt, wo er zusammen mit Führungskräften und Unternehmern Strategien und Geschäftsimpulse für mehr Innovation, Dynamik und Wachstum entwickelt. Dr. Ralph Scheuss veröffentlichte mehrere Bücher zu strategischen Fragen.

www. scheuss.com

Ralph Scheuss

Handbuch der Strategien

240 Konzepte der weltbesten Vordenker

Campus Verlag
Frankfurt/New York

3., komplett aktualisierte und überarbeitete Auflage 2016

ISBN 978-3-593-50601-2 Print
ISBN 978-3-593-43450-6 E-Book (PDF)
ISBN 978-3-593-43469-8 E-Book (EPUB)

Das Werk einschließlich aller seiner Teile ist urheberrechtlich geschützt.
Jede Verwertung ist ohne Zustimmung des Verlags unzulässig. Das gilt
insbesondere für Vervielfältigungen, Übersetzungen, Mikroverfilmungen
und die Einspeicherung und Verarbeitung in elektronischen Systemen.
Copyright © 2008, 2012, 2016 Campus Verlag GmbH, Frankfurt am Main
Umschlaggestaltung: Guido Klütsch, Köln
Satz: Publikations Atelier, Dreieich
Gesetzt aus der Sabon und der Neuen Helvetica
Druck und Bindung: Beltz Bad Langensalza
Printed in Germany

www.campus.de

Inhalt

Bemerkungen zur 3. Auflage 11
Merci! 12

Strategie-Basics: Grundsätzliches 13

Welt der Strategien: Eine Einordnung 13
Strategie-Begriff: Was ist Strategie? 15
Strategisch Navigieren: Von der Zukunft aus Gegenwart gestalten 20
Strategie-Konzepte: Evolution des strategischen Denkens 22
Strategieschulen: Perspektiven führender Denkschulen 26
Strategisches Fundament: Werte als Orientierungsbasis 29
Fokusebenen: Blickwinkel von Strategien 30
Strategische Analyse: Die richtigen Fragen stellen 31
Strategische Planung: Die richtige Arbeitsmethodik 33
Zielsysteme: Shareholder Value versus Stakeholder Value 35
Strategisches Verhalten: Anpassen oder Gestalten 36
Strategisches Fenster: Raus aus der Komfortzone 38
Strategie-Palette: Übersicht in der Welt der Strategien 41

Marktstrategien: Hebel der Marktbearbeitung 42

»4P«-Strategien: Formel professioneller Marktbearbeitung 42
»7P«-Strategien: Erweiterung der Marktbearbeitung 43
»4C«-Strategien: Konsequent kundenorientiert handeln 44
Produktlebenszyklus: Strategierezepte aus dem Lehrbuch 45
Profit Pools: Erfolgsquellen aufspüren und erschließen 49
Manövrieroptionen: Strategien für Marktpositionen 51

Normstrategien: Aus der Rezeptkiste der Berater 53

PIMS: Welche Erfolgsfaktoren bringen Gewinn? 53
Erfahrungseffekte: Denn »Größe« gewinnt 55
Boston-Portfolio: Fragezeichen, Sterne, Cash-Kühe, arme Hunde 57
McKinsey-Portfolio: Marktattraktivität nutzen, Wettbewerbsstärke
   aufbauen 61
ADL-Portfolio: Strategie-Tipps entlang des Lebenszyklus 64

Wettbewerbsstrategien: Auf Vorsprung getrimmt 66

Vorsprung: Die Nase vorn im Wettbewerb 66
Differenzierungsstrategien: Wettbewerbsvorteile schärfen 68
Strategische Gruppen: Positionierung im Wettbewerb 71
Fünf-Kräfte-Modell: Die Wettbewerbsintensität gestalten 71
Porters Strategiematrix: Generische Vorsprungsstrategien 73
Porters Wertkette: Dem Wettbewerbsvorteil auf der Spur 78
Outpacing: Konkurrenten überholen 79
Flüchtiger Vorsprung: Kurzfristvorteile rasch nutzen 82

Ressourcenstrategien: Spitzenleistung durch Kernkompetenzen 85

Kernkompetenzen: Vorsprung durch exzellente Leistung 85
Baummodell: Strategische Wurzeln des Geschäfts stärken 88
Kernkompetenzen-Portfolio: Zur Kompetenzführerschaft 90
Dynamic Capabilities: Fähigkeit zur Agilität aufbauen 92
Mix der Strategieansätze: Wettbewerbs- und
   Ressourcenstrategie in Kombination 97

Wachstumsstrategien: Feuern aus allen Zylindern 100

Wachstumsstrategien: Mehr, mehr und mehr 100
Ansoff-Matrix: Produkt-/Markt-Basisstrategien 103
»Strategische Lücke« – kombinierte Wachstumsstrategien 107
Expansion: Entlang der Wurzel wachsen 108
Hidden Assets: Wachstum in versteckten Feldern 110
Rezeptmultiplikation: Erfolgsformeln wiederholen 111
Diversifikation: Neue Felder bestellen 113
Optimal strategisch diversifizieren 114
Multiplikation: Sub-Contracting, Lizenzierung, Franchising 115
Vernetzung: Allianzen, Joint Ventures, Mergers & Acquisitions 116
Long-Tail-Strategie: Wachstum durch Kleinzeug 119

Fitmacher-Strategien: Auf Bestform getrimmt 121

Deming-Zyklus: Qualität ist nie Ergebnis, sondern immer Prozess 121
Benchmarking: Vergleichen, um die Besten zu überholen 123
Reengineering: Radikalkur für mehr Effizienz 125
Lean Management: Dem ökonomischen Prinzip folgen 127
Geschäftsprozessmanagement: Vom Schlankheitsdenken zum
Management der Wertschöpfung 129

Asiatische Strategien: Mit kleinen, aber konsequenten Schritten . 132

Japanische Strategien: Vom Produktfokus zum Prozessfokus 132
»7S«-Modell: Erfolgsfaktoren der Spitzenunternehmen 134
Ohmaes »3C«: Das strategische Dreieck 139
Theorie »Z«: Die Ost/West-Synthese 141
Toyota Management System: Wenn »gut« zu wenig ist 143
Hoshin Kanri: Strategie mit der Kompassnadel 147
Bootstrapping: Grenzenloses Business, grenzenloses Lernen (Kopieren) .. 149

Dynamische Strategien: Strategie in einer komplexen Welt 152

Geschäftsdynamik: Neue Welt, neues Denken 152
Strategische Frühaufklärung: Gestern Prognosen, heute Szenarien 154
Strategische Wendepunkte: Paranoide gewinnen 157
Veränderungsdynamik: Allzu viel ist schädlich 158
Timing-Strategien: Der frühe Vogel frisst den Wurm, aber… 160
Systemische Strategie: Lenken bei Komplexität 162
Greiner-Modell: Evolutionäre und revolutionäre Phasen 166
Strategisch Lernen: Langfristig erfolgreich 168
Strategische Fitness: Zwischen Bürokratie- und Chaosfalle 172
Bricoler: Im Bastelmodus Zukunft gestalten 175
Patching: Kurz, treffend, knackig 176
Strategischer Wandel: Zur Veränderung provozieren 178
XLR8: Mehr Agilität dank dualer Struktur 181

Innovationsstrategien: Erneuerung schafft Fortschritt 184

Innovation: Mehr als gute Ideen 184
Schumpeter: Innovation durch kreative Zerstörung 186
Kondratieff-Zyklen: Auf den langen Wellen reiten 187
Skunk Works: Inkubator für radikale Innovationen 189

Innovationsmuster: Inkrementelle oder radikale Neuerung 191
S-Kurve: Typisches Innovationsmuster 195
Innovationspfade: Produkt- oder Prozessinnovation? 197
Innovationsgewinn: Lohnen sich Innovationen? 198
Technologische Innovation: Kluft mangelnder Akzeptanz 199
Disruptive Innovation: Wenn Spitzenleistungen behindern 202
Open Innovation: Demokratisierung innovativer Prozesse 206
Innovatortyp: Pionier versus Multiplikator 211
Innovationsarchitektur: Teile- oder Logik-Erneuerung 213
Geschäftsmodellinnovation: Operation am Herzstück 216

Kooperative Strategien: Partnerships zur Wertschöpfung 218

Spieltheorie: Von Nullsummen- und Win-Win-Spielen 218
Value-Networks: Kooperation in der Wertschöpfung 219
PARTS-Modell: Kooperatives Konkurrieren 223
Parenting: Mutter-Tochter-Beziehungen 224

Glokale Strategien: Business in flacher Welt 227

Internationalisierungsstrategien: Grenzen überwinden 227
Outsourcing-Strategien: Schwächen verkaufen, um Stärken auszubauen 230
Flache Strategien: Orchestrieren des globalen Geschäfts 231
Boden der Pyramide: Strategien für prosperierende Schwellenmärkte .. 233
World 3.0: Strategien in einer semi-globalisierten Welt 235

Wertstrategien: Ökonomischen Werten auf der Spur 236

Kundennutzen: Austausch von Werten 236
Wertschöpfungsprozesse: Werte erstellen 237
Value Disciplines: Disziplinen der Wertschöpfung 238
Value Migration: Der Wertschöpfungswanderung folgen 240
Wertschöpfungsarchitektur: Chancen an Branchengrenzen 241
Value Innovation: Strategien für Blaue Ozeane 244
Markträume: Suchpfade zur Erweiterung der Marktgrenzen 249
Strategieprofil: Kundennutzen im Wettbewerbsvergleich 250
Kundennutzenkarte: Aufspüren von Nutzeninnovationen 253

Beziehungsstrategien: Management der Kundendistanz 255

Cluetrain-Manifest: Thesen für verstärkte Kundenrechte 255

One to one: Customer-Relationship-Strategien 256
Loyalitätsstrategien: Sind alte oder neue Kunden attraktiver? 258
Mass Customizing: Wahlfreiheit dank Choiceboards 260
Mindshare-Strategien: Management der Aufmerksamkeit 261
User Experience Strategy: Inszenierung mit Strategie 264
Infotech-Strategien: Auch für andere Branchen? 265

Avantgarde-Strategien: Strategien für verrückte Zeiten 269

»Ver-rückt«: Strategie in turbulenten Zeiten 269
Hyper-Wettbewerb: Brutalisierung des Geschäfts 270
Strategische Intuition: Geistesblitze fördern 274
Turbulenzen: Strategisch oder spontan handeln? 275
Aktives Warten: Lauernd auf dem Sprung 277
Jamming: Strategie als Set simpler Regeln 279
Business not as usual: Wilde Zeiten, wilde Strategien 282

Strategy Execution: Engagiert den Kurs steuern 287

Strategieumsetzung: Wie aus Zielen Resultate werden 287
3-Boxen-System: Strategie in Balance 288
MbO-System: Konsequente Strategieumsetzung 290
Strategiefragen: Umsetzung konkretisieren 290
Balanced Scorecards: Systematisch steuern 291
Strategy Maps: Mit der Strategie-Landkarte auf Kurs 297
Strategic Alignment: Strategiefokussiertes Unternehmen 298
Regenerationskompetenz: Geheimnisse der Spitzenfirmen 301

**Strategiekritik: Warum Strategie schlecht funktioniert,
aber notwendig ist** 305

Strategie im Alltag: Zwischen Lust und Frust 305
Geschäftsparadigma: Den wahren Gegner erkennen 306
Stolpersteine: Hindernisse auf dem Weg zum Erfolg 307

Ausblick: Zukunft der Strategie 311

Revolutionär: Echte Strategien sind radikal 311
Aktivisten statt Verwalter: Das Ende der Regentänze 315

Strategie-Check: Zukunftsthemen finden 318
Was bietet der Strategie-Check? 318
Wie setzt man den Strategie-Check ein? 318
Check I: 10 Strategische Schlüsselfragen 321
Check II: Strategie-Verständnis 323
Check III: Marktstrategien 325
Check IV: Normstrategien 327
Check V: Wettbewerbsstrategien 328
Check VI: Ressourcenstrategien 329
Check VII: Wachstumsstrategien 330
Check VIII: Fitmacher-Strategien 331
Check IX: Asiatische Strategien 332
Check X: Dynamische Strategien 333
Check XI: Innovationsstrategien 333
Check XII: Kooperative und »glokale« Strategien 334
Check XIII: Wert-, Beziehungs-, Avantgarde-Strategien 335

Anmerkungen 336

Literatur 343

Register 360

Bemerkungen zur 3. Auflage

Hoffnung ist keine Strategie.
Rudy Giuliani, Ex-Bürgermeister von New York City

Das »Handbuch der Strategien« hat sich zu einem Standard- und Nachschlagewerk im Strategischen Management entwickelt. Strategie ist heute aktueller denn je. Gerade in einem unsicheren, ungewissen und sich rasch ändernden Umfeld ist die aktive Gestaltung und Sicherung der Unternehmenszukunft eine besondere Herausforderung. Pfannenfertige Strategieempfehlungen, welche für alle Arten und alle Größen von Unternehmen sowie für jegliche Geschäftssituation erfolgreiche Resultate garantieren, sind eine Illusion. Es kann sie nicht geben. Einzig das fundierte strategische Denken und das konsequente, aber auch wendige Handeln führen zu den gewünschten Erfolgen in der harten Wettbewerbslandschaft von heute.

Es freut mich, nun die dritte, aktualisierte Neuauflage vorzulegen. Das Buch wurde umfassend überarbeitet, aktualisiert und thematisch erweitert. Es folgt aber nach wie vor seiner ursprünglichen Leitidee: auf kompaktem Raum einen umfassenden Einblick in die Welt der aktuellen Strategiekonzepte aus Europa, Asien und den USA zu bieten.

Business ruht nie: Die einzige Konstante ist die Veränderung. Dies gilt besonders für das Strategische Management: Neue Strategietypen entstehen, Herkömmliche werden obsolet, frische Denkansätze erschließen neue geschäftliche Horizonte und auch die Art und Weise, wie Strategien entwickelt werden, hat sich in den letzten Jahren markant verändert. Diese Neuauflage trägt dem Rechnung: Strategiekonzepte, Schlüsselgrafiken, Quellenangaben für weitere Vertiefungen sowie der Strategie-Check sind auf dem neuesten Stand. Aus Gründen der leichteren Lesbarkeit des Buches und zum raschen Nachschlagen wurde der Strategie-Check an das Ende des Buches gesetzt und graphisch hervorgehoben.

Das Handbuch der Strategien erfüllt eine Brückenfunktion zwischen den oft komplizierten strategischen Theorien und den konkreten Anforderungen praktischer Problemlöser. Mögen viele diese Brücke nutzen.

Merci!

Viele haben mich auf dem spannenden Weg des Recherchierens begleitet und mich bei manchem Streckenabschnitt durch ihre wertvollen Impulse inspiriert. Hierfür bedanke ich mich bei den Professoren der Universität St. Gallen, Professor Dr. Cuno Pümpin und Professor Dr. Dr. h.c. mult. Hans Ulrich, die beide in mir das Feu Sacré für das faszinierende Strategie-Thema entfachten. Der eine öffnete mir die Türen zur Strategie über das Marketing-Management und sein Konzept der Strategischen Erfolgspositionen (SEP). Mit dem anderen konnte ich das Thema des strategischen Managements in turbulenten Geschäftskonstellationen unter einer ganzheitlichen, vernetzenden Perspektive diskutieren. Ebenso danke ich meinen amerikanischen Lehrern. Professor Dr. William Ouchi (University of California, Los Angeles) schärfte mir den Blick für die strategischen Erfolgsrezepte der asiatischen Herausforderer. Professor Dr. Larry Greiner (University of Southern California, Los Angeles) zeigte mir, dass Strategien, Strukturen und Prozesse zusammengehören. Er wies auch darauf hin, dass mit jeder getroffenen strategischen Wahl gleichzeitig immer auch bestimmte Nachteile einhergehen, mit denen man schon frühzeitig rechnen sollte. Der Kommunikationswissenschaftler Professor Dr. Paul Watzlawick (Palo Alto Gruppe, Stanford University) brachte in herausfordernden Diskussionen meine Vorstellung der objektiven Erkenntnis ins Wanken, indem er überzeugend darlegte, dass unser Erkennen immer subjektiv ist. Auch Strategien entspringen dem subjektiven Denken, dessen sollte man sich bewusst sein. Last but not least wies Professor Dr. Warren G. Bennis (University of Southern California, Los Angeles) mich darauf hin, dass Strategien weniger von Managern punktgetreu realisiert als von echten Leadern mitreißend ins Unternehmen getragen werden.

Inspirationsquelle waren auch die zahlreichen Führungskräfte, die ich in spannenden Strategie-, Change- und Dynamisierungsprojekten begleiten durfte. Sie zeigten mir, dass nicht die Instrumente, Methoden, Systeme oder Strukturen die wichtigsten Komponenten des strategischen Managements darstellen, sondern dass es das spezifische Business-Know-how und das besondere Engagement der Beteiligten sind.

Am Gelingen dieses Buchs hat auch der Campus Verlag einen wesentlichen Anteil. Die Campus-Crew, allen voran Frau Selina Hartmann, hat sich diesem Titel mit ihrer professionellen und freundschaftlichen Sorgfalt angenommen, die das Selbstverständliche übertrifft. Für die gute und herzliche Zusammenarbeit bedanke ich mich ganz besonders.

Ralph Scheuss, im Frühjahr 2016
St. Gallen und Los Angeles

Strategie-Basics: Grundsätzliches

*Die wahre Entdeckungsreise besteht nicht darin,
dass man neue Länder sucht,
sondern dass man mit frischen Augen sieht.*
Marcel Proust

Welt der Strategien: Eine Einordnung

Der Strategiebegriff ist schillernd. Selbst Lexika widersprechen sich in ihren Definitionen. Manchmal ist nur »Wichtiges« gemeint, dann wieder nur langfristiges, planvolles Handeln oder schlicht die Chefsache. Strategie ist das Gegenteil von »aus dem Bauch heraus« handeln. Es geht darum, den zukünftigen Erfolg (so gut es geht) voraus zu konzipieren, um die Entwicklung des Unternehmens, eines Produkts, einer Kampagne oder einer Restrukturierung zu steuern. Wer nicht weiß, wohin er will, wird sein Ziel kaum je erreichen, auch wenn er mit doppelter Anstrengung daran arbeitet. Wer nicht weiß, welche Ziele er verfolgt, erkennt weder Fortschritt noch Rückschritt. Strategien sind die Denk- und Handlungswerkzeuge, mit denen man den Pfad in eine erhofft erfolgreiche Zukunft gestaltet.

Strategie und Management gehören eng zusammen. Die beiden sind zwei Seiten derselben Medaille. Ohne Management bleibt Strategie bestenfalls eine clevere Idee. Umsetzung ist nur durch engagiertes Management möglich. Professionelles Management ist die optimale Nutzung des Vorhandenen. Die Strategie bündelt die Kräfte hingegen auf das Mögliche.

Das strategische Management ist eine »unreife« Wissenschaft. Es gibt kaum dominante, d.h. weiterum akzeptierte Theorien und nur einen erstaunlich geringen Konsens unter Wissenschaftlern und Führungskräften, was wohl die ideale Strategie für eine bestimmte Konstellation sei. Damit kann von Anfang an mit einer weiterverbreiteten Illusion aufgeräumt werden: Der Leser findet die passende Idealstrategie auch in diesem Buch nicht. Doch dafür erhält er eine enorme Fülle an strategisch wertvollen Ideen, Konzepten und Impulsen. Dieses Strategien-Handbuch eröffnet einen Tour d'Horizon durch die Welt des modernen, zeitgemäßen strategischen Managements. Es wirft dabei einen Blick sowohl in die wissenschaftliche Welt der Forschung und Lehre wie auch in die praktische Welt der Führungskräfte und Berater.

Studiert man das Feld des strategischen Managements, so findet man zwei grundsätzlich divergierende Welten. Die einen konzentrieren sich auf die Suche und das Verkünden von Rezepten, wie man ein Business erfolgreich gestalten und entwickeln sollte. Sie sagen, was man wann, warum und in welcher Form zu tun habe. Diese Vertreter konzentrieren sich auf Instrumente, Checklisten, Schemen und Rezepte. Sie nähren die Illusion, dass man mit Plänen, Konzepten, Methoden und »Strategien« die Herausforderungen und das Marktgeschehen »in den Griff bekommt«. Die anderen hingegen fokussieren sich auf die Werkzeuge des strategischen Denkens, um das Verständnis für die Wirkungszusammenhänge durch eine gezielte Reflexion strategisch relevanter Themen zu schärfen. Sie erschließen daraus Chancen- und Gefahrenfelder, entwerfen attraktive Zukunftsmodelle, schaffen innovative Ansätze für neue Produkte, Prozesse oder Strukturen oder kreieren unkonventionelle Geschäftsimpulse zur Sicherung ihres zukünftigen Geschäfts. Die heutige Businesswelt ist alles andere als simpel. »Simple« Lösungen oder »sichere« Erfolgskonzepte können in turbulenten Zeiten äußerst gefährlich werden. Gefragt sind heute weniger »pfannenfertige« Lösungen, wie sie oft von »Gurus« angepriesen werden, sondern professionelle strategische Fragestellungen, die zum kreativen Erkunden attraktiver Businessoptionen anregen. Ganz in diesem Sinn präsentiert das vorliegende Buch eine breite Fülle strategischer Themen als Impulsgeber.

Vorsicht ist im praktischen Umgang mit den dargestellten Ideen, Konzepten und Strategieempfehlungen geboten, da die meisten von ihnen »kontextblind« sind. Das heißt, sie wurden nicht für ein spezifisches Unternehmen, für eine spezifische Geschäftskonstellation, für eine spezifische Wirtschaftsbranche oder für einen spezifischen Zeitpunkt entwickelt. Diese strategischen Ideen und Konzepte können daher nicht eins zu eins für die Strategie-Entwicklung im eigenen Geschäft kopiert werden. Strategiefindung ist kein »Copy &-Paste«, sondern bedarf einer engagierten, kreativen Auseinandersetzung mit den möglichen strategischen Optionen und nutzbaren Ressourcen. Die vielen vorgestellten Ideen, Konzepte und Strategien sind aber hervorragend zum Reflektieren des eigenen Geschäftsmodells geeignet. Denn es gilt: »Gewinnen im Wettbewerb« ist in erster Linie eine Frage des Vorsprungs im Kopf.

Erfolgreiche Strategien müssen nicht immer logisch und rational sein, sondern sie sind oft paradox oder gar absurd. Gerade besonderer Mut, hohe Risikofreude, kreative Überraschung oder außerordentliches Engagement können äußerst gewinnbringend sein: Wie konnte es die einst kleine japanische Firma Honda mit ihren kleinen Fahrzeugen und Motoren es überhaupt wagen, die gigantischen amerikanischen Autokonzerne anzugreifen? Wie konnte sich die

Kosmetikfirma Body Shop zu einem Global Brand und attraktiven Franchisekonzept mausern, obwohl die ausgebildete Lehrerin Anita Roddick im britischen Brighton eigentlich nur den Umsatz ihres eher schlecht als recht laufenden Hotel- und Restaurantbetriebs nebenbei auffrischen wollte?

Strategien sind, und dies ist in einer globalen Wirtschaftswelt besonders relevant, vom kulturellen Hintergrund geprägt. So herrschte über Jahrzehnte in westlichen Unternehmen die Strategiedoktrin, dass eine hohe Produktqualität nur in hohen Preissegmenten möglich sei. Unternehmen mussten sich in dieser traditionellen Denkhaltung entscheiden, entweder innovativer Premiumhersteller mit entsprechend höheren Kostenstrukturen und höheren Preisen oder Volumenhersteller mit einem gerade noch genügenden Qualitätsniveau und günstigeren Angeboten zu sein. Doch die Erfolge der asiatischen Strategen verwerfen dieses Entweder-oder-Denken. Die Asiaten haben uns mit ihren preiswerten und hervorragenden Angeboten eines Besseren belehrt.

»Gute« Strategien erkennt man immer erst im Nachhinein. Ihnen vorausgegangen ist aber oft ein über das Konventionelle hinausgehendes Denken. Dies belegen Erfolgsstorys wie Ikea, Apple, Microsoft, Dell, Amazon, Google, Nike, McDonald's oder Swatch.

Strategie-Begriff: Was ist Strategie?

Die etymologische Wurzel des Begriffs »Strategie« liegt im Griechischen. »Strategòs« heißt Allgemeinherrschaft und setzt sich aus zwei Komponenten zusammen: »stratos« steht für Armee, Heer oder Volksmenge und »-agein« für Führen, Treiben oder in Bewegung setzen. »Strategòs« bezeichnete im antiken Griechenland um etwa 550 vor Christus den Heeresführer. Zu beachten ist, dass der »Strategòs« nicht nur ein cleverer Stratege, also ein smarter Denker ist, der es versteht, seine vorhandenen Ressourcen optimal für seine Absicht zu nutzen, sondern auch jemand, der andere vorwärtstreibt, anfeuert, begeistert und eine Organisation in Bewegung setzen kann.

Die militärische Strategie, so wie sie Anfang des 20. Jahrhunderts verstanden wurde, ist die Lehre von der Auseinandersetzung mit dem Gegner und der Führung der eigenen Truppenbestände. Die strategische Kriegslehre heckt keine detaillierten Schlachtpläne aus, sondern legt die Grundregeln des Verhaltens in der Auseinandersetzung fest. Erst sehr viel später kam der Begriff in der Politik an, wo er die Kunst der Staatsführung umschrieb. In die Betriebswirtschaftslehre fand der Strategiebegriff auf breiter Basis anfangs der 40er Jahre des letzten Jahrhunderts in den Arbeiten zur Spieltheorie von John von Neumann und Oskar Morgenstern Eingang.

Fragt man heute, was eigentlich »Strategie« ist, so bekommt man so viele Antworten, wie man Wissenschaftler oder Führungskräfte dazu befragt. Gängige Definitionen sind »eine Vision der Zukunft«, »das bessere Geschäftsmodell«, »die Verknüpfung von internen Fähigkeiten mit den Chancen des Marktes«, »die Neuerfindung des Geschäfts«, »unsere Kernkompetenzen zur Bewältigung der Herausforderungen«, »die gemeinsam getragene Vorstellung der Geschäftszukunft« oder einfach »die Hingabe ans Geschäft«. Wer hat recht? – Alle.

Die Führungsriege von Unternehmen steht seit Jahren unter einem gewaltigen »Etikettenstress« in Managementfragen: Was müssen sie heute nicht alles unternehmen, um ihre »Professionalität« zu belegen? Ein erfolgsorientiertes Management lässt es sich nicht nehmen, die »neuesten« Managementkonzepte sofort anzuwenden: Sie »entzücken ihre Kunden mit One-to-one-Management«, »setzen auf nachhaltige Qualität dank Kanban und Six Sigma«, »engagieren ihre Mitarbeiter durch Empowerment«, »organisieren flexibel und situativ mit neuesten Projekttools«, »restrukturieren radikal zur Steigerung der Gesamteffizienz und Reduktion der Komplexität«, »zerstückeln ihre Wertschöpfungskette mit Outsourcing«, »verstärken ihren Marktauftritt dank Kooperationen zur Ausschöpfung von Synergien«, »erfinden sich immer wieder neu«, »nutzen Best Practices und Benchmarking, um aufzuholen« oder »setzen auf ein radikales Innovationsmanagement ihrer Produkte, Prozesse, Strukturen und Technologien«. Doch bringt diese »Aktionitits« wirklich immer den gewünschten Fortschritt? – Eine Antwort erübrigt sich.

Andere Führungskräfte leiden unter der enormen Dynamik der Veränderungen. Ihre Lösung beschränkt sich häufig auf Widerstand und Ablehnung. Sie sträuben sich gegen das Neue und behaupten lautstark, dass die neuesten Strategieansätze nichts als alter Wein in neuen Schläuchen seien. Dies mag wohl in Einzelfällen zutreffen, gilt aber sicher nicht für das Gros der neuen, frischen Ideen. Viele dieser strategischen Konzepte sind bei genauerer Betrachtung weder Wortspielereien noch knackige Etiketten zu banalen Sachverhalten, sondern zeitgemäße Denkwerkzeuge, um die gewaltige Komplexität der rasanten Geschäftsdynamik »griffiger« fassen zu können.

Strategie wurde über Jahrzehnte hinweg entweder als der Gral für erfolgreichere Geschäfte hochgejubelt oder als »Wolkenschieben für schöneres Wetter« verteufelt. Beides ist unproduktiv. Manch eine Führungskraft spricht frustriert und despektierlich vom »Visionszeugs«, »Strategietheater« oder »wieder mal 'ne strategische Übung«. Doch wer sich mit dem Gedankengut des strategischen Managements auseinandersetzt, hält ein äußerst leistungsfähiges Instrument der aktiven Zukunftsgestaltung in den Händen. Er befasst sich mit dem Wesen seines Geschäfts: mit Produkten, Kunden, Märkten, Innovation, Wachstum, Wettbewerb sowie mit seiner Positionierung und Profilierung in der Businesslandschaft. Strategiefindung hilft, das »Big Picture« der sich rasant verändernden Geschäftswelt ganzheitlich zu erfassen und dies für seine spezifischen Geschäftsabsichten zu nutzen.

Häufig wird im allgemeinen Sprachgebrauch ein Plan mit der Strategie verwechselt. In der Planung steht die Analyse, das heißt das detaillierte Auseinandernehmen von Problemen, im Zentrum, während beim strategischen Denken genau der umgekehrte Denkprozess gefordert ist, nämlich die Synthese, welche die einzelnen Teile zu einem sinnvollen Ganzen zusammenfügt. Strategie ist somit engagierte Gestaltung der Zukunft für das gesamte Unternehmen und seine Geschäfte. Aspekte der Strategie sind:

- Strategie ist auf die zukünftige Entwicklung des gesamten Unternehmens und/oder seiner verschiedenen Geschäfte ausgerichtet.
- Strategie ist zukunftsorientiert. Sie will Zukunft gestalten.
- Strategie bestimmt den Geschäftsfokus und die Business-Ziele.
- Strategie bestimmt die Positionierung des Geschäfts im Wettbewerb.
- Strategie bestimmt die materiellen, personellen und finanziellen Ressourcen, nutzt und pflegt diese.
- Strategie fusst auf Werten, Einstellungen, Interpretationen, Erwartungen und Machtkonstellationen.
- Strategie ist nachhaltig, das heißt, sie wird in der Regel nicht von einzelnen Ereignissen grundlegend beeinflusst.

Für die beiden Betriebswirte Horst Steinmann und Georg Schreyögg beantwortet Strategie drei grundlegende Fragen:[1]

1. In welchen Geschäftsfeldern ist das Unternehmen tätig?
2. Wie wird der Wettbewerb in diesen Geschäften bestritten?
3. Worin besteht die längerfristige Kompetenzbasis für den Geschäftserfolg?

Der Harvard-Strategie-Professor Michael Porter sieht eine Strategie als »eine in sich stimmige Anordnung von Aktivitäten, die ein Unternehmen von seinen Konkurrenten unterscheidet«.[2] Damit rückt er vom Konzept der Planbarkeit des Tuns ab und streicht die Differenzierung gegenüber anderen Unternehmen und Angeboten sowie das Erreichen von ganz spezifischen Wettbewerbsvorteilen heraus. Porter unterscheidet zwischen dem Operativen (operational effectiveness) und dem Strategischen (strategic effectiveness): Das Operative will vergleichbare Leistungen besser als die Konkurrenten erfüllen, d.h. produktiver, effizienter, rascher, einfacher oder schneller sein. Doch dies genügt zur nachhaltigen Erfolgssicherung heute keineswegs. Hier kommt nun Strategie ins Kalkül: Sie fokussiert sich darauf, ganz besondere Leistungen (Innovationen, Alleinstellungsmerkmale) auf eine spezifische, besondere Art für den Kunden zu erbringen. Beides zusammen führt zum Erfolg.

Henry Mintzberg, der prominente Management- und Strategieprofessor der McGill University in Montreal, gilt als Querdenker im Management. »Strategie« ist für Mintzberg nicht in einem einzigen Begriff zu fassen. Er definiert den Strategiebegriff mit seinen »Five P's«:[3]

1. Eine Strategie ist ein »*Plan*«, der die Zukunft des Unternehmens mit einer klaren Handlungsabsicht definiert. Dieser strategische Plan legt die Ziele und Wege zu ihrer Erreichung fest. Ob diese Absichten je zu Resultaten werden, lässt sich erst im Rückblick feststellen.
2. Strategie ist auch ein Muster (»*Pattern*«), welches sich aus dem längerfristigen Verhalten in Retrospektive erschließt. Die Strategie umfasst dann sämtliche Entscheidungs- und Verhaltensmuster, die zur heutigen Positionierung des Unternehmens führten.
3. Strategie ist aber auch eine »*Position*«, welche ein Unternehmen im Wettbewerbs- und Marktumfeld einnimmt. Erfolgreiche Unternehmen suchen immer wieder nach besonders attraktiven Markt- und Wettbewerbskonstellationen (Nischen), die strategisch zu erschließen sind.
4. Eine Strategie kann für Mintzberg aber auch die übergeordnete »*Perspektive*« *des Geschäfts sein*. Diese Perspektive bestimmt, wie das Geschäft und das Umfeld vom Management interpretiert werden.
5. Und zuletzt können Strategien auch den Charakter einer List, eines Tricks (»*Ploy*«) oder einer Masche haben, um lästige Wettbewerber auszumanövrieren.

Henry Mintzberg vergleicht Strategie mit dem Segeln: Das Boot nutzt Winde, wird durch Strömungen abgetrieben, hat mit der Wetterlage zu kämpfen und muss immer wieder seine Segel neu ausrichten und die Ruderpinne anpassen. Das Segelboot ist das Unternehmen. Der gewählte Kurs entspricht der Strategie. Der Kapitän bestimmt nicht nur den idealen Kurs und steuert das Boot, sondern nutzt dazu auch Kartenmaterial, Logbuch, Sextant, GPS, Radar und andere technische Geräte, um seinen Standort und die Richtung während der Reise immer wieder zu bestimmen. Die Attraktivität des Marktes entspricht dem Wind. Je mehr er bläst, umso einfacher lassen sich die gesteckten Ziele erreichen. Es ist aber nicht der Wind, der den Kurs bestimmt, sondern der Kapitän durch das Setzen der Segel und Ausrichten des Ruders. Mintzbergs dynamische Strategiebetrachtung im Sinn des Navigierens passt gut als Metapher zur heute existierenden dynamischen Businessrealität.

Sprechen wir von Strategie, stellt sich die Frage, welche *Strategieform* gemeint ist (Abbildung 1). Mintzberg unterscheidet fünf Strategieformen[4]: Die realisierte Strategie (realized strategy) ist das Ergebnis des Strategieprozesses im Rückblick. Grundlage dafür ist die von der Führungscrew beabsichtigte Strategie (intended strategy), von dem sie aber tatsächlich nur einen Teil bewusst beherzt (deliberate strategy). Auch im Tagesgeschäft ergeben sich spontane Strategie-Chancen (emergent strategy), die aktiv zu nutzen sind. Als Restgröße bleiben die nicht-realisierten Strategieteile übrig.

Abbildung 1: Mintzbergs Strategieformen – Über welche Strategie spricht man?

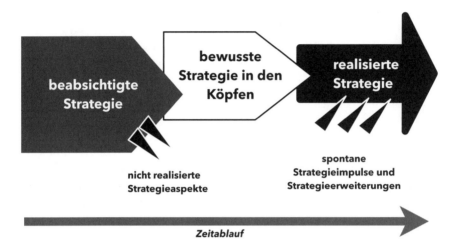

Der Management-Vordenker Gary Hamel, internationaler Strategie-Wissenschaftler und Topberater, propagiert ein frisches Strategieverständnis:[5] »Das Zeitalter des Fortschritts hatte voller Hoffnungen begonnen und endet nun beängstigend. [...] Uns war im Business die Erlösung von der Langeweile versprochen worden – wir bekamen die Fabrik der Angestellten. Uns war die Selbstbestimmung versprochen worden – wir bekamen Hochglanzbroschüren zur Unternehmenspolitik. Man versprach uns, zu einem lohnenden Ziel beizutragen – wir erhielten die Tyrannei der Quartalsziele. Uns lockte aktive Mitwirkung – wir bekamen endlose Meetings, deren Form die Inhalte zermalmte. Statt eines Ventils für unsere Kreativität bekamen wir Reengineering. Wir wurden ständig als Mitarbeiter bezeichnet, waren aber so entbehrlich wie verschlissene Maschinen. Das Zeitalter des Fortschritts hat die physische Belastung reduziert, aber dafür unseren Geist betäubt. Wir stehen heute an der Schwelle zu einem neuen Zeitalter: dem Zeitalter der Revolution.« Diese Geschäftsrevolution erfordere frische Strategien, die einen echten Wandel provozieren. Wer nur die Gegenwart optimiert, handelt nicht strategisch. Wer

Strategien entwirft, muss immer auch die Spielregeln des eigenen Business hinterfragen, um bestehende Denkhorizonte zu sprengen. Zeitgemäße Strategien sollen frische Energien freisetzen und nicht Freiräume unnötig begrenzen. Die Herausforderungen des modernen strategischen Managements sind somit umrissen: Das strategische Management hat die Aufgabe, zukunftssichernde und zukunftsweisende Entscheidungen zu treffen und weichenstellende Maßnahmen zur aktiven Zukunftsgestaltung zu lancieren.

Die widersprüchlichen Trends, die ungewisse Prognostizierbarkeit von Marktentwicklungen, das schwer abschätzbare Wettbewerberverhalten oder das hohe Risiko von neu lancierten Produkten verdeutlichen die Schwierigkeit der strategischen Aufgabenstellung. Das Vorhersagen der Businesszukunft ist heute in unserer zappeligen Geschäftswelt schier unmöglich. Nur die intensive Auseinandersetzung mit strategischen Fragen erschließt die Komplexität und Dynamik, um darin Orientierung zu finden. Zudem verfügt modernes strategisches Denken über eine wertvolle Werkzeugbox, um die zentralen Führungs- und relevanten Zukunftsfragen für erfolgreiches Business zu identifizieren, sie zu strukturieren, Handlungsalternativen zu entwerfen und daraus die notwendigen Massnahmen abzuwägen. Ein so verstandenes strategisches Management wird dadurch zu einem wirkungsvollen, erkenntnisgewinnenden Lernprozess, bei dem man gedanklich die geschäftliche Zukunft skizziert, Etappenziele bestimmt, Ressourcen mobilisiert und die Marschrichtung ins Unternehmen umfassend kommuniziert. Dieser Lernprozess ist »gelenkte Evolution«[6].

Strategien sind etwas Ganzheitliches, sie setzen Einzelheiten, Komponenten, Aussagen oder Ergebnisse zu einem erstrebenswerten »Big Picture« zusammen. »Gute« Strategien skizzieren schärfere, aussagekräftigere und chancenreichere Zukunftsbilder als schlechte. Wirklich bahnbrechende Strategien, wie sie beispielsweise Ikea, Apple, Microsoft, Google oder Starbucks verfolgen, setzen sogar an den »Rules of the Game« an und verändern die traditionelle Geschäftslandschaft selbst.

Strategisch Navigieren: Von der Zukunft aus Gegenwart gestalten

Strategisches Management ist die Königsdisziplin im Management. Strategisches Management ist Kunst, Handwerk und Wissenschaft zugleich. Kunst in dem Sinne, dass in die strategische Arbeit viel Kreativität, Intuition, Glück und Herzblut einfließen. Handwerk in dem Sinne, dass professionelles Verständnis, methodische Vorgehenskenntnisse, Verfahren und Instrumente nutzbringend eingesetzt werden, und Wissenschaft in dem Sinne, dass Strategien in einer wissenschaftlichen Perspektive erforscht werden.

Strategisches Management ist das Navigieren des Unternehmens aus heutiger Perspektive in eine erstrebenswerte Zukunft. Dabei ist das Skizzieren der erstrebenswerten Zukunft immer nur ein erster Schritt. Strategische Entscheide werden nicht für die Zukunft gefällt, sondern immer für die Gegenwart. Strategie beantwortet die Schlüsselfrage: Was muss (heute) alles getan werden, um morgen mit nachhaltigem Erfolg dabei zu sein?

Abbildung 2: Management -Führungsebenen und Steuerungsgrößen

Auf welche Orientierungsgrößen fokussiert sich das strategische Management? Viele Führungskräfte meinen, dass mit einer »smarten Strategie« ein Gewinnsprung erzielt werden kann. Dies mag der Fall sein, liegt aber nicht im primären Fokus. Nicht die operativen Erfolgsgrößen wie Gewinn, Deckungsbeitrag, ROI (Return on Investment) oder andere Renditekennzahlen stehen im Zentrum der strategischen Arbeit, sondern die wichtigen Lenkungsgrößen für zukünftiges Geschäft. Diese steuern dann die finanziellen, operativen Kennzahlen im Voraus. Nicht der Erfolg von heute interessiert, sondern das morgen Mögliche, Machbare und Erreichbare. Orientierungsgröße für das strategische Management ist das strategische Erfolgspotenzial.[7] Es bezeichnet alle aufgebauten Kompetenzen und Fähigkeiten eines Unternehmens, aus denen in Zukunft der Erfolg nachhaltig resultieren soll. Sie ermöglichen es dem Unternehmen, im Vergleich zur Konkurrenz überdurchschnittliche, operative Resultate (z.B. Umsatz, Marktanteil, Gewinn, Deckungsbeitrag, Cashflow) zu erzielen.

Strategische Erfolgspotenziale dienen der Vorsteuerung der Erträge von morgen (Abbildung 2, insbesondere Steuerungsgrößen). Diese Erfolgspotenziale sind die Quellen für die in Zukunft zu erwartenden Erträge. Somit steht nicht die Maximierung des heutigen Gewinns oder die Sicherstellung genügender Liquidität im Zentrum der strategischen Bemühungen, sondern die »Vorsteuerung« der für das Unternehmen zentralen Erfolgsgrößen von morgen. Nicht der Erfolg selbst, sondern der Aufbau, die Sicherung und die Ausschöpfung attraktiver Erfolgsquellen zählen für das Geschäft von morgen. Für den Praktiker und Wissenschaftler Aloys Gälweiler[8] ist ein Erfolgspotenzial nicht nur eine Unternehmensstärke oder eine Kernkompetenz, sondern »das gesamte Gefüge aller jeweils produkt- und marktspezifischen erfolgsrelevanten Voraussetzungen, die spätestens dann vorhanden sein müssen, wenn es um die Erfolgsrealisierung geht«. In dieser Betrachtung ist strategisches Management auf den Aufbau, die Entwicklung und Nutzung von Erfolgspotenzialen ausgerichtet.

Das von Cuno Pümpin entwickelte Konzept der *Strategische Erfolgsposition* (SEP) wird hier synonym zu Erfolgspotenzial verwendet.[8] Eine strategische Erfolgsposition ist eine Fähigkeit, die es einem Unternehmen erlaubt, längerfristig überdurchschnittliche Ergebnisse zu erzielen.

Strategie-Konzepte: Evolution des strategischen Denkens

Bereits im Jahr 1912 bot die Harvard University den weltweit ersten Kurs zum Thema »Business Policy« an. Dies ist die Geburtsstunde des strategischen Managements. Doch das Thema Strategie ist viel älter: Seit Menschengedenken versuchen wir die Zukunft zu ergründen, setzen wir uns Ziele und verfolgen diese für uns wichtigen Anliegen mit besonderem Nachdruck. Schon die Urmenschen mussten sich im harten Wettbewerb behaupten, konkurrierten sie doch mit anderen Clans und wilden Tieren oft um dieselbe Beute. Cleverness und List waren schon damals oft strategisch erfolgreicher als Faustkeil und Speer.

Das systematische Studium moderner Unternehmen und ihrer strategischen Ausrichtung wurde erst spät wissenschaftlich entdeckt. Und noch viel später, erst in den 30er Jahren des letzten Jahrhunderts, begannen die ersten großen US-Konzerne wie General Motors, General Electric oder AT&T, eigene strategische Abteilungen zu etablieren. Der Durchbruch des strategischen Managements kam in der Aufbruchsphase nach dem Zweiten Weltkrieg. In den rasanten Wachstumsperioden der Nachkriegsjahre und den darauf folgenden Konsumwellen wurden strategische Fragen zu einem wichtigen Thema für die Unternehmensführung. Die Entwicklung des strategischen Denkens der neueren Geschichte erfolgte in folgenden fünf Phasen:

1. Phase der »*finanziellen Planung und Budgetierung*«
   In den 50er-Jahren des letzten Jahrhundert fanden sich Unternehmen einem stabilen Geschäftsverlauf und überschaubaren wirtschaftlichen Rahmenbedingungen gegenüber. Dies ist die Zeit des Wiederaufbaus. Die Führung nutzte das Instrumentarium der finanziellen Planung und Budgetierung, um den Geschäftsverlauf zu steuern. Dies waren die ersten Schritte, das Unternehmen nicht nur aus der Retrospektive (und aus dem »Bauchgefühl« heraus) in die Zukunft zu führen. Der »Blick nach hinten« in die Vergangenheit genügte nicht mehr für eine optimale Steuerung der finanziellen, materiellen und personellen Mittel. Die Finanzinstrumente mit ihrer Soll/Ist-Planung halfen, finanzielle Größen wie Erlöse, Kosten und Mittelbedarf für die nächste Rechnungsperiode vorauszukalkulieren.
2. Phase der »*Langfristplanung*«
   Die 60er-Jahre waren geprägt durch einen enormen Wachstumsboom. Diese stabile Aufwärtsphase prägte die Wirtschaft über Jahre. Die Ansprüche und Anforderungen der Kunden an Unternehmen wuchsen im Gleichschritt mit dem Wohlstand. Auch die Konsumgewohnheiten wurden immer differenzierter und komplexer. Grundsätzlich verlief aber die wirtschaftliche Entwicklung linear, so dass sich die Markt- und Geschäftsentwicklungen »extrapolieren« ließ. Extrapolation heißt, die Entwicklung der Zukunft auf der Basis der vergangenen Entwicklungen fortzuschreiben. Die Steuerung des Unternehmens bedurfte in dieser Phase einer langfristig orientierten, mehrjährigen Planung, um Kapazitäten, Finanzen und andere Ressourcen für die kommenden (meist fünf bis zehn) Jahre zu sichern.
3. Phase der »*strategischen Planung*«
   In den 70er- und Anfang der 80er-Jahre schockte die Ölkrise die Wirtschaft. Sie zeigte, wie fragil die Entwicklungen geworden waren. Damit galt es, auch die strategischen Steuerungsinstrumente anzupassen. Die 70er-Jahre sind charakterisiert durch Turbulenzen, Umbrüche, Konjunkturschwankungen und technologische Sprünge. All dies erschwerte die Planung zur Optimierung des Geschäfts. Die Steuerungsfähigkeit konnte durch die Fortschreibung der Vergangenheit in die Zukunft (Extrapolation) nicht mehr gewährleistet werden. Einerseits waren längerfristige Ziele anzusteuern, um auch größere Investments zu realisieren, und andererseits war es notwen-

dig, kurzfristig flexibel und situativ auf Markt- und Kundenveränderungen zu reagieren. Die strategische Planung richtete ihren Blick daher insbesondere auf die Umwelt- und Marktentwicklungen. Chancen und Risiken galt es frühzeitig zu entdecken und in die strategischen Überlegungen einzubeziehen. Neue strategische Werkzeuge waren geboren: Portfolio-Methodik, Szenario-Technik und Langfristplanung. Auch die Strukturen der Unternehmen wurden immer komplexer und vielschichtiger. In dieser Epoche waren die divisionale Struktur und Matrixorganisation in aller Munde. Durch divisionale Strukturen ließen sich spezifische Angebote für bestimmte Teilmarktsegmente entwickeln. Die Unternehmensstrategie folgte dieser Entwicklung und wurde nach dem »Puppe-in-der-Puppe-Prinzip« durch Marktsegment-Strategien, sogenannte strategische Geschäftsfelder, ergänzt.

4. *Phase des »strategischen Managements«*
In den 90er-Jahren verschärfte sich der Wettbewerb auf einer globalen Skala rasant weiter. In vielen Branchen herrschte ein rauer Verdrängungswettbewerb. Unternehmen hatten sich stärker um ihre Profilierung im Markt zu kümmern. Differenzierung wurde zum Losungswort der Stunde. Dies konnte nur durch den Aufbau und die Nutzung unternehmensspezifischer Kernkompetenzen bewerkstelligt werden. Dies erlaubte es Firmen, in gleichen Märkten differenzierte Wettbewerbsvorteile auszuspielen. Parallel dazu erlebten Marktforschungs- und Prognoseinstitute einen Boom.[9] Sie halfen durch Kundenbefragungen und -beobachtungen, möglichst frühzeitig zu erkennen, was Kunden wünschen. Trendbetrachtungen wie diejenigen von Alvin Toffler (*Der Zukunftsschock*), Herman Kahn (*The Coming Boom*) und John Naisbitt (*Megatrends*) wurden zu Kultbüchern strategisch interessierter Führungskräfte. Aber auch in anderen Feldern der strategischen Arbeit wurden in dieser ungewissen Periode frische Denkansätze, Konzepte und Instrumente entwickelt. Vor allem der von Professor Hans Ulrich begründete St. Galler Ansatz der vernetzenden, integrierenden Managementlehre warf ein bis dahin ungewohntes, mehrdimensionales Licht auf die Bereiche Management, Mitarbeiterführung und Strategie. Sein Ansatz forderte die Führungskräfte auf, sich der Dynamik und Komplexität aktiv und engagiert zu stellen. In dieser Ära hatten die Unternehmen auch einen wachsenden Bedarf an modernem Management-Know-how. Dies führte zu einem weltweiten Boom des Strategie-Consultings, welches einerseits theoretische Einsichten, Instrumente und Methoden praxistauglich machte und anderseits selbst wichtige Impulse an die Strategie- und Managementlehre zurückgab. Doch der Strategie-Euphorie folgte die Ernüchterung. Man merkte, dass nicht die Strategieformulierung die größte Herausforderung war, sondern deren praktische Umsetzung. Denn erst wenn möglichst viele Führungskräfte und Mitarbeitende die strategischen Absich-

ten »verinnerlichen«, das heißt am »gleichen Strang« und »in die gleiche Richtung ziehen«, entfaltet das Unternehmen den notwendigen strategischen Schub.

5. *Phase der »strategischen Initiativen«*
Wie die obigen Phasen zeigen, bestimmt die Markt- und Wettbewerbsdynamik das strategische Denken. Es ist damit ein Reflex der strategischen Herausforderungen. Die Businessturbulenzen haben sich weiter verschärft. Die Globalisierung, die Öffnung und Deregulierung vieler Märkte und insbesondere der Boom der Informations- und Kommunikationstechnologien sind wesentliche Treiber der Dynamik. Scott McNealy, Chairman und Mitgründer der Sun Microsystems Computer in Kalifornien, brachte das heutige Strategieverständnis auf der Application Developer Conference 2006 in Kalifornien auf den Punkt. Er meint, dass in unserer zappeligen und global vernetzten Businesswelt das traditionelle Planungsverständnis ausgedient habe. Planungshorizonte von zehn Jahren machen für die Mehrheit der Geschäfte keinen Sinn mehr, ja selbst Fünf-Jahres-Rhythmen sind für viele strategische Absichten schon fragwürdig. Strategie ist daher in der modernen Auffassung keine Frage des Zeithorizonts mehr, sondern der anzupackenden Zukunftsthemen. Sogar schon der bekannte Strategieexperte Igor H. Ansoff, der die Basis des modernen Strategiekonzepts entwarf, empfahl bereits Mitte der 80er Jahre des letzten Jahrhunderts für eine Businessära mit hohen Diskontinuitäten (Brüchen) und Turbulenzen ein »Strategic Issue Management« (Management strategisch relevanter Themen).[10] Dieses konzentriert sich auf die Wahrnehmung und Handhabung von Chancen und Risiken, die sich oft aus »schwachen Signalen« (Trendentwicklungen) ergeben. Selbstverständlich sind die strategischen Methoden und Instrumente nicht gänzlich obsolet. Ganz im Gegenteil. Doch ihre Zweckmäßigkeit und ihr Einsatz sind differenzierter im Lichte der neueren umwälzenden Entwicklungen zu interpretieren.

Seit den ersten Jahrzehnten des neuen Jahrtausends sind Unsicherheit und Ungewissheit ein fester Bestandteil der Führung und Strategiefindung. Die Globalität und hohe Veränderungsdynamik unseres Business sind heute Fakt. Viele Geschäftsprozesse sind weltweit miteinander entwicklungs-, produktionstechnisch, finanziell und know-how-mäßig engmaschig verknüpft. Selbst Ursprungsbezeichnungen wie »Made in Germany«, »Made in Switzerland« oder »Made in EU« haben von ihrem einst hohen Stellenwert eingebüsst. Wie schweizerisch ist Nestlé noch? Wie deutsch ist die Deutsche Bank? Nicht nur die großen Konzerne verstehen sich als heute als Global Player, sondern auch viele mittelständische Unternehmen sind weltweit erfolgreich. Für globale Unternehmen ist ein »Made by Audi« oder »Designed by Apple in California« heute bedeutender als der Länderbezug. Produkte werden in Europa geplant, in Asien mit Rohstoffen aus Afrika hergestellt und von amerikanischen Fondsgesellschaften finanziert. Die offene, global vernetzte Wirtschaft kombiniert sich mit rasender Geschwindigkeit weltweit neu. Damit verschieben sich auch die tektonischen Platten der Macht. Die Vorrangstellung der westlichen Geschäftswelt, angeführt von den USA, verliert gegenüber den rasant aufholenden Emerging Markets Asiens und Südamerikas. In einem derart turbulenten Umfeld hat sich auch das strategische Management neu auszurichten: Globale Strategien, Outsourcing, Offshoring, multikulturelles Management, dynamische Agilitätskompetenzen oder Geschäftsprozessvernetzung werden zu neuen zentralen Themen.

Strategieschulen: Perspektiven führender Denkschulen

Mintzberg, Ahlstrand und Lampel identifizieren zehn Schulen des strategischen Denkens.[11] Diese Schulen zeigen, dass das strategische Denken stark vom jeweiligen Bezugsrahmen im Kopf desjenigen abhängt, der gerade die Strategie entwickelt. Alle verschiedenen Betrachtungsweisen haben ihre Berechtigung. Und alle weisen auf spezifische Schwerpunkte hin, wodurch aber immer zugleich auch wieder andere Aspekte ausgeblendet werden. Trotzdem ergeben sie einen interessanten Tour d'Horizon zu den Strategie-Perspektiven.

1. *Designschule: Strategie als bewusster, konzeptioneller Prozess*
Diese Betrachtung vertritt die Ansicht, dass sich die besten Strategien in einem logischen Prozess Schritt für Schritt entwickeln lassen. Dafür wurden Strategiemodelle und Vorgehens-Checklisten entworfen.[12] Die interne Situation des Unternehmens wird mit der externen Situation der Umwelt (und der Märkte) verglichen. Diese Betrachtung bringt Chancen und Gefahren ans Licht. Die Geschäftsleitung formuliert daraus ihre Strategien im Rahmen eines »logisch-schrittweisen« Vorgehens. Die Strategie beabsichtigt, die internen Stärken eines Unternehmens mit den Chancen in der Umwelt in Einklang zu bringen. Die Designschule wurzelt in den 70ern und ist bis heute weit verbreitet. Vor allem die Gilde der Berater hat eine Fülle an Vorgehensschemen zur Strategieentwicklung und Strategiedurchsetzung entwickelt und mit Erfolg vermarktet.
2. *Planungsschule: Strategie als formale Planung*
Die Strategien sind in der Planungsperspektive das Ergebnis eines durchstrukturierten Planungsprozesses.[13] Die Planungsschule ist mit der Designschule verwandt. Sie empfiehlt, bei der Strategieentwicklung einem methodisch strukturierten Vorgehen zu folgen. Die Planer liefern eine

Schritt-für-Schritt-Methodik mit klaren Arbeitspaketen, die von der Situationsanalyse, Strategieformulierung, Strategieumsetzung bis zum strategischen Controlling führen. Der Prozess der Strategieentwicklung wird durch ein Arsenal an Methoden und Verfahren unterstützt.
3. *Positionierungsschule: Strategie als Positionierung*
Strategie soll sich auf die Positionierung im Markt konzentrieren. Daher steht die Branchenentwicklung im Fokus. Bei diesem marktorientierten Ansatz, der stark auf den Arbeiten von Michael Porter von der Harvard University beruht, fragt sich der Stratege, wie man seine Stellung innerhalb einer attraktiven Branche oder in einem spezifischen Markt ausbauen kann. Der Strategieansatz geht davon aus, dass die Attraktivität der Branche ausschlaggebend für den Geschäftserfolg ist. Die Perspektive der Positionierungsschule ist wettbewerbsorientiert: Wie lässt sich Vorsprung erringen? Hierzu bietet die Positionierungsschule auch klare Strategiealternativen an. Firmen können sich durch die drei Strategieoptionen – Kostenführerschaft, Differenzierung oder Fokussierung – im Wettbewerb positionieren.[14] Die Positionierungsschule zeichnet sich dadurch aus, dass sie das strategische Verhalten auf umfangreiche empirische Analysen stützt. Sie wird auch als Marktdoktrin (market based strategy) bezeichnet.

Ein erfolgreiches Unternehmen hat drei Strategie-Fragen zu beantworten:
 – Welche Branchen oder Märkte sind für das Unternehmen ausgesprochen attraktiv? Welcher Markt bietet die attraktivsten Renditen?
 – Wie positionieren wir uns markant im Vergleich zu den anderen Anbietern in diesen Märkten? Welche Strategie verfolgen wir: Nutzen wir die Kostenführerstrategie mit den geringsten Kosten und besten Angebotspreisen, die Differenzierungsstrategie als Spezialitätenanbieter oder fokussieren wir uns auf Nischen in diesem Geschäft?
 – Wie lassen sich für alle anderen Unternehmen die Eintrittsbarrieren in diesen Markt erhöhen, um die eigene Stellung zu verteidigen?
4. *Unternehmerische Schule: Strategie als Vision*
Die Vision einer starken Führungskraft gibt der Unternehmensentwicklung Richtung und Energie. Der Ansatz steht im krassen Gegensatz zur Planungsschule. Er lehnt umfassende Analysen ab und betont Unternehmertum, Intuition, persönliches Engagement und Durchsetzungskraft. Vor allem Start-ups, kleinere und mittlere Unternehmen oder Nischenakteure basieren ihre Strategie auf einer »smarten Geschäftsidee« und engagiertem Unternehmertum.[15] Der Erfolg vieler Unternehmer oder CEOs mit starken Visionen bestätigt diese Sichtweise.
5. *Kognitionsschule: Strategie als Denkübung*
Diese Schule erforscht, wie Führungskräfte Informationen verarbeiten und daraus ihre Schlüsse zur Beantwortung strategischer Fragen ziehen.

Die Strategen entwickeln Modelle, Bezugsrahmen und Diagramme, um die geistigen Denkprozesse zu veranschaulichen.[16] Der Verstand des Strategen entscheidet in dieser Optik über den Erfolg oder Misserfolg einer Strategie. Entschieden wird meistens logisch-rational. Dieser neuere Ansatz brachte für die Praxis bisher wenige nutzbringende Erkenntnisse.

6. *Lernschule: Strategie als Lernprozess*
Der lernorientierte Ansatz betrachtet die Unternehmensentwicklung in einer längerfristigen Optik.[17] Es wird untersucht, was funktioniert, was nicht und welche Schlussfolgerungen das Management daraus gezogen hat. Die Lernschule sucht nach den »Lessons learned«, also nach den Einsichten für die Zukunft. Lernen findet im gesamten Unternehmen statt und nicht nur im Kopf des CEO. Man spricht auch vom organisatorischen oder institutionellen Lernen. Das Lernen zeigt sich in den Routinen, die das Unternehmen zu seiner Aufgabenerfüllung nutzt. Diese Schule geht davon aus, dass erfolgreiche Firmen einen Know-how-Vorsprung nutzen.

7. *Machtschule: Strategie als Macht zur Durchsetzung*
Strategie muss im Unternehmen nach innen und nach außen durchgesetzt werden. Dieser Ansatz konzentriert sich auf die Verhandlungs- und Machtprozesse.[18] Die Machtschule hat keine große praktische Bedeutung.

8. *Kulturschule: Strategie als kollektiver Prozess*
Die Kulturschule sieht die Strategiebildung als einen sozialen Prozess des gegenseitigen Austauschs.[19] Durch Kommunikation einigt man sich auf einen gemeinsamen Weg in die Zukunft. Mittels Sozialisation (Anpassung des Individuums an das Kollektiv) lernt der Einzelne die Grundvorstellungen des Unternehmens, seines Geschäfts, der Branche und des Marktes kennen. Die Strategie ist die gemeinsam getragene Zukunftsperspektive. Daraus werden firmenspezifische Kernkompetenzen aufgebaut und Ressourcen genutzt, um Wettbewerbsvorteile zu etablieren. Diese Schule heißt auch ressourcenbasierte Sichtweise der Strategie (resource-based view). Der geschickt eingesetzte Mix aus Fähigkeiten, Fertigkeiten, Kompetenzen sowie aller verfügbaren Mittel (Ressourcen) führen zu nachhaltigen Wettbewerbsvorteilen.

9. *Ökologische Schule: Strategie als Reaktion*
Wie verändert sich das Umfeld? Welche Konsequenzen hat dies für die Strategiefindung? Das Management wird in diesem Ansatz als eher passiv und reaktiv agierend betrachtet. Die strategische Führung reagiert auf die Entwicklungen in Markt und Wettbewerb.[20] Es gibt keinen besten Weg, um ein Unternehmen zu führen, sondern alles ist von der jeweiligen Situation abhängig. Diese Schule nutzt Evolutionstheorien für ihre Interpretationen des Unternehmensgeschehens (zum Beispiel natürliche Selektion oder Nischenbesetzung). Dieser Ansatz hat nur eine geringe Bedeutung.

10. *Konfigurationsschule: Strategie als ideales Muster*
    Für jede Situation in Markt und Wettbewerb sowie in der Entwicklungsdynamik eines Unternehmens gibt es eine ideale Konstellation.[21] Die Strategie muss immer zu einem bestimmten Muster aus Eigenschaften, Situationen und Handlungsformen passen. In dieser Schule werden die Ansätze der anderen Schulen eingebaut. Eine Start-up-Strategie passt nicht zu einem Großkonzern, der global agiert. So sucht diese Schule nach ganzheitlichen Konfigurationen (Mustern, Formen), die zueinander passen.

Strategisches Fundament: Werte als Orientierungsbasis

Das Fundament jeder Strategiearbeit sind die Werthaltungen der Führungskräfte, Unternehmer, Eigentümer und Mitarbeitenden. Diese Werthaltungen beeinflussen ihre Wahrnehmung, die Entscheidungsfindung und Realisierung von Maßnahmen. Häufig veröffentlichen die Unternehmen ihre zentralen Werte in aufwändig gestalteten Leitbildern, Führungsgrundsätzen oder Corporate-Identity-Dokumenten. Diese wichtigen Werthaltungen, Einstellungen und Überzeugungen bezeichnet der St. Galler Managementprofessor Hans Ulrich auch als Managementphilosophie.[22] In welchen Dokumenten lässt sich die Managementphilosophie eines Unternehmens erschließen?

- *Leitbild – Wie präsentiert sich das Unternehmen ganzheitlich?*
  Das Leitbild skizziert die langfristige Zielvorstellung des Unternehmens. Da es ein öffentliches Papier ist, können seine Maximen von allen Interessierten auch überprüft werden. Dadurch hat das Leitbild den Charakter eines »Grundgesetzes oder einer Verfassung«. Leitbilder wurden durch das Vordringen der angelsächsischen Begriffe Vision und Mission in den letzten Jahren verdrängt. Das »Mission Statement« hat in vielen Unternehmen seine Funktion eingenommen.
- *Vision – Wohin soll sich das Unternehmen entwickeln?*
  Die Vision skizziert, wo sich das Unternehmen in den kommenden Jahren sieht. Es ist eine Idealvorstellung der Zukunft des Unternehmens, die als Leitstern wirken und der Entwicklung Richtung geben soll.
- *Mission – Wem dient das Unternehmen? Welche Leistung erbringt es?*
  Die Mission umschreibt den Zweck des Unternehmens. Sie soll Orientierungspunkt oder Richtschnur für das Handeln der Mitarbeiter sein. Sie bietet den Mitarbeitenden Sinn für ihr Tun. Eine Mission legt dar, was das Unternehmen ist, was es tut und wofür es steht.
- *Werthaltungen – Wofür stehen wir ein?*

Die Werte zeigen, welche »Leidenschaften« ein Unternehmen hat und wie es Empathie, Wärme, Verständnis und Vertrauen schafft.
- *Führungsgrundsätze – Nach welchen Prinzipien arbeiten wir?*
Die Führungsgrundsätze beschreiben die Richtlinien der Führung und die Regeln für die Zusammenarbeit unter den Mitarbeitenden.
- *Identität – Wer sind wir?*
Die Corporate Identity (Unternehmensidentität) repräsentiert die Ganzheit aller Eigenschaften eines Unternehmens. Sie beruht auf der Vorstellung, dass Unternehmen wie Personen wahrgenommen werden und selber auch handlungsfähig sind. Die Identität soll den einzigartigen Charakter des Unternehmens profilieren. Sie spielt daher in der Unternehmenskommunikation eine wichtige Rolle.
- *Motto – Was gilt nun?*
Das Motto bringt einen Leitgedanken auf den Punkt. Manche Unternehmen nutzen das Motto zur Motivation der Mitarbeiter in Form eines anregenden Slogans oder »Schlachtrufs«.

All diese Dokumente und ihre Inhalte bilden das Fundament für die konkrete Strategieentwicklung. Oft sind sie in der Praxis eher »Motivationsaufhänger« oder »Imagegestalter« für Mitarbeitende, Geschäftspartner, die Öffentlichkeit und Kunden. Zudem überlappen sie in ihren Inhalten und sind untereinander auch nicht eindeutig abgrenzbar. Alle skizzieren einen anzustrebenden Idealzustand und bleiben im Vagen stehen. Im Gegensatz dazu ist die Strategie handlungsorientiert, konkret, auffordernd und griffig.

Fokusebenen: Blickwinkel von Strategien

Die *Unternehmensstrategie (Corporate Strategy)* beschreibt die alles übergreifende strategische Zukunftsausrichtung eines Unternehmens. Sie befasst sich mit der Positionierung der Geschäfte im Wettbewerb, der Profilierung und Differenzierung, der Vernetzung mit Partnern und mit der Ausrichtung auf bestimmte Branchen und Märkte.

Die *Businessstrategie (Business Strategy, Geschäftsfeldstrategie)* hingegen ist produkt-/marktbezogen. Ihr Blickfeld ist das konkrete Geschäft für bestimmte Zielgruppen oder Marktsegmente. Hier spielt die Konkurrenzsituation für strategische Überlegungen eine wichtige Rolle. Daher muss sie folgende Fragen beantworten: Wie erringen wir nachhaltige Wettbewerbsvorteile gegenüber den anderen Anbietern in den Geschäftsfeldern? Und wie können wir dem Kunden einen möglichst hohen Wert mit unseren Produkten und Dienstleistungen bieten? Unter einem Geschäftsfeld wird eine Produkt-Markt-Kombination verstanden. Werden die strategischen Geschäftsfelder auch in der Organisationsstruktur des Unternehmens verankert, so nennt man diese organisatorischen Einheiten dann strategische Geschäftseinheiten (SGE).

Der Strategiebegriff wird heute (fast schon) inflationär genutzt. So entwickelt und verfolgt praktisch jeder organisatorische Bereich seine eigene »*Funktionsstrategie*«. So findet man Marketingstrategien, Finanzstrategien, Forschungs- und Entwicklungsstrategien, Logistikstrategien oder Personalstrategien. Sie alle beziehen sich auf zeitlich abgesteckte, meist kurz- oder mittelfristige Planungen für eine Abteilung. Alle organisatorischen Bereiche leisten ihre Beiträge zur übergeordneten Stoßrichtung und verfolgen daraus abgeleitet wichtige spezifische Zielsetzungen und umfassende Maßnahmen. Alle funktionalen Strategien haben sich aber konsequent an der übergeordneten Unternehmens- und der Businessstrategie auszurichten, da sie aus der Gesamtperspektive betrachtet jeweils nur ein Mittel unter vielen anderen zu deren Umsetzung darstellen.

Strategische Analyse: Die richtigen Fragen stellen

Ausgangslage jeder strategischen Arbeit ist eine umfassende Innen- und Außenbetrachtung, die durch eine Unternehmensanalyse und Umfeldanalyse erfolgt. Ein Unternehmen, das sich mit dem Thema seiner strategischen Positionierung in Markt und Wettbewerb sowie mit der Gestaltung seiner längerfristigen Zukunft befasst, hat seine internen Stärken und Schwächen zu beurteilen. Ebenso unerlässlich ist die Außenbetrachtung, der Blick in die Situation auf den Beschaffungs-, Absatz- und Substitutionsmärkten, sowie die Interpretation von politischen, gesellschaftlichen und technologischen Entwicklungen für die Geschäftstätigkeit. Die Harvard Business School entwickelte den »SWOT«-Bezugsrahmen, der eine große praktische Verbreitung erlangt hat.[23] Die SWOT-Analyse stellt vier zentrale Fragen: Die ersten beiden zur *Unternehmensanalyse*, die zweiten beiden zur *Umfeldanalyse*. Sie lauten:

1. S für *Strengths*: Auf welchen Stärken setzt unser Business?
2. W für *Weaknesses*: Welche Schwächen hemmen die Entwicklung?
3. O für *Opportunities*: Welche attraktiven Chancen sind auszumachen?
4. T für *Threats*: Welche Gefahren könnten die Entwicklung behindern?

Dieses Basiswerkzeug zur Bestimmung der strategischen Ausgangslage bietet auf eine einfache Art eine übersichtliche Zusammenstellung der firmeninternen Stärken/Schwächen und der firmenexternen Chancen/Gefahren (Abbildung 3). Bei der Umfeldanalyse werden Marktentwicklungen, aber auch rechtliche, gesellschaftliche, technologische oder ökologische Trends für die Geschäfte des eigenen Unternehmens bewertet. Die Unternehmensanalyse beruht auf einer Selbsteinschätzung der eigenen Strategien, Strukturen, Systeme und Prozesse. Als Beurteilungsmaßstab werden die eigenen Leistungen mit denjenigen der führenden Konkurrenten verglichen um eine »objektivere Einschätzung« zu gewährleisten. Zwei zentrale Folgefragen ergeben sich: (1) Welche Umfeldchancen lassen sich mit den verfügbaren Unternehmensstärken besonders nutzen? (2) Wie können die vorhandenen Stärken eingesetzt werden, um Umfeldgefahren frühzeitig zu begegnen?

Abbildung 3: SWOT-Analyseraster

In den Anfängen des strategischen Managements konzentrierten sich Strategen besonders auf die Beseitigung von Schwächen. Auch heute noch herrscht in manch einem Unternehmen eine wahre Sucht nach »Selbstkasteiung«: Es werden Schwächen mit großer Akribie gesammelt sowie umfassende Maßnahmenkataloge daraus abgeleitet, um die festgestellte Situation zu verbessern. Doch diese Verbesserungen führen nicht immer zu merklichen strategischen Fortschritten, sondern oft nur zu einem Mitziehen mit einem Mittelmass, einem Status quo oder mit der Konkurrenz. Die Energien und

Ressourcen des Managements und der Beschäftigten können effizienter und effektiver genutzt werden.[24] Zuerst sind die Geschäftschancen ins Zentrum zu rücken, und dann sind die vorhandenen Stärken sukzessive immer weiter auszubauen. Erst in der Folge kommen die Schwächen ins Spiel: Dabei sind vor allem diejenigen Schwächen anzugehen, welche auf dem Weg in die Zukunft behindern.

Einschätzung

Die SWOT-Analyse ist ein bewährtes Instrument. Es bieten sich heute aktuellere, differenziertere Konzepte für die Analyse und die Positionierung des Geschäfts an.[25] Zeitgemäße SWOT-Ansätze drehen die Reihenfolge der Fragestellungen um auf TOWS, um besonders zu betonen, dass bei erfolgreichen Strategien Markt- und Umfeldentwicklungen im Vordergrund zu stehen haben. Die strategische Zukunftsgestaltung einzig auf einer klassischen SWOT-Analyse aufzubauen gilt heute als überholt. Wer es verpasst, die Einschätzung der Gegenwart und der Zukunft realitätsnah zu erfassen, vergibt sich Chancen. Die strategische Analyse hat ergebnisoffen, trendbezogen, kunden- und wettbewerbsorientiert sowie vor allem selbstkritisch zu erfolgen. Eine professionell und selbstkritisch realisierte SWOT-Analyse ist ein »Reality Check« für das Unternehmen.

Strategische Planung: Die richtige Arbeitsmethodik

Viele Wissenschaftler, Berater und Unternehmensplaner haben zu diesem Thema eine Fülle an Vorgehensschemen und Phasenmodellen entwickelt. Betrachtet man die vielen Vorgehensvorschläge nebeneinander, so verwischen sich die Unterschiede, und man stellt fest, dass die Begriffsetiketten immer wieder gleiche Inhaltsschritte benennen.
Folgende Phasen lassen sich bei der strategischen Planung grundsätzlich unterscheiden (Abbildung 4):

1. *»Strategische Ausgangslage«*
   In der ersten Phase werden die Daten und Informationen zur Strategieentwicklung zusammengetragen. Wo steht man? Dies ist der Zeitpunkt, in dem man seine strategische Performance mit denen der Konkurrenten vergleicht, aber auch mit den Anforderungen und Wünschen der Kunden und mit den gesteckten Zielen. Häufig eingesetzte Instrumente sind die SWOT-Analyse oder Porters »Fünf-Kräfte-Schema«. In dieser Phase werden die konkreten strategischen Fragen und Herausforderungen für das Geschäft entwickelt.

2. »*Strategieformulierung*«
Die Strategieformulierung befasst sich mit der Frage: »Was gibt es in Anbetracht der Ausgangslage zu tun?« Hier werden die strategischen Fragen der strategischen Ausgangslage beantwortet: Vor welchen attraktiven und welchen negativen Entwicklungen steht unser Business? Was muss getan werden? Welche attraktiven Geschäftschancen sehen wir? Was wollen wir erreichen? Was müssen wir dafür alles unternehmen?
3. »*Strategieimplementierung*« *(Umsetzung, Realisierung, »Alignment«)*
Die Realisierung konzentriert sich auf das Herunterbrechen der strategischen Globalziele auf die organisatorischen Einheiten und Schlüsselpersonen. Die Umsetzung der Strategie geschieht mithilfe von Programmen, Initiativen, Budgets, Maßnahmenplänen und umfassender Kommunikation an die Betroffenen. Auch die benötigten Ressourcen (Personal, Maschinen, Zeit, Finanzen) sind zu bestimmen.
4. »*Strategie-Controlling*« *(Aktualisierung, Evaluation, Strategierevision)*
Hier wird verglichen, ob die Strategieziele zu den gewünschten Ergebnissen geführt haben und Fortschritte werden bewertet. Betrachtet man die Planung zirkulär, startet hier der gesamte Prozess erneut.[26]

Abbildung 4: Strategieplanung – Modell der Harvard University[27]

Zielsysteme: Shareholder Value versus Stakeholder Value

Shareholder Value

Es gibt kaum eine Zielgröße, die seit den 80er-Jahren so viel Aufmerksamkeit bekommen hat wie der Shareholder Value. Diskussionen über seinen Stellenwert im Bereich der strategischen Führung werden heute noch kontrovers in Gesellschaft, Politik und Wirtschaft geführt.

Wörtlich heißt Shareholder Value »Aktionärswert« (Aktionärsvermögen, Unternehmenswert, Marktkapitalisierung). Er ist, präziser formuliert, der Marktwert des Eigenkapitals eines Unternehmens. Mathematisch ist er die Summe aller diskontierten Zahlungsströme (Eingänge/Ausgänge) abzüglich des Fremdkapitalwerts. Zum gleichen Ergebnis gelangt man, indem man alle gegenwärtigen und zukünftig erwarteten Gewinne und Ausschüttungen aufaddiert.

Dieser Wert wird von Führungskräften, Investoren und Finanzfachleuten als einer der Schlüsselindikatoren für den Erfolg des Managements interpretiert. Eine erfolgreiche Führungsarbeit erhöht den Aktien- beziehungsweise Unternehmenswert und kann so einfach auf eine einzige Kennzahl (Aktienrendite) reduziert werden. Insbesondere die Vertreter des Value-based-Managements fordern, dass sich die Unternehmensleitung bei all ihren Aktivitäten mit Vorrang auf die Erhöhung des Unternehmenswertes zu konzentrieren habe. Der Shareholder Value klärt den Unterschied zwischen rentablen und unrentablen Geschäften. Damit liefert er auch eine einfache strategische Handlungsregel: Geschäfte, welche den Shareholder Value reduzieren, sind abzustoßen; Geschäfte, die ihn erhöhen, sind nachhaltig auszubauen.

Alfred Rappaport, der das Konzept in den 80er-Jahren als Leitstern für eine professionelle Unternehmensführung propagierte, fordert, dass die Dividenden (oder der Aktienkurs) die Kosten für das Fremdkapital übertreffen müssen.[28] Der Eigentümer eines Unternehmens geht höhere Risiken ein als derjenige, der in festverzinsliche Anlagewerte (zum Beispiel: Bonds) investiert. Wird dieses Zusatzrisiko nicht besonders entschädigt, wäre es sinnvoller, die investierten Mittel abzuziehen und die frei werdenden Mittel direkt im Kapitalmarkt anzulegen.

Radikal handelnde Finanzspezialisten trimmen Unternehmen nach dem Shareholder-Value-Konzept. So realisieren sie kurzfristig Höchstrenditen, was natürlich auf Kosten der längerfristigen Substanz eines Unternehmens geht. Radikalkuren können zur Auflösung ganzer Abteilungen, zur Knebelung von Zulieferern, zur Unterlassung notwendiger Investitionen, zur Reduktion von Forschungs- und Entwicklungsbudgets oder zur Veräußerung von später benötigten Substanzwerten für Erweiterungen und Wachstum führen. Ein einseitig nach dem Shareholder Value geführtes Unternehmen unterliegt der Versuchung seine strategische Zukunft auf Spiel zu setzen.

Stakeholder Value und Shared Value

Ein Unternehmen, das heute offen zugibt, gewinnorientiert zu handeln, macht sich verdächtig. Es setzt sich dem Vorwurf aus, eigennützig, ja rein kapitalistisch zu handeln und seiner sozialen Funktion für das Gemeinwohl nicht nachzukommen. Eine Alternative zum (zu) eng renditeorientierten Shareholder Value ist der »Stakeholder-Ansatz« (Anspruchsgruppen-Ansatz) und der »Shared Value-Ansatz«. Stakeholder sind interessierte Kreise, die an der längerfristigen Entwicklung des Unternehmens interessiert sind. Hierzu gehören Anspruchsgruppen wie Mitarbeiter, Kapitalgeber, Lieferanten, Handelspartner, Gewerkschaften oder Kunden, aber auch die Kommune oder der Staat. Die strategische Ausrichtung konzentriert sich nicht nur auf die Interessen der Eigentümer oder Anteilseigner, sondern trägt den multiplen Ansprüchen im Umfeld des Unternehmens Rechnung. Das strategische Management muss es verstehen, die Interessen der verschiedenen Anspruchsgruppen in Einklang mit der Geschäftsentwicklung zu bringen. Dies bedingt eine längerfristig orientierte, umsichtige Führung, welche in Balance mit dem sozialen, ökonomischen, technologischen und ökologischen Umfeld steht.

Das »Shared-Value-Konzept«, welchem sich nicht nur Nestlé verpflichtet hat, sondern auch andere multinationale Konzerne, wurde durch den Harvard-Professor Michael Porter lanciert.[29] Gemäß seiner Auffassung sollte sich der Zweck eines Unternehmens nicht im Erzielen eines Gewinns erschöpfen, sondern in der Erbringung »gesellschaftlicher Werte« (Shared Values). Beispiele dafür sind die Bemühungen Coca-Colas um einen haushälterischen Umgang mit Wasser, Vodafones Angebot sehr günstiger Mobiltelefone für weniger zahlungsfähige Kunden oder Wal-Marts Bestrebungen zur Reduktion von Verpackungsmaterial und Abfall.

Strategisches Verhalten: Anpassen oder Gestalten

Strategischer Fit: Wenn alles zusammenpasst

Für den Strategieexperten Igor H. Ansoff ist es eine Erfolgsvoraussetzung, die zentralen Elemente eines Unternehmens auf seine strategische Ausrichtung zu koordinieren. Passen beispielsweise die Strukturen und Prozesse nicht zur beabsichtigen Strategie, dann ist eine wirkungsvolle Umsetzung per se ausgeschlossen. Analog gilt dies auch für die Kulturseite: Stehen die Führungskräfte und Mitarbeitenden nicht hinter der strategischen Ausrichtung, wird eine erfolgreiche Umsetzung kaum möglich. Ansoff spricht hier von einem »unternehmensinternen strategischen Fit« (internal strategic fit) als unbedingte Erfolgsvoraussetzung für eine effektive Strategieumsetzung.

Dieser interne Fit allein genügt für den nachhaltigen Strategieerfolg aber noch nicht. Was fehlt? Die Strategie muss selbstverständlich auch zu ihrem Umfeld passen und im Markt entsprechende Wirkungen entfalten. Beim »unternehmensexternen strategischen Fit« (external strategic fit) wird die Abstimmung der Strategie mit dem Markt und dem allgemeinen Umfeld angesprochen. Das Wichtigste aber ist, dass die Strategie zu den Kundenwünschen, der Marktentwicklung und dem allgemeinen Umfeld des Unternehmens passt. In der Sprache von Ansoff hat eine Strategie daher »doppelt zu passen«. Jede Strategie ist darauf zu überprüfen.

Strategisches Dehnen: Über die Gegenwart hinausdenken

Strategie muss in sich rasch verändernden Märkten den Charakter eines »Gummibands« haben. In einem dynamischen Umfeld heißt strategisches Denken, über das heutige Business hinauszudenken. Man hat sich bei strategischen Fragestellungen auch mit Entwicklungsalternativen (Szenarien) auseinanderzusetzen: Was könnte alles eintreten? Welche Chancen wären möglich anzupacken? Welche Zukunftsoptionen hat das Business in einer umfassenden Perspektive? Die Strategie-Denker Hamel und Prahalad sprechen hier vom »strategischen Dehnen« (strategic stretch), dem über das heute Existierende Hinausdenken.[30]

In der Vorstellung des »Strategic Stretch« hat sich Strategie nicht nur an den heute vorhandenen Möglichkeiten, wie den jetzigen Stärken, nutzbaren Fähigkeiten und vorliegenden Ressourcen zu orientieren. Das strategische Denken soll durch die heutige Situation nicht eingeengt werden. »Dehnt« man die Strategievorstellung, so gilt es das Alltägliche, Gewohnte und Normale zu überwinden, um einen echten strategischen Sprung zu machen. Google, Toyota, Sony, IBM, Fujifilm oder Amazon sind Erfolgsbeispiele für Unternehmen, die über das Normale in ihrer Branche hinwegdachten. Sie alle haben sich von innen heraus umfassend verändert und neue Positionen im Wettbewerb eingenommen. Ihr Strategic Stretch entfachte zudem eine hohe innere Motivation der Führungscrew und der Mitarbeitenden. So waren sie in der Lage, selbst etablierte Wettbewerber von ihren dominanten Positionen zu verdrängen (Beispiel: Honda gegen GM). Dank ihrer konsequenten Ausrichtung aller Aktivitäten an maximaler Effizienz (Produktivität) schafften sie es, Marktführer zu überholen, auch wenn diese über größere finanzielle Mittel verfügten. Hamel und Prahalad sprechen hier von einer strategischer Hebelwirkung (strategic leverage), da die Strategie dazu führt, dass die notwendigen Ressourcen und Fähigkeiten frühzeitig etabliert und strategiefokussiert genutzt werden. Das Unternehmen muss sich also nicht nur an seine Märkte und sein Umfeld anpassen (Fit), sondern insbesondere neuere Entwicklungen, interessante Trends und attraktive Innovationen aufgreifen. Strategie muss »vorausdenken« (Stretch) und die vorhandenen Fähigkeiten und Ressourcen im Sinne der neuen strategischen Ambition mit immer höherer Effizienz und Effektivität nutzen (Leverage).

Strategic Intent: Die Zukunft visionär gestalten

Mit dem Konzept des »Strategic Intent« (strategische Absicht) empfehlen die beiden Strategieexperten, eine wirklich radikale Zukunftsvision für das Geschäft zu entwerfen.[31] Diese soll eine Zukunft des Geschäfts skizzieren, wie sie heute für das Unternehmen noch nicht existiert, aber durchaus im Bereich des Möglichen liegen könnte. Der »Strategic Intent« soll ein großer Schritt für die Zukunft des Business werden. Diese Sichtweise zwingt das Management und die Entscheidungsträger, über ihren Geschäftsalltag und das Gewohnte hinauszudenken. Diese Vision soll wie ein unwiderstehlicher Traum wirken, der den inneren Antrieb beflügelt.

Das Konzept des »Strategic Intent« führt die oft zu bunten Imagebroschüren verkommenen Vision- und Mission-Statements vieler Unternehmen wieder zurück auf ihren eigentlichen Zweck. Ihre Inhalte sollten echt, originär, knackig und griffig sein (und nicht nur vage, unverbindliche Aussagen enthalten). Die beiden Strategen legen damit den Finger auf eine der Wunden des strategischen Managements, welches in vielen Chefetagen zu einem unliebsamen Ritual verkommen ist. In manchem Unternehmen ist die Prozedur der Strategieentwicklung wichtiger geworden als sein Inhalt. Strategien müssen wieder origineller werden. Strategien benötigt man nicht zur Zukunftssicherung, sondern vor allem zur Gestaltung einer attraktiven Zukunft.

Strategisches Fenster: Raus aus der Komfortzone

Menschen brauchen Routinen (Gewohnheiten) zur Bewältigung des Alltags. Führungskräfte machen davon keine Ausnahme, vor allem dann, wenn sie mit ihren bisherigen Strategien erfolgreich unterwegs sind. »Was soll man schon ändern, wenn's gut läuft?« kann eine gefährliche Aussage sein. Gerade wenn man sich in einer derartigen Komfortzone befindet, kann dieses Verhalten geschäftsgefährdend sein. Langfristiger und nachhaltiger Erfolg führt zur strategischen Bequemlichkeit: Man glaubt, aus einer Position des Siegers jederzeit rasch und konsequent handeln zu können.

Die Schweizer Uhrenindustrie ist ein gutes (negatives) Beispiel, wie Veränderungen zwar erkannt, ihre negativen Konsequenzen aber von den Führungskräften, die es sich in der strategischen Komfortzone bequem machten, heruntergespielt wurden. Diese Fehlinterpretation führte in den 70er-Jahren beinahe zum Kollaps der gesamten Schweizer Uhrenindustrie. Billige Digitalzeitmesser aus Fernost überschwemmten in der »Quarzkrise« die Welt, obwohl das Patent zuerst den Schweizern angeboten wurde. Das gesamte damalige Geschäftsmodell der schweizerischen mechanischen Uhren wurde durch die asiatischen Elektronikzeitmesser revolutioniert.

Strategische Bequemlichkeit in der Komfortzone des Erfolgs zeigte auch der amerikanische Kodak-Konzern. Seine marktbeherrschende Stellung im Film- und Fotobusiness ist Vergangenheit. Viel zu lange begriff die Kodak-Geschäftsleitung nicht, dass Filmrollen und Papierbilder ihre goldenen Zeiten hinter sich haben. »Bits und Bytes können doch Papierbilder nicht ersetzen!«, dachten sich die Entscheider. Doch das analoge Fotogeschäft schrumpfte bis zur Marginalie, und Kodak verpasste den boomenden Markt des digitalen Fotogeschäfts. Diese strategische Blindheit aufgrund vermeintlicher Stärke und Marktdominanz behindert die Innovationsdynamik. Sie würgt selbstreflektierende, selbstkritische und kreative Ideen ab. Und sie bremst die Bereitschaft sich auf den Wandel einzulassen. Der einstige Chefstratege von General Electric und Professor für strategisches Management, Noel Tichy, empfiehlt, dass man sich in im Voraus festgelegten Perioden der ungeschminkten Realität stellen soll, um Risiken abzuwenden und um frische Geschäftschancen nicht zu verpassen.[32]

Strategische Führung ist kein einmaliger Akt, bei dem man einmal einen strategischen Plan entwirft und sich dann um dessen Realisierung kümmert. Strategie ist ein Prozess. Steht eine Strategie, so kann diese nicht ohne laufende Adaption über Jahre immer weiter verfolgt werden. Je nach Markt, Konkurrenzsituation und Geschäft unterliegen auch aktuelle Strategien dem permanenten Zerfall (strategic decay).[33] Daher sind sie in Bezug auf ihre Aktualität und Relevanz immer wieder kritisch zu hinterfragen. Zudem ist der Stress des Tagesgeschäfts für viele Führungskräfte heute dermassen hoch, dass die wichtigen, aber längerfristigen und daher leicht verschiebbaren Strategiethemen oft viel zu lange liegenbleiben.

Gary Hamel ist in seinen Arbeiten diesem strategischen Zerfall auf der Spur. Der Zerfall von Strategien führt seines Erachtens dazu, dass suboptimale, nicht mehr passende oder gar obsolete Strategien zu lange in Unternehmen gültig bleiben. Jede noch so brillante Geschäftsidee unterliegt einem Alterungsprozess. Strategien verlieren ihren Biss und ihr Drehmoment, führen zu schlechteren Geschäftsergebnissen und nutzen die Ressourcen (Personen, Zeit, Material, Finanzen) suboptimal.

Um dem strategischen Zerfall entgegenzutreten, empfiehlt Gary Hamel, drei Fragen zu stellen, welche das Ablaufdatum einer Strategie besiegeln:[34]

1. Trotzt die Strategie den aktuellen Herausforderungen der Wettbewerber, indem sie auf eigene nachhaltig wirksame Wettbewerbsvorteile setzt? Ist sie noch die Basis für außerordentliche finanzielle Erfolge?
2. Sinkt die Aktualität und Bedeutung der Strategie aufgrund eines neuen politischen, sozialen, technologischen oder ökologischen Prozesses?
3. Verlangsamt sich die positive Entwicklung der Schlüsselkennzahlen, die den strategischen Fortschritt messen (key performance metrics)?

Werden alle drei Fragen mit »ja« beantwortet, ist es höchste Zeit für eine umfassende Strategieaktualisierung (Strategie-Update, Strategy-Review).

Jede Strategie ist nur während einer bestimmten Zeitperiode passend. Derek Abell, Strategieexperte und Professor am IMD, einer führenden Business School im schweizerischen Lausanne, spricht hier vom »strategischen Fenster« (strategic window).[35] Dieses strategische Fenster öffnet man bei der Lancierung und schließt es wieder, wenn die Strategie veraltet und nicht mehr griffig genug ist. Somit hat jede strategische Aussage ihre spezifische zeitliche Gültigkeit. Das richtige strategische Timing ist ein zentrales Merkmal wirksamer, erfolgreicher Strategien. Viele Firmen begehen die Nachlässigkeit, ihre Strategien nicht konsequent genug zu aktualisieren und damit auch einen idealen Exit-Zeitpunkt zu verpassen.

Jede gute Militärstrategie zeichnet sich dadurch aus, dass eine Exit-Strategie schon beim Kriegseintritt vorliegt. Die amerikanische Bush-Administration wurde für das Fehlen von Exit-Strategien in der Afghanistan-Krise und im Irakkrieg heftig kritisiert.

Derek Abell stellt fest, dass strategische Fenster in der Praxis viel zu lange geöffnet bleiben. Dies führt zum Schluss, dass in einer modernen Auffassung strategische Ziele, Initiativen oder Maßnahmen jeweils mit einem »provisorisch im Voraus geplanten Ablaufdatum« (planned obsolescence) versehen werden sollten. An diesem Verfalltermin muss das Strategie-Thema auf den Tisch, um einen Status festzustellen oder um das weitere Vorgehen zu klären.

Strategie-Palette: Übersicht in der Welt der Strategien

Die Strategie-Palette ist eine Schlüsseldarstellung in diesem Handbuch. Sie präsentiert eine Übersicht zu den wichtigsten strategischen Konzepten, welche aktuell in Wissenschaft, Beratung und Praxis Beachtung finden (Abbildung 5). Die Strategie-Palette dient als ein Wegweiser durch den Dschungel der Strategiewelt. Ihrer Logik folgt auch die Präsentation der einzelnen strategischen Konzepte und Ansätze in diesem Handbuch. Auch der am Schluss des Buches angefügte Strategie-Check folgt dieser Gliederung.

Zudem lässt sich die Strategie-Palette als Themenraster für die Suche nach strategischen Impulsen an Strategiediskussionen oder zur Erweiterung des Geschäftsspektrums praktisch einsetzen.

Abbildung 5: Strategie-Palette (Übersichtstableau der Strategien)

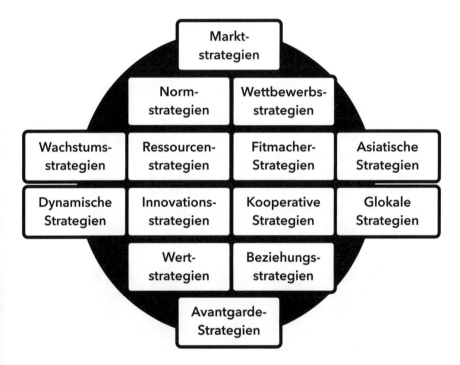

Marktstrategien:
Hebel der Marktbearbeitung

Wie ich pleiteging? –
Zuerst Schritt für Schritt, dann plötzlich total.
Ernest Hemingway

»4P«-Strategien: Formel professioneller Marktbearbeitung

Marktstrategien haben ihren Ursprung im Marketing. Der auf die Marktbearbeitung und Markterschließung ausgerichtete Teil der Unternehmensstrategie ist die Marketingstrategie. Sie gestaltet, wie Angebote zu vermarkten, Kunden zu gewinnen, Marken zu etablieren, Produkte zu distribuieren sowie die Kommunikation zwischen Unternehmen und Kunden zu gestalten ist. Dem strategischen Marketing kommt zudem die Aufgabe zu, das Unternehmen und seine Geschäfte gegenüber den Konkurrenten differenziert zu profilieren.

Der Harvard-Marketingprofessor Jerome McCarthy entwickelte in den 60ern die Strategie der »4Ps«, welche der bekannte Marketing-Guru Philip Kotler in der Folge weltweit vermarktete.[36] Je nach Markt werden vier Strategiebausteine zielgruppengerecht ausgerichtet und durch einen ganzen Strauß an Maßnahmen gestützt. Welche vier »P's« gestalten die Marktstrategie?

1. *»Produkt«: Produktstrategie*
    Das traditionelle Marketingdenken folgt der Regel: »Gute Produkte verkaufen sich von selbst.« Meistens, doch wirklich schlechte Produkte gehören heute eher der Vergangenheit an. Gute Produkte, ja, viel zu viele gute Produkte füllen die Regale und buhlen um die Käufergunst. Dieser erste P-Baustein konzentriert sich auf die Themen: Produktgestaltung, Funktionalität des Angebots, Produktdifferenzierung, Einsatz- und Nutzungsbereiche, Designfragen, Qualitätsniveaus, Verpackungsformen, Markengestaltung, Service-Pakete, Support, Garantien.
2. *»Preis«: Preisstrategie*
    Beim zweiten Baustein drehen sich die marketingstrategischen Entscheidungen um das Thema »Pricing« (Preisgestaltung). Hierzu gehören: Lis-

tenpreise, Rabattstaffelungen, psychologische Preisgestaltung, Sonderdiscounts, Sonder-Aktionen, Angebotsfinanzierungen, Leasingoptionen.
3. »*Platzierung« (place): Distributionsstrategie*
Dieser Baustein beantwortet die Frage: »Ist das Produkt zur richtigen Zeit am richtigen Ort und in der richtigen Menge verfügbar?« Hierzu gehören: Standortwahl, Vertriebspartnerschaften, Logistik, Handelspolitik, Vertriebskanäle, Marktabdeckung, Servicestellen, aber auch die virtuelle Platzierung im Internet.
4. »*Promotion«: Promotionsstrategie*
Promotionselemente sind: Werbung, Öffentlichkeitsarbeit (Public Relations), Verkauf, Direktverkauf, Mundpropaganda, Internetpromotion, Point-of-Sales-Aktionen sowie die Mediagestaltung.

Die »4P«-Typologie von McCarthy/Kotler ist der weltweit bekannteste und am häufigsten genutzte Strategieansatz. Unzählige Markt- bzw. Marketing-Strategien folgen ihrer prägnanten Logik.

»7P«-Strategien: Erweiterung der Marktbearbeitung

Im Lauf der Zeit wurden immer wieder Versuche unternommen, die vier klassischen Bausteine des Marketing-Mix zu erweitern. Daraus wurde der Marketing-Mix der »7P« entwickelt, welchen die Marketingexperten Bernard Booms und Mary Bitner lancierten.[37] Der Ansatz ist vor allem für Unternehmen in der Dienstleistungsbranche von Nutzen. Neben den bereits dargestellten »4P«-Bausteinen werden die folgenden strategischen Zusatzthemen empfohlen:

1. »*People« (Mitarbeiter)*
Bei Dienstleistungen wird die Leistung durch die Mitarbeiter erstellt. Ihr Service ist damit ein Teil des Angebots. Die Friseurin, der Concierge, der Handwerker vom Schlüsseldienst, die Bedienung in der Bar oder der Chauffeur des Reisebusses haben einen direkten und wesentlichen Einfluss auf die Wahrnehmung der Leistung durch den Kunden. Daher ist dieser Leistungsteil aktiv zu gestalten.
2. »*Prozess« (process)*
Abwicklungen, Prozeduren oder Organisationsabläufe vereinfachen oder verkomplizieren die Beziehung zum Kunden. Daher gehört die kundenfreundliche Prozessgestaltung zu jedem professionellen Marketing-Mix.
3. »*Physisches-Umfeld« (physical evidence)*
Das Umfeld, in dem eine Dienstleistung erbracht wird, beeinflusst die Wahrnehmung und das Erleben der Leistung selbst. Dieses physische Umfeld lässt

sich so gestalten, dass sich die Zufriedenheit der Kunden erhöht und das Image verbessert. Der Kunde soll nicht nur zufrieden sein, sondern durch die Leistungen und Angebote begeistert werden.

Die aufgefächerten P-Bausteine verfeinern die Marktbearbeitung. Die folgenden C-Bausteine aber stellen das klassische Marketing-Denken auf den Kopf.

»4C«-Strategien: Konsequent kundenorientiert handeln

Das marktstrategische Konzept der »4P« ist wegen seiner Einfachheit in der Praxis vieler großer und kleiner Unternehmen enorm verbreitet. Doch das Zeitalter offener, transparenter, vernetzter und virtueller Märkte fordert eine radikale Umkehr der Denklogik: Früher stand auf dem Banner der Marktstrategen die Verkaufsorientierung, heute ist es die Kundenorientierung.[38]

Kundenorientierung ist nicht nur ein Schlagwort, sondern in letzter Konsequenz eine frische Perspektive auf das eigene Business. Die Denkrichtung der Geschäftsbetrachtung dreht sich um 180 Grad. Statt der Frage »Wie verkaufe ich meine Produkte an den Kunden?« steht nun die Frage »Wie begeistere ich oder fasziniere ich den Kunden für meine Angebote?« im Fokus.

Das »4C« löst das bekannte Konzept der »4P« nicht ab. Nicht die neuen Kürzel machen die Stärke des neuen Ansatzes aus, sondern die Perspektivumkehr: Weg vom »Verkaufen« hin zur Betrachtung der Geschäftsbeziehung aus die Augen der Kunden. Die C-Strategien lösen die P-Strategien nicht ab, sondern sind eine wertvolle Komplettierung. Durch sie lassen sich innovative Geschäftseinsichten und frische Marktstrategien entwickeln. Wie lauten die »4C«?

1. »*Customer Value*« statt »*Produktstrategie*«: *Welchen Gesamtnutzen (Customer Value) bietet das Produkt dem Kunden?*
Klärung, was der Kunde wirklich will, was er braucht, worauf er verzichten kann. Produktentwicklung in enger Zusammenarbeit mit dem Kunden. Betrachtung des Umfelds, in dem der Kunde die Produkte nutzt.
2. »*Cost to the Customer*« statt »*Preisstrategie*«: *Welche Aufwendungen entstehen für Kunden?*
Welche Gesamtkosten (oder besser gesamte Aufwendungen) entstehen dem Kunden beim Kauf des Produkts oder bei der Inanspruchnahme einer Dienstleistung neben dem Produktpreis? Beispiel: Welchen Weg muss der Kunde bis zum Point of Sales zurücklegen, um das Produkt zu erwerben? Wie lange muss er dort auf einen Parkplatz warten? Wie aufwändig ist das Zahlungssystem für den Kunden? Benötigt der Kunde Vorkenntnisse, um

das Produkt zu nutzen? Muss der Kunde das Produkt vor der Nutzung zusammensetzen? Welche Aufwendungen und Kosten entstehen dem Kunden bei der Entsorgung des Produktes?
3. *»Convenience« statt »Distributionsstrategie«: Wie lässt sich die Bequemlichkeit der Nutzung für den Kunden erhöhen?*
Wie einfach gestaltet der Anbieter die Nutzung von Produkt und Service: 24/7-Hotlines, Kaizen-Updates (Verbesserungen), Anleitungen, Parkplätze, 0800er Telefonnummern, Internetsupport, Servicekonzepte, Garantien?
4. *»Communication« statt »Promotionsstrategie«: Wie lässt sich die Kommunikation mit dem Kunden vertiefen?*
Ist die Kommunikation einfach, klar, prägnant und zum Angebot passend? Wird in der Sprache des Kunden gesprochen? Spricht man über Nutzen und Funktionen statt über technische Eigenschaften? Bietet man direkte Kontaktpunkte? Angestrebt wird ein intensiver Dialog mit dem Kunden (Dialogmarketing).

Produktlebenszyklus: Strategierezepte aus dem Lehrbuch

Jeder biologische Organismus folgt einer Entwicklungsdynamik von Entstehung bis Untergang. Folgen Produkte in ihrer Entwicklung auch dieser Gesetzmäßigkeit? Die Betriebswirtschaftslehre geht davon aus, dass sich Produkte und Dienstleistungen umsatz- und ertragsmäßig entlang eines Lebenszyklus (Life Cycle Management) entwickeln.[39]

Der Harvard-Professor Theodore Levitt hat den Produktlebenszyklus zu einem strategischen Werkzeug entwickelt. Danach Produkte folgen bei ihrer Umsatz- und Gewinnentwicklung einem Zyklus in Analogie zu Lebewesen: von Einführungsphase über Wachstumsphase und Reifephase zur Degenerationsphase. Die Phasen unterscheiden sich durch eine jeweils spezifische Markt- und Wettbewerbssituation, eine dazu passende Marktstrategie sowie durch die zu erwartenden Finanzergebnisse. Doch bei diesem grundsätzlich einleuchtenden Konzept ist Vorsicht geboten: Die Vorstellung, dass sich Absatz-, Umsatz- und Gewinnentwicklung von Angeboten entlang eines Lebenszykluspfads entwickeln, ist schablonenhaft und naiv. Die Absatzdynamik folgt keiner allgemein gültigen Dynamik wie bei einem lebenden Organismus. Das Produktlebenszyklus-Modell ist simpel, führt aber in der Praxis schnell zu Missverständnissen, Irritationen oder gar Fehlentscheiden. So müssen Produkte nicht logisch einem natürlichen Ablauf folgen, sie können Phasen überspringen oder durch entsprechende Strategien direkt beeinflusst werden. Eigentlich kennt man den wirklichen Entwicklungspfad eines Angebots immer erst im Nachhinein.

Abbildung 6: Produktlebenszyklus – Strategische Empfehlungen je Phase

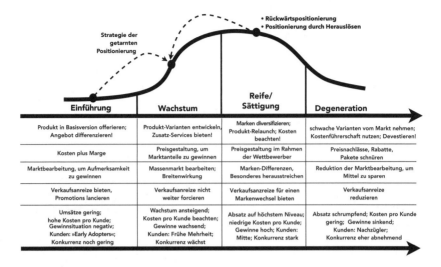

Je nachdem, in welcher Absatz- oder Umsatzphase sich das Angebot befindet, empfehlen sich spezifische Erfolgsstrategien. Die jeweilige Lebenszyklusphase bestimmt die ideale Preis-, Sortiments-, Technologie- und Marketingpolitik (Abbildung 6).

1. *Markteinführungsphase*
   - Der Unternehmer führt eine Produktneuheit in den Markt ein.
   - Die ersten Kunden sind Early Adopters (Konsumpioniere).
   - Das Absatzwachstum erfolgt langsam, aber ansteigend.
   - Marktbearbeitungsmaßnahmen (Werbung, Beratung, Information, Verkauf) sind wichtig, um das Geschäft zu beleben.
   - Das Preisniveau für eine Innovation lässt sich entweder hoch ansetzen (skimming pricing) oder aber ein günstiger Einführungspreis (penetration pricing) soll verlockend wirken. Das »Skimming Pricing« erzielt höhere Gewinne, führt aber zu einem länger anhaltenden Diffusionsprozess und beinhaltet damit ein höheres Risiko des Scheiterns. Das »Penetration Pricing« hingegen strebt nach hohen Absatzvolumen, um den Markt rasch zu besetzen. Dies wiederum erfordert eine höhere Kapitalbindung und führt zu einem höheren Wettbewerbsdruck.
   - Die Gewinnsituation ist wegen der hohen Marktbearbeitungskosten meist negativ. Das gilt auch für den Cashflow.
2. *Wachstumsphase*
   - Das Absatzwachstum steigt nachhaltig.

- Kunden sind am Produkt sehr interessiert.
- Erste Konkurrenten, die das Produkt imitieren, steigen ins Business ein.
- Die Werbung wirkt unterstützend, um sich von Alternativen abzugrenzen.
- Das Produkt kommt in die Gewinnzone. Der Cashflow wächst überproportional.

3. *Reife- und Sättigungsphase*
   - Das Produkt wird von der breiten Masse gekauft und hat sich etabliert.
   - Es interessieren sich nun auch konservative Hersteller für das Geschäft.
   - Der Absatz nimmt noch zu, aber nur noch schwach. Und die Konkurrenz verschärft sich. Sogar die späte Mehrheit kauft mittlerweile das Produkt.
   - Produktanpassungen (Innovationen) werden notwendig, um das Angebot attraktiv zu halten.
   - Neue Wettbewerber drängen in den Markt. Um die Marktposition zu halten, ist verstärkte Werbung angesagt. Besonderheiten finden sich kaum. Das Produkt rutscht in den Massenmarkt ab.
   - Ein verstärkter Preiskampf entsteht. Die Margen kommen unter Druck.
   - Die Preise beginnen durch den Wettbewerbsdruck zu bröckeln.
   - Der Umsatz steigt noch schwach, aber die Gewinne sinken. Der Cashflow fällt weiter.

4. *Degenerationsphase*
   - Auch Konkurrenten entwickeln innovativere Lösungen. Substitutionsangebote entstehen.
   - Nur noch wenige Neukunden kaufen das Produkt. Dies sind Nachzügler.
   - Der Absatz fällt und der Markt wird als nicht mehr attraktiv bewertet.
   - Umsätze, Gewinne und Cashflow schrumpfen.
   - Das Produkt wird schlussendlich vom Markt genommen.

Durch aktives Marketing lässt sich die Geschäftsentwicklung beeinflussen. Repositionierung ist möglich. Youngme Yoon, Professor für Marketing an der Harvard Business School, empfiehlt drei unkonventionelle Strategien hierzu.[40] Diese sollen Produkten in der Einführungsphase deutlich mehr Schub für mehr Wachstum verleihen oder Produkte, die sich bereits in der Sättigungsphase befinden, »reanimieren«.

1. *»Strategie der getarnten Positionierung«*
   Neue oder junge Produkte leiden daran, dass viele Kunden dem Angebot wenig vertrauen. Die Strategie der getarnten Positionierung versucht, die wahre Natur der neuen Angebote zu tarnen. Die fehlende Kundenakzeptanz soll durch eine phasenweise Markteinführung überwunden werden. Vor allem technologische Produkte, welche unter den Vorurteilen »noch

nicht ausgereift« oder »noch viel zu kompliziert« erscheinen, eignen sich für diesen Ansatz. So führte Sony seine Playstation als einfach bedienbares Spielgerät ein, obwohl es schon von Anfang an als ein leistungsfähiges Kommunikationstool (mit Videotelefon) entwickelt worden war. Schrittweise wird dann das Produkt durch neue Versionen im Markt etabliert werden, bis die angepeilte hohe Positionierung erreicht wird. Auch das Umgekehrte nutzt die getarnte Positionierung: Sony hat den Aibo (Hunderoboter) als nutzloses Spielzeug in den Markt eingeführt, um zu lernen, welche weiteren Funktionen Kunden suchen und um damit der weiteren Entwicklung eine gezielte Richtung zu geben.

2. *»Strategie der Rückwärtspositionierung«*
Produkte in der Reifephase sind oft mit viel zu vielen Funktionen überfrachtet, die der Kunden nicht direkt benötigt und das Angebot verteuern. Es ist daher eine erfolgreiche Strategie, reife Produkte wieder auf das Wesentliche zu reduzieren. Beim Möbelhändler Ikea werden ganz bewusst Produkt- und Serviceleistungen reduziert und mit einem neuen Zusatznutzen kombiniert. Auch Billigflieger punkten durch einfache Angebote, die sich auf das Wesentliche konzentrieren.

3. *»Strategie der Positionierung durch Herauslösen«*
Beim »Herauslösen« werden Angebote der Reifephase wieder in die Wachstumsphase zurückgeführt. Herauslösen heißt, Angebote in neuen Märkten zu positionieren und dabei aber den Marketing-Mix (»4P«) ebenfalls zu verändern. Durch diese Veränderung (Design, Preis, Vertrieb oder Kommunikation) werden neue Kundensegmente erschlossen. Die Swatch-Uhr hatte deshalb so viel Erfolg, weil sie die »Uhr« als solche neu als Modeaccessoire präsentierte. Anstatt weiter noch kompliziertere Uhren anzubieten, wurde bewusst vereinfacht.

Einschätzung

Produkte entwickeln nicht nach einem (natürlichen) Lebenszyklus. So kann schon ihre Markteinführung floppen (Beispiel: Fanta Mandarine), sie können nur kurzlebig als Modeartikel boomen (Beispiel: Plateausohlenschuhe) oder sie können erfolgreiche Dauerbrenner werden (Beispiel: Aspirin, Nivea Creme). Ein Produkt »lebt« nicht. Und es kann auch von attraktiveren Konkurrenzangeboten ins Abseits gestellt werden. Daher lässt sich immer erst *ex post* feststellen, in welcher »(Lebens-)Phase« ein Angebot sich befunden hat. Die gesuchte Prognosekraft kann der Produktlebenszyklus daher nicht bieten. Jeder strategische und marketingmäßige Eingriff verändert die Positionierung auf der Lebenszyklusachse wiederum. Selbst zwischen den einzelnen Phasen gibt es keine allgemein akzeptierten Abgrenzungen. Und trotzdem: Das Lebenszykluskonzept ist in der Praxis weit verbreitet und gehört in der Lehre zum Rüstzeug eines jeden Marktstrategen. Trotzdem kann man Angebote den Phasen grob zuordnen und entsprechende Aktionsempfehlungen diskutieren und nutzen.

Profit Pools: Erfolgsquellen aufspüren und erschließen

Der Profit-Pool-Strategieansatz (Gewinnquellen) von Orit Gadiesh und James L. Gilbert, beide Berater bei Bain & Company, wirft ein breiteres Licht auf das Thema der Geschäftsstrategien.[41] Das Konzept der Profit-Pools will den Blick der Führungskräfte vom Umsatzdenken auf das Gewinndenken lenken. Die Berater stellten in ihrer Praxis fest, dass Manager viel zu umsatzorientiert und zu wenig gewinnorientiert denken, entscheiden und handeln. Letztlich lebt das Business nicht von hohen Umsätzen, sondern von hohen Gewinnen beziehungsweise einem nachhaltig positiven Cashflow. Die Strategieberater empfehlen daher, sich bei der Beurteilung von Geschäften auf das Wachstum der Gewinne zu konzentrieren anstatt auf das Wachstum der Umsätze.

Doch diese Feststellung allein begründet nicht allein die Stärke des Ansatzes. Gadiesh und Gilbert empfehlen nicht nur, die Gewinnquellen im eigenen Haus umfassend zu erkunden, sondern ebenfalls entlang der gesamten Wertschöpfungskette eines Angebots. Sämtliche vor- und nachgelagerte Wertschöpfungsstufen, auch wenn diese nicht unter der eigenen Führung oder im eigenen Eigentum sind, werden in Bezug auf ihr Gewinnpotential durchleuchtet. Die Profit-Pool-Analyse schließt ebenso die Gewinnsituation von Zulieferern, Händlern, Logistikpartnern, Finanzierungs- oder Service-Firmen mit ein.

Unter »Profit Pools« versteht man die Summe der erzielten Gewinne, die entlang der gesamten Wertschöpfungskette von der Produktentstehung bis zur Nutzung durch den Kunden erwirtschaftet werden. Die Analyse der Erlöse und Gewinne einer gesamten Branche gestatten es, interessante strategische Überlegungen anzustellen.

Die Profit-Pool-Analyse verfolgt das Ziel, profitable und weniger profitable Stufen der Wertschöpfung offen zu legen und daraus strategische Schlussfolgerungen für das eigene Business zu ziehen. Dieses strategische Instrument soll den Fokus zwischen Umsatz und Erfolg balancieren.

Betrachtet man die Automobilbranche, so werden sämtliche Umsätze und Gewinne der Hersteller, der Neu- und Gebrauchtwagenhändler, der Versicherer, der Leasinggesellschaften, der Banken bis hin zu den Treibstofflieferanten in das Profit-Pool-Studium einbezogen. Gerade rund ums Automobil wird viel verdient. Für jedes wertschöpfende Unternehmen sind die entsprechenden Umsatz- und Gewinnpositionen zu sammeln und entlang der gesamten Leis-

Abbildung 7: »Profit Pools« entlang der Wertschöpfungskette am Beispiel der Automobilindustrie: Wo bilden sich strategisch attraktive Gewinn-Becken?

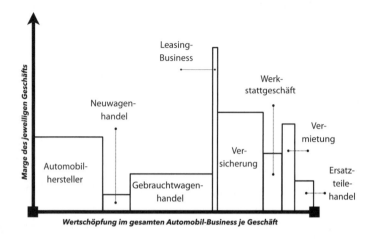

tungserstellungskette zusammenzutragen. Die höchsten Umsatzerlöse erzielen die Hersteller und Händler selbst. Sie erwirtschaften etwa 60 Prozent aller Umsätze der gesamten Wertschöpfungskette. Wirft man aber einen Blick auf die Gewinnbeiträge, dann fallen sowohl die Hersteller als auch die Händler deutlich ab. Im Autobusiness haben die Leasing- und Versicherungsgeschäfte die deutlich attraktiveren Gewinnquellen unter ihrer Kontrolle. Die Profitabilität im Kernbusiness der Autoindustrie selbst ist eher unterdurchschnittlich. Die Profit-Pool-Analyse hilft, den Blick auf die gewinnattraktiven Geschäfte eines Business und einer Branche zu richten. Die interessante Fragestellung lautet, wie das eigene Geschäftsmodell erweitert werden kann, um von den attraktiveren Gewinnquellen (die von anderen erschlossen wurden) zu profitieren (Abbildung 7). Dies ist eine Erklärung, weshalb die großen Autokonzerne auch Leasing/Finanzierungs- oder Versicherungsgesellschaften (Financial Services) unter ihrem Dach betreiben.

Einschätzung

Die Profit-Pool-Perspektive untersucht attraktive Gewinn- und Umsatzquellen entlang der gesamten Wertschöpfungskette. Die Methode ist konzeptionell einfach, in der Praxis sind aber die Gewinnquellen entlang der Wertschöpfung nicht leicht erschließbar. So kann je nach Zielgruppe, Vertriebskanal, Produktkategorie oder geografischem Markt das Gewinnpotenzial erheblich schwanken. Trotzdem ist es ratsam, das Absatz- und Umsatzdenken durch ein forciertes Gewinndenken zu ergänzen. Mit der Profit-Pool-Sichtweise kann überlegt werden, in andere Gewinnfelder einzusteigen, eigene Geschäftsbereiche zu veräußern oder zumindest das eigene Geschäftsmodell radikal zu hinterfragen.

Manövrieroptionen: Strategien für Marktpositionen

Durch »strategisches Manövrieren« versucht ein Unternehmen, sich selbst, seine Geschäftsfelder, seine Angebote oder seine Marken in eine optimale Ausgangslage gegenüber anderen Wettbewerbern zu bringen. Hierzu kann ein Business grundsätzlich aus vier Manövrieroptionen wählen: Marktführer, Herausforderer, Nischenbesetzer, Mitläufer (Abbildung 8).[42] Jede dieser Manövrieroption bedingt andere strategische Entscheidungen und ein spezifisches strategisches Verhaltensmuster:

1. *»Marktführer«*
Marktführer (market leaders) zeigen ein dominantes Markt- und Konkurrenzverhalten. Sie bestimmen im Wesentlichen die Spielregeln des Geschäfts. Marktführer besitzen den größten Marktanteil. Sie gehen bei der Änderung von Preisen und Konditionen voran, lancieren immer wieder neue Angebote, bieten mehrere Produktvariationen, lenken ein starkes Vertriebsnetz und sind in der Marktbearbeitung sehr aktiv.
2. *»Herausforderer«*
Herausforderer (challengers; auch: Verfolger) sind bestrebt, die Position des Marktführers anzugreifen. Herausforderer sind in ihrem Marktverhalten aggressiver als Marktführer. Sie positionieren sich oft ganz bewusst als Verfolger, der Besseres oder Günstigeres bietet. Avis versucht dies zum Beispiel im Autovermietungsgeschäft gegenüber dem Marktführer Hertz mit dem Slogan »We try harder«. Herausforderer sind oft auch die unkonventionelleren, innovativeren Marktteilnehmer. Sie sind ebenfalls frechen Guerilla-Marketingaktionen gegenüber nicht abgeneigt, um den Marktführer zu reizen. Oft entwickeln sie auch besonders prestigeträchtige Lösungen, um Kunden zu überzeugen, dass sie mit dem Marktführer auf Augenhöhe agieren. So präsentierte zum Beispiel Audi mit dem R8 einen Sportwagen der Superklasse. Der R8 ist ein Roadster, den die Fachpresse als »Porsche-Killer« feierte.
3. *»Mitläufer«*
Mitläufer, auch Trittbrettfahrer (me-too companies) genannt, sparen sich bewusst die Kosten der Forschung und Entwicklung. Haben Verfolger kaum Chancen gegenüber dem Marktführer, entwickeln sie sich oft einen

Schritt zurück. Der Harvard-Professor Theodore Levitt zeigt in seiner Studie »Innovative Imitation«, dass eine Produktkopier-Strategie durchaus dieselben Erfolge haben kann wie die Strategie der originären Produktinnovation selbst.[43] Die Chancen der Mitläuferstrategie liegen in der straffen, flexiblen und kostengünstigen Produktion. Mitläufer bieten oft Produkte mit nur kleinen Verbesserungen (adaptions) zu günstigeren Preisen. Reine Mitläufer, die ausschließlich kopieren, bezeichnet man als »Copy-Cats«.

4. *»Nischenbesetzer«*
Nischenbesetzer (niche players) fokussieren sich auf Teilmärkte des Geschäfts. Sie wollen nicht »allen alles« bieten, sondern setzen auf ihre überragende Kompetenz und Spezialisierung. Sie können sich auf nur einen Teil des Angebots konzentrieren, sich nur auf bestimmte Handelsstufen ausrichten (Vertriebswege, Logistiker, Rohstofflieferanten, Händler), nur große oder kleine Kunden bedienen, bestimmte Zielgruppen herauspicken oder sich im Qualitätsbereich und durch Serviceleistungen profilieren. Die Nische muss aber groß genug gewählt und genügend rentabel sein. Voraussetzung ist, dass der Nischenbesetzer über das erforderliche Spezial-Know-how verfügt und diesen Wissensvorsprung über längere Zeit auch verteidigen kann.

Abbildung 8: Strategieprofile für Marktführer, Herausforderer, Nischenbesetzer und Mitläufer

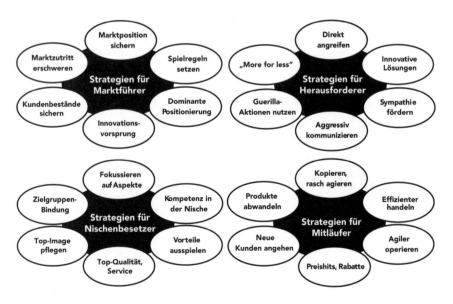

Normstrategien: Aus der Rezeptkiste der Berater

Wenn eine Strategie nicht auf eine Schreibmaschinenseite passt, ist es keine.
Costas Markides

PIMS: Welche Erfolgsfaktoren bringen Gewinn?

Welche strategischen Maßnahmen führen zu mehr Gewinn, mehr Wachstum oder einem höheren Marktanteil? Diese Frage interessiert das PIMS-Programm.[44] Das Kürzel PIMS steht für »Profit Impact of Market Strategies«. Die PIMS-Studien sammeln Daten konkreter Geschäfte, zu ihrem Geschäftsumfeld, zur Wettbewerbssituation, zum Produktionsprozess, zu Budgetaspekten, zu strategischen Zielen und zu den effektiv erzielten operativen Ergebnissen. Das Projekt wurde in den 60er Jahren des letzten Jahrhunderts beim amerikanischen General Electric Konzern (GE) initiiert, dann in den 70er Jahren vom Management Science Institute der Harvard University übernommen und später an das American Strategic Planning Institute ausgelagert. Heute setzen die PIMS Associates, eine private Organisation mit Sitz in London, die interessanten Studien fort.

Wie kam es zu PIMS? Die Führungskräfte von General Electric fragten sich, warum manche der Geschäftsfelder profitabler als andere waren. Sie wollten ergründen, mit welchen Strategien sie die Performance von Geschäften aktiv steuern konnten. Sie debattierten nicht nur über die Frage nach der idealen Strategie, sondern packten das Thema gleich empirisch an. Dabei trugen sie alle relevanten Daten eines bestimmten Geschäfts (strategic business unit) in einer Datenbank zusammen und verglichen diese mit denjenigen anderer Geschäfte. Finanzielle Performancekennzahlen, vor allem aber der ROI (Return on Investment) ergänzten all die Datenbasis. So wurden im Lauf der Zeit Tausende strategische Geschäfte (auch anderer Unternehmen) in einem neutralisierten Format zusammengetragen, um mögliche »Marktgesetze« herauszufiltern.

Die aktuelle PIMS Datenbank umfasst über 3 000 Geschäftsfelder von rund 500 Unternehmen der unterschiedlichsten Branchen. Aus den etwa 500 erfassten Variablen, den Einflussfaktoren für Erfolg, haben die PIMS-Forscher vier Hauptfaktoren identifiziert, welche mit dem Return on Investment (ROI) als Indikator für den Erfolg einer Strategie besonders korrelieren. Für den Erfolg eines Geschäfts bedeutend sind: die strategische Position im Wettbewerb, das Marktumfeld, die Position im Produktlebenszyklus sowie die Kapital- und operative Struktur. Als wichtigster Erfolgsfaktor erwies sich die strategische Position. Diese wird durch den relativen Marktanteil, die relative Qualität und den relativen Preis definiert. Der Zusatz »relativ« heißt: im Vergleich zur Konkurrenz.

Die PIMS-Studie identifiziert über 50 Schlüsselfaktoren, die für die Entwicklung des Gewinns (ROI) eine maßgebliche Rolle spielen. Sie zusammen erklären rund 70 Prozent des Return on Investment eines Geschäfts. Einzelne PIMS-Ergebnisse lauten zusammengefasst:

- *Attraktivität des Marktes (Marktwachstum):* Je höher die Attraktivität des Marktes, umso tendenziell größer ist die Gewinnmarge.
- *Stärke der Position im Wettbewerb (Marktanteil):* Je höher der relative Marktanteil (im Vergleich zur Konkurrenz), desto tendenziell größer ist die Gewinnmarge.
- *Intensität der Investitionen (Kapazitätsauslastung):* Je höher die Kapazitätsauslastung, umso tendenziell besser entwickelt sich die Gewinnmarge.
- *Produktivität (Wertschöpfung pro Mitarbeiter):* Je höher die Wertschöpfung pro Mitarbeiter, umso tendenziell besser entwickelt sich die Gewinnmarge.
- *Qualität eines Produkts:* Je höher die Qualität eines Produkts (aus der Sicht des Kunden), desto tendenziell größer ist die Gewinnmarge.
- *Grad der Integration (eigene Wertschöpfung zu Gesamtumsatz):* Je höher die eigene Wertschöpfung, desto tendenziell größer ist die Gewinnmarge.

Einschätzung

Im Kreuzfeuer der PIMS-Kritik stehen drei Aspekte: die Datenqualität, die Methodik und die Strategieempfehlungen. Viele der wichtigen Variablen der PIMS-Datenbank lassen sich nicht objektiv erheben. Wie kann beispielsweise die Produktqualität allein in Zahlen ausgedrückt werden? Die Betrachtung erfolgt oft nur kurzfristig, und eine echte kausale Beziehung zwischen den Faktoren ist meist wenig plausibel. Zudem führt die Aggregation großer Datenmengen (Addierung von Einzelwerten) zu einer unscharfen Durchschnittsbildung, die ihren Aussagegehalt verliert. Weiterhin drückt sich der Erfolg einer Strategie nicht nur in einer Verbesserung des Return on Investment (ROI) aus. Hinzu kommt, dass auch zwischen den Variablen und auch zwischen verschiedenen Geschäften gegenseitige Synergiebeziehungen bestehen, welche sich nicht auseinanderdividieren lassen. Bestimmt wäre es ideal, wenn sich Strategien und ihre finanziellen Erfolge mit harten Datenmethoden »quantitativ« erfassen ließen. Doch die Komplexität des Geschäfts ist grenzenlos, weshalb das Unterfangen scheitern muss.

Erfolgreiches strategisches Management ist kein mathematisch-logischer Akt, sondern hat auch viel mit Intuition und dem Nutzen noch unscharfer Chancen zu tun. Erfolgreiche Strategien basieren oft auch auf einem »gutem Riecher«, »Bauchgefühl« oder »Give it a try« (Versuchs doch einfach mal!). Spontane Aktionen, die einen günstigen Moment nutzen, können das Geschäft beflügeln. Für smartes Unternehmertum gibt es zum Glück noch keine »Marktgesetze«, die rezeptartig zum Erfolg führen.

Erfahrungseffekte: Denn »Größe« gewinnt

Die Erfahrungskurve ist ein betriebswirtschaftliches Basiskonzept, welches in den 20er Jahren des letzten Jahrhunderts im amerikanischen Flugzeugbau entwickelt wurde. Sie beschreibt den Zusammenhang zwischen Absatzerfolg und Produktionskosten. Die Erfahrung bringt die Kostenentwicklung mit den kumulierten Produktionsmengen (= Erfahrung, Scale) in Beziehung. Der Erfahrungskurveneffekt besagt:

»Mit jeder Verdoppelung der kumulierten Erfahrung sinken die (inflationsbereinigten) Kosten der Wertschöpfung (Stückkosten minus Materialkosten) konstant zwischen 20 und 30 Prozent.«

Der Erfahrungseffekt ist der prozentuale Wert einer potenziellen Kostenreduktion durch Mengenverdoppelung. Je nach Branche und Produkt sind diese Einsparungseffekte unterschiedlich. Der Erfahrungskurveneffekt ist deshalb auch keine betriebswirtschaftliche »Gesetzmäßigkeit«, sondern viel mehr ein Indikator für das Senkungspotenzial der Stückkosten. Er demonstriert, wie die Stückkosten (konstant) sinken, wenn sich die Produktionsmenge verdoppelt. Viele empirische Untersuchungen belegen diesen Zusammenhang. Diese Kostenvorteile tauchen aber bei einer Vervielfachung der Absatzmenge nicht automatisch auf, sondern existieren nur »potenziell«. Das Management muss sich diese Kostenreduktion durch entsprechende effizienzsteigernde Maßnahmen immer wieder erarbeiten.

Die Erfahrungskurve hat im strategischen Management einen festen Platz erobert. Mit ihrer Hilfe werden folgende Fragestellungen untersucht: Wie hoch ist das Potenzial der Kostensenkung bei Volumenverdoppelung? Wie ist die Kostensituation der Konkurrenten zu beurteilen? Wo könnte man den Preis bei einem neuen Produkt im Vergleich zur Konkurrenz ansetzen? Wie werden sich die Preise in den kommenden Absatzperioden tendenziell entwickeln?

Dieses auf den ersten Blick kompliziert erscheinende Konzept kann auf das Sprichwort »Übung macht den Meister« reduziert werden. Die strategische Empfehlung, die sich aus dem Erfahrungseffekt ergibt, heißt: »Erobere möglichst rasch Marktanteile, um durch die größeren Absatzmengen deine internen Stückkosten zu drücken, was Wettbewerbsvorteile auf der Kosten-, Preis- und Margenseite etabliert.« Unternehmen mit größeren Absatzvolumen haben (potenzielle) Wettbewerbsvorteile gegenüber ihren absatzmäßig kleineren Konkurrenten. Größe (Scale) gewinnt. Je größer die relative Erfahrung (= mengenmäßiger Absatz oder [relativer] Marktanteil im Vergleich zur Konkurrenz), umso größer ist der Effekt dieser potenziellen Kostenvorteile. Die sinkenden Stückkosten bei Verdoppelung der Produktionsmengen haben ihre Ursachen in folgenden Aspekten:

- effizienteres Arbeiten aller Mitarbeitenden
- Standardisierung, Spezialisierung und Verbesserung der eingesetzten Techniken und Methoden
- technologische Fortschritte durch Automatisierung, Normierung, Standardisierung, Prozessinnovation
- Beschleunigung und Vereinfachung der Prozesse und der Strukturen
- Vereinfachung der Produktgestaltung
- Vereinfachung im Aufbau und Ablauf der Wertschöpfungskette

Der Erfahrungseffekt wurde durch die Boston Consulting Group »entdeckt«.[45] Daher wird er auch »Boston-Effekt« genannt. Bruce D. Henderson (1915 – 1992), einer der Gründerväter der international operierenden Beratergruppe, propagierte die Bedeutung des Erfahrungseffektes für die strategische Führung bereits in den Sechzigern. Die BCG-Berater empfahlen ihren Klienten im Rahmen von Strategieprojekten, sich möglichst rasch Skaleneffekte nutzbar zu machen, um ihre Kostenposition zu verbessern. Dadurch können sie günstigere Preise als ihre Konkurrenten anbieten und neue Kunden hinzugewinnen, weiterhin aber auch attraktive Margen erwirtschaften. Unternehmen sollen von ihrer wachsenden Größe strategisch profitieren: Die höheren Absatzvolumen führen zu höheren Marktanteilen und dies wiederum führt zu höherer Profitabilität.

Der strategische Vorteil gegenüber der Konkurrenz wird durch eine strikte, forcierte Wachstumsstrategie erreicht, die auf der Nutzung der Kostensenkungseffekte beruht. Nach Meinung der BCG-Berater zeichnen sich erfolgreiche Strategien durch eine Fokussierung auf Marktdominanz aus. Erfolgreiche Unternehmen wachsen schneller als ihre Konkurrenten und schöpfen ihre Kostensenkungseffekte konsequenter aus. Können Unternehmen in ihren Marktsegmenten keine Führungsrolle übernehmen, also hohe Marktanteile erringen, so empfehlen die Berater, sich aus diesen zurückziehen. Es ist in diesem Fall besser, seine Ressourcen auf Geschäfte zu konzentrieren, bei denen sich eher eine marktdominante Stellung erreichen lässt. Strategische Regeln, die sich aus dem Erfahrungseffekt ergeben, lauten:

- Konzentriere dich auf Geschäfte, in denen du Mengenvorteile nutzen kannst.
- Strebe die Position des Marktführers an, denn nur er bringt die höchsten Kostensenkungspotenziale und diktiert dadurch die Preisgestaltung.
- Investiere in Geschäftsfelder, welche die größten Mengenvolumen zulassen.
- Nutze rasch die eigene Preispolitik, um Kostenvorteile durchzusetzen. Preissenkungen behindern die Ertragsentwicklung der Konkurrenten und verhindern zunehmend weitere Markteintritte.

Einschätzung

Die einseitig am Effekt der Erfahrungskurve ausgerichtete Strategiebetrachtung gilt als überholt. Wir wissen, dass sich auch andere Strategiepfade (zum Beispiel Innovationsstrategien, Nischenstrategien) erfolgreich bewähren. Die Einsicht, dass nur die Kostenführerschaft zu Erfolgen führt, ist im globalen Business-Zeitalter falsch. Kostenführerstrategien basieren heute nicht mehr nur auf dem Boston-Effekt. Relative Kostenvorteile werden auch über das Outsourcing der Produktion an Standorte mit »unschlagbaren« Kostenstrukturen realisiert. So werden Schwellenländer mit gutem Know-how und leistungsfähiger Infrastruktur zu Kostendämpfern bei den Herstellkosten. Es darf nicht übersehen werden, dass durch die Gewinnung weiterer Marktanteile die Kosten immer nur *potenziell* sinken. Verfolgt das Management nicht engagiert jede Kostensenkungschance, stellen sich die Einsparungseffekte nicht ein.

Marktanteile beliebig auszuweiten ist ein Wunschdenken. Keine Marketing- und Verkaufsaktion bleibt ohne Gegenreaktion der Konkurrenz. Kunden kaufen nicht beliebig immer weiter, sondern erwarten nachhaltige Produktverbesserungen oder Innovationen. Dies verändert die Kostenstruktur erneut und macht reines Marktanteilsdenken entlang der Erfahrungskurve obsolet.

Boston-Portfolio: Fragezeichen, Sterne, Cash-Kühe, arme Hunde

Die Portfolioanalyse gehört seit den 70er Jahren des letzten Jahrhunderts zum festen Bestandteil des strategischen Managements. Sie legt das Augenmerk auf die strategische Position der verschiedenen Geschäfte eines Unternehmens in einer ganzheitlichen Optik.

Ein Portfolio oder auch Portefeuille bezeichnet in der Finanzwirtschaft ein Wertpapierdepot oder eine Zusammensetzung verschiedener Vermögensanlagen. Ein Strategieportfolio zeigt analog die verschiedenen Geschäfte oder Produkte eines Unternehmens in ihrem gegenseitigen Zusammenhang.[46] Dank Portfolios werden auch die Quellen für Erfolg und Vorsprung der Geschäfte nicht mehr einzeln beurteilt, sondern integriert und ganzheitlich betrachtet. Welche Überlegungen stecken hinter dem Portfolioansatz?

Sämtliche Geschäfte eines Unternehmens ringen um dieselben Investitionsmittel und Ressourcen, wie Mitarbeiter, Kapital, Zeit, Aufmerksamkeit. Daher sollten auch sämtliche Geschäfte miteinander in ihrer Gesamtheit betrachtet und strategisch aus einem Blickwinkel geführt werden. Um Fehlallokationen von Ressourcen zu vermeiden, das heißt einzelne Geschäfte gegenüber anderen durch eine übermäßige Mittelzuwendung zu bevorzugen, sind Portfolios ein leistungsfähiges, balancierendes Strategieinstrument.

Die Berater der Boston Consulting Group entwickelte zusammen mit einem Projektteam von General Electric (GE) die »Marktanteils-/Marktwachstums-Portfoliomatrix«. Sie wird auch »Boston-Matrix«, »BCG-Portfolio« oder »Produkt/Markt-Portfolio« bezeichnet (Abbildung 9).

Bei der Boston-Matrix werden alle Geschäfte eines Unternehmens anhand der beiden Bewertungskriterien »relativer Marktanteil« und »Marktwachstum« beurteilt. Die Einschätzung beruht somit auf zwei Fragestellungen:

1. Wie rasch wächst der Markt in diesem Geschäft?
2. Welcher relative Marktanteil wurde durch das Geschäft erobert?

Das Marktwachstum ist ein Indikator für die Attraktivität des Marktes. Der relative Marktanteil ist Indikator für die Stärke der Wettbewerbsposition des Geschäfts im Vergleich zur Konkurrenz.

Abbildung 9: Boston-Portfolio-Matrix – Positionierung & Aktionsempfehlungen

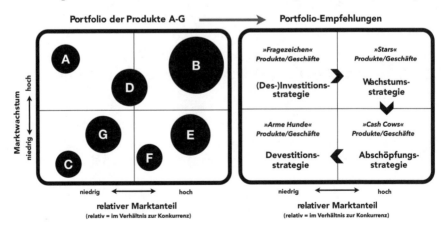

Die PIMS-Studien und die Erfahrungskurven-Effekte bestätigen empirisch, dass das Marktwachstum und der relative Marktanteil stark mit der Rentabilität eines Geschäfts korrelieren. Je größer das Marktwachstum bzw. je größer der Marktanteil, umso höher ist die Rentabilität eines Geschäfts. Die Produkte, Angebote oder Geschäftsfelder eines Unternehmens lassen sich in vier Felder (Kategorien) in Form von Streu- oder Blasendiagrammen eintragen. Das »Marktwachstum« wird auf der Ordinaten (Senkrechten) und der »relative Marktanteil« auf der Abszisse (Vertikalen) skizziert. Der relative Marktanteil berechnet sich aus der Formel: *eigener Marktanteil in Beziehung zum Marktanteil des stärksten Konkurrenten.* Das Marktwachstum beurteilen Branchenkenner. Für jeden der vier Quadranten stellt das Boston-Portfolio »Normstrategie-Empfehlungen« bereit. Der typische Lebenszyklus eines Produkts verläuft von »Fragezeichen« über »Star« zur »Cash-Cow« hin zum »Poor Dog«:

1. *»Fragezeichen«-Geschäfte: (Des-)Investitionsstrategie*
Fragezeichen-Geschäfte (Question Marks: Nachwuchsprodukte, Newcomer oder Baby-Angebote) weisen hohe Wachstumsraten auf, haben aber oft nur eine geringe Marktstellung. Geschäftseinheiten (Produkte, Angebote) mit einem niedrigen relativen Marktanteil in rasch wachsenden Märkten benötigen hohe Finanzmittel. Sie werfen aber aufgrund ihrer schwachen Wettbewerbsposition nur wenig Cash ab.
Strategieempfehlung: Die Marktchancen sind intakt, die Marktstellung gilt es aber rasant auszubauen. Hier helfen umfassende Marketingmaßnahmen (siehe hierzu: »4P«- und »4C«-Strategien) weiter. So kann auch der Preis reduziert werden, um rasch höhere Volumen und damit Marktanteile zu erringen. Das Management steht vor der Entscheidung, ob es das Produkt weiter fördern oder vom Markt nehmen soll, da es deutlich mehr Mittel frisst, als es erwirtschaftet. Je rascher eine erfolgreiche Wachstumsstory realisiert werden kann, umso besser.

2. *»Star«-Geschäfte: Wachstumsstrategie*
Star-Geschäfte sind äußerst attraktiv, da sie mit ihren Mitteln die Zukunft sichern. Geschäfte mit hohem relativem Marktanteil in rasch wachsenden Märkten beanspruchen weiterhin finanzielle Mittel, um ihr Wachstum voranzutreiben. Die Stars haben aber eine starke Marktposition, welche die Investitionen rechtfertigt, da entsprechend hohe Gewinne zu erwarten sind. Ein »Star« ist ein Marktführer-Geschäft in einem Wachstumsmarkt. Damit ist aber noch nicht automatisch gesichert, dass auch ein positiver Cashflow resultiert.
Strategieempfehlung: Die Stoßrichtung für Stars heißt: »Position sichern und weiter ausbauen!« Die Marktposition ist zu stärken und der Markt gegen Konkurrenten abzuschotten. Deckungsbeiträge sind möglichst zu er-

höhen ohne das Wachstum und den Marktanteil zu gefährden. Eine Möglichkeit ist der weitere Ausbau der Verkaufsaktivitäten und der Kundenpflege (Kundenbindung). Eine Preispolitik mit Mengenrabatten kann einen Beitrag zur Festigung leisten. Ebenso bietet sich ein Ausbau der Vertriebspartner an, um Absatzvolumen zu steigern.

3. *»Cash-Cow«-Geschäfte: Abschöpfungsstrategie*
Die Cash-Cows (Melkkühe) sind profitable Geschäfte in reifen Märkten mit geringen Wachstumschancen. Ihr Lebenszyklus neigt sich langsam dem Ende zu. Hier ist daher eine Abschöpfungsstrategie (market skimming) empfehlenswert. Geschäftseinheiten mit einem hohen relativen Marktanteil in langsam wachsenden Märkten erzeugen einen positiven Cashflow, welcher zur Finanzierung anderer Geschäfte genutzt werden kann. Melkkühe erhöhen die Liquidität des Unternehmens.

Strategieempfehlung: Die Grundstrategie lautet: »Position halten und Cash melken!« Dies bedeutet regelmäßige Verkaufsanstrengungen durch erneute Marktimpulse, Maßnahmen zur Kundenpflege und -betreuung, Abschluss von Service-Agreements und dergleichen mehr. Die Ertragskunden können hier durchaus individueller gepflegt werden. Interessant ist es, Folgegeschäfte mit etablierten Kunden auszubauen.

4. *»Arme-Hunde«-Geschäfte: Desinvestitionsstrategie (Rückzugsstrategie)*
Arme Hunde (poor dogs) Angebote sind Auslaufprodukte, die mit großer Vorsicht zu führen und rechtzeitig vom Markt zu nehmen sind, sobald sie in die Verlustzone fallen. Geschäftseinheiten mit einem niedrigen Marktanteil in langsam wachsenden Märkten benötigen nur noch wenige finanzielle Mittel. Aufgrund ihrer schwachen Marktposition können sie aber rasch zu einer gefährlichen Cash-Falle werden.

Strategieempfehlung: Die Stoßrichtung für ein Dog-Business heißt: »Selektiver Rückzug«. Der Aufwand ist zu minimieren, und teure persönliche Vertriebsaktionen sind auf indirekte, das heißt günstigere Vertriebswege (Telefon, Internet) umzustellen. Produkte sind im Bundling (Paketangebote) zu offerieren und ihr Verkaufsprozess ist zu standardisieren. Wird der Deckungsbeitrag für diese Produkte negativ, so ist das Portfolio zu bereinigen. Die frei werdenden Mittel und Ressourcen sind für neue Produkte zu nutzen.

Das Portfolio eines Unternehmens soll möglichst ausbalanciert sein, das heißt, die einzelnen Geschäfte stützen sich gegenseitig finanziell. Ein Fragezeichen-Geschäft kann nur expandieren, wenn genügend finanzielle Mittel durch Cash-Cow-Geschäfte erwirtschaftet werden. Die Überlegungen zum Produktlebenszyklus gelten hier ebenfalls.

Einschätzung

Die Boston-Matrix stand schon früh in der Kritik, weil nur zwei Faktoren zur strategischen Steuerung des gesamten Geschäfts Beachtung finden. Das Instrument kann die Komplexität und Dynamik des Marktgeschehens kaum abbilden. Die Strategieempfehlungen sind zudem viel zu grob. Verbundeffekte bleiben unberücksichtigt. Positiv zu werten ist aber, dass sämtliche Geschäfte anhand derselben Kriterien ganzheitlich bewertet und gesteuert werden.

McKinsey-Portfolio: Marktattraktivität nutzen, Wettbewerbsstärke aufbauen

Auch andere international tätige Beratungsunternehmen haben ihre eigenen Portfolio-Strategieansätze entwickelt und damit den Ansatz verfeinert. In den 70er und 80er Jahren gehörte es fast schon zum »Consulting Chic«, den Kunden firmeneigene Portfoliomatrices bei Strategieprojekten zu präsentieren. So hat die Beratungsgesellschaft McKinsey in Anlehnung an ihre langjährigen Strategieerfahrungen die »Marktattraktivitäts-/Wettbewerbsstärken-Portfoliomatrix« entwickelt. Dieses Instrument wird auch als »McKinsey-Matrix«, »GE-Portfolio«, »GE Business Screen«, »Multifaktorenportfolio« oder »Neun-Felder-Matrix« bezeichnet. Das McKinsey-Portfolio ist in der Praxis weit verbreitet, weil es sich für eine Vielzahl strategischer Betrachtungen einsetzen lässt und variabel, vielseitig und adaptierbar ist. Die McKinsey-Matrix ist eine merkliche Weiterentwicklung der Boston-Matrix. Sie bezieht sowohl quantitative als auch qualitative Erfolgsfaktoren für die Beurteilung von Geschäften mit ein. Die Portfolioberechnung erfolgt nach dem einfachen System der Nutzwertanalyse. Das McKinsey-Portfolio wir in der Praxis für strategischen Geschäftseinheiten (SGE), Tochterfirmen, Produktgruppen, Angebotspakete oder einzelne Produkte erstellt. Die beiden Dimensionen der Matrix sind wie bei der Boston-Matrix in eine Außensicht (extern, Umwelt, Attraktivität des Marktes) und in eine Innensicht (intern, Unternehmen, eigene Stärke) unterteilt:[47]

- Die externe Dimension (Umfeld-/Marktbeurteilung) charakterisiert die *Marktattraktivität*. Sie beruht auf einer Vielzahl frei wählbarer Faktoren. Je nach Business und Markt werden die für die Attraktivität eines Marktes entscheidenden Größen aufgespürt, einzeln bewertet und zu einem Indikator verwoben. Welche Erfolgsfaktoren machen einen Markt attraktiv? Ein Markt wird umso attraktiver, je größer und schneller er wächst, je größer seine Pro-

fitabilität ist, je größer das Marktpotenzial eingeschätzt wird, je schutzfähiger er ist, je weniger Konkurrenten sich im Markt tummeln, je niedriger die Transparenz für Kunden ist, je geringer die Einstiegsinvestitionen sind, je leichter Eintrittshürden aufgebaut werden können, je konjunkturell stabiler der Markt sich entwickelt und je geringer der Innovationsdruck ist.
- Die interne oder firmenorientierte Dimension der Beurteilung ist die *relative Wettbewerbsstärke*. Auch sie setzt sich aus vielen Einzelwerten zusammen. Die Wettbewerbsstärke eines Business im Vergleich zu den Konkurrenten nimmt zu, wenn das Unternehmen einen hohen Marktanteil erreicht hat, über starke finanzielle Mittel verfügt, Vorteile im Know-how aufweist, über eine starke Marke verfügt, Preisvorteile ausspielen kann, aus Kundensicht ein Qualitäts- oder Premiumanbieter ist, Innovationen realisieren oder Standortvorteile für Produktion und Vertrieb nutzen kann.

Die Beurteilung der verschiedenen Faktoren erfolgt durch Experten, Führungskräfte oder Strategieteams, die Punktwerte vergeben. Diese Punktwerte werden mit den Gewichtungen nach der Bedeutung der Kriterien multipliziert, woraus sich der Nutzwert errechnet. Aus all dem wird dann pro Geschäftsfeld je ein Nutzwertindikator für die Marktattraktivität sowie für die relative Wettbewerbsstärke vergeben (Abbildung 10). Die Kreisgröße demonstriert den Umsatz und damit die Bedeutung für das Geschäft.[48]

Abbildung 10: McKinsey-Matrix – Portfolio-Darstellung

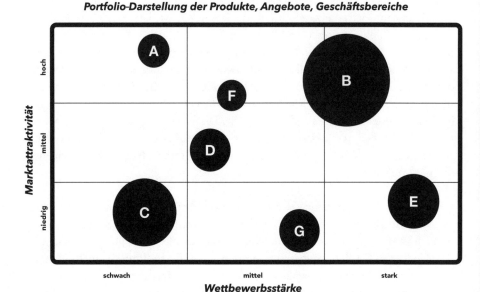

Abbildung 11: McKinsey-Matrix – Strategie-Empfehlungen

(generische) Strategie-Empfehlungen

Marktattraktivität	»selektiv ausbauen«	»Position ausbauen«	»Position verteidigen«
hoch	• Spezialisieren, differenzieren, Nischen suchen; Akquisitionen erwägen • Aus Geschäften mit Schwäche für langfristiges Wachstum zurückziehen	• In Erhaltung der Marktstellung investieren • selektive Stärken aufbauen • Geschäftskonzept stärken	• In verkraftbarem Expansionspfad investieren • Stärken erhalten/ausbauen • Investitionen tätigen
	»Expansion oder Ernten«	**»Selektion, Gewinnorientierung«**	**»selektiv ausbauen«**
mittel	• Risikoarme Expansion suchen • Investitionen minimieren • Rationalisieren, spezialisieren	• Wachstumssegmente suchen, angehen; spezialisieren • In Geschäfte mit hohen Margen (Selektion) investieren	• In attraktive Segmente investieren • Produktivität zur Rentabilitätssteigerung heben
	»Devestieren«	**»Gewinnorientierung«**	**»Schwerpunktverlagerung«**
niedrig	• Zum Zeitpunkt des höchsten Geschäftswerts verkaufen • Fixkosten abbauen • Investments reduzieren	• Rentable Geschäfte erhalten; Rest absetzen • Produktlinie straffen • Investments minimieren	• Kurzfristig abschöpfen, Cashflow optimieren • Position halten • Position gegen Wettbewerber verteidigen
	schwach	mittel	stark
		Wettbewerbsstärke	

Die Positionen der Geschäfte in der Neun-Felder-Matrix gestattet es, normierte Strategieempfehlungen differenziert abzugeben. Alle Geschäfte eines Portfolios konkurrieren um finanzielle, personelle, technologische Mittel. So werden Geschäfte abgebaut, um die Mittel für andere attraktivere Geschäfte zu freizusetzen (Abbildung 11). Die McKinsey-Matrix beantwortet folgende Fragen: Welche Geschäfte sind zu fördern? Welche Geschäfte sind zu halten? Welche Geschäfte sind abzustoßen?

Einschätzung

Das McKinsey-Portfolio ist eine Verbesserung gegenüber der Boston-Matrix in Richtung Praktikabilität und Verbreiterung der Beurteilungsbasis. Sie eignet sich hervorragend für Strategiediskussionen, bei denen verschiedene Geschäfte eines Unternehmens nach denselben Kriterien und ganzheitlich in ihrem Gesamtzusammenhang beurteilt werden. Die normierten Strategieempfehlungen hingegen sind nur als »interessante Hinweise« zu verstehen. Auch hier gilt in Analogie zur Boston-Matrix, dass sich eine erfolgreiche Unternehmensstrategie nicht »automatisch« durch die Anwendung eines Verfahrens, einer Methode oder einer Technik rechnerisch kalkulieren lässt. Auch die vielen zu diesem strategischen Tool existierenden Softwareapplikationen sind bloße Hilfen, aber keine Entscheidungsvorgaben. Einer der

Hauptnachteile der McKinsey-Matrix ist, dass sie die Beziehungen unter den verschiedenen Geschäften eines Unternehmens ausblendet wie auch die spezifischen Kernkompetenzen, das heißt die besonderen Fähigkeiten des Unternehmens.

ADL-Portfolio: Strategie-Tipps entlang des Lebenszyklus

Der Portfolioansatz der Beratungsfirma Arthur D. Little (ADL), der ältesten der großen Consultingfirmen, baut den Produktlebenszyklus in die strategischen Überlegungen seiner Portfolios mit ein.[49]

Beim ADL-Portfolio werden die relative Wettbewerbsposition auf der einen Matrixachse und die Phasen des Lebenszyklus auf der anderen dargestellt (Abbildung 12). Die Matrix beurteilt, wie stark sich ein bestimmtes Geschäft in seiner jeweiligen Entwicklungsphase im Markt darstellt. Die Wettbewerbsposition oder Marktstellung kann als schwach, mäßig, günstig, stark oder dominant kategorisiert werden. Die Phasen des Lebenszyklus umfassen die Phasen Markteinführung, Wachstum, Reife oder Sättigung. Daraus ergibt sich eine »5x4«-Tabelle mit 20 Feldern, von denen jedes einer strategischen Empfehlung entspricht.

Abbildung 12: ADL-Portfolio – Wettbewerbsposition im Lebenszyklus

		Einführung	Wachstum	Reife (Sättigung)	Degeneration
Wettbewerbsposition	dominant	Marktanteile gewinnen	Investieren, Marktstellung ausbauen	Position halten, mindestens Branchenwachstum halten	Position halten
	stark	intensives Marktwachstum anstreben; Markt-Investitionen	Marktanteile halten, Positionen ausbauen, Investieren	Positionen halten, Branchenwachstum halten	Position halten, Ernten
	günstig	selektive Gewinnung von Marktanteilen	schrittweise Position verbessern	minimale Investments zum Halten der Position	Ernten, Reduzierung der Investments, Abschöpfen
	mäßig	selektive Gewinnung von Marktanteilen	Suche nach Nischen	Suchen nach Nischen, Reduktion der Investments	Devestition, Liquidation
	schwach	Sprung nach vorn oder Aufgabe des Business	nachhaltige Verbesserung der Position; Devestition	Devestition, Liquidation	Devestition, Liquidation

Der ADL-Stratege muss auf der Suche nach der »idealen« Strategie verschiedene Kriterien durchleuchten:

- Welche Geschäfte stehen gleichartigen Konkurrenten gegenüber?
- Welche Preisniveaus herrschen, und wie flexibel ist unsere Preisgestaltung?
- Welche Kundensegmente (Märkte) werden angesprochen?
- Welche Qualitäts- und Serviceniveaus bestehen?
- Wie leicht lassen sich die Geschäfte durch andere Konkurrenzangebote substituieren?
- Wie lassen sich unattraktive Geschäfte liquidieren (Desinvestment)?

Einschätzung

Arthur D. Little kommt das Verdienst zu, die Lebenszyklusbetrachtung für strategische Entscheidungen über die zukünftige Beurteilung von Geschäften propagiert zu haben. Doch der Lebenszyklus-Portfolioansatz hat Grenzen: Die Lebenszyklusphase lässt sich nicht prognostizieren. Zudem können eigene Marketingaktionen und diejenigen der Konkurrenten den Lebenszyklusverlauf massgeblich beeinflussen. Trotzdem lohnen sich Lebenszyklus-Diskussionen, da sie dazu anregen, möglichen Abschwächungen der Geschäftsdynamik frühzeitig gegenzusteuern.

Wettbewerbsstrategien: Auf Vorsprung getrimmt

> *Der Kern einer Strategie besteht darin,*
> *Geschäftstätigkeiten anders als die Konkurrenz auszuführen.*
>
> Michael Porter

Vorsprung: Die Nase vorn im Wettbewerb

Wettbewerbsvorteile lassen sich auf verschiedenen Themen aufsetzen. Im Folgenden werden sieben strategisch bedeutsame Wettbewerbsvorteile skizziert.

1. *Skalenvorteile: Wettbewerbsvorteil durch »Economies of Scale« oder Vorsprung durch große Volumen*
   Skalenvorteile (Mengenvorteile, Skalenerträge) haben ihren Ursprung in der Produktionstheorie. Eine Erhöhung der Produktionsmenge reduziert (in einer längerfristigen Perspektive betrachtet) die Kosten pro hergestelltem Stück. Je größer das Unternehmen (beziehungsweise sein gesamtes Herstellungsvolumen) ist, umso geringer werden die anteiligen Fixkosten je hergestellter Einheit. Bei positiven Skaleneffekten kann ein Unternehmen mit einem Kapitaleinsatz von zwei Millionen Euro mehr produzieren als zwei Unternehmen mit einem Kapitaleinsatz von je einer Million Euro. Ursachen, die zu diesem Effekt führen, sind:
   – günstigere Einkaufskonditionen bei Volumenbestellungen,
   – verbessertes Know-how der Führungskräfte und der Mitarbeitenden (Lerneffekte; siehe auch: Erfahrungskurveneffekte),
   – günstigere Kapitalkosten (Zinsen) bei größeren Investitionen,
   – höhere Marketing- und Verkaufswirksamkeit pro Einheit.
   Die Skaleneffekte fördern die Entwicklung der Massenproduktion. Daher werden die Economies of Scale auch als Gesetz der Massenproduktion bezeichnet: Die gesamten Fixkosten verteilen sich auf eine größere Produktionsmenge. Unternehmen, welche eine Kostenführerstrategie verfolgen, nutzen diese Skaleneffekte systematisch. Dadurch verfügen sie über einen höheren Spielraum für Preissenkungen (oder bessere Margen).

2. *Verbundvorteile: Wettbewerbsvorteil durch »Economies of Scope« oder Vorsprung durch die Nutzung von Synergien*
Neben den Economies of Scale spielen die Economies of Scope eine zentrale Rolle für die Effizienz. »Scope« bedeutet Reichweite, Breite, Umfang oder Gebiet. Verbundvorteile treten auf, wenn die parallele Produktion verschiedener Güter in einem Unternehmen zu Kostenvorteilen führt, da die Gebäude, Produktionsmittel oder Abläufe optimaler genutzt werden. McDonald's brutzelt Hamburger und frittiert Chicken McNuggets in derselben Produktionsstätte. McDonald's nutzt Verbundeffekte (Grill, Kühlsysteme, Personal, Theken) für beide Herstellungsprozesse gemeinsam. Economies of Scope geben auch Hinweise für produktive Kooperationen oder Zusammenschlüsse von Unternehmen. Synergieeffekte sind ein heikles Thema in der Strategiefindung. Synergien sind in der Praxis schwierig auszumachen und meist noch schwieriger auszuschöpfen. Viele Unternehmen haben schon auf die Karte »Synergien ausschöpfen« gesetzt und sind dabei jämmerlich gescheitert. Eines dieser negativen Beispiele ist die (ehemalige) Fusion von Mercedes-Benz mit Chrysler zu DaimlerChrysler, wo das Management Synergieeffekte beschwor und danach die schmerzhafte Rückführung zu Einzelunternehmen im Jahr 2007 vollziehen musste.
3. *Zeitvorteile: Wettbewerbsvorteil durch »Economies of Speed« oder Vorsprung durch höheres Tempo*
Die Economies of Speed setzen auf den wichtigen Wettbewerbsfaktor »Zeit«. Zeitvorteile umfassen zwei Aspekte: *Erstens* die Vorteile in der Wahl des idealen Zeitpunkts (wie Pünktlichkeit, Timing, Zuverlässigkeit) und *zweitens* des idealen Zeitraums (wie Durchlaufzeiten, Abwicklungszeiten, Reaktionszeiten). Economies of Speed werden genutzt, wenn die notwendigen Dinge zum richtigen Zeitpunkt und möglichst effizient ausgeführt werden. Gerade Zeitvorteile sollten im Rahmen einer Strategiediskussion immer auf der Agenda stehen, da sie in der heutigen Wirtschaft zu einem Schlüsselerfolgsfaktor geworden sind. Ein besonderer Aspekt der Economies of Speed ist das »Time-to-Market«. Hierunter wird die Zeitspanne von der Entwicklung eines Produkts bis zu seiner Marktreife verstanden. In der Time-to-Market-Periode entstehen dem Unternehmen zwar Kosten, aber keine Umsätze. Diese Phase ist möglichst knapp zu halten.
4. *Know-how-Vorteile: Wettbewerbsvorteil durch »Economies of Know-how« oder Vorsprung durch Forschungs- und Entwicklungswissen*
Durch Erfahrung und Lernen verbessern sich die Economies of Know-how, so dass sich daraus sogar Wettbewerbsvorteile durch eine verbesserte Effizienz ableiten lassen. Toyota hat sich systematisch Wettbewerbsvorteile im Sinne der Economies of Know-how im Bereich der Hybridtechnologie über

die letzten Jahre hinweg aufgebaut. Heute ist Toyota weltweiter Spitzenanbieter umweltfreundlicher Antriebstechnologie im Volumengeschäft.
5. *Fertigkeitsvorteile: Wettbewerbsvorteil durch »Economies of Skills«*
Durch ein hohes Engagement im Bereich der Qualitätssicherung, des Mitarbeitertrainings sowie durch den Einbezug der Mitarbeitenden in die Entscheidungsfindung bei der Gestaltung und Organisation ihrer eigenen Arbeitsprozesse werden Vorteile im Bereich der Fertigkeiten aufgebaut, welche sich nicht so leicht von anderen Unternehmen kopieren lassen.

Lernvorteile: Wettbewerbsvorteil durch »Economies of Learning«
Lern- oder Übungsvorteile bringen Einsparungen der Durchschnittskosten. Sie können durch gut trainierte, professionelle Mitarbeiter, die Reduktion von Ausschuss, verbesserte Arbeitskoordination, Beschleunigung der Herstellung oder durch laufend verbesserte Abläufe erreicht werden.
6. *Kompetenzvorteile: Wettbewerbsvorteil durch »Economies of Competence«*
Wettbewerbsvorteile entstehen auch durch tiefes oder breites Know-how. Dies erhöht die Innovationskraft, was wiederum den Fortschritt beschleunigt und die Kosten senken kann.

Differenzierungsstrategien: Wettbewerbsvorteile schärfen

In den 60er und 70er Jahren traten in vielen Geschäften erste Sättigungserscheinungen auf. Dies führte auf der Angebotsseite zu Kapazitätsüberschüssen und auf der Nachfrageseite zu anspruchsvolleren Kunden. Die Folge war eine massive Verschärfung der Wettbewerbssituation. Die Nachkriegszeit, die ein phänomenales Wirtschaftswachstum beschied, stieß an ihr Ende. Viele Kunden hatten nicht mehr nur ihren »Grundbedarf« zu decken, sondern wendeten sich innovativeren, attraktiveren Angeboten zu. Dies erforderte ein radikales Umdenken für viele Firmen. Das »Primat der Herstellung« wurde durch das »Primat des Absatzes« abgelöst: Wer erfolgreich sein wollte, musste markt- und kundenorientiert denken. Der Verkäufermarkt wandelte sich in einen Käufermarkt. Das moderne Marketing war geboren. Der Kunde bestimmte, was herzustellen war. Diese Marktorientierung fand auch in der Strategielehre ihren Widerhall. Der Harvard-Professor Michael Porter leistete im Feld der Markt- und Wettbewerbsstrategien Pionierarbeit.[50] Er wurde zum prominenten Vertreter des »marktorientierten Ansatzes« (market-view based strategy) der modernen Wettbewerbstheorie.

Wettbewerb findet sich überall, in unserem Leben und in der Natur. Er ist der zentrale Treiber für Fortschritt, Evolution und Innovation. Letztlich dreht sich Wettbewerb darum, andere von ihren »attraktiven Plätzen« zu vertreiben.⁵¹ Die Wettbewerbsstrategie thematisiert zwei Fragen: (1) Welches sind die attraktiven Geschäftsfelder? (2) Wie kann man in diesen Märkten eine bedeutende Position erringen? So untersucht die Wettbewerbsstrategie die Rivalität der Marktteilnehmer um attraktive Marktfelder. Je nach strategischem Thema, welches die Dynamik auf den Märkten bestimmt, lassen sich verschiedene Wettbewerbsformen feststellen. Es ist nicht das einzelne Unternehmen, welches die Wettbewerbsregeln und die strategischen Themen definiert, sondern das Zusammenspiel der Wettbewerber innerhalb einer Branche. Im Folgenden sind einige dieser strategischen Wettbewerbsthemen umrissen (Abbildung 13).

1. *Innovationswettbewerb: Wer bietet das attraktivste Produkt für den Kunden?*
Innovationen, die vom Markt positiv aufgenommen werden, sind in einer komfortablen Lage, da sie einen höheren Preis realisieren können.
Qualitätswettbewerb: Wer bietet die beste Qualität?
Produkte mit einem hohen Qualitätsanspruch und -image können ebenfalls attraktive Margen realisieren.
2. *Leistungswettbewerb: Wer bietet das Produkt mit der besten Performance?*
Beim Leistungswettbewerb spielt der Preis eine untergeordnete Rolle. Bedeutsam ist, dass die Güter entsprechende Leistungen erbringen und der Kunde das Produkt dringend benötigt. Bei technisch hochstehenden Produkten, Geräten und Maschinen ist Performance ein zentraler Wettbewerbsfaktor.
Preis- und Konditionenwettbewerb: Wer bietet die attraktivsten Preise und Rabatte?
Entscheidendes Kaufkriterium sind Preise, Konditionen oder Rabatte. Dies ist vor allem bei Gütern der Fall, die sich kaum voneinander differenzieren und so zu »Commodities« (Massenware) verfallen. Auch hochwertige Güter wie Laptops, Radios, Fernsehgeräte oder Handys verkommen mittlerweile zu einem »Massengut«.
3. *Wertwettbewerb: Wer bietet den höchsten Nutzwert für den Preis?*
«Value-for-Money» ist eine der häufigsten und wichtigsten Formen des Wettbewerbs. Kunden kaufen nicht nur nach der Höhe des Preises, sondern vielmehr nach dem Gegenwert, den sie für ihr eingesetztes Geld bekommen. Den Nutzen, den sie von einem Angebot in einer ganzheitlichen Betrachtung bekommen, setzt sich aus der Funktionalität, aus Nebenleistungen (Service, Zusätze), dem Preis, der Nutzungsdauer, der Qualität und ähnlichem mehr zusammen.
4. *Verfügbarkeitswettbewerb: Wer hat die höchste Verfügbarkeit?*
Das Hauptkriterium ist, dass das Gut verfügbar ist. Diese Form des Wettbewerbs findet sich vor allem bei Rohstoffen und lässt bei Knappheit die

Preise emporschnellen. Aber Verknappungen können auch marketingmäßig künstlich erzeugt werden. So war das iPhone von Apple bei der Lancierung nur beschränkt erhältlich, die Nachfrage überstieg das Angebot bei weitem. Der Hersteller musste sogar die Anzahl der Geräte je Kauf auf zwei limitieren. Dies steigert den Hype weiter und hält die Preise hoch.

Abbildung 13: Wettbewerbsvorteile (Auswahl) – Auf welchen Vorsprung setzen?

Für die Anhänger der »Industrial Economics« (Michael Porter) ist die Attraktivität des Marktes der wichtigste Erfolgsfaktor für den Erfolg des Unternehmens. Daher ist die Wahl eines renditeträchtigen, stabilen, langfristig tragfähigen Marktes eine der wichtigsten und ganz zentralen Entscheidungen des Managements. Attraktive Märkte mit hohen Geschäftspotenzialen, interessanten Gewinnaussichten und hohen Wachstumsraten führen erwiesenermassen zu besseren Geschäftsergebnissen. Vergleicht man die Profitabilität (Kapitalrendite) verschiedener Branchen, so zeigen sich enorme Unterschiede. In der Periode von 1992 bis 2006 hat Michael Porter verschiedene Industriezweige in den USA in Bezug auf ihre Kapitalrenditen (ROIC – Return on Invested Capital) untersucht.[52] So konnte die Softdrink-Branche eine Rendite von über 37 Prozent, die Kosmetik rund 28 Prozent, die Autoreifenherstellung etwa 19 Prozent, aber die Hotelbranche nur etwa 10 Prozent und das Airline-Geschäft nur knappe 6 Prozent erzielen. Damit wird die überragende Wichtigkeit der Wahl der richtigen Branche für strategische Überlegungen und den Geschäftserfolg offensichtlich. Wer sich in unattraktiven Branchen tummelt, hat es um ein Vielfaches schwerer, eine attraktive Rendite mit seinen Geschäften zu erzielen. Die Industrieökonomen empfehlen in diesen Situationen, neue Investitionen lieber in anderen, attraktiveren Geschäftsfeldern zu tätigen. Die Marktentwicklung konkret zu verfolgen und immer auch auf der Suche nach anderen attraktiven Marktsegmenten zu sein, gehört zu jeder professionellen Strategiediskussion.

Strategische Gruppen: Positionierung im Wettbewerb

Im Strategieprozess sind mögliche Manöver der Konkurrenz möglichst frühzeitig in die eigenen strategischen Überlegungen einzubringen. Konkurrenten sind Unternehmen, die sich in derselben Branche mit vergleichbaren Leistungen um gleiche Kundengruppen kümmern. Sie werden auch »strategische Gruppe« genannt.[53] Unternehmen einer strategischen Gruppe verhalten sich ähnlich, da sie vor denselben Herausforderungen stehen. Sie bearbeiten strategisch ähnliche Problemstellungen. *Praxis*: So gehören Maserati, Porsche und Lotus derselben strategischen Gruppe der Sportwagen-Hersteller an. Der Wettbewerb innerhalb einer strategischen Gruppe wird intensiver geführt als derjenige zwischen verschiedenen strategischen Gruppen.

Strategische Gruppen können über die Art ihrer Eintritts- oder Austrittsbarrieren charakterisiert werden. Sind diese hoch, so ist der Wechsel für ein Unternehmen von einer Gruppe in eine andere schwierig oder kaum zu vollziehen. Michael Porter spricht hier von Mobilitätsbarrieren der Branche. Je höher Mobilitätsbarrieren in einer strategischen Gruppe aufgebaut werden, umso höher ist das Gewinnpotenzial der einzelnen Unternehmen der Gruppe.

Fünf-Kräfte-Modell: Die Wettbewerbsintensität gestalten

Die Marktdoktrin (market-based view) propagiert, die optimale Wahl einer Strategie zur Erringung von Wettbewerbsvorteilen auf der Basis der Markt- oder Branchenattraktivität sowie aufgrund der eigenen Stellung im Wettbewerb zu treffen. Die Industrieökonomik (industrial economics) erklärt den Wettbewerbserfolg von Unternehmen damit, dass es erfolgreichen Unternehmen gelingt, Marktbarrieren gegen den Eintritt potenzieller neuer Wettbewerber zu errichten.

Wie errichtet man Barrieren gegen Angreifer? Barrieren lassen sich durch besonders niedrige Produktionskosten errichten. Aber auch eine hohe Innovationskraft, starke Marken oder hohe Qualitäten können der Grund sein, ein Geschäftsfeld nicht anzugreifen. Wettbewerbsvorteile werden durch clevere Positionierung eines Angebots in einer geschäftsmäßig attraktiven Branche oder strategischen Gruppe aufgebaut. Die Wettbewerbsintensität steigt, wenn Konkurrenten einfache Substitutionsprodukte anbieten können. Die Wahl der Branche bestimmt somit die Wettbewerbsintensität, welche durch fünf Wettbewerbskräfte (»Fünf Porter-Kräfte«[54]) konkret beeinflusst wird (Abbildung 14).

Abbildung 14: »Fünf Porter-Kräfte« – Wettbewerbsintensität des Marktes (Branche)

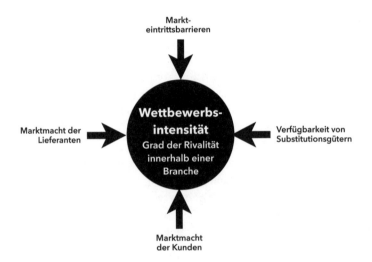

Die Intensität des Wettbewerbs ist nach Michael Porter das Ergebnis aus der Rivalität zwischen den bestehenden Anbietern, der Bedrohung des eigenen Geschäfts durch Newcomer (zum Beispiel Start-up-Firmen), der Bedrohung durch mögliche Substitutionsanbieter, die von den Kunden als eine echte Alternative betrachtet werden könnten, sowie durch den Verhandlungsdruck, den Lieferanten und Abnehmer aufbauen. Praxis: So ist zum Beispiel die Wettbewerbsintensität im Geschäft der Personal Computer sehr hoch. Der enorme Wettbewerbsdruck schmälert die Gewinne aller Anbieter. Neue Anbieter finden sich nicht und bestehende geben auf. Andere Märkte bieten attraktivere Margen: Pflanzenschutzmittel, Gentechnik, Medtech oder Biotech. Das

»Fünf-Kräfte-Modell« eignet sich hervorragend, um die Wettbewerbslandschaft des eigenen Geschäfts zu ergründen oder um andere attraktive Märkte oder Branchen zu entdecken. Zudem zeigt es, wo und wie Barrieren gegen Herausforderer aufgebaut werden können. Porters Perspektive ist die eines Finanz-Investors.

Porters Strategiematrix: Generische Vorsprungsstrategien

Michael Porter leistete mit seinen Forschungen einen wichtigen Beitrag zur Erklärung der unterschiedlichen Erfolgspositionen zwischen Unternehmen. Warum sind manche Unternehmen erfolgreicher als andere? Porter geht davon aus, dass Unternehmen nur dann Wettbewerbsvorteile erzielen können, wenn sie sich konsequent für eine der strategischen Basisstrategien entscheiden (Abbildung 15). Für seine Überlegungen sind zwei Fragen zu beantworten: Wie attraktiv ist die Branche, das Geschäftsfeld oder der Markt? Zur Beantwortung dieser Frage der Branchenattraktivität dient das »Fünf-Kräfte-Modell«. Und die zweite Frage lautet: Wie kann das Unternehmen einen relativen Wettbewerbsvorteil im Vergleich zu den Konkurrenten aufbauen? Hierzu bietet Michael Porter die »Matrix der Wettbewerbsstrategien« als Instrument (»Porter-Strategie-Matrix«[55]) an.

Unternehmen verfügen über drei Strategieoptionen, sich im Markt mit Erfolg zu positionieren: entweder durch konsequente Kostenführerschaft (auch Strategie der Kostenminimierung) oder durch konsequente Leistungs-

Abbildung 15: »Porter-Strategien« Strategische Grundverhaltensweisen

Strategie der Kostenführerschaft	Strategie der Differenzierung
Erfolg durch Kostenvorsprung oder Effizienzvorsprung	Erfolg durch Singularität (Alleinstellungsmerkmal)
Strategie der Fokussierung auf Teilsegmente des Marktes	
mit Kostenschwerpunkt	mit Differenzierungsschwerpunkt

führerschaft (auch Produktdifferenzierungsstrategie). Eine dritte kombinierte Variante ist die Fokusstrategie. Sie zielt darauf ab, das Produktangebot lediglich in einem Teil des Marktes anzubieten. Dabei stehen dann wiederum die beiden strategischen Varianten zwischen Kostenführer und Differenzierung offen.

Die »Strategie der Kostenführerschaft« baut den Wettbewerbsvorteil aufgrund einer hervorragenden Kostenposition auf. Günstigere Herstellungskosten als die Konkurrenz gestatten es, den Kunden die Vorteile in Form von attraktiveren Preisen weiterzugeben. Die Margen können in einer derartigen Strategie aber trotzdem attraktiv gestaltet werden. Wer die Preisführerschaft anstrebt, muss immer auch Kostenführer sein, da sonst die Margen nicht mehr wettbewerbsfähig sind. Preisstrategien bedingen hervorragende Kostenstrategien. Die Kostenführerschaft setzt auf größere Produktionsvolumen, wodurch sich aufgrund von Erfahrungseffekten (Skaleneffekte, Rationalisierung, Anlagenoptimierung) zusätzliche günstigere Kostenpositionen ergeben.

Praxis: Auf Kostenführerstrategien setzen die Low-Cost-Airlines wie Ryanair, easyJet, JetBlue oder Air Berlin. Ihr Management konzentriert sich konsequent auf die kontinuierliche, radikale Senkung der Gesamtkosten. So werden Zusatz- und Nebenleistungen gestrichen oder gesondert verrechnet, Produktionsprozesse optimiert, Lohnstrukturen gesenkt oder das Vertriebsnetz reduziert. Angeflogen werden günstige Nebenflughäfen, die Tickets nicht mehr physisch, sondern nur noch elektronisch ausgestellt, die Telefonberatung extra verrechnet, heiße Mahlzeiten verkauft und Gepäckzuschläge erhoben. Die Strategie der Kostenführerschaft zwingt ein Unternehmen dazu, sich konsequent als Kostenführer zu positionieren. Die Strategie des Cost-Leadership bedingt folgende Fähigkeiten und Ressourcen:

- hohe Investitionen für Verfahrensoptimierungen (Prozess-Management),
- nachhaltige Innovationen in Forschung, Entwicklung, Technologie und Produktion,
- Effizienzsteigerung, Standardisierung, Normierung, Automation,
- Gestaltung einfacher Angebote, die sich für Massenmärkte eignen.

Die »Strategie der Differenzierung« beschreitet den umgekehrten Weg: Die Angebote sollen in erster Linie nicht günstiger, sondern besser als diejenigen der Konkurrenten sein. Diese besonderen Leistungen sollten Funktionen oder Merkmale umfassen, welche den Konkurrenten fehlen. Das Produkt muss möglichst »einzigartig« werden und aus dem generellen Marktangebot herausragen. Angepeilt werden anspruchsvollere Kundengruppen, die bereit sind, für Mehrleistungen auch einen Aufpreis zu bezahlen.

Markenartikler, aber ebenso Automobilfirmen setzen auf die Strategie der Differenzierung. Sie bieten eine Fülle an Zusatzleistungen, um sich von den Angeboten der Konkurrenten abzusetzen. Differenzierer streben nach Einzigartigkeit durch den Aufbau von Alleinstellungsmerkmalen. Die Strategie setzt auf folgende Fähigkeiten und Ressourcen:

- hohe Kompetenz in der Markterkundung und Kundennähe,
- professionelle Vermarktung und differenziertes Marketing,
- Innovation in Produktentwicklung und Kundenansprache,
- Spezialisten-Performance,
- hohes Qualitätsimage,
- professioneller Vertrieb,
- hohe Beratungs- und Servicekompetenz,
- engagiertes Marken-Management (Branding).

Die »Strategie der Fokussierung« setzt auf Schwerpunktbildung. Sie unterscheidet sich von den obigen beiden Grundstrategien dadurch, dass sich Firmen auf ein ihnen lukrativ erscheinendes Teilsegment eines Marktes ausrichten. Dort kann sich das Unternehmen dann erneut entweder als Kostenführer oder Leistungsführer positionieren.

In der Praxis findet man die reine Form der Kostenführerstrategie mit Fokus auf Kosten, Effizienz und Effektivität und auf der anderen Seite die reine Form der Differenzierungsstrategie mit Fokus auf Qualität, Innovation und Service selten. Zwischen den beiden Strategieansätzen existiert ein strategischer »Trade-off« (Austauschverhältnis). Wer es nicht schafft, sich eindeutig und nachhaltig in der einen oder anderen Strategiealternative zu positionieren, der gerät nach Michael Porter in eine problematische Zwischenlage. Diese bezeichnet er treffend als »Zwischen-den-Stühlen«-Position (stuck-in-the-middle position). Sie wird durch die «Porter U-Kurve« veranschaulicht (Abbildung 16): Unternehmen mit geringen Marktanteilen entwickeln sich durch nachhaltige Differenzierung zu Spezialisten. Und Unternehmen mit hohen Marktanteilen entwickeln sich zu volumenorientierten Generalisten. Sie setzen auf Standardisierung ihrer Prozesse und eine hohe Effizienz, um günstige Kosten zu garantieren. Beide Positionen sind in Bezug auf die Rentabilität sehr attraktiv.

Gefährlich ist es, sich in der »unklaren« Mitte zu positionieren. Mittelmäßige Marktpositionen, normale Angebote ohne besondere Differenzierung führen zu einer signifikant schlechteren Rentabilität. *Praxis*: Warenhäuser stecken in einer gefährlichen »Stuck-in-the-Middle«-Position, da sie von ihren Kunden weder als besonders hochwertig noch als besonders günstig erlebt werden.

Abbildung 16: »Zwischen den Stühlen«-Position

In Anlehnung an die generischen Strategien von Michael Porter finden sich in der Unternehmenslandschaft weitere Strategietypen:

1. *»Pionier-Strategien«*
   »Pioniere« spezialisieren sich auf Neuerscheinungen und Innovationen. Sie verstehen sich als Nischenanbieter und investieren stark in Forschung, Entwicklung, Marketing, Beratung und Kundenservice. Ihre Wettbewerbsvorteile sind oft zeitlich begrenzt, denn sie locken Nachahmer an, welche die Neuentwicklungen kopieren. Meist können diese Pionierfirmen aber während einer kurzen Periode überproportionale Margen bei ihren Kunden durchsetzen, da sie ein zeitliches Alleinstellungsfenster nutzen. *Praxis:* Unternehmen, welche auf eine Pionier- oder Nischenstrategie setzen, sind Tesla mit seiner alternativen Antriebstechnologie für Sportwagen oder Google mit der Datenbrille oder dem autonom gesteuerten, selbstfahrenden Auto.
2. *»Nachahmerstrategien«*
   Nachahmer verfolgen Pionierunternehmen und übernehmen deren Entwicklungen, um sie massenproduktionstauglich zu machen. Nachahmer optimieren meistens die Produktionsprozesse, um Kostensenkungen zu erwirtschaften. Sie bedienen Massenmärkte, haben niedrigere Kostenstrukturen und können daher auch günstigere Preise als Pioniere anbieten. Ihre Investments erfolgen vorwiegend in die Optimierung von Produktion und Distribution. *Praxis:* Microsoft konnte seine überragende Marktstellung vor allem durch die Übernahme und Vervielfältigung von Innovationen

Dritter erreichen. Die Stärke des Unternehmens liegt in seinem leistungsfähigen, weltumspannenden Distributionssystem. Im Pharma-Business gehören die Generika-Hersteller Teva/Ratiopharm, Stada, Actavis, Sandoz, Mylan oder Ranbaxy zu diesem Typ.

3. »*Strategie der Kundenfokussierung*«
»Kundenfokussierte Unternehmen« erbringen ihre Leistungen spezialisiert für eine bestimmte attraktiv erscheinende Zielgruppe. Ihre Angebote und Dienstleistungen richten sie speziell auf ihre angepeilte Kundschaft aus. Imagegestaltung, Kommunikation, Qualität und Service sind Faktoren, in welche sie stark investieren. Sie verfolgen das Ziel, ihre Kunden an sich zu »binden« und mit ihren massgeschneiderten Leistungen zu faszinieren. *Praxis*: Der Onlinehändler Amazon ist ein Beispiel für ein kundenfokussiertes Online-Unternehmen, welches dem Kunden massgeschneiderte Angebote vorschlägt.

Einschätzung des Ansatzes von Michael Porter

Die Wettbewerbsstrategie von Michael Porter empfiehlt, ein Unternehmen oder Business in einer attraktiven Branche optimal zu positionieren. Die Wettbewerbsvorteile ergeben sich in erster Linie durch die Wahl eines attraktiven Marktes und der eigenen differenzierenden Wettbewerbsposition. Wettbewerb ist für Porter eine Art »War of Position«, ein Kampf um Positionen. Seine Theorie wurzelt in den 70er und 80er Jahren. Unsere Businesslandschaft hat sich zwischenzeitlich aber verändert. Etablierte, große Unternehmen mit einst starker Marktposition wurden durch kleine, wendige Anbieter herausgefordert oder gar überholt. Innovative Strategien führen zu Veränderungen in den Märkten und definieren sogar deren Grenzen neu. Im dynamischen Marktumfeld wird der Wettbewerb heute vielmehr zu einem »War of Movement«, zu einem Kampf um die höhere Agilität. Der Erfolg liegt in der Antizipation von Markttrends und der raschen Ausrichtung des Unternehmensgeschehens an veränderte Chancen. Die Fähigkeit eines Unternehmens, seine Ressourcen und Kernkompetenzen strategiefokussiert und effizient zu nutzen, ist der Schlüssel zur Erfolgssicherung. Die im folgenden Kapitel dargestellte Ressourcen-Perspektive widmet sich diesem strategischen Ansatz.

Porters Strategiematrix wurde von den Wirtschaftswissenschaftlern heftig kritisiert. Die Gründe dafür liegen im methodischen Ansatz, in der weitgehend fehlenden empirischen Begründung und in seiner Ausrichtung auf die Marktattraktivität als bestimmende Größe für den Geschäftserfolg. Zudem sind für Michael Porter die Kostenführerschaft und die Leistungsführerschaft alternative Strategieoptionen. Es gibt aber heute eine ganze Fülle an Unternehmen, wie zum Beispiel Ikea oder Zara (Inditex), die es durch ein smartes Markt-Management geschafft haben, sich als Differenzierer zu positionieren und gleichzeitig im Massengeschäft mit relativ günstigen Preisen zu punkten. Heute sind diese »Kombi-Strategien« besonders interessant.

Die folgenden Fragen Porters sind aber zeitlos: (1) Welches sind die wirklich attraktiven Märkte der Gegenwart und Zukunft? (2) Welche besonderen Vorteile bieten wir den Kunden gegenüber unseren Wettbewerbern zur Sicherung unserer Unternehmenszukunft? (3) Auf welchen differenzierenden Erfolgsfaktoren baut unser Geschäftsmodell auf?

Porters Wertkette: Dem Wettbewerbsvorteil auf der Spur

Anhand der Wertkette (value chain) werden die Unternehmensaktivitäten in primäre und unterstützende Arbeiten eingeteilt, um sie strategisch zu beurteilen. Primäre Aktivitäten (auch: Kernprozesse) sind wertschöpfende Tätigkeiten, die einen direkten Bezug zum Produkt haben und somit direkt zum ökonomischen Ergebnis des Unternehmens beitragen. Zu ihnen gehören Einkauf, Logistik, Produktion, Vertrieb und Kundendienst. Die unterstützenden Aktivitäten oder Supportprozesse hingegen haben keinen direkten Bezug zu den hergestellten Produkten und Dienstleistungen. Zu ihnen gehören Aufgabenbereiche wie Personal, Recht, Informatik, Rechnungswesen oder Controlling.

Die Wertkette[56] (Abbildung 17) ist ein Hilfsmittel, um die strategisch relevanten Tätigkeiten eines Unternehmens systematisch zu erfassen, um Wettbewerbsvorteile zu identifizieren. Jede Wertkette setzt sich aus den Wertaktivitäten und der Gewinnspanne zusammen. Die Gewinnspanne ist die Differenz

Abbildung 17: Wertkette (Grundstruktur)

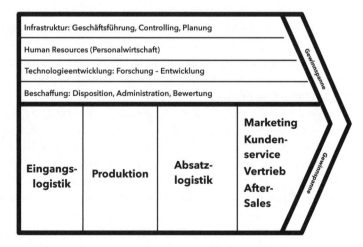

zwischen dem erzielten Ertrag und allen für die Wertschöpfung entstandenen Kosten. Ein Wettbewerbsvorteil kann nur dann entstehen, wenn die erbrachte Leistung einen besonderen Wert für den Kunden darstellt. Durch die Analyse der Kostenstruktur eines Business lassen sich strategisch interessante Fragen beantworten:

- Wie hoch sind die Kostenanteile strategisch entscheidender Tätigkeiten?
- Sind diese Aktivitäten in dieser Form notwendig, um dem Kunden den gewünschten, alleinstellenden Mehrwert zu bieten?
- Unterstützt die Wertkette den strategischen Fokus? Entweder: Ist die Wertkette auf die Bedürfnisse der Kunden ausgerichtet? Oder: Werden alle Effizienzpotenziale ausgeschöpft?
- Die Wertkette ist besonders für die Strategie der Kostenführerschaft von Bedeutung. Mit ihr bekommen die Kostenstrukturen einen strategischen Charakter. Auch bei der Differenzierungsstrategie ist die Value-Chain-Analyse hilfreich. Sie weist auf Aktivitäten hin, durch die sich das Business von der Konkurrenz abgrenzen kann. Eine qualitativ höherwertige oder innovativere Leistung im Vergleich zur Konkurrenz anzubieten lohnt sich nur, wenn die Zusatzmarge auch über den Differenzierungskosten liegt und der Kunde die Zusatzleistung wirklich schätzt, d.h. die Zusatzleistung auch kauft.

Einschätzung

In der Praxis ist die »strategische Wertkettenanalyse« ein aufwändiges Unterfangen. Ein Hauptproblem ist, dass die operative Kostenbetrachtung, welche durch klassische Verfahren der Kostenrechnung vorliegt, selten mit der strategischen Sichtweise korreliert. Die bestehenden Rechnungen müssen daher mit großem Aufwand in eine Aktivitätskosten- oder Prozesskostenrechnung überführt werden. Trotzdem ist die Wertkette für strategische Diskussionen wertvoll. Die Frage, ob Aktivitäten zur Erhöhung der Besonderheit und des Wertes eines Angebots für den Kunden beitragen und ob sich damit auch überdurchschnittliche Margen einfahren lassen, ist auch ohne umfassende, detaillierte Kostenanalysen nützlich.

Outpacing: Konkurrenten überholen

Egal ob Mountainbike, Schokoriegel, Turnschuhe, Federhalter, T-Shirt oder Pizza, sie alle gibt es in einer günstigen und in einer exklusiven Version. Selbst bei Industriegütern findet man immer öfter, ganz ähnlich wie bei den Konsumgütern, kostengünstige Classic-Angebote und Premiummarken vom selben Anbieter.

Outpacing heißt auf Deutsch »überholend« oder »hinter sich lassend«. Die Outpacing-Strategien werden auch als »hybride Wettbewerbsstrategien« bezeichnet, da sie die Strategie der Preis- oder Kostenführerschaft mit der Differenzierungsstrategie kombinieren.[57] Sie überwinden das Entweder/Oder des Porter-Konzepts (Abbildung 18).

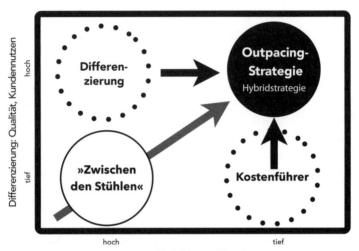

Abbildung 18: Outpacing – Periodisch Strategiewechsel vornehmen

Durch einen periodischen »Strategiewechsel« (strategy shift) stellt man von einer Strategiealternative zu einer anderen um. Jede Strategie hat einen optimalen Zeithorizont und ist temporär limitiert. Die Kostenorientierung eines Geschäftsfelds wird zeitlich von der Differenzierung getrennt und sequenziell angegangen. Zuerst setzt sich beispielsweise das Management für eine bestimmte Zeit die Differenzierung zum Ziel, um sich von Konkurrenten leistungsmäßig abzuheben. Hat dies Erfolg, wechselt man in der nächsten Phase auf ein striktes Kostenmanagement. Dies heißt, man verfolgt eine strikte Kostensenkungs- und Effizienzstrategie, um den Konkurrenten die Kalkulationsbasis zu verderben oder um weitere Kundengruppen mit günstigeren Offerten anzusprechen. *Praxis*: Ein Beispiel einer erfolgreichen »hybriden Wettbewerbsstrategie« lieferte Sony mit dem Walkman-Geschäft. Zuerst hat das Unternehmen seine Position als Innovationsleader (Differenzierungsstrategie) gefestigt. Die Geräte wurden exklusiv und teuer positioniert. Sukzessive hat Sony aber einen Strategiewechsel in Richtung Volumenanbieter vollzogen, da immer mehr Nachahmer auf dem Markt auftauchten und das Geschäft durch günstige Kopien herausforderten. So hat sich Sony im Folgeschritt der konsequenten Kostensenkungsstrategie verpflichtet. So konnte Sony günstigere und attraktive Topmodelle parallel anbieten, bei denen die Margen aber immer noch interessant waren. Auch Apple verfolgt bei der längerfristigen Vermarktung von iPod, iPad und iPhone eine hybride Strategie.

Statt zuerst auf Innovationen zu setzen, kann man auch Kostensenkungen vorziehen und dann sein Angebot durch Innovationen differenzieren. *Praxis:* Toyota hat die deutschen Premiumhersteller BMW, Mercedes und Audi über Jahre als »Kopiervorlage« (besser: »Benchmark«) genutzt. Erst nach der erfolgreichen Etablierung in den Zielmärkten dank kostengünstiger Angebote wechselte Toyota auf die margenträchtigere Differenzierungsschiene. Toyota lanciert nun technologische Innovationen und etablierte die Premiummarke Lexus, um die Konkurrenz mit der Outpacing-Strategie anzugreifen. Die chinesischen Automobilhersteller kopieren nun die koreanischen und japanischen Automobilkonzerne.

Andree Fleck hat an der Ludwig-Maximilians-Universität München weitere hybride Strategiekombinationen untersucht:[58]

Die »*hybride Varietätsstrategie*« nutzt gemeinsame Inputs (wie zum Beispiel Know-how, Produktionskapazitäten, Plattformen), um die durchschnittlichen Stückkosten bei einer Ausweitung des Absatzvolumens zu senken. Durch das Suchen nach Synergiefeldern kann eine Differenzierung positive Kosteneffekte zeigen. Automobilunternehmen setzen zum Beispiel immer mehr auf die Differenzierungsstrategie statt nur auf große Volumen und Kostenführeransätze, da sie mit den günstigen ausländischen Produktionsfaktoren nicht mithalten können. Durch die gemeinsame Nutzung modularer Plattformen können auch über Modelle hinweg Produktivitäts- und Kosteneffekte ausgeschöpft werden.

Auch beim »*Total Quality Management System (TQM)*« werden Kosten- und Qualitätsziele simultan angestrebt. Vor allem die japanischen Autohersteller nutzen TQM und Methoden der kontinuierlichen Verbesserung (Kaizen), um sich Wettbewerbsvorteile gegenüber ihren Konkurrenten zu verschaffen. Hier spricht man von einer hybriden Qualitätsstrategie.

Last but not least ist die »*hybride Innovationsstrategie*« eine leistungsfähige Strategie für sich rasch ändernde Marktkonstellationen. Sie beabsichtigt die Entwicklungszeit von Innovationen zu komprimieren, um Produktverbesserungen rascher als Mitkonkurrenten auf den Markt zu bringen. Die Forschungs- und Entwicklungskosten sollen von den Lerneffekten vergangener Innovationszyklen profitieren und kosteneffizient geführt werden.

Einschätzung

In einer längerfristigen Perspektive setzt sich in dynamischen Märkten vor allem derjenige durch, der entweder ausgehend von einem hohen Produktnutzen oder ausgehend von niedrigen Kosten Angebote offeriert, die nicht nur die Wünsche der Kunden perfekt treffen, sondern auch dem Hersteller attraktive Margen aufgrund effizienter Produktionsstrukturen bescheren. Erreicht wird dies durch eine clevere Strategiefindung, die sich auch einer dynamischen Betrachtung des gesamten strategischen Umsetzungsprozesses widmet. Wenn sich alternative Chancen bieten, sind Strategiewechsel notwendig. Die Dynamik der heutigen Märkte fordert eine flexible Handhabung der strategischen Orientierung. Dies stellt hohe Anforderungen an das Management und an die Mitarbeiter im Umgang mit Flexibilität und Change.

Flüchtiger Vorsprung: Kurzfristvorteile rasch nutzen

Die heutige Wettbewerbslandschaft ist durch das Ende langfristiger, nachhaltiger Wettbewerbsvorteile charakterisiert. Überragende Wettbewerbsvorteile (im Sinne Michael Porters) aufzubauen, ist in einem hyper-kompetitiven Umfeld kaum mehr möglich. Wettbewerbsvorteile lassen sich in einem dynamischen Konkurrenzumfeld nur noch kurzfristig halten. Rita McGrath, Professorin für Strategisches Management an der New Yorker Columbia University plädiert für ein Umdenken, ja sogar für ein Loslassen von überholten Vorstellungen veralteter Strategiekonzepte.[59] McGrath gilt als eine der führenden Strategie-Vordenkerinnen und gewann 2013 den renommierten »Thinkers50-Strategy Award«.

Die herkömmliche Strategieliteratur ist sich (nahezu) einig, dass es das oberste strategische Ziel sei, überragende, nachhaltige Wettbewerbsvorteile aufzubauen, um einen ausschöpfbaren Wettbewerbsvorsprung zu etablieren. Dies ist in der Regel ein längerfristiges Unterfangen.

McGrath stellt den Fokus auf dieses wichtige Thema feiner und aktueller ein: Im Wettbewerb gehe es heute nicht mehr darum, möglichst uneinnehmbare Festungen aufzubauen, sondern rasch und flexibel auftretende Chancen agil zu nutzen. Man solle sich in der heutigen wilden Businesswelt nicht nur auf einen einzigen zentralen Wettbewerbsvorteil ausrichten. Sie empfiehlt, auch flüchtige Chancen in zeitlich kürzeren Abständen zu nutzen und entsprechende Vorteile aufzubauen. Die Aufgabe des Managements muss es sein, sich um eine »Pipeline of Competitive Advantages« zu sorgen. Unternehmen sollen sich daher auch auf kurzfristige, flüchtige Marktchancen (transient competitive advantages) fokussieren, um nicht im Wettbewerb abzurutschen. Diese frischen Gelegenheiten sind möglichst rasch als Umsatz- und Ertragsbringer einzubringen. Ebenso konsequent soll man sich auch wieder von Geschäften trennen, wenn deren Potenzial (Umsätze, Erträge, Kundenanzahl etc.) abebbt, um die Ressourcen wieder für Attraktiveres einzusetzen. Dies bedingt, dass Unternehmen eine hohe strukturelle und personelle Flexibilität haben müssen, um ihre Geschäftsmodelle immer wieder anzupassen und um ihre Ressourcen und Kapazitäten rasch auf neue, attraktive Geschäftsfelder zu konzentrieren.

McGrath gewann ihre Einsichten aus einer von ihr durchgeführten Studie, bei der sie Erfolgsunternehmen strategisch beobachtete:[60] Als Basis dienten alle börsennotierten Unternehmen der Welt (Status 2010) mit einer Marktkapitalisierung von über einer Milliarde US-Dollar. Daraus selektierte sie diejenigen heraus, welche ihren Gewinn um mindestens fünf Prozent pro Jahr über die letzten zehn Jahre steigern konnten. Am Ende blieben nur noch zehn Firmen übrig. Diese Firmen untersuchte sie eingehend in Bezug auf ihr strategisches Verhalten. Daraus entwickelte sie ihr »New Strategy Playbook«, einer Empfehlungsliste mit sechs Erfolgsprinzipien:

1. *Erfolg durch Rekonfiguration:* Geschäftsmodelle sind laufend auf ihr Zukunftspotenzial hin zu überwachen. Ebenso ist mit einem breiteren Blickwinkel als bisher gewohnt nach attraktiven, neuen Geschäftsmodellen Ausschau zu halten. Dabei ist durchaus erwünscht, auf mehreren Wellen gleichzeitig zu reiten und möglichst alle erkennbar attraktiven Marktchancen, die sich mit den eigenen Kernkompetenzen erschließen, zu nutzen.
2. *Erfolg durch rechtzeitigen, frühen Rückzug:* Erodierende Geschäftsmodelle sind Warnsignale. Es ist gilt, sie frühzeitig auf den Prüfstand zu stellen und rechtzeitig aufgeben, um mit die wertvollen Ressourcen für attraktivere Geschäfte verfügbar zu machen.
3. *Erfolg durch rasche Ressourcen-Allokation:* Um rasch reagieren zu können, ist das Business von Grund auf flexibel aufzubauen. Die Strukturen und Prozesse sind den Chancen anzupassen und nicht umgekehrt.
4. *Erfolg durch Innovation:* Innovationen sind die Basis für Veränderungen und zukünftiges Geschäft. Die Entwicklung von Innovationen ist keine Nebentätigkeit, sondern aktive Zukunftsgestaltung und Zukunftssicherung. Ein entsprechend professionelles Innovationsmanagement ist zu etablieren. Moderne Unternehmen müssen zu Innovationsmaschinen werden.
5. *Erfolg durch agile Führung:* Die Planbarkeit der Zukunft ist beschränkt. Daher stehen nach neuerer Logik die Überprüfung von Ideen, der Dialog mit Kunden, das Entwickeln von Innovationen sowie das schlanke, rasche Agieren im Zentrum des Managements. Das Unternehmen muss auf

Schlankheit, Geschwindigkeit, Veränderbarkeit und Professionalität getrimmt werden.
6. *Erfolg durch aktive Karrieregestaltung:* Jobs und feste Stellen sind nicht mehr für die »Ewigkeit« garantiert. Führungskräfte und High Potentials müssen sich an Schlüsselprojekten und -aufgaben orientieren. Sie gestalten so den aktiven Wandel mit und erhöhen die Agilität des Gesamtsystems. Erfolgreiche Karrieren zeichnen sich durch erfolgreiche Projektarbeiten und Projektführungen aus.

Ressourcenstrategien: Spitzenleistung durch Kernkompetenzen

Heutzutage ist im Business nicht der »Return on Investment« das Wichtigste, sondern der »Return on Imagination«.

Gary Hamel

Kernkompetenzen: Vorsprung durch exzellente Leistung

Seit Anfang der 90er Jahre stellt man einen Paradigmenwechsel im strategischen Management fest. Die Perspektive, worauf erfolgreiche Wertschöpfungsprozesse basieren, hat sich neu orientiert. Etwa zur selben Zeit, als Henry Mintzberg die Rolle des strategischen Managements kritisch unter die Lupe nahm, wurde mit der Veröffentlichung von *Wettlauf um die Zukunft* von Gary Hamel und C. K. Prahalad die Strategiedisziplin frisch belebt.[61] Der Denkansatz der beiden Forscher knüpft nicht an den marktorientierten Überlegungen Michael Porters an, sondern etabliert die ressourcenorientierte Strategietheorie.

Der Harvard-Professor Michael Porter betrachtet das Strategiethema aus der Sicht der Industrieökonomie. Für ihn ist die Wahl der idealen Strategie eine Konsequenz aus der Attraktivität der Märkte und der Ausprägung der eigenen Wettbewerbsstellung durch die fünf branchengestaltenden Kräfte (siehe Porters »Fünf-Kräfte-Modell«). Der ressourcenorientierte Blick knüpft hingegen beim einzelnen Unternehmen an. Ein Unternehmen wird als eine Kollektion von Ressourcen verstanden, welche das unternehmerische Handeln ermöglicht. Je nachdem wie das Management diese Ressourcen strategisch nutzt, entstehen mehr oder weniger leistungsfähige Kapazitäten und Fähigkeiten. Die unternehmensspezifischen Ressourcen lassen sich nicht leicht von konkurrierenden Drittanbietern kopieren und sind daher Quelle ihrer Wettbewerbsfähigkeit. Ein erfolgreiches Unternehmen geht denjenigen Geschäften nach, für die es »außerordentliche« Fähigkeiten und Kapazitäten im Vergleich zur Konkurrenz aufbringt.

Der Strategiefachmann Cuno Pümpin, Professor der Universität St. Gallen, wies schon in den 80er Jahren mit seinem Konzept der »Strategischen Erfolgsposition« (SEP) auf die zentrale Bedeutung der Kernkompetenzen für den strategischen Vorsprung hin.[62] Eine »Strategische Erfolgsposition« umfasst besondere Fähigkeiten, die es einem Unternehmen erlauben, im Vergleich zu seiner Konkurrenz längerfristig überdurchschnittliche Ergebnisse zu erzielen. Die strategischen Erfolgspotentiale können im Markt (Größe, Wachstum, Attraktivität), in den beherrschbaren Technologien, in der Erschließbarkeit finanzieller Ressourcen, in den engagierten Talenten, im Zugang zu unentbehrlichen Rohstoffen oder in anderen geschäftlich relevanten Faktoren liegen. Diese beispielhafte kurze Auflistung zeigt, wie breit besondere Fähigkeiten zu nachhaltigen Wettbewerbsvorteilen aufgebaut werden können.

Nur wenige Managementdenker haben seit den Arbeiten von Michael Porter die Strategiediskussion derart angeregt wie die beiden Managementexperten Gary Hamel und C. K. Prahalad. Gary Hamel arbeitete vor seiner akademischen Karriere im Management eines Krankenhauses. Diesen Job gab er auf, um ein MBA-Studium in Angriff zu nehmen. Durch die Begegnung mit dem aus Indien stammenden Strategielehrer C. K. Prahalad an der University of Michigan wurde er vom Strategie-Thema so fasziniert, dass er sein angestammtes Berufsfeld verließ. Als Strategieberater, Professor der London Business School und Research Fellow der Harvard University gehört er heute zu den prominentesten Vertretern des strategischen Denkens.[63]

Die beiden Strategieforscher legen den strategischen Fokus weg von Marktanteil und Marktattraktivität hin auf das Management von Kernkompetenzen und nutzbaren Ressourcen. Der Kernkompetenzen-Ansatz kehrt das klassische Strategieverständnis um: Porter blickt auf die Märkte und dann sozusagen »von außen nach innen«. Prahalad/Hamel hingegen bauen ihren Wettbewerbsvorteil über die Kernkompetenzen »von innen nach außen« auf. Ein Business kann überdurchschnittliche Gewinne realisieren, wenn es nachhaltige Kernkompetenzen und Ressourcen gegenüber seinen Konkurrenten nutzen kann.

C. K. Prahalad und Gary Hamel definieren eine Kernkompetenz als eine besondere Fähigkeit, die es einem Unternehmen erlaubt, dem Kunden durch seine Angebote einen wesentlichen Nutzen zu bieten. Diese Kernfähigkeiten bezeichnen sie auch als das »kollektive Wissen« eines Unternehmens, das im Gegensatz zu den materiellen Aktiva im Zeitablauf seinen Wert nicht verliert. Durch Erfahrung und Lernen kann sein Wert sogar noch weiter ausgebaut werden. Ihre These ist, dass derjenige, der eine führende Position im Wettbewerb anstrebt, nachhaltig spezifische Kernkompetenzen aufzubauen und zu nutzen hat.

Wie manifestieren sich Kernkompetenzen? *Praxis:* Der Erfolg von Ryanair liegt in der seiner Fähigkeit zur Optimierung der Streckennetze und dem flexiblen Flugzeugeinsatz. Toyotas besondere Fähigkeiten liegen in seinem hoch effizienten Produktivitäts- und in seinem kundenorientierten Qualitätsmanagementsystem. Den Kunden wird dadurch nicht nur ein gutes Preis-Leistungs-Verhältnis geboten, sondern auch eine hohe Zuverlässigkeit und Wertbeständigkeit garantiert.

Statt von Kernkompetenzen sprechen andere Ansätze von »Ressourcen«. Diese umfassen alle »materiellen Ressourcen« (auch: tangible Ressourcen), wie die Positionen des Umlauf- und Anlagevermögens. Sie bestimmen die zur Verfügung stehenden Kapazitäten für die Unternehmensleistung. Materielle Ressourcen haben aber einen wesentlichen Nachteil: Sie sind leicht durch Wettbewerber kopier- und substituierbar. Daher sind die materiellen Ressourcen aus wettbewerbsstrategischer Sicht meist vernachlässigbar. Doch die »immateriellen Ressourcen« (auch: intangible Ressourcen) spielen eine zentrale Rolle für den Erfolg. Zu ihnen zählen die Verfügungsrechte, wie Patente, Copyrights, Pläne, Ideen, Lizenzen, Geschäftsgeheimnisse oder das Image des Unternehmens. Ebenfalls zu den immateriellen Ressourcen gehören die »spezifischen Fähigkeiten« (skills) sowie das spezielle Know-how der Mitarbeitenden. Die dritte Ressourcenkategorie stellen die »finanziellen Ressourcen« wie die Liquidität, die noch nicht beanspruchte Fremdkapitalkapazität oder die Eigenfinanzierung oder das Risikokapital dar. Managementsysteme, Organisationsstrukturen, Informations-, Kommunikations- und Controlling-Systeme gehören zur vierten Kategorie der »organisatorischen Ressourcen«.

David J. Collis und Cynthia A. Montgomery haben in einem viel beachteten Artikel in der *Harvard Business Review* mit dem Thema »Der Wettbewerb über Ressourcen« fünf wichtige Eigenschaften identifiziert, mit denen ein Unternehmen den strategischen Wert der Ressourcen für seine Geschäftstätigkeit beurteilen kann:[64]

1. *Imitierbarkeit:* Sind die Kernkompetenzen wirklich einzigartig? Wie schwer lassen sich die Fähigkeiten und Ressourcen von Konkurrenten kopieren oder erschließen?
2. *Dauerhaftigkeit:* Wie rasch veralten die Fähigkeiten und Ressourcen? Wie rasch sind sie abzuschreiben? Wie lassen sie sich erneuern?
3. *Nutzbarkeit:* Welcher Wertbeitrag kann aus unseren Ressourcen geschöpft werden? Welche Bedeutung haben die Fähigkeiten und Ressourcen für die Kunden? Leisten die Ressourcen einen Beitrag zur Steigerung des Kundennutzens? Könnten die Kernkompetenzen auch in anderen Geschäftsfeldern genutzt werden?
4. *Substituierbarkeit:* Lassen sich die Fähigkeiten durch andere ersetzen? Haben die Kernkompetenzen einen gewissen Kopier-/Imitationsschutz (zumindest) für eine bestimmte Zeit?
5. *Vergleichbarkeit im Wettbewerbsumfeld:* Sind die Kernkompetenzen (Fähigkeiten, Fertigkeiten) wirklich nachhaltig besser als diejenigen der Konkurrenten? Sind die angebotenen Nutzenwerte für die Kunden erkennbar höher als diejenigen der Konkurrenten? (Die Kernkompetenzen sind nicht intern, sondern im Vergleich mit den anderen Anbietern zu beurteilen.)

Erst wenn all diese Fragen positiv beantwortet wurden, kann von *nachhaltigen, außerordentlichen* Kernkompetenzen und Ressourcen gesprochen werden. Nicht jede »Stärke« eines Unternehmens stellt gleichzeitig auch eine Kernkompetenz dar. *Praxis:* Der Versandhändler Land's End bietet seinen Kunden zum Beispiel eine lebenslange Garantie für seine Produkte. Jederzeit können bei Land's End bestellte Teile wie Hemden, Hosen, Gürtel oder Taschen zurückgegeben werden, ohne Gründe (»no questions asked«) zu nennen. Diese ungewöhnliche Garantieleistung ist im Vergleich zu den Serviceversprechen der Konkurrenz eine Stärke, aber keine Kernkompetenz. Diese außergewöhnlichen Garantieleistungen sind über einen längeren Zeitraum von Land's End nicht verteidigbar. Sie könnten von Wettbewerbern rasch und einfach imitiert werden. Eine Kernkompetenz (core competency) liegt erst dann vor, wenn sich das Unternehmen diese bestimmte Fähigkeit in einzigartiger Weise zu eigen macht, um sie für seine eigene Wertschöpfung zu nutzen. Kernkompetenzen sind diejenigen firmenspezifischen Fähigkeiten, auf denen der Erfolg beruht. Sie werden in einem Prozess der kontinuierlichen Verbesserung immer weiter gepflegt (oder weiterentwickelt). Das Kernkompetenzen-Konzept fordert, dass sich Unternehmen bei ihren Strategien auf diese ureigenen besonderen Fähigkeiten konzentrieren und sie nachhaltig für ihren Wettbewerbsvorteil ausspielen. Unternehmen mit erkennbaren Kernkompetenzen sind zum Beispiel Apple im PC-Bereich mit seinem herausragenden Product Design und Human Information Design. Die Automarke Audi setzt auf ihre Kernkompetenzen im Bereich der Quattro- und TDi-Technologie, eben Vorsprung durch Technik.

Die herausragenden Fähigkeiten und die außerordentlichen, verfügbaren Mittel sind die Quelle für Wettbewerbsvorteile. Für einen nachhaltigen Erfolg sind zwei Elemente von Bedeutung: Erstens ist es wichtig, über eine bessere Ressourcenausstattung als die Konkurrenten zu verfügen. Zweitens ist entscheidend, dass diese Mittel effektiver und effizienter genutzt werden. Die Strategiefindung konzentriert sich auf die optimale Nutzung der Mittel und betont mit Nachdruck die Stärkung eigener Fähigkeiten.

Dieser ressourcenorientierte Strategieansatz schafft strategische Freiräume, indem sich jedes Unternehmen auf seine eigenen ganz besonderen Stärken und Kernkompetenzen konzentrieren. Mittlerweile gehört die Diskussion zu »Kernkompetenzen« zu den grundlegenden Strategiethemen auf jeder Chefetage.

Baummodell: Strategische Wurzeln des Geschäfts stärken

C. K. Prahalad und Gary Hamel erklären die Beziehung zwischen den Kernkompetenzen und den Produkten, Geschäften oder Geschäftseinheiten anhand der Metapher des Baums (Abbildung 19). Die Wurzeln, von denen sich der

Baum ernährt, sind seine Kernkompetenzen. Sie bilden die Quellen des Erfolgs. Der Stamm entspricht den Kernprodukten oder Kernprozessen, und die Äste entsprechen den strategischen Geschäftseinheiten. Die Blätter oder Früchte sind in dieser Sichtweise die Endprodukte. Die Kernkompetenzen haben einen längerfristigen Zeithorizont als die Orientierung an Produkten und Dienstleistungen. Im Wettbewerb entscheiden in einer längeren Sicht nicht die angebotenen Produkte und Geschäfte über nachhaltigen Erfolg, sondern das ihnen zugrunde liegende Geschäftswissen mit seinen Lernprozessen.[65]

Die beiden Strategieforscher gewannen ihre Einsichten zum Kernkompetenzen-Ansatz durch ein intensives Studium der japanischen Industrie und ihrer Erfolge im Westen. *Praxis:* Canon hat sich über viele Jahrzehnte hinweg ein enormes Potenzial an Know-how, Fähigkeiten und Fertigkeiten im Bereich der Feinmechanik, Feinoptik, Bildbearbeitung und Mikroelektronik aufgebaut. Diese Kernkompetenzen oder »kollektives Know-how« sind die Wurzeln für die erfolgreiche Herstellung von Kopiergeräten, Druckern, Scannern, Multifunktionsgeräten und hochwertigen Fotoapparaten. Sony hat sich strategisch der Miniaturisierung verpflichtet. So konnte das Unternehmen innovative Produkte wie den Walkman, CD-Spieler, Mini-Notebooks oder Mini-Disks entwickeln. Honda konzentriert sein besonderes Know-how und seine Ressourcen rund um das Thema kompakte Triebwerke. Das Unternehmen ist heute Weltmarktführer für Motoren aller Art in kompakten Formaten. So stellt Honda jährlich Antriebsmotoren für über 17 Millionen Motorräder, vier Millionen Automobile sowie eine hohe Anzahl an Rasenmähern, Booten, Schneemobilen, Generatoren und Flugzeuge her.

Abbildung 19: Baummodell der Kernkompetenzen

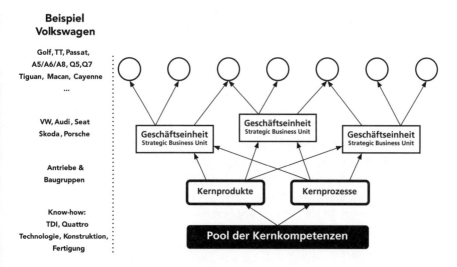

ganz spezifischen Fähigkeiten konzentrieren und diese im Wettbewerb strategisch ausspielen. Eine Kernkompetenz der Volkswagengruppe ist ihre Plattformstrategie, welche sie mit großem Erfolg konsequent über die gesamte Gruppe weiterentwickelt. Dank der cleveren Abstimmung der Technologien können die verschiedenen Marken VW, Skoda, Audi, Seat und Porsche ihre Modelle auf wenigen Plattformen herstellen. Die Kernprodukte, hier die Baugruppen, verbinden die VW-Kompetenz mit den Endprodukten. Diese Kernkompetenzen führen zu einer kostengünstigeren Produktion, aber auch zu Qualitätsverbesserungen, zur Individualisierung von Modellen, zu einer hohen Modellflexibilität sowie zur Verkürzung der Entwicklungs- und Montagezeiten.

Kernkompetenzen-Portfolio: Zur Kompetenzführerschaft

Die klassische Strategielehre versteht ein Unternehmen als ein Portfolio (Bündel, Sammlung) von Geschäften, welches anhand der Marktattraktivität und der Wettbewerbsstärke beurteilt wird. Ein Unternehmen lässt sich aber auch als Portfolio von Kernkompetenzen verstehen.[66]

Wie erkennt man diese Kernkompetenzen in der Praxis? Das unternehmensspezifische Wissen und Können bilden das Fundament der Kernkompetenzen. In den folgenden Bereichen lassen sich derartige »Spitzenfähigkeiten« erkennen:

- *Schlüsselbereiche/Schlüsselpersonen:* Lassen sich Schlüsselpersonen, ohne die das Business praktisch undenkbar wäre, identifizieren? Welche Geschäftsprozesse sind einzigartig und für das Geschäft erfolgskritisch?
- *Angebotserfolge:* Welche Fähigkeiten stecken hinter den erfolgreichen Produkten? Warum sind einzelne Produkte ein Hit? Welches Know-how und welche Fähigkeiten ermöglichen erst ein erfolgreiches Geschäft?
- *Außenwahrnehmung (Fremdbild):* Wofür hat das Unternehmen einen guten Ruf? Wofür stehen seine Produkte, seine Mitarbeiter, seine Marken? Welches Image hat das Unternehmen bei Kunden, Lieferanten, Wettbewerbern und Geschäftspartnern? Was traut man dem Unternehmen, dem Management, den Produkten ganz besonders zu?
- *Benchmarking-Vergleiche:* Wie steht das Unternehmen im Vergleich zu anderen Spitzenanbietern der Branche da? Wo sind besondere, herausragende Fähigkeiten vorhanden? In welchen Bereichen gelten wir als Benchmark der Branche?

Auch bei den Kernkompetenzen spielen zwei Dimensionen eine entscheidende Rolle: »Markteffektivität« und »Kompetenzführerschaft«. Die »Markteffektivität« bezieht sich auf den wahrnehmbaren Nutzen für den Kunden. Die »Kompetenzführerschaft« betrachtet den Entwicklungsstand einer Kompetenz im Vergleich zu den anderen Anbietern. Diese Dimension misst den eigentlichen Kompetenzvorsprung. Durch Kombination der beiden Dimensionen lassen sich die folgenden vier Kompetenzfelder darstellen (Abbildung 20):

1. *Basiskompetenzen*
   Basiskompetenzen werden auch von anderen Anbietern beherrscht. Sie begründen daher keine Wettbewerbsvorteile. Basiskompetenzen bilden die allgemein gültige Grundlage, um überhaupt in einem bestimmten Geschäftsfeld tätig zu sein. Sie sind Branchenstandards. Basiskompetenzen sind auch Marktzutrittsbarrieren für allfällige Newcomer aus anderen Geschäftsfeldern, die sich zuerst diese Basisfähigkeiten aneignen müssen.
2. *Schlüsselkompetenzen*
   Schlüsselkompetenzen liefern einen wesentlichen Beitrag zum Kundennutzen. Sie lassen sich meist nur über eine gewisse Zeit hinweg sichern. Konkurrenten holen rasch auf und machen bestehende Wettbewerbsvorteile flüchtig. Innovationen im technischen Bereich fallen in diese Kategorie.
3. *Potenzialkompetenz*
   Ein Unternehmen verfügt über hohe Kompetenzen, kann diese aber (noch) nicht in einen echten Kundennutzen umlegen. Diese Kernkompetenzen sind daher nur »potenziell« vorhanden. Hohe Kenntnisse im Bereich der Grundlagenforschung sind für ein Unternehmen zwar spitze, aber nicht hinreichend für den Erfolg oder gar Vorsprung im Wettbewerb.
4. *Kernkompetenzen*
   Kernkompetenzen sind schließlich die herausragenden, firmenspezifischen Fähigkeiten, die zu einem hohen differenzierbaren Nutzen für den Kunden beitragen. Die Konkurrenten verfügen nicht über ein entsprechendes Know-how oder vergleichbare Fähigkeiten/Fertigkeiten. Kernkompetenzen schaffen nachhaltige Vorteile im Wettbewerb, die zu höheren Erträgen führen können.

Wie lassen sich Kernkompetenzen entdecken, weiterentwickeln und nutzen? Vorne weg: Hier gibt es kein Patentrezept. Oft sind Kernkompetenzen sehr eng mit Schlüsselpersonen oder Schlüsselorganisationsbereichen eines Unternehmens verknüpft. Um nicht dem eigenen Wunschdenken zu unterliegen, sollten Außenstehende wie Kunden, Lieferanten oder Berater hinzugezogen werden, welche oft die »besonderen Fähigkeiten« leichter erkennen können. Derartige Kernkompetenzen gilt es vor allem langfristig zu pflegen, um den Vorsprung

Abbildung 20: Das Kernkompetenz-Portfolio

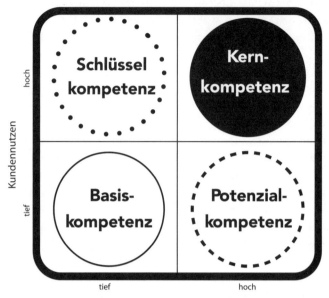

dynamisch gegenüber den Wettbewerbern zu erhalten oder gar auszubauen. Kernkompetenzen sind immer kompetitiv zu entwickeln, die gleichen Fähigkeiten und Stärken wie die Konkurrenten zu haben, führt nie zu einem Wettbewerbsvorteil. Basiskompetenzen können Kandidaten für Outsourcing sein, Kernkompetenzen nie.

Kernkompetenzen sind auch marktbezogen aufzubauen. Letztlich entscheidet nicht die Konkurrenz über das Sein oder Nichtsein, sondern immer nur die Kunden. Wissen und Fähigkeiten für die kein Markt existiert, haben keinen kompetitiven Nutzen. Der Kundennutzen bestimmt den Wert einer Kernkompetenz. Die eigenen Kernkompetenzen lassen sich auch über Partnerships (Allianzen) vertiefen und erweitern.

Dynamic Capabilities: Fähigkeit zur Agilität aufbauen

In den letzten Jahren hat sich das Umfeld der Unternehmen deutlich dynamisiert. Treiber der Veränderungen sind die Informations- und Kommunikationstechnologien, die rasant wachsenden Ökonomien der BRIC-Länder (Brasilien, Russland, Indien, China), die Deregulierung einst geschützter Märkte sowie die immer noch weiter fortschreitende Globalisierung der Geschäftswelt. Dadurch hat sich auch der Charakter des Wettbewerbs verändert: Zum Preis- und Innovationswettbewerb kommt ein Zeitwettbewerb hinzu. Viele Führungskräfte spüren diese Businessdynamik auch bei der Beantwortung strategischer Fragen. Die Verschärfung des Wettbewerbs erhöht den Strategiestress: Welches ist die richtige Strategie? Wann ist Zeit reif für ein Strategie-Update? Macht die Strategieformulierung in einer Zeit des rasanten Umbruchs überhaupt noch Sinn?

Die »absorbierenden Kapazitäten« (absorptive capacity) eines Unternehmens spielen im Umgang mit dem Wandel eine wichtige Rolle.[67] Wie gut kann ein Unternehmen mit dem Wandel umgehen? Wie schnell werden relevante Veränderungen erkannt? Wir raschen werden Chancen genutzt? Wie viel Veränderung verkraftet das Unternehmen? Die absorbierenden Kapazitäten beschreiben die Fähigkeit (Kompetenz) eines Unternehmens, auf der Grundlage des bestehenden Wissens Veränderungen rasch zu erkennen und das benötigte Entscheidungs- und Handlungswissen zu entwickeln. *Praxis:* Die revolutionären, technologisch bedingten Veränderungen in der Fotoindustrie zeigen, wie radikal Brüche für ein Unternehmen sein können. Geschäftsmodelle können sich in relativ kurzer Zeit radikal verändern. Das Zeitfenster für die strategische Anpassung schließt sich immer rascher. Etablierte Hersteller der analogen Fotografie, wie Kodak, Agfa, Ilford und Fuji, zeigten eine überraschende Schwerfälligkeit im Umgang mit den neuen digitalen Technologien. Aber auch andere Kamerahersteller (wie Canon, Olympus, Leica, Pentax, Konica, Minolta) kamen ins Trudeln. Die neue disruptive, digitale Technologie hat nicht nur das Wesen des Geschäfts verändert, sondern auch die gesamte Branche komplett durcheinandergewürfelt. Neue Player wie Sony oder SanDisk sind im Markt mit Erfolg aufgetaucht. Andere konnten den radikalen Wandel nicht absorbieren. Und nun steht schon wieder der nächste Umbruch an: Smartphones verändern das Fotografie-/Film-Business erneut fundamental. Wer benötigt denn für Selfies, Fotos oder Movies überhaupt noch einen Fotoapparat? Die neuen strategisch relevanten Konkurrenten, welche das Business definieren, sind die einst branchenfremden Apple, Samsung, Xiomi oder Lenovo.

Der Ansatz der »dynamischen Fähigkeiten« (dynamic capabilities) trägt dieser Entwicklung Rechnung.[68] Er untersucht nicht nur die vorhanden Kompetenzen für die Anpassung an die Herausforderungen des Wandels, sondern interessiert sich für vor allem die geistigen Fähigkeiten eines Unternehmens, welche seine Wendigkeit bestimmen (Abbildung 21).

Was charakterisiert ein »agiles« Unternehmen? Ein agiles Unternehmen setzt zur Bewältigung des Wandels auf drei »dynamische Fähigkeiten«: 1. rasches Erkennen des relevanten Wandels, 2. rasches, konsequentes Formulieren strategischer Antworten und last but not least 3. rasches Entwickeln benötigter neuer »organisatorischer Routinen« (Anpassung der Strukturen und Prozesse).

Abbildung 21: Dynamische Fähigkeiten im Umgang mit Wandel (Beispiele)

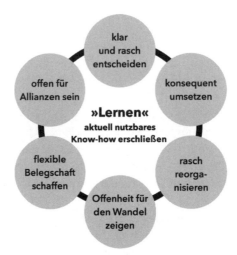

Überlegene, gut ausgestattete Ressourcen führen nicht zwingend auch zu überlegenen Geschäftsergebnissen. Erfolgskritisch sind heute für die strategische Wendigkeit und Anpassungsfähigkeit besonders die »organisatorischen Routinen«, also rasches Lernen und rasches Umsetzen. Je mehr sich ein Unternehmen um seine »geistigen Prozesse« kümmert, umso höher wird seine Reaktionsgeschwindigkeit gegenüber Wettbewerbern. Die dynamischen Fähigkeiten fokussieren die organisatorischen Routinen, welche das »Know-how« mit dem »How-to« und »Do-it« bündeln. Kurz: Unternehmen müssen lernen, ihre eigenen Handlungsroutinen der Dynamik des Wandels anzugleichen. Die organisatorischen Routinen lassen sich durch Standardisierung, Normierung oder Schulung intern erweitern.

Teece, Pisano und Shuen definieren die »dynamischen Fähigkeiten« folgendermaßen: Sie umfassen alle Fähigkeiten eines Unternehmens, interne und externe Kompetenzen zu vernetzen, neu zu bilden oder zu rekonfigurieren, um schnell auftretende Chancen für sich zu nutzen. Sie umfassen das Know-how und das praktische Umsetzungswissen der Mitarbeitenden, welche das Unternehmen rasch mobilisieren kann, um seine Wettbewerbsvorteile unter sich ändernden Verhältnissen zu sichern. Offen sein für Veränderungen und Neues, daraus lernen und Gelerntes rasch umsetzen, heißt somit das Erfolgsrezept. Die dynamischen Fähigkeiten stecken im Know-how (Fachwissen), in den Handlungsroutinen (Abläufen, Prozessen) sowie in den Beziehungen der Mitarbeitenden (Zusammenarbeitsformen, Organisation, Kultur).[69] Zu beachten ist, dass die organisatorischen Fähigkeiten von den Kenntnissen, Fertigkeiten und Fähigkeiten einzelner Personen unabhängig sein sollen. Da Personen das Unternehmen immer wieder verlassen, sind diese Lern- und Wissensprozesse im Unternehmen zu verankern.

Wer in einem dynamischen Umfeld erfolgreich sein will, hat die folgenden drei dynamischen Kompetenzen für Wandel, Gestaltung und Anpassung besonders zu pflegen:

1. *Wahrnehmungskompetenzen (Know-how, Prozesse, Methoden)*
   - Etablierung professioneller Managementsysteme zum »Scanning« (Durchsicht relevanter Trends), »Monitoring« (Weiterverfolgen einzelner Trends) und »Scouting« (spezifische Info-Beschaffung, Trend-Scouting).[70]
   - »Vernetzungskompetenzen« (boundary spanning), um die Umweltdynamik zu erfassen: Schlussfolgerungen für konkrete Aktionen aus Zeitschriften, Messebesuchen, Konferenzen, Kundenbefragungen, Studien, Partnerships, Allianzen, Verbänden und dergleichen mehr.
   - Fähigkeiten zur Vernetzung der Informationsvielfalt zu einem »Big Picture«.
2. *Entscheidungskompetenzen (Know-how, Prozesse, Methoden)*
   - Pflege eines vernetzt funktionierenden Informations- und Kommunikationssystems (top-down/bottom-up).
   - Etablierung professioneller Problemlösungsroutinen (und Entscheidungsmethodik: »Wie rasch und konsequent fällen wir wichtige Entscheidungen?«).
   - Fähigkeiten im Umgang mit widersprüchlichen Informationen und zur Entwicklung alternativer Szenarios für alternative Zukunftsstrategien (Optionen: »Welche Zukunft wählen wir?« und Impact-Analyse: »Was wäre, wenn ...«).
   - Fähigkeiten zur kritischen Hinterfragung der firmeneigenen Denklogik (Denk-/Handlungsmuster).
3. *Umsetzungskompetenzen (Know-how, Prozesse, Methoden, Systeme, Verfahren)*
   - Etablierung von Managementsystemen zur raschen und konsequenten Umsetzung von Entscheidungen.
   - Etablierung von Systemen zum Umgang mit dem Widerstand gegen Wandel (Change-Management-Systeme).
   - Etablierung von veränderten Arbeitsprozessen und -routinen.

- Trainings »on« und »off the Job« sowie kontinuierliche Verbesserungsprozesse (KVP).
- Pflege einer lernfreudigen, experimentellen Unternehmenskultur.

Der neuere Strategieansatz der »Dynamic Capabilities« zeigt, wie wichtig es ist, nicht nur eine strategische Stoßrichtung zu entwerfen, sondern auch darauf zu achten, dass die Führungs-, Kommunikations- und Arbeitssysteme den dynamischen Anforderungen entsprechen. Das Konzept der dynamischen Fähigkeiten hat seinen Ursprung in der Ressourcen-Perspektive, welche auf die Kernkompetenzen zur Erringung von nachhaltigen Wettbewerbsvorteilen setzt.[71] Danach haben diejenigen Unternehmen Erfolg, die rasch und effektiv in der Lage sind, ihre Ressourcen situationsgerecht immer wieder neu zu konfigurieren.

Praxis: Die chinesische Hightech-Firma Huawei ist ein Beispiel für ein Unternehmen, welches global dynamisch unterwegs ist, sich durch seine hohe Agilität auszeichnet, rasch lernt und mit großem Engagement auf eigene Entwicklung und Forschung setzt. Huawei belegt, wie rasch Unternehmen in der Lage sind, durch eine Kopierstrategie aufzuholen und dann aber durch wachsende Eigenentwicklungen ihr eigenes Geschäft weiter an die Spitze zu treiben. Das Unternehmen beschäftigt über 20 000 Forscher und Entwickler, welche die Angebote von morgen entwerfen. Damit übertrifft das Unternehmen manch einen universitären Forschungsbetrieb. Noch vor wenigen Jahren war die chinesische Firma kaum Brancheninsidern ein Begriff, heute spielt sie bereits in der globalen Top-Liga. Der chinesische Newcomer verweist manch traditionelles Unternehmen (zum Beispiel Siemens, Cisco, Lucent) oft in die Defensive: Die Lucent/Alcatel- und Nokia/Siemens-Zusammenschlüsse sind ein Beleg dafür. Die amerikanische Cisco hingegen hat es geschafft, sich weiterhin auf diesem aggressiven Markt der Ausrüster zu behaupten, indem sie selbst auf rasche, dynamische Innovationsroutinen setzt. Kurze Lernzyklen und eine dynamische Ressourcengestaltung sind herausragende, erfolgsentscheidende Cisco-Merkmale. Mit dem rasanten Wandel mitzuhalten, ist für Cisco nur möglich, da es ein dynamisches Managementsystem etabliert hat, bei dem auch vorgelagerte und nachgelagerte Partner in die Gesamtbetrachtung einbezogen werden. Managementsysteme wie zum Beispiel das Cisco-ERP-System schließen Partner sämtlicher Stufen der Wertschöpfung in die Steuerung- und Koordination sowie in die strategische und operative Planung mit ein. Bestell-, Bestands-, Produktions-, Lieferungs- und Kundenanfragen werden alle über ein umfassendes Informations- und Steuerungssystem in Echtzeit abgewickelt. Dies ermöglicht es Cisco, Chancen und Risiken rascher zu erkennen, zu verarbeiten, zu nutzen und umzusetzen als seine Konkurrenten.

Dynamische Fähigkeiten sind die entscheidenden Voraussetzungen für Erfolg in einer Welt des Hyper-Wettbewerbs. Sie ermöglichen Agilität, Neuausrichtung und Anpassung. Die Art und Weise, wie Informationen aufbereitet und weitergeleitet, wie Entscheidungen vorbereitet und getroffen, wie die Kommunikation organisiert und wie das Unternehmen auf die neuen Erkenntnisse ausgerichtet wird, beeinflusst seine Wettbewerbsfähigkeit nachhaltig. Die zentrale Fähigkeit dazu ist die »Lernfähigkeit« (learning capability).

Agile Unternehmen sind in der Lage, die Marktturbulenzen für sich zu nutzen. Sie sehen im Wandel die Chancen und weniger die Bedrohungen. Dynamische Unternehmen richten ihre Führungsstrukturen auf die neuen Konstellationen aus, adaptieren ihre Planungs- und Steuerungsprozesse, setzen auf Lernprozesse in der eigenen Organisation, bauen flexible Informationssysteme, entwickeln die Human Resources mit großem Engagement weiter, sind fähig, ihre Strukturen, Prozesse und Ressourcen relativ rasch umzugestalten, und gehen offen auf Partnerschaften zu.[72] Somit wird die »Wandlungsfähigkeit« selber zu einer zentralen Quelle für den strategischen Erfolg eines Unternehmens.

Mix der Strategieansätze: Wettbewerbs- und Ressourcenstrategie in Kombination

Die Wettbewerbsstrategie oder Marktdoktrin denkt von »außen nach innen«, die Ressourcendoktrin hingegen »von innen nach außen«. Aus diesen beiden Grundperspektiven haben sich zwei Strategieschulen etabliert: die marktorientierte Strategieschule (market-based view of strategy), die in der Tradition des Harvard-Professors Michael Porter steht, und die ressourcenbasierte Strategieschule (resource-based view of strategy), welche dem Denkansatz der Strategieexperten C. K. Prahalad und Gary Hamel folgt. In diesen beiden Strategielagern werden Argumentationsscharmützel mit doktrinärer Vehemenz ausgefochten. Doch all dies ist für den Praktiker, der vor konkreten strategischen Fragen und Entscheiden steht, wenig hilfreich. Die Wissenschaft kann keine »generell« funktionierenden Strategien präsentieren, die in jeder Situation zum gewünschten Erfolg führen. Trotzdem sind beide Betrachtungsweisen auch in der Praxis von Wert. Beide Strategieansätze legen den Finger auf zentrale Themen, durch deren Beachtung sich das Unternehmen nachhaltige Wettbewerbsvorteile verschaffen kann. Darum lohnt sich eine vertiefte Auseinandersetzung mit den beiden Strategieperspektiven auch für den praktischen Strategen. Sowohl die Attraktivität der Märkte, die Marktstellung in diesen

Märkten als auch die eigenen Kernkompetenzen sowie die zentralen dynamischen Ressourcen gehören zum strategischen Schlüsselbund für die Erschließung eines nachhaltigen Erfolgs.

Die beiden Ansätze zur Erzielung eines Wettbewerbsvorsprungs (Marktdoktrin und Ressourcendoktrin) lassen sich auch kombinieren, da sie sich gegenseitig ergänzen. Abbildung 22 bringt beide Sichtweisen zusammen. Die Vier-Felder-Tabelle offeriert die folgenden vier strategischen Alternativen:[73]

- *Move or quit (Bewege dich oder verlasse das Feld)*
  Bei dieser unattraktiven Marktsituation und ohne eigene Kernkompetenzen sollte das Feld geräumt werden.
- *Search for new markets (Halte nach anderen Geschäften Ausschau)*
  Kernkompetenzen in unattraktiven Märkten aufzubauen und zu halten ist suboptimal. Es sind neue Geschäfte für das vorhandene Know-how zu suchen und entsprechend attraktive Angebote zu entwickeln.
- *Build up competencies (Bau neue Kompetenzen auf)*
  In attraktiven Marktkonstellationen nur geringe Kernkompetenzen zu haben, ist gleichbedeutend mit einer schwachen Wettbewerbsposition. Beispiel: Nokias Firmengeschichte ist beeindruckend. Das Unternehmen war im Laufe seiner Entwicklung mehrfach in der Lage, komplett neue Kompetenzen aufzubauen und diese mit Erfolg zu nutzen. So war das Unternehmen in der Holzindustrie und Papierherstellung aktiv, fabri-

Abbildung 22: Wettbewerbs- und Ressourcensicht in Kombination

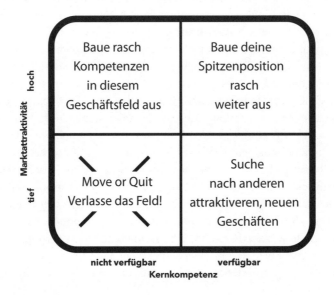

zierte auch Regenmäntel, Gummistiefel, Autoreifen und andere Gummiartikel, dann Kabel für die Telegrafennetze, worauf es sich sukzessive zu einem führenden Technologieunternehmen und Mobilfunkanbieter weiterentwickelte.

- *Stay on top (Verteidige die Spitzenposition)*
  Unternehmen in dieser idealen Lage müssen ihre hervorragende Stellung verteidigen. Beispiel: VW und Ford bauten bis Ende 1998 gemeinsam den Ford Galaxy und den VW Sharan. Volkswagen kündigte diese erfolgreiche Partnerschaft aber auf, um sich bei der Entwicklungstechnik von TDI-Dieselmotoren nicht tiefer in die Karten blicken zu lassen.

Wachstumsstrategien: Feuern aus allen Zylindern

Wir kündigen drei Produktneuheiten pro Tag an.
Können Sie sich noch an eine erinnern?
Mark Hurd, früherer CEO Hewlett-Packard

Wachstumsstrategien: Mehr, mehr und mehr

In den boomenden 70er Jahren konzentrierte sich das strategische Management auf die Themen Unternehmensgröße, Marktmacht und Wachstum. Die PIMS-Studien (Profit Impact of Marketing Strategies) zeigten unmissverständlich: Je größer der Marktanteil eines Business, desto größer ist seine potenzielle Profitrate. Angeregt durch diese strategische Erkenntnis war der Run auf Marktanteile entfacht. Wachstum wurde zum universellen Geschäftscredo. Hohe Absatzvolumen resultieren in größeren Marktanteilen, wodurch »Skaleneffekte« (economies of scale) ausgeschöpft werden können. Größere Absatzvolumen sind gleichbedeutend mit potenziell sinkenden Stückkosten, was sich wiederum positiv auf die Kalkulation und Preisgestaltung auswirkt. Günstige Preise beleben ihrerseits wiederum den Absatz, wodurch sich die Wachstumsspirale weiter nach oben beschleunigt. Wird jedoch diese Rechnung ohne die Reaktionen der Konkurrenten gemacht, expandieren zwar die produktiven Kapazitäten, ohne dass die Kundennachfrage und das Absatzvolumen aber mithält. Die Folge sind Märkte mit hohen Angebotsüberschüssen. Heute finden sich derartige Märkte in vielen Branchen weltweit. Die Folgen liegen auf der Hand: Wettbewerbsdruck, Kostendruck, Effizienzdruck, Margendruck, Preisdruck, Beschäftigungsdruck …

Nach Jahren der Kostensenkung, Effizienzsteigerung und Restrukturierung rutscht das Thema Wachstum wieder verstärkt ins Zentrum des strategischen Managements.[74] Praktisch jedes Unternehmen verfolgt das Ziel, gesund zu wachsen. Doch was heißt das? Wachstum kann dann als betriebswirtschaftlich gesund bezeichnet werden, wenn die Wachstumsanstrengungen nicht nur eine Umsatzerweiterung mit sich bringen, sondern auch (zumindest) zeitnah die Profitabilität stärken. Profitables Wachstum ist die Basis für einen langfristigen

Erfolg im Wettbewerb. Wachstumsstrategien bedeuten immer Investitionen in den Ausbau der Ressourcen, um die Wertschöpfung zu steigern. Dieses »Wachstum mit Ziel« unterscheidet sich deutlich vom häufig zu beobachtenden »Wachstum um jeden Preis«. Wachstum ist die Kraft, die das längerfristige Überleben der Firma sichert, Kapital anzieht, neue Arbeitsplätze schafft, Aktionäre erfreut und Konkurrenten überrundet. Wachstum hat einen quantitativen sowie einen qualitativen Aspekt. Quantitatives Wachstum ist reines Mengenwachstum, also die Zunahme von Absatz, Umsatz oder Marktanteilen. Qualitatives Wachstum bedeutet hingegen Lernen, Know-how-Gewinn und Fortschritt. Das langfristige Wachstum (und nicht der kurzfristige Gewinn) ist der zentrale Faktor für steigende Aktienkurse. Wachstum steigert den Unternehmenswert.

Wachstumsstrategien setzen am bestehenden Business an und nutzen die Chancen, die sich in den Märkten und im Wettbewerb auftun. Bei einer Wachstumsstrategie sind folgende Fragen zu beantworten:

- Wie lässt sich die Wettbewerbsposition ausbauen?
- Wie präsentiert sich die längerfristige Marktattraktivität?
- Wie lässt sich bisher noch zu wenig ausgeschöpftes Potenzial erschließen?
- Welche neuen Geschäfte, Angebote oder Produkte können lanciert werden?
- Welche Synergien (Verbundeffekte) sind nutzbar?
- Mit welchen Hindernissen und Barrieren ist in neuen Marktfeldern zu rechnen?

Die amerikanische Beratungsgesellschaft A. T. Kearney hat in einer globalen Studie etwa 25 000 Firmen über ein Dutzend Jahre hinweg untersucht.[75] Die ausgewählten Unternehmen umfassen etwa 98 Prozent der Weltmarktkapitalisierung. Dabei stellten die Berater fest:

1. Wachstum ist in jeder Industrie und Branche zu jeder Zeit feststellbar.
2. Wachstum findet in jeder geografischen Region und jeder Nation statt.
3. Wachstum kann es in jeder Phase des Konjunkturzyklus geben.

Damit belegen die Berater, dass es de facto kaum »reife« Industrien gibt, welche dem Untergang schicksalshaft ausgeliefert sind. Diese umfassende Langzeitstudie präsentiert interessante Ergebnisse zum Thema Wachstum:

- Die Berater stellen fest, dass 87 Prozent des erfolgreichen Wachstums von den Unternehmen »selbst induziert« werden, also von innen heraus erfolgt und nicht aus Marktimpulsen stammen. Das Management hat es also in der Hand, das eigene Business auf einen Wachstumskurs auszurichten.

- Es gibt keine spezifischen Lebenszyklen ganzer Industrien. Alle untersuchten Wirtschaftszweige teilten in ihrer Entwicklung ein ähnliches Muster mit den Phasen Marktdefinition, Wachstum, Fokussierung und Partnerschaft. In jeder Phase lassen sich immer wieder Gewinner ausmachen.
- Der Shareholder Value basiert weniger auf dem Gewinn, den ein Unternehmen kurzfristig erzielt, als auf der nachhaltigen Entwicklung des Wachstums seines Geschäfts in einer längerfristigen Perspektive.
- Die Berater identifizierten interne und externe Wachstumstreiber: Die interne Dynamik resultierte aus differenzierten Preismodellen, Sortimentsgestaltungen, Innovationen, Neukundengewinnung, Pflege der Bestandskunden oder systematischem Cross-Selling, die externe Dynamik aus Partnerschaften, Kooperationen oder Übernahmen.
- Mergers&Acquisitions (Zusammenschlüsse und Firmenkäufe) schützen ein Unternehmen zudem vor der Übernahme durch Dritte.

Unternehmen haben verschiedene interne und externe Handlungsoptionen, um ihre Wachstumsdynamik zu erschließen (Abbildung 23). Beim internen (organischen) Wachstum werden die firmeninternen Fähigkeiten und Möglichkeiten für mehr Geschäft durch Cross-Selling, Neukundenmanagement, Preismanagement und Innovationen ausgeschöpft. Das Unternehmen kann sich auch in neue Märkte wagen und mit neuen Produkten oder Services-Angeboten wachsen. Das »organische Wachstum« erfolgt aus dem Unternehmen selbst heraus und ist meistens längerfristig erreichbar.

Andererseits kann das Management aber auch auf unternehmensfremdes (anorganisches) Wachstum setzen. Die Wachstumsziele des »anorganischen Wachstums« werden durch Akquisitionen (Zukäufe) und Fusionen, aber auch Kooperationen mit anderen Marktpartnern erreicht. Vor allem Konzerne akquirieren zur Beschleunigung ihres Wachstums Dritte. Dies ermöglicht Wachstumssprünge zur Besetzung von Positionen in Markt und Wettbewerb. Doch wie die Beispiele von BMW mit Rover/Landrover oder Daimler-Benz mit Chrysler zeigen, bergen diese Mergers auch hohe immanente Risiken. Bei jeder Expansionsstrategie hat das Management folgende Fragen kritisch zu diskutieren:

- *Ist größer besser?*
  Größe bringt im Business Vorteile. Dies gilt aber nicht universell. Es kann durchaus eine leistungsfähige Strategie sein, eine Nische zu besetzen.
- *Wachsen wir durch eine Erweiterung des Marktes?*
  Welche Marktsegmente sind attraktiv und noch relativ unbearbeitet? Wie interessant sind ausländische Märkte? Wie groß ist das noch offene Marktpotenzial? Wann ist die Sättigung erreicht?

- *Wachsen wir durch eine Produkterweiterung?*
  Welche Produktneuerungen (Innovationen) stehen an? Welche Zusatzleistungen können geboten werden? Können interessante Firmen übernommen werden, welche unser Produktpalette komplettieren?
- *Wachsen wir durch Diversifikation?*
  Welche Märkte sind attraktiv? Kann das Unternehmen sich in neue Geschäftsfelder hineinbewegen? Lassen sich Synergien zwischen neuen und bestehenden Geschäften ausschöpfen?

Abbildung 23: Strategien-Tableau für Wachstum

Ansoff-Matrix: Produkt-/Markt-Basisstrategien

Harry Igor Ansoff (1918 – 2002), studierter Mathematiker, Ingenieur und Wirtschaftsprofessor, wurde im russischen Wladiwostok geboren. Er emigrierte mit seiner Familie nach New York, wo er sein Mathematik- und Ingenieurstudium abschloss. Während des Zweiten Weltkriegs diente Ansoff in der US Naval Reserve als Beziehungsoffizier in der russischen Marine. Während dieser Zeit machte er seine ersten »strategischen Erfahrungen«. Daneben dozierte Ansoff an der US Naval Academy. Nach Kriegsende startete Ansoff als Geschäftsmann. Dann arbeitete er bei der RAND Corporation und der Lockheed Aircraft Corporation, wo er eine Unternehmensplanungsabteilung etablierte.

Anschließend wechselte er in die Wissenschaft. Ansoff lehrte als Business-Professor an verschiedenen führenden amerikanischen Universitäten wie der Carnegie Mellon, der Vanderbilt und der International University San Diego Management und Business. Längere Zeit war er auch für das Brüsseler European Institute for Advanced Studies in Management tätig.

Igor Ansoff wurde durch seine Forschungen in drei Feldern bekannt: Er entwickelte das Konzept der »Umfeldturbulenz«, den »Realtime-Strategieansatz« zur Beschleunigung der Reaktionszeiten sowie die weit herum bekannte «Ansoff-Matrix». Ansoff ist einer der Begründer des modernen strategischen Managements dank seinem Grundlagenwerk von 1965, *Corporate Strategy*.[76]

Die Ansoff-Matrix oder auch Produkt/Markt-Wachstumsmatrix ist eine Vier-Felder-Tabelle, welche vier strategische Wachstumsstrategien darstellt. Die Matrix eignet sich bestens als gedankliches Spielbrett, um Produkt/Markt-Strategien für Wachstum zu entwickeln (Abbildung 24). Wer wachsen will, hat grundsätzlich vier Strategieoptionen zur Auswahl:

1. *Strategie der Marktdurchdringung (Marktpenetration): Mit bestehenden Produkten bestehende Märkte durchdringen*
   Die Strategie »Bestehende Produkte für bestehende Märkte« fokussiert darauf, die bereits bearbeiteten Märkte mit dem bereits existierenden Sortiment verstärkt zu durchdringen. Möglichkeiten dazu sind: Marktanteile der Konkurrenz zu erobern, Nicht-Käufergruppen anzusprechen oder die Geschäftstätigkeit mit den bestehenden Kunden auszuweiten. Aktionen der Marktdurchdringungsstrategie sind:
   – Ausbau des Standort- oder Vertriebsnetzes oder des Außendienstes
   – Intensivierung von Werbe- und Verkaufsaktionen
   – Aktionen zur Kundenbindung (Kundenloyalitätsprogramme)
   – Up-Selling: Angebote für Zusatzverkäufe
   – Aktionen zur Kundenrückgewinnung
   – Verkaufsschulung und Sales-Trainings
   – Intensivierung des Verkaufs durch finanzielle Anreize (Provisionierung)
   – Aktionen zur Konkurrenzverdrängung (Beispiel: Rabattaktionen, Paket-Preise, Eventmarketing)
   – Steigerung der Verwendungsmöglichkeiten des Produkts

Praxis: Es zeigt sich, dass der Marktdurchdringung in vielen Unternehmen zu wenig Aufmerksamkeit geschenkt wird. Dabei ist sie die risikoloseste und erfolgsversprechende der vier Ansoff-Strategien. Markdurchdringung bedarf aber einem hohen Durchhaltewillen, einer strategieorientierten Führung und klaren Systematik.

2. *Strategie der Produktentwicklung (Innovation): Mit neuen Produkten bestehende Märkte bearbeiten*
Es liegt nahe, die Strategie »neue Produkte für bestehende Märkte« zu wählen, um neue Geschäfte zu erschließen. Hierzu sind Innovationen oder Produktvarianten zu entwickeln (Sortimentsaktualisierung). Die Erfolgsrisiken sind höher als diejenigen der Marktpenetration: Wird die Innovation im Markt akzeptiert? Maßnahmen der Produktentwicklungsstrategie sind:
- Verstärkung von Forschung & Entwicklung
- Erhöhung der Innovationsrate und -kadenz
- Lizenzierung der eigenen Lösungen für Dritte
- Unbundling: Einzelverkauf zusammen angebotener Produkte/Services
- Sortimentserweiterung (auch: Handel)

Praxis: 1997 entwickelte Nestlé das System »Nespresso« für Kaffee in Einwegkapseln, welches den Kaffeegeschmack entscheidend verbessert, zudem eine breite Geschmacksvielfalt bietet und die Convenience (Bequemlichkeit) der Kaffeezubereitung deutlich steigert. Nestlé konnte sein Kaffee-Business dadurch massiv steigern.

3. *Strategie der Marktentwicklung (Marktexpansion): Mit bestehenden Produkten neue Märkte erschließen*
»Bestehende Produkte für neue Märkte« bietet sich an, wenn Märkte bereits durchdrungen sind und sich offene Marktpotenziale in anderen Regionen oder bei anderen Zielgruppen erschließen lassen. Diese Strategie lässt sich relativ rasch realisieren, da die Erfahrungen aus dem bestehenden Kernmarkt schon vorliegen. Maßnahmen zur Marktentwicklungsstrategie sind:
- ausländische Märkte: Internationalisierung; Globalisierung
- neue Marktsegmente: Zielgruppenwahl, Marktsegmentstrategien
- neue Einsatzgebiete für die Produkte

Praxis: Der Red Bull ähnliche Sportdrink Lucozade wurde als Energiespender für Kranke entwickelt. GlaxoSmithKline führte das Produkt dann mit großem Erfolg weiter in den Jugendmarkt ein. Und nun werden Produktversionen für professionelle Sportler angeboten. So werden mit demselben Produkt sukzessiv neue Marktsegmente erfolgreich erschlossen.

4. *Strategie der Diversifikation: Mit neuen Produkten neue Märkte erobern*
Als besonders risikobehaftet gilt die Wachstumsstrategie der Diversifikation: Neue Märkte mit neuen Produkten zu erobern ist heikel, da weder Markt- noch Produkterfahrungen vorliegen.

Praxis: Nestlé akquirierte das texanische Pharmaunternehmen Alcon und erweiterte damit sein Geschäft um eine breite Produktpalette in der Augenheilkunde. 2010 wurde Alcon an Novartis weiterveräußert.

Die Berater der Beraterfirma Bain&Company haben 2 600 Unternehmen bei der Realisierung ihrer Wachstumsstrategien analysiert.[77] Sie identifizierten folgendes Aufwand-Nutzen-Verhältnis zur Erfolgswahrscheinlichkeit der jeweiligen Strategie:

- Bei der Marktdurchdringungsstrategie lag die Erfolgswahrscheinlichkeit bei einem Verhältnis von 50:50.
- Bei der Produktentwicklungsstrategie lag die Erfolgswahrscheinlichkeit bei einem Verhältnis von 1:5 und einem Ressourceneinsatz des Achtfachen der Marktdurchdringungsstrategie.
- Bei der Marktentwicklungsstrategie lag die Erfolgswahrscheinlichkeit bei einem Verhältnis von 1:3 und einem Ressourceneinsatz des Vierfachen der Marktdurchdringungsstrategie.
- Bei der Diversifikationsstrategie lag die Erfolgswahrscheinlichkeit bei einem Verhältnis von 1:20 und einem Ressourceneinsatz des Zwölf- bis Sechzehnfachen der Marktdurchdringungsstrategie.

Dies belegt die Aussage Ansoffs, dass die Verfolgung einer Diversifikationsstrategie heikel, riskant und aufwändig ist. Doch das Beispiel Apple zeigt ebenfalls, dass auch Diversifikation (wie vom Computer-Business ins Musikgeschäft) mit gigantischem Erfolg machbar sind.

Praxis: Unternehmen nutzen die Wachstumsstrategien in Kombination. Die amerikanische Schuhfirma Crocs Inc. aus Colorado landete mit ihren bunten Plastik-Clogs einen Verkaufshit. Die Slipper sind kunterbunt, bequem, praktisch, günstig und auffällig. »Crocs«, wie sie genannt werden, sind nur etwa 200 Gramm leicht. Trendsetter und Hollywood-Promis haben den Boom der früher als Gartenschuhe und »Plastiklatschen« verrufenen Schuhe angeheizt. Die Schuhe werden in den USA von Designern gestaltet und in der Nähe von Shanghai in riesigen Mengen hergestellt. Allein das Unternehmen Crocs Inc. orderte pro Monat fünf Millionen Paar. Mindestens ebenso viele »Fakes« (Kopien) aus Thailand, Vietnam, Spanien, China oder Russland, überschwemmen die Märkte rund um die Welt.

Was haben Crocs mit der Ansoff-Matrix zu tun? Sehr viel. Der Umsatz der Crocs Inc. explodierte gewaltig. Im Jahr 2005 wurden 109 Millionen US-Dollar erwirtschaftet, 2006 lag der Verkaufsumsatz schon bei 354 Millionen US-Dollar und 2007 bei 820 Millionen US-Dollar. Um solche Verkaufszahlen zu erreichen, zu halten oder gar auszubauen, sind robuste Wachstumsstrategien anzuwenden. Zuerst fokussierte sich Crocs auf die

Durchdringung der Heimmärkte (USA/Kanada), um seine Marktstellung rasch zu festigen. Anschließend wurde in attraktive Märkte im Ausland expandiert, um auch dort die Marke zu besetzen. Die Marktentwicklungsstrategie führte Crocs wegen der attraktiven Marge zuerst nach Europa. Doch auch die Märkte waren rasch gesättigt. Dies zwang das Unternehmen, seine Produktpalette im Rahmen einer Produktenwicklungsstrategie (Innovationen) auszubauen. So wurden Stiefel-Crocs, Mammut-Crocs (mit Plüschfutter für den Winter), Off-Road-Crocs (mit robusten Sohlen), Disney-Crocs für Kinder, Crocs-Flip-Flops und viele weitere Variationen entwickelt. Selbst dies genügte in einer nächsten Phase nicht, um das Umsatzwachstum zu halten. Crocs kaufte mit seinen erwirtschafteten Mitteln weitere Firmen hinzu, um zu diversifizieren. So wurden auch Crocs-Schmuck (Jibbits genannt) zum Anhaften an die Schuhe, Crocs-Socken und -Stulpen, -T-Shirts, -Taschen, -Rucksäcke, -Brillen, -Knieschoner, -Caps und vieles mehr vermarktet. Das diente der Markenbildung und der Abwendung der drohenden Gefahr eines stichflammenartigen Kollabierens eines Modegags. Die gekaufte Firma Fury bearbeitet den Hockeymarkt mit Sportkleidung und -geräten, das Unternehmen Ocean-Minded konzentriert sich auf das Business mit Surfern und Strandfreaks. Und das Unternehmen Bite bietet Golfern und Wanderern das ideale Schuhwerk und Zubehör. Das Beispiel zeigt, dass die vier Ansoff'schen Wachstumsstrategien nicht getrennt verfolgt werden müssen, um erfolgreiche Resultate zu bringen.

»Strategische Lücke« – kombinierte Wachstumsstrategien

Auch das Konzept der »strategischen Lücke« (strategic gap analysis) geht auf H. Igor Ansoff zurück.[78] Die Grundfrage zur Entdeckung einer möglichen »strategischen Lücke« lautet: Wie entwickelt sich unser heutiges Geschäftsmodell in Zukunft unter Beibehaltung der geltenden Strategie und Aktionen weiter? Die Antwort darauf zeigt sich in der Basiskurve. Dann fragt man sich: Wie könnte sich das Geschäft entfalten, wenn wir auf die Strategien der Marktdurchdringung, Produktentwicklung, Marktentwicklung beziehungsweise der Diversifikation setzen? Die vier besprochenen Grundstrategien der Ansoff-Matrix wirken sozusagen als »Lückenfüller«. Abbildung 24 zeigt eine Darstellung der strategischen Lückenanalyse in Kombination mit der Ansoff-Matrix. Das Verfahren ist ein Instrument, um weitere Wachstumsoptionen aufzuzeigen. Die »Lückenbetrachtung« weist auf die längerfristige Geschäftsbetrachtung hin. Sie demonstriert auch, wie sich das eigene Geschäftsmodell im Zeitablauf »abnutzt«, und fordert, neue strategische Wachstumsimpulse anzugehen.

Praktiker müssen sich bei der Anwendung bewusst sein, dass die strategische Lückenbetrachtung die Geschäftsdaten aus der Vergangenheit in die Zukunft »extrapoliert«, das heißt aus heutiger Sicht Entwicklungsverläufe fortschreibt. Dies ist aber in dynamischen, von Brüchen gekennzeichneten Geschäftsphasen methodisch kritisch.

Abbildung 24: Wachstumsoptionen – Ansoff-Matrix & Strategische Lücken

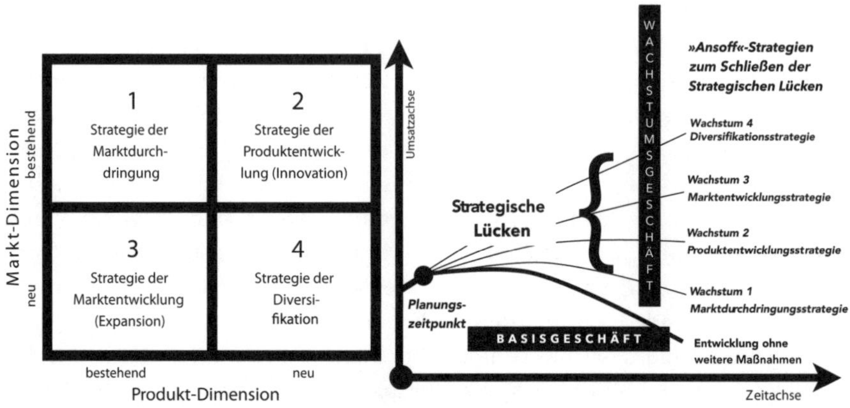

	bestehend	neu		
Markt-Dimension bestehend	1 Strategie der Marktdurch-dringung	2 Strategie der Produktentwick-lung (Innovation)		»Ansoff«-Strategien zum Schließen der Strategischen Lücken
			Strategische Lücken	Wachstum 4 Diversifikationsstrategie
neu	3 Strategie der Marktentwicklung (Expansion)	4 Strategie der Diversi-fikation	Planungs-zeitpunkt BASISGESCHÄFT	Wachstum 3 Marktentwicklungsstrategie Wachstum 2 Produktentwicklungsstrategie Wachstum 1 Marktdurchdringungsstrategie Entwicklung ohne weitere Maßnahmen
	bestehend Produkt-Dimension	neu		Zeitachse

Expansion: Entlang der Wurzel wachsen

Neue Geschäftsfelder zu erschließen und zu erobern ist ein riskantes Unterfangen. Der strategische Grundsatz, bevor man sich in neue Ventures begibt, lautet: Baue zuerst in einem klar definierten Markt eine herausragende Stellung auf! Diese Marktkompetenz kann dann als Sprungbrett, für die weiteren Wachstumsschritte genutzt werden. Das Erfolgsrezept ist zu multiplizieren.

Die Expansion in neue Geschäftsfelder gelingt besser, wenn sie nahe beim Kerngeschäft erfolgen.[79] Wer wachsen will, sollte sich, ausgehend vom Kern des bisherigen Geschäfts, schrittweise weiterentwickeln. Die erfolgreichste Basis für Expansionschancen bietet das bestehende Geschäft, welches man für neue Geschäftsimpulse genau unter die Lupe nehmen soll.

»Über 70 Prozent der Firmen prognostizieren eine Performance, die sie nie erreichen. Nur eine von zehn Firmen schafft ein gewinnträchtiges, nachhaltiges Wachstum. Und während diese zehn Prozent dramatische Gewinne einholen [...], fahren die anderen mit ihrer Unterdurchschnittlichkeit fort«, schreibt Chris Zook, Berater der Bain & Company zum Thema Diversifikations- und Wachstumsstrategie. Der Berater untersuchte empirisch die Wachstumsmuster von über 2 000 Unternehmen über eine Periode von zehn Jahren. Zudem interviewte er die CEOs der 25 Spitzenperformer bezüglich ihrer verfolgten Strategien. Seine Erkenntnis auf den Punkt gebracht lautet: »Entwickle dich erfolgreich entlang deinem Kerngeschäft weiter!«

Abbildung 25: Wachstum entlang der Wurzel

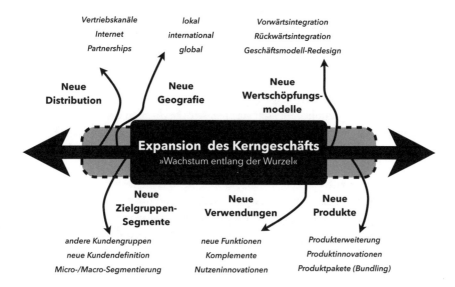

Ein zentraler Erfolgsgarant für Wachstum ist das eigene Business. Die Erfolgswahrscheinlichkeit des nächsten strategischen Schritts nimmt mit der Entfernung zum bestehenden Geschäftsmodell rasant ab. Zook belegt, dass Unternehmen, die ihr Kerngeschäft erfolgreich neu definieren, davor verschiedene Sequenzen einer schrittweisen Geschäftserweiterung in diese neue Strategierichtung vorgenommen hatten und jeden dieser Schritte erfolgreich realisierten. Ein großer, radikaler Sprung in ein neues und damit unbekanntes Geschäftsfeld ist selten gewinnträchtig. Wie wächst man entlang des Kerngeschäfts? Der Schlüssel muss ein erfolgreiches, gut funktionierendes Geschäftsmodell sein (Abbildung 25). Dieses lässt sich in verschiedenen Richtungen erweitern.

Praxis: Der Diamantenhändler DeBeers verlängert seine Wertschöpfungskette, indem er mit DeBeers Diamond in den Einzelhandel vorstößt. Der Farbenspezialist Clariant verfolgt diesen Ansatz mit seinem Clariant Color Design Center, wo Firmenkunden zusammen mit dem Unternehmen auch Farb-Innovationen entwickeln.

Hidden Assets: Wachstum in versteckten Feldern

Viele Unternehmen besitzen »Hidden Assets«, das heißt Kapazitäten, Fähigkeiten, Know-how oder Einsichten, die sie kaum für ihre bestehenden Geschäfte nutzten. Wo befinden sich diese »versteckten Aktivposten«? *Praxis:* Ein Beispiel, wie derartige »Hidden Assets« erfolgreich genutzt werden, liefert die einstige Mergers & Acquisitions-Abteilung von General Electric. Die Abteilung tätigte über 170 Firmenakquisitionen über eine Periode von zehn Jahren hinweg. Dies belegt ihre hohe Kompetenz im Dealmaking. Das Management erkannte dieses schlummernde Potenzial und formte daraus die erfolgreiche »GE Capital«. Diese realisiert nun als eigenständiges Unternehmen Finanzierungs-, Investment- und Bankgeschäfte. Zum Gesamterfolg der GE trägt GE Capital heute etwa die Hälfte bei.

Welche Voraussetzungen müssen gegeben sein, bevor man ein Geschäftsmodell schrittweise weiterentwickelt? Die Basis sollte immer ein erfolgreiches Kerngeschäft sein, welches die notwendigen Mittel für die Expansion bereitstellt. Wachstum hat viel mit Sensitivität zu tun. Dabei geht darum, realistische Chancen rasch zu erkennen und zuzupacken, wenn die Zeit für das Venture reif ist. Kommen Chancen, Erfahrungen, Fähigkeiten und Ressourcen zusammen, dann steht der Expansion nichts im Weg. Zook empfiehlt, einen Katalog von zehn Checkpunkten zu beachten, um die strategische Sensitivität des Managements zu schärfen:[80]

1. Welches ist das profitabelste Geschäft all unserer Ventures? Gewinnt dieses Kerngeschäft weiter oder flacht es ab?
2. An welche Grenzen stößt dieses Geschäft? Wie wird das Wachstumspotenzial eingeschätzt?
3. Tauchen neue Wettbewerber auf? Finden sich Start-ups?
4. Lassen sich »Hidden Assets« (ungenutzte interne Potenziale) im Unternehmen erkennen? Womit ließe sich weiterer Umsatz/Ertrag erzielen?
5. Welche verwandten Geschäfte könnten (potenziell) angegangen werden?
6. Wie beurteilen wir die Geschäftszukunft unserer Branche? Was heißt dies für die längerfristige Geschäftsausrichtung?
7. Wie kann das Geschäftsvolumen gesteigert werden? Durch internes Wachstum entlang der Wurzeln? Durch externes Wachstum in neuen Märkten? Durch Mergers oder Akquisitionen?
8. Lassen sich neue Geschäftsmodelle im Umfeld unserer Geschäftstätigkeit entdecken? Wie verändern diese die Businesslandschaft? Gibt es neue Wettbewerber? Gibt es neue Kundensegmente? Gibt es neue Technologien? Entstehen daraus neue Chancen für unser Geschäft?
9. Welche Veränderungen können wir organisatorisch-kulturell verkraften? Sind Wandel und Stabilität im Gleichgewicht?

10. Welche sind die zentralen strategischen Prinzipien für unsere Zukunft, die wir bei allen strategischen und operativen Entscheiden beachten sollten?

Die periodische Auseinandersetzung mit diesen fundamentalen Fragen schärft die strategische Aufmerksamkeit und sensibilisiert das Unternehmen für strategisches Wachstum.

Rezeptmultiplikation: Erfolgsformeln wiederholen

Unsicherheit und Turbulenzen prägen viele Märkte. Unternehmen kämpfen oft gegen diese Veränderungen an. Sie wollen bewahren, anstatt aus dem Wandel Chancen für neues Geschäft abzuleiten. Eine Zusammenfassung der Wachstumskonzepte und -studien lässt folgende Schlussfolgerungen zu:[81]

- Grundlage jeder erfolgreichen Wachstumsstory ist ein klar definiertes und differenziertes erfolgreiches Kerngeschäft.
- Der zweite Erfolgsfaktor liegt im Streben nach Marktführerschaft. Derjenige, der die höchsten Absatzvolumen realisieren kann, hat in der Regel auch die günstigste ROC (Return on Capital) Kennziffern.
- Der dritte Treiber für nachhaltiges Wachstum sind begeisterte Kunden, welche mit dem Unternehmen gerne Geschäfte betreiben. Sie sind die besten Belege für erbrachte Spitzenleistungen. Diese Kunden arbeiten gerne engagiert an einer Weiterentwicklung des Angebots mit. Sie sind die ersten, welche neue Leistungsangebote ausprobieren und diese wiederum kritisch hinterfragen.
- Als weiterer Wachstums- und Erfolgstreiber gilt die sachte Geschäftsexpansion in nah gelegene Märkte und Kundensegmente. Wer jeweils nur ein Element der Erfolgsformel ändert, hat markant höhere Chancen für Erfolg als ein Unternehmen, welches auf eine radikale Diversifikation setzt.
- Und der letzte Faktor für erfolgreiches Wachstum liegt in der Wiederholbarkeit der Erfolgsformel des Geschäftsmodells selbst (Repeatability & Adaptability).

Die Replikation des Geschäftsmodells bedeutet nicht, dass die Erfolgsformel in Zeiten dynamischer Märkte unverändert wiederholt werden soll. Erfolgreiche Unternehmen pflegen und adaptieren ihr Erfolgsmodell immer markt- und kundenkonform weiter, bleiben aber ihren Grundsätzen treu. *Praxis:* LEGO ist ein kontinuierlich wachsendes Erfolgsunternehmen, welches ein »intimes« Verhältnis zu seinen Kernkunden pflegt. Der »Kids Inner Circle« ist eine Kinder-Community von über 5 000 Kindern, die ein rasches Feedback zu neuen

Produkten, Features, Ideen oder Stories garantiert. Das Unternehmen hat bereits über 135 LEGO-Shows lanciert, welche bisher 2.6 Millionen Besucher und User Gruppen mit 65 000 Spielern anzogen. Kundeninformationen finden so direkt ihren Weg zu Entwicklungs-, Forschungs-, Marketing- und Investment-Entscheiden. Dadurch wird das Geschäftsmodell weiter verfeinert und aktualisiert, aber auch permanent Innovation und Fortschritt angestoßen.

Das »Repeatability-Modell« fusst auf der aktiven Nutzung von Lernprozessen: (1) Lernen vom Kunden und seiner Nutzung des Angebots im Alltag; (2) Lernen aus den Schlüsselprozessen: Was kann verbessert, vereinfacht, beschleunigt werden? und (3) Lernen von den Erfahrungen der Frontline-Mitarbeitenden im Rahmen kontinuierlicher Verbesserungsprozess (KVP).

Diese Erkenntnisse belegen Ansoffs Überlegungen zur Marktdurchdringung im Rahmen der Wachstumsstrategien. Es ist am einfachsten, und zudem am erfolgversprechendsten und ertragsreichsten, die vorliegenden Potenziale des bestehenden Geschäfts voll auszuloten, weiter zu vertiefen und graduell zu erweitern. Während eine große Gruppe von Beratern das hohe Lied der »Re-Invention« (Neuerfindung) predigt, ist dieser Wachstumsansatz realitätsnah. Hier gilt die alte Geschäftsweisheit »Schuster bleib bei deinen Leisten«. Aus den Überlegungen zur Repetition der Erfolgsformel des Geschäfts ergeben sich drei Strategie-Prinzipien für erfolgreiches Wachstum:

1. *Erfolgsprinzip: Ein klar differenziertes Kerngeschäft etablieren*
Strategie ist Differenzierung! Dieser Leitsatz gilt für erfolgreiches Wachstum besonders und ist Grundvoraussetzung. Erfolgreiche Unternehmen differenzieren bei ihren Angeboten, Prozessen, Entscheidungen in ihrem Marktauftritt. Führungskräfte und Mitarbeitende kennen und pflegen diese Differenzierung in ihrem Alltag. Es ist dabei egal, ob der Differenzierungsfokus auf geringen Kosten, besonders attraktiven Produkt-Features oder im ökonomischen System und den Prozessen liegt.

2. *Erfolgsprinzip: Nicht-Verhandelbares bestimmen*
Schlüsselwerte der Strategie und Mission/Vision der Wachstumsleader sind nicht verhandelbar und unverrückbar. Sie halten an ihren Traditionen und Grundwerten fest. Hierüber herrscht Klarheit und Einigkeit bei Führungskräften und Mitarbeitenden. Dies können Qualitäts-, Service- oder Tempo-Standards sein.

3. *Erfolgsprinzip: Aktive Lernsysteme einrichten*
Das Unternehmen ist systematisch auf der Suche nach Verbesserung und vertiefenden Erkenntnissen, um sich den Veränderungen in Markt und Unternehmen anzupassen. Und diese Lernerkenntnisse werden mit Entscheidungen und Projekten oder Initiativen verknüpft. Hier spricht man von der lernenden Organisation.

Diversifikation: Neue Felder bestellen

Diversifikation ist »risky« Business: Der Erfolg mit neuen Produkten in neuen Marktkonstellationen ist daher keine Selbstverständlichkeit. H. Igor Ansoff unterscheidet verschiedene Arten, wie Unternehmen diversifizieren können:[82]

1. *Horizontale Diversifikation*
   Bei der horizontalen Diversifikation nimmt ein Unternehmen ein Produkt derselben Wirtschaftsstufe in sein Sortiment auf. Die Produktpalette wird innerhalb des bestehenden Marktes erweitert. Es besteht also ein Zusammenhang zwischen dem neuen und dem bisherigen Angebot. *Praxis*: Ein Pkw-Hersteller nimmt das Lkw-Geschäft in sein Portefeuille auf.
2. *Vertikale Diversifikation*
   Bei der vertikalen Diversifikation wird die Leistungstiefe ausgedehnt oder die Produktpalette auf vor- oder nachgelagerte Wirtschaftsstufen erweitert. Neben dem klassischen Produktangebot werden beispielsweise Serviceleistungen oder Zubehörteile angeboten. *Praxis*: Ein Restaurant betreibt einen Bauernhof zur Produktion von hochwertigem, natürlichem Qualitätsfleisch.
3. *Laterale Diversifikation*
   Bei der lateralen Diversifikation dringt das Unternehmen in bisher fremde Marktsegmente ein. Es besteht kein Zusammenhang zwischen den neuen und bisherigen Geschäftsfeldern. *Praxis*: Tabakkonzerne diversifizieren zum Beispiel in den Nahrungsmittelsektor oder betreiben Restaurantketten.
4. *Konzentrische Diversifikation*
   Eine konzentrische Diversifikation liegt vor, wenn ein Unternehmen mehrere Geschäftsfelder betreibt, die auf denselben Kernkompetenzen aufbauen. Das Unternehmen sucht nach Wachstumsfeldern in Bereichen, in denen es über besonderes Know-how oder besondere Stärken und Kompetenzen verfügt. Neue Produkte werden auf neuen Märkten durch die Ausnutzung bestehender Kenntnisse, Fähigkeiten und Erfahrungen entwickelt. So können auch Managementfähigkeiten von einer Industrie in eine andere transferiert werden.
5. *Konglomerate Diversifikation*
   Die verschiedenen Geschäftsfelder in einem Konglomerat haben keine Anknüpfungspunkte zum bestehenden Geschäft. In einer historischen Perspektive waren Konglomerate nicht besonders erfolgreich, da Geschäfte ohne jeglichen Zusammenhang miteinander kombiniert wurden.

Warum verfolgen Unternehmen eine Diversifikationsstrategie? Hierfür lassen sich mehrere Gründe anführen: Dank einer Diversifikation können attraktive Märkte angegangen beziehungsweise die gesamten Investmentrisiken besser verteilt werden. Man möchte nicht »alle Eier in einen einzigen Korb« legen. Stagniert ein Geschäft, so kann man es abstoßen oder durch ein anderes attraktiveres Geschäft ablösen. Die Geschäftstätigkeit ist in einer übergeordneten Perspektive dem finanziellen Management von Portfolioanlagen vergleichbar, wo man in lukrative Anlagen investiert und aus unattraktiven wieder aussteigt. Selbstverständlich möchte das Unternehmen auch von der Wachstumsdynamik boomender Märkte profitieren und damit eine Sättigung in eigenen Geschäftsfeldern kompensieren. Weitere Gründe für Diversifikationen sind neben attraktiven Renditen, hohes Wachstum auch die Nutzung von Synergien oder die Stärkung der eigenen Wettbewerbsfähigkeit in einer finanziellen Sicht.

Optimal strategisch diversifizieren

Dem Thema der Diversifikationsstrategien wird in der betriebswirtschaftlichen Forschung breiter Raum gewidmet. Doch es herrscht keine Einigkeit darüber, inwieweit sich eine diversifizierende Strategie für Unternehmen wirklich lohnt. L. E. Palich, L. B. Cardinal und C. C. Miller haben zusammenfassend die Forschungsergebnisse der letzten Jahrzehnte auf diesem Gebiet interpretiert.[83] Unternehmen, die rund um ihr angestammtes Geschäft oder rund um ihre Kernfähigkeiten diversifizieren, können in der Regel ihre Profitabilität merklich steigern. Eine breite Diversifikation in bisher unbekannte Geschäfte, also eine echte Diversifikation, hingegen reduziert die Profitabilität.

*Prax*is: Die britische EasyGroup ist ein Beispiel für eine Firma, die erfolgreich diversifizierte. So betreibt die Gruppe heute eine Fluglinie, Kreuzfahrtschiffe, Kinos, Buslinien, Jobvermittlungen, Pizzakurierdienste, Uhren- und Musikverkauf, Vermietung von Büroräumlichkeiten und vieles andere mehr. Wie lässt sich der Erfolg dieses enormen Geschäftsspektrums erklären. Ganz so unterschiedlich sind bei genauerem Hinsehen die Geschäftsfelder gar nicht: EasyGroup spielt überall seine Kernkompetenz als »Surplus Manager« aus. Überall, wo es darum geht, Überkapazitäten durch geschickte variable Preisstrategien in einem Billigmarktsegment zu vertreiben, spielt EasyGroup sein führendes Know-how aus. Auch wenn die Geschäfte auf den ersten Blick eher nach Wildwuchs aussehen, fußt das Geschäftsmodell in jedem Bereich auf den hauseigenen, erfolgreichen Kernkompetenzen. Ebenso ist die deutsche Haniel Unternehmensgruppe mit ihrer Diversifikationsstrategie erfolgreich für die Zukunft positioniert. Die Gruppe ist in über 40 Ländern mit ihren Unternehmensbereichen Celesio (Pharmahandel), Takkt (B2B-Versandhandel für Büro-, Betriebs- und Lagerausstattung), ELG (Handel und Aufbereitung von Rohstoffen für die Edelstahlindustrie), HTS (Waschraumhygiene) oder Xella (Baustoffe) aktiv. Auch hier scheinen die Geschäftsbereiche auf den ersten Blick ohne Kontext, doch bei genauerem Hinsehen wird die Strategie deutlich. Alle Geschäfte zeichnen sich durch eine führende Stellung in ihren jeweiligen Marktsegmenten und hohe Ertragsmargen aus. Zudem hat Haniel sehr großes internes Know-how in der finanziellen Führung sowie im Kauf und Verkauf von Unternehmen.

Multiplikation: Sub-Contracting, Lizenzierung, Franchising

Unter »Sub-Contracting« versteht man einen Leistungs- oder Liefervertrag, der eine ganzheitliche Aufgabe an ein drittes Unternehmen delegiert. Sub-Contracting erlebt einen wahren Boom. Warum? Das Sub-Contracting gestattet es Firmen, sich voll auf ihre eigenen Kernfähigkeiten zu konzentrieren und alle anderen Leistungen weiter an professionelle Geschäftspartner auszulagern. Diese Strategie steigert gleichzeitig ihre Flexibilität im Verbund. Immer wichtigere Bausteine oder Komponenten eines umfassenden Produkts werden an Dritte ausgelagert. Ein umfassendes Sub-Contracting findet sich vor allem in den Bereichen Werkstoffe, Verfahrenstechnik und Fertigungstechnik, aber auch in der Softwareindustrie. In der Maschinen- und Automobilindustrie übernehmen Zulieferer ganze Komponenten der Prozess- und Wertschöpfungskette. Die Zulieferer selber stehen unter einem hohen Konkurrenzdruck. Ihre Herausforderungen liegen in der Bewältigung immer kürzer werdender Entwicklungszyklen, einer hohen Innovationsdynamik und eines permanenten Kostendrucks. Bereits mehr als die Hälfte aller technologischen Innovationen werden heute von Zulieferern entwickelt. Sie sind in vielen Branchen mittlerweile sogar die eigentlichen Innovationstreiber. *Praxis:* Die innovativen technischen Lösungen von Bosch, ZF Friedrichshafen oder Continental belegen dies eindrücklich für den Automobilbau.

Lizenzierung fokussiert sich auf die Steuerung des Einsatzes von Nutzungsrechten. Sie wird vor allem in der Softwarebrache eingesetzt. Eine Software erwirbt man nicht, sondern nur die Lizenz, also die Berechtigung, diese zu nutzen.

Beim Franchising bekommt ein unabhängiger selbstständiger Unternehmer eine umfassende Lizenz für ein vollständiges, meist auf den Vertrieb von Produkten oder Dienstleistungen ausgerichtetes ganzheitliches Geschäftssystem. Der deutsche Begriff »Konzessionsverkauf« hat sich nicht eingebürgert. Durch Franchising bekommt der Franchisenehmer vom Franchisegeber das Recht, ein erprobtes, standardisiertes Business in Eigenregie, aber unter strenger Kontrolle von Qualitätsvorgaben zu führen. Die beiden Vertragspartner bleiben rechtlich selbstständige Unternehmen. Doch der Franchisenehmer muss sein Geschäft nach den Weisungen des Franchisegebers führen und diesem umfassende Einsichtsrechte einräumen. Dafür erhält er ein bewährtes, meist erfolgreiches Geschäftsmodell, darf Warenzeichen und Warenmuster nutzen und hat in vielen Fällen einen Gebietsschutz. Ein typisches Franchising-Merkmal ist die intensive Betreuung durch den Franchisegeber über eine längere Zeitspanne. *Praxis:* Bekannt wurde das Franchising-System durch die Erfolgsstorys von Starbucks, McDonald's, Kamps, Bang & Olufsen, Benetton, Edeka, Obi, Phone House, Fressnapf oder Body Shop. Franchising ist ein ideales Multiplikationskonzept für Wachstum.[84]

Vernetzung: Allianzen, Joint Ventures, Mergers & Acquisitions

»Strategische Allianzen« (strategic alliance) sind eine häufige Form kooperativer Wachstumsstrategien.[85] Sie sind eine der am raschesten wachsenden Kooperationsformen und finden sich mittlerweile in allen Wirtschaftszweigen. Allianzen basieren auf vertraglichen Abmachungen bis hin zu umfassenden gemeinsamen oder gegenseitigen Investments.

Eine Allianz bedingt einen Austausch und die gemeinsame Nutzung von Ressourcen oder Know-how zwischen meistens rechtlich unabhängigen Unternehmen. Sie wird deshalb als »strategisch« bezeichnet, weil die gemeinsamen Zielsetzungen für alle Partner eine hohe Bedeutung für ihre längerfristige Geschäftsentwicklung haben. Strategische Allianzen sind dann besonders erfolgreich, wenn beide Partner einen Nutzen aus den zusammengelegten Kräften ziehen können.

Bei strategischen Allianzen stimmen sich Unternehmen in für sie wichtigen strategischen Fragen ab und treten koordiniert auf dem Markt auf. Oft stehen sich die Beteiligten als Konkurrenten gegenüber, verfolgen aber in bestimmten Fragen gemeinsame Interessen. Jedes beteiligte Unternehmen bringt einen Part ein. So bilden sie zusammen eine Wertschöpfungsgemeinschaft. Strategische Partnerschaften kommen bei Unternehmen vor, die auf demselben Markt operieren oder auch auf unterschiedlichen Märkten (diagonale Allianzen) tätig sind. Die Motive für strategische Allianzen sind vielfältig:

- gemeinsame, ähnlich gelagerte strategische Zielsetzungen,
- vertiefte Ausschöpfung von Marktpotenzialen,
- Ausbau der Marktstellung und Verbesserung der Marktdurchdringung,

- Verbesserung der Produktentwicklung und Innovation,
- Expansion in fremde, neue, oft noch unbekannte Märkte,
- Zugang zu Technologie, Innovationen, Know-how oder finanziellen Ressourcen,
- Beschleunigung von Forschung und Entwicklung, Produktion, Logistik,
- Ausschöpfung von Kostenvorteilen, Hebung freier Kapazitäten und Nutzung von Lerneffekten,
- spekulative, investive oder finanzielle Motive.

Strategische Allianzen tragen eine hohe Rate des Misslingens in sich. Über die Hälfte aller strategischen Allianzen scheitert an den längerfristig auseinanderdriftenden Erwartungen. Gesteckte Ziele werden nicht oder nur mangelhaft erreicht, da jedes einzelne Mitglied zu wenig hinter den kooperativen Projektzielen steht. Ein weiterer Grund für das häufige Scheitern ist die hohe Selbstständigkeit der beteiligten Partner sowie der Umstand, dass die »Partner« oft auch Konkurrenten sind. Weitere nachteilige Effekte ergeben sich für die Partner auch aufgrund der oft intransparenten Erfolgsmessung, der Gefahr des Know-how-Abflusses, dem hohen Abstimmungsbedarf untereinander und der Verschiebung der Interessen bei längerfristig angelegten Partnerschaften. Erfolgreicher sind Forschungsallianzen, welche zwischen Unternehmen und Universitäten oder staatlichen Organisationen eingerichtet werden.

Praxis: Eine hohe Bekanntheit haben die strategischen Allianzen in der Luftfahrtindustrie, wie Star Alliance, Skyteam oder Oneworld. Diese wurden etabliert, um dem wilden Wettbewerb mit vereinten Kräften zu trotzen. Die drei großen Gruppierungen beherrschen heute rund 60 Prozent des weltweiten Fluggeschäfts. Aber auch in der Soft- und Hardwareindustrie finden sich viele funktionierende Allianzen: Der Netzwerkausrüster Cisco Systems ist strategische Partnerschaften mit den Beratungsfirmen Accenture und Cap Gemini, den Hardwareunternehmen HP Hewlett-Packard, Intel, Motorola, Fujitsu und IBM sowie mit den Softwarefirmen Microsoft und Wipro eingegangen, um sein eigenes Leistungspaket spezifischer auszubauen.

»Joint Ventures« sind Partnerschaften, bei denen die rechtliche Selbstständigkeit der Partner im Mittelpunkt steht. Die Unternehmen haben die für sie wichtigen strategischen Themen koordiniert, behalten ihre rechtliche Autonomie oder gründen zusammen ein gemeinsames Unternehmen.

Praxis: 1984 vereinbarten Daewoo und General Motors, Kleinfahrzeuge in Südkorea zu bauen. Beide Unternehmen investierten hierzu 100 Millionen US-Dollar in ein 50/50-Joint-Venture. Das operative Geschäft führten die Südkoreaner, die strategische Positionierung und Produktpolitik die Amerikaner. GM wollte seine Stellung im asiatischen Markt ausbauen. Die Südkoreaner sahen in der Kooperation eine Möglichkeit, um das Managementhandwerk und das Know-how im Automobilbau rasch zu erlernen. 1987 wurde Südkorea eine Demokratie, was als Nebeneffekt dazu führte, dass die Mitarbeiter höhere Gehälter forderten. Dadurch wurde es für General Motors günstiger, Opel-Modelle in Deutschland zu fertigen. Hinzu kamen die vielen Qualitätsprobleme und die aufwändige Betreuung. Aber auch Daewoo war seinerseits frustriert: Die Amerikaner galten als arrogant. Daewoo beklagte sich, dass ihnen GM untersagte, in amerikanische und osteuropäische Märkte vorzudringen. So brach 1992 das Joint Venture. Daewoo kaufte die GM-Anteile zurück. Und 2002 kaufte GM im Rahmen seiner neuen globalen Strategie das gesamte Daewoo-Unternehmen, um es in seinen Konzern zu integrieren.

Yves Doz und Gary Hamel verweisen bei ihrer Studie zu Partnerschaften zwischen westlichen und asiatischen Unternehmen auf die Problematik des »Outlearning« (rascher Lernen) hin.[86] Die asiatischen Partner setzen das Kopieren und Lernen ganz oben auf ihre Zielagenda. Der wirtschaftliche Erfolg ist für sie weit weniger interessant, als möglichst viel vom ausländischen Partner zu lernen. Dabei interessiert im Prinzip alles, nicht nur Produktentwicklung, Forschung, Design oder Produktion, sondern vielmehr auch die Art und Weise des »Doing Business«. Doz und Hamel empfehlen daher, jede Form der Allianz selber auch als »Lernfeld« zu betrachten, um Fähigkeiten und Kompetenzen weiterzuentwickeln. Ist der Lernprozess nicht mehr produktiv, verwandelt sich die Kooperation immer mehr in Richtung Konkurrenz.

»Beteiligungen« (acquisitions) fussen meistens nur auf einem finanziellen Interesse. Dabei kann es sich um eine Mehrheitsbeteiligung oder Minderheitsbeteiligung handeln. Die Mehrheitsbeteiligung wird abrechnungstechnisch konsolidiert, das heißt rechnungsmäßig zusammengeführt. So entsteht eine größere Firmengruppe beziehungsweise ein Konzern.

Unter einer »Fusion« (merger) oder einer »Unternehmensverbindung« versteht man eine Vereinigung von zwei oder mehreren Unternehmen zu einer neuen, umfassenden Wirtschaftseinheit. Mergers verfolgen das Ziel, die Marktposition der beteiligten Firmen nachhaltig zu stärken. Dies soll durch mehr Wachstum und eine erhöhte Wirtschaftlichkeit erreicht werden. Vor allem in forschungsintensiven Wirtschaftszweigen wie in der Pharmabranche fusionieren Unternehmen, um die Forschungs- und Marktrisiken zu verteilen. Interessant sind Zusammenschlüsse vor allem in folgenden Funktionsbereichen:

1. *Vertrieb*
Durch eine gemeinsame Vertriebsorganisation und koordinierte Marketingmaßnahmen sollen die Absatzmöglichkeiten verbessert werden.
2. *Finanzen – Forschung und Entwicklung*
Großprojekte übersteigen oft die Kapazität eines einzelnen Unternehmens.

Durch Kooperationen lassen sich umfassende Projekte gemeinsam realisieren. Beispiel hierfür ist die Entwicklung alternativer Antriebskonzepte in der Automobilindustrie.
3. *Produktion*
Typisierung, Normierung, Automatisierung und Standardisierung sollen dazu beitragen, die Effizienz der Produktion zu heben, wodurch Kosten eingespart werden.
4. *Beschaffung*
Stärkung der Verhandlungsmacht durch gemeinsames Auftreten am Beschaffungsmarkt, um günstigere Konditionen auszuhandeln. Beispiele hierfür sind die Einkaufsgenossenschaften im Handel oder die Einkaufsplattformen in der Automobilindustrie.

Long-Tail-Strategie: Wachstum durch Kleinzeug

»Long Tail« ist ein Konzept des amerikanischen Journalisten Chris Anderson des *Wired Magazine*.[87] Auch Anbieter einer immensen Anzahl von Nischenprodukten mit Kleinstumsätzen oder von Ladenhüterprodukten können erfolgreich sein und ansehnliche Gewinne schreiben (Abbildung 26). Das »Long-Tail-Prinzip« dreht das Pareto-Prinzip um: Beim »Pareto-Prinzip« interessieren vor allem die großen A-, B-, C-Positionen, und der Rest gilt als vernachlässigbar. Nicht beim »Long Tail«. Der »Long Tail ist die Wachstumsstrategie des »Kleinzeugs«. Die These lautet: »Vergiss die 80/20-Regel für den Erfolg (aufgrund der digitalen Vermarktungskonzepte) und kümmere dich auch gesondert um den Kleinkram!« Ein Beispiel für ein »Long-Tail«-Unternehmen ist Amazon mit seinem gigantischen Produktsortiment und den zum Teil äußerst geringen Absatzvolumina pro Kategorie.
Die heutigen kostengünstigen Informations- und Kommunikationstechnologien (ICT) gestatten es, auch Kleinigkeiten (»Peanut-Business«) auf virtuellen Plattformen anzubieten. Ein weiterer Umstand kommt dem »Long Tail« entgegen: Unter den Hit- und Bestsellerprodukten herrscht oft ein erbitterter Wettbewerb, der die Margen schmelzen lässt. Im Internet aber kostet der Warenplatz für Ladenhüter praktisch nichts, und Liebhaber/Sammler sind gerne bereit, für das, was sie schon lange überall gesucht haben, einen merklich höheren Preis zu bezahlen.
Der amerikanische Wirtschaftswissenschaftler Eric Brynjolfsson, Direktor der MIT Sloan School of Management und des MIT Center for Digital Business, untersuchte dieses Phänomen am Beispiel des Buchmarktes. *Beispiel:* Eine gut sortierte Buchhandlung führt einen Bestand von etwa 40 000 bis

100 000 Titeln. Der virtuelle Buchhändler Amazon hingegen bietet ein Sortiment von weiteren drei Millionen Titeln. Der MIT-Professor stellte fest, dass die Long-Tail-Umsätze bei Amazon rund 40 Prozent des Gesamtvolumens und daher einen markanten Anteil an der Tragfähigkeit des gesamten Geschäftsmodells ausmachen.

Abbildung 26: Die Strategie des »Long Tail«

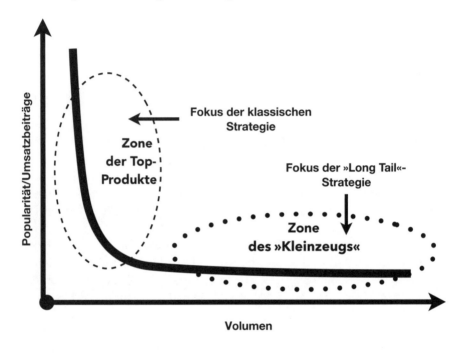

Existiert ein Longtail, so empfiehlt es sich, zwei gesonderte Strategien zu entwerfen: Eine für die Bestseller-Produkte und eine für die Longtail-Angebote.

Fitmacher-Strategien: Auf Bestform getrimmt

Hast du einmal Erfolg, ist es Zufall. Hast du zweimal Erfolg, ist es Glück. Hast du dreimal Erfolg, ist es Strategie.

Sprichwort

Deming-Zyklus: Qualität ist nie Ergebnis, sondern immer Prozess

William Edwards Deming gilt als Pionier des Qualitätsmanagements. Bereits in den 40er Jahren propagierte er das Thema Qualität in den USA. Doch in den enormen Wachstumsjahren nach dem Zweiten Weltkrieg interessierte sich kaum jemand für seine Postulate, da Volumenengpässe dringender zu beheben waren. Auch W. E. Deming erging es wie vielen Vordenkern: Er wurde im eigenen Land überhört. Die japanische Wirtschaft hingegen hatte ein offenes Ohr für die Themen des Qualitätsfanatikers. Wer meint, die Japaner hätten das Managementthema »Qualität« erfunden, täuscht sich. Die Japaner verstanden die Ideen von Deming nicht als eine Methode, sondern bauten diese zu einer umfassenden Qualitätsphilosophie aus. Sie machten Qualität zu ihrem nationalen Markenzeichen. Dies führte die japanische Industrie in vielen Bereichen Schritt für Schritt an die Weltspitze.

Als die japanische Industrie ihre großen Erfolge mit qualitativ hochstehenden, werthaltigen und dennoch preisgünstigen Produkten weltweit feierte, wurde William Edwards Deming auch im Westen »entdeckt«. Der amerikanische Fernsehsender NBC startete eine TV-Serie mit dem aufrüttelnden Titel *If Japan Can ... Why Can't We?* Diese Breitenwirkung ließ viele Führungskräfte, wenn auch spät, erwachen. Doch schon waren erhebliche Marktanteile der amerikanischen Konsumgüterindustrie an die qualitätsbesessenen Japaner verloren.

Bekannt ist der Qualitätszyklus »P–D–C–A«. P (*Plan*) besagt, dass jeder Prozess vor seiner Durchführung genau zu planen ist; D (*Do* für Durchführen) fordert, dass der Prozess gemäß der erstellten Planung umzusetzen ist; C (*Check* für Kontrollieren) steht für eine Überwachung des Prozesses und des

Ergebnisses in Form von Soll/Ist-Abweichungen. In der letzten Phase A (*Act* für Aktionen ergreifen) werden die Fehlerquellen beseitigt, wodurch der Zyklus wieder von Neuem beginnt. Deming kommt das Verdienst zu, das Unternehmensgeschehen als Prozess zu verstehen (Abbildung 27).

Abbildung 27: Struktur versus Prozess

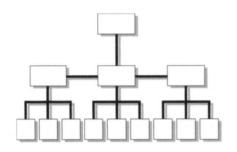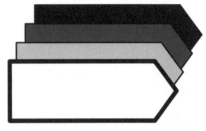

STRUKTURDENKEN

- Denken in Hierarchien
- Denken in Aufgaben
- Denken in Kompetenzen
- Denken in Verantwortlichkeiten
- Denken in Kästchen und Ebenen

PROZESSDENKEN

- Denken in Abläufen/Prozessen
- Denken im Zeitablauf und Qualitäten
- Denken in Vernetzung/Verknüpfung
- Denken in Effizienz und Kosten
- Denken in Zielerreichung

Auch die amerikanische Regierung engagierte sich mit nationalen Initiativen, um die Wirtschaft für das herausfordernde Thema im globalen Wettbewerb zu stärken. Der damalige Secretary of Commerce, Malcom Baldridge, lancierte ein nationales Belohnungs- und Anreizprogramm (incentive program) zur Qualitätssteigerung. Der »Baldridge Award« ist eine noch bis heute verliehene, prestigeträchtige Auszeichnung. Sie gilt als der Business-Oscar für Spitzenqualität. Die Europäische Union folgte dem amerikanischen Vorbild und entwickelte das EFQM-Modell für Excellence.[88] Auch die European Foundation for Quality Management vergibt jährlich einen Qualitätspreis. In Deutschland wird auch in diesem Sinn der »Ludwig-Erhard-Preis« verliehen.

Wissenschaftliche Studien in den USA belegen, dass Unternehmen, die sich einer strikten Qualitätsphilosophie verpflichten, höhere Umsätze, höhere Gewinne, höhere Produktivitätsraten, höheres Wachstum und eine höhere Aktienperformance erwirtschaften als ihre Mitwettbewerber.[89]

Benchmarking: Vergleichen, um die Besten zu überholen

Praxis: Der Computer- und Kopiergerätehersteller Xerox befand sich Ende der 70er Jahre in einer tiefen Krise. Seine Wettbewerbsposition erodierte. Nicht nur hausgemachte Probleme führten das Unternehmen an den Rand des Abgrunds, sondern auch die aggressive japanische Konkurrenz erhöhte den Druck. Vor allem der Elektronikkonzern Canon bot qualitativ hochwertige Kopiergeräte zu verblüffend günstigen Preisen. »Wie kann das möglich sein?«, fragte sich das Management. Was lag da näher, als sich ein Canon-Gerät zu kaufen und dieses in allen seinen Einzelteilen zu analysieren? Die Ergebnisse dieser Untersuchung wurden in einem weiteren Schritt auf die hauseigenen Wertschöpfungsprozesse transferiert. Xerox stellte fest, dass seine Probleme im Qualitätsmanagement, in der Produktion selbst sowie in Vertrieb und Logistik lagen. Diese Vergleichsstudie war die Geburtsstunde des »Benchmarking«.

Mittlerweile gehört Benchmarking zum methodischen Arsenal vieler Unternehmen rund um den Globus. Benchmarking (»mit einer Norm vergleichen«) ist eine Managementmethode, welche nicht nur im Rahmen von Projekten zur Steigerung der Effizienz genutzt wird, sondern auch im Bereich der Strategiefindung eine wichtige Stellung einnimmt.[90] »Benchmarks« stehen für Referenzwerte im Vergleich zur Konkurrenz. Unternehmen bestimmen beim Benchmarking die »Klassenbesten« für das jeweilig interessierende Thema. Diese »Best-Practice«-Unternehmen werden dann unter die Lupe genommen, um daraus Erkenntnisse für das eigene Business zu gewinnen.

Was macht Benchmarking im Business so wichtig? In erster Linie beschleunigen Unternehmen dank professionellem Benchmarking ihre eigenen Lernprozesse. Sie gewinnen so rasch, problembezogenes neues, praktikables Wissen. In der Praxis lassen sich unterschiedliche Formen des Benchmarkings finden:

1. *Benchmarking innerhalb des eigenen Unternehmens*
   Diese Form ist geeignet für diversifizierte Unternehmen oder Unternehmen mit Tochtergesellschaften. Hier können Funktionsbereiche oder Abteilungen untereinander verglichen werden.
2. *Benchmarking mit Wettbewerbern*
   Diese Vergleiche finden zwischen Konkurrenten statt, um sich im Wettbewerbsumfeld besser positionieren zu können. Diese Form birgt aber die Gefahr des Kopierens von Lösungen, was nur zu einem Mitziehen führen kann.
3. *Benchmarking mit Branchenfremden*
   Hier wirkt das Benchmarking als Impulsgeber. Es zeigt, was andere in fremden Wirtschaftszweigen mit Erfolg machen.

4. *Benchmarking in Gruppen (z.B. innerhalb einer Allianz)*
   In der Praxis bilden Unternehmen, die Benchmarking betreiben, oft eine Gemeinschaft, um sich gegenseitig auch längerfristig Informationen über Geschäftsinterna zur Verfügung zu stellen. Durch die längerfristige Orientierung wird dem Umgang mit den sensitiven Informationen ein höheres Vertrauen entgegengebracht.
5. *Technologisches Benchmarking*
   Beim technologischen Benchmarking steht die technische Kompetenz und Ausrüstung im Zentrum der Betrachtung.
6. *Prozessbenchmarking*
   Dieses Benchmarking vergleicht die Geschäftsprozesse: Informations-, Produktions-, Verkaufs-, Lern-, Forschungs- oder Innovationsprozesse.

Bei »Best Practices« (bestes Verfahren, bestes Erfolgsrezept; Vergleich mit den besten Praktiken anderer Unternehmen) werden die besten Firmen in die Analyse einbezogen. Will ein Unternehmen zum Beispiel einen neuen Herstellungsprozess etablieren oder ein logistisches Verteilerzentrum erstellen, so sucht es zuerst nach den besten Lösungen, die heute schon im Einsatz sind. Das Rad muss nicht neu erfunden werden. Oft ist es aufwändig und schwierig, die Besten zu identifizieren. In derartigen Fällen begrenzt man die Untersuchung auf erfolgreiche Unternehmen. Dann spricht man von »Good Practices«.

Die MIT-Kommission (Massachusetts Institute of Technology) zur Stärkung der amerikanischen Wettbewerbsfähigkeit empfiehlt eine umfassende Optik, die sich nicht nur auf die Vergleiche von Geschäftspraktiken zwischen Unternehmen konzentriert.[91] Sie schlägt sieben Best-Practice-Prinzipien vor:

1. mehrere kontinuierliche Verbesserungsprozesse gleichzeitig anstreben, zum Beispiel in den Themen Kosten, Qualität, Service und Innovation;
2. organisatorische Grenzen zwischen Abteilungen und Departementen niederreißen (Prozessdenken);
3. Managementebenen kürzen und Hierarchien flacher gestalten;
4. neue Technologien frühzeitig und intelligent nutzen;
5. globale Überlegungen und Vergleiche anstellen;
6. enge Beziehungen mit Lieferanten und mit Kunden pflegen;
7. Fähigkeiten der Mitarbeitenden durch Trainings steigern.

Einschätzung

Benchmarking und Best Practice sind leistungsfähige Methoden in der Praxis. Doch vielfach wird übersehen, dass »Best Practice« nicht auch »Best Strategy« heißt. Best Practice verbessert die Effizienz eines Prozesses oder liefert Impulse zur Verbesserung. Aber es ist kein Instrument zur strategischen Entscheidungsfindung. Hier kann der Herdentrieb sogar gefährlich werden. Ein Unternehmen, das seine Vorbilder kopiert, verfolgt keine eigene Strategie mehr. Je mehr letztlich alle dasselbe Wettbewerbsspiel spielen, umso mehr drückt dies auf die Margen und widerspricht der Differenzierung.

Reengineering: Radikalkur für mehr Effizienz

Viele Unternehmen haben der Beseitigung von Ineffizienzen den Kampf angesagt. Firmen unterziehen sich in regelmäßigen Abständen Radikalkuren wie dem »Reengineering«, der »Restrukturierung«, dem »Downsizing«, dem »Enterprise Resource Planning (ERP)«, dem »Rightsizing«, dem »Multi-Channelling« oder dem »Customer Relationship Management«. Alle diese Ansätze verfolgen ein Ziel: »mehr durch weniger« zu erreichen. Mehr Effizienz, schlankere Strukturen, beschleunigte Prozesse sollen nicht nur den Einsatz der Ressourcen optimieren, sondern auch die Wendigkeit am Markt und gegenüber Wettbewerbern erhöhen.

Strategien entfalten ihre volle Wirkung, wenn das Unternehmen darauf vorbereitet ist. Insbesondere sind neben unternehmenskulturellen Aspekten Effizienz-, Struktur- und Prozessthemen weiter zu optimieren. Optimierte Geschäftsprozesse entfalten eine neue Strategie erst richtig. So erfordern frische Strategien oft auch ein Redesign der Geschäftsprozesse. Dieses »Businessprozess-Redesign« (BPR). wird oft in die Schublade der knallharten, radikalen Kostensenkungsprogramme geschoben. Das stimmt nicht ganz. Obwohl Reengineering in der Praxis häufig zur Legitimierung eines massiven Stellenabbaus missbraucht wurde, sind seine Ideen, Prinzipien und Methoden, sinnvoll eingesetzt, wertvoll. Doch was ist Business Process Reengineering?

Im Sommer 1990 erschien in der *Harvard Business Review* ein Artikel von Michael Hammer, damals Professor an der Harvard University. Der Titel lautete »Reengineering Work: Don't Automate, Obliterate« (Automatisiere nicht, sondern streiche weg).[92] Der Harvard-Artikel fand große Resonanz, da in dieser Zeit viele Unternehmen vor großen Wettbewerbsherausforderungen gegenüber der asiatischen Konkurrenz standen. Sie suchten nach Wegen, um ihre Kosten durch Automatisation, Normierung oder Standardisierung zu senken. Michael Hammer sah jedoch das Problem nicht in der mangelnden Automatisierung, sondern in der effizienten Organisation der Prozesse. Er empfahl daher, dass sich das Management besser mit der Frage befassen sollte, welche Geschäftsprozesse überhaupt unabdingbar sind und wie man den Gesamtprozess verschlanken könne. Reengineering bedeutet, »die konventionellen Weisheiten und tradierten Annahmen der Vergangenheit über Bord zu werfen; [...] eine neue Struktur für die Unternehmensprozesse zu finden, die den Strukturen vergangener Zeiten wenig oder gar nicht ähnelt; [...] im Grunde geht es um die Umkehr der industriellen Revolution; [...] die Tradition zählt nicht mehr, Business Reengineering ist ein neuer Anfang.«[93] Das Business Reengineering ist ein Instrument zur Restrukturierung von Unternehmen.

Ausgangslage des Business Reengineering ist die radikale Überprüfung sämtlicher Geschäftsabläufe am Reißbrett in Bezug auf ihre Effizienz, ihren Nutzenbeitrag für den Kunden und ihren sonstigen Effekte. Das Verfahren startet mit einem leeren Blatt Papier. So werden bestehende Abläufe durch diesen »Grüne-Wiese-Ansatz« bereits von Anfang an infrage gestellt. Jeder Prozess hat seine Existenz und seinen Nutzen zu rechtfertigen. Das Management stellt sich die Frage: »Wie würden wir diesen Prozess gestalten, wenn wir das Unternehmen heute neu gründen würden?« Dieses Verfahren ist leistungsfähig, da es nicht einzelne Prozesse herausgreift, sondern das Unternehmen ganzheitlich betrachtet. Es wird die übliche Betrachtung in funktionalen »Silos« (wie beispielsweise Marketing, Produktion, Forschung) überwunden. Neu ist die wirklichkeitsnähere Betrachtung des Geschehens in einer dynamischen Prozessperspektive. Schlüsselprozesse und Kernkompetenzen können leicht identifiziert, ausgebaut und verstärkt werden, um die Differenzierung und Leistungsfähigkeit des Unternehmens im Wettbewerb zu fördern. Folgende Erkenntnisse sind zu beachten:

- Reengineering ist an und für sich weder »gut« noch »schlecht«, sondern es sind die Führungskräfte, die es positiv oder negativ anwenden.
- Setzt man Reengineering professionell ein, so kann es zumindest über eine begrenzte Zeitspanne hinweg die Effizienz des Unternehmensgeschehens markant steigern.
- Reengineering kümmert sich nicht um strategische Fragestellungen, bedarf aber strategischer Aussagen im Vorfeld, die dem ganzen Geschehen die notwendige Richtung geben. Erst die Strategie gibt den Einspar- und Effizienzanstrengungen den nötigen Sinn und Zweck.

Einschätzung

Die von Michael Hammer und James Champy propagierte »Revolution« des Business Process Reengineering wurde in vielen Unternehmen zu einem Misserfolg, weil die strategischen Grundlagen nicht gegeben waren, die Unternehmenskultur zu wenig integriert war und die mittleren Führungskräfte sowie die Mitarbeiterschaft zu wenig aufgeklärt, trainiert und einbezogen wurden. Durch bloße Verfahren lassen sich Menschen nicht instrumentalisieren. Unternehmen handeln lieber evolutionär,

Radikalkuren führen zu offenen Konflikten. Zudem macht Business Reengineering oft vor der Topmanagementetage halt, was den Gesamtprozess behindert.

Reengineering gemäß Champy und Hammer ist eine »Strategie des Bombenwurfs«, um Unternehmen einer radikalen Schlankheitskur zu unterziehen. Diese steht im krassen Gegensatz zu einem behutsamen Vorgehen in kleinen Schritten. Statt wie bei den japanischen Verfahren der Optimierung von Qualität, Kosten, Effizienz und Innovation geht der amerikanische Ansatz brachial vor. Dabei wird oft auch Gutes zerstört: Tradition, Kultur, Erfahrung, Markenimage. Dieser brutale Ansatz stößt daher in seiner reinen Form in der Praxis auf verständliche Widerstände seitens der Belegschaft, aber immer mehr auch seitens des Managements und der Wissenschaft.

Trotzdem hat Reengineering etwas für sich. Warum? Der Ansatz setzt nicht notwendigerweise am Bekannten, Traditionellen, Erfahrenen und Erfolgsgewohnten an. Die Überlegungen der Geschäftsprozesse sollten am Kundennutzen ansetzen: Was will der Kunde wirklich? Wie erbringen wir für den Kunden die Leistungen effizient? In den Zeiten des enormen Wandels unserer Geschäftswelt zählen vergangene Erfolgsmuster nur beschränkt. Sie als gegeben zu betrachten ist fahrlässig. Die daraus resultierenden Maßnahmen müssen aber deswegen noch lange nicht brachial umgesetzt werden. Das Denken soll radikal sein, das Handeln hingegen maßvoll, behutsam, aber konsequent. Es ist sinnvoller, die Optik auf ein »Rightsizing« statt auf ein radikales »Downsizing« zu lenken.

Tom Peters, amerikanischer Managementexperte, bemerkte an einer Managementkonferenz lakonisch: »Wollen Sie mit Ihrem Unternehmen wirklich Erfolg haben, dann müssen Sie es in der heutigen Zeit mindestens alle fünf Jahre radikal neu erfinden.«[94]

Lean Management: Dem ökonomischen Prinzip folgen

Der amerikanische Ingenieur Frederick Winslow Taylor (1856 – 1915) steigerte zu Beginn der Industriellen Revolution die Produktivität der menschlichen Arbeitsleistung durch sein Prinzip der Arbeitsteilung. Was steckt hinter dem »Scientific Management« oder »Taylorismus« genannten Konzept? Frederick W. Taylor verfolgte die Idee, Produktivitätssteigerungen durch eine konsequente aufgabenbezogene Arbeitsteilung zu erreichen, ohne dabei die physische Belastung seiner Mitarbeiter anzuheben. Er studierte minutiös die einzelnen Arbeitsschritte in einem Produktionsprozess. Aufgrund dieser Analysen leitete er den arbeitsmethodischen Grundsatz ab: Aufgaben sind in möglichst kleine, homogene Arbeitsschritte aufzuteilen. Die Qualifikation der Mitarbeitenden ist genau auf die Arbeitsschritte zu spezialisieren. Der Akkordlohn verstärkt die individuelle Leistungsbereitschaft und wirkt als materielles Anreizsystem. Taylor etablierte auch das System der »wissenschaftlichen Betriebsführung« (scientific management), indem er das Geschehen in einem Betrieb statistisch zu erfassen suchte. Damit kommt ihm das Verdienst zu, nicht nur die industrielle Fertigung revolutioniert zu haben, sondern das Unternehmen auch in der Form von Prozessen zu verstehen.

Das heutige »Lean Management« knüpft an die Überlegungen von Frederick W. Taylor an. Dabei steht »lean« für fit, schlank und wendig. Das »Schlanke Management« hat seinen Ursprung in den 60er Jahren in der japanischen Industrie. Das Schlankheitsdenken orientiert sich an den abzuwickelnden Produktions- und Fertigungsprozessen. Dabei werden die Tätigkeitsschritte und Arbeitsvorgänge untersucht, um Verschwendung, Überschuss und Ineffizienz aufzudecken. Lean Management bezweckt aber nicht nur die Senkung der Kosten. Heute steht das Gewinnen von Zeitvorteilen ebenso im Zentrum. Wichtig ist, dass die einzelnen Prozesse dem Kunden einen erkennbaren Mehrwert bieten. Richtet man das Unternehmensgeschehen nur an Effizienzkriterien aus, führt dies zwar immer weiter zu schlankeren Prozessen und sinkenden Kosten, doch das Verständnis für den Sinn und Zweck des Gesamtprozess für den Kunden verwischt sich. Die Effizienzsteigerung könnte immer weiter vorangetrieben werden, bis sich das Unternehmen im wahrsten Sinn »zu Tode spart«. Japanisches Management setzt daher den Kunden auf die höchste Priorität, die Effizienz folgt dann auf Platz zwei. Die Effizienz im Unternehmen wird kontinuierlich verbessert, aber immer nur so weit, um dem Kunden die angestrebte Qualität zu einem kompetitiven Preis zu bieten.

Westliche Führungskräfte gehen (fälschlicherweise) häufig davon aus, dass zwischen Produktivität, Zeitbedarf und Qualität ein konkurrierendes Verhältnis existiert. Das heißt, dass ein Mehr an Qualität nur bei höheren Kosten, längeren Durchlaufzeiten oder einer niedrigeren Produktivität zu erzielen ist. Lean Management hingegen betrachtet diese Eckwerte nicht als gegensätzlich, sondern als komplementär. An allen drei Stellschrauben lässt sich gleichzeitig drehen.

Lean Management hat sich zu einem umfassenden Führungssystem gemausert. Sein Ursprung liegt im »Toyota Management System« von Toyoda Sakichi (1894 – 1952). Die Basis des Lean Management ist das »Lean Thinking«. Danach ist bei jedem Vorgang die Frage nach effizienten Alternativen zu stellen: Könnte man diesen Schritt günstiger oder effizienter gestalten, um denselben Nutzen zu erreichen?

Aufgrund der japanischen Herausforderung für die US-Industrie in den 80er Jahren lancierte das Massachusetts Institute of Technology (MIT) 1985 ein umfassendes Forschungsprogramm. Dieses sollte den amerikanischen Marktanteilsverlusten, insbesondere in der Automobilindustrie, auf den

Grund gehen. Das International Motor Vehicle Program (IMVP) analysierte rund 100 Montagewerke in 17 verschiedenen Ländern. Die Ergebnisse der forschenden Ökonomen James P. Womack, Daniel T. Jones und Daniel Ross wurden im Jahr 1990 publiziert.[95] Diese Studien rüttelten die westliche Industrie wach. Die Ergebnisse belegten den klaren strategischen Vorsprung der asiatischen Hersteller im Bereich der Fertigungstechnologie. Die japanischen Autobauer sind die unangefochtenen Produktivitäts- und Qualitätsleader. Dieser Bericht gilt heute als Geburtsstunde der globalen Lean-Management-Bewegung.

Heute konzentriert sich Lean Management nicht nur auf die Fertigung. Das Konzept bezieht auch andere Funktionen wie Beschaffung, Vertrieb, Forschung, Entwicklung, Design oder gar administrative Bereiche mit ein. Der Erfolg des Managementkonzepts liegt nicht in seinen Methoden und Instrumenten, wie Teamarbeitsformen, »Simultaneous Engineering«, »Just-in-Time«, »Kaizen«, TQM und vielem mehr, sondern im Zusammenspiel dieser Komponenten mit der strategischen Ausrichtung des Unternehmens auf Kundenorientierung, Effizienz und Effektivität.

Die Strategie des Lean Management setzt auf folgende Komponenten:

- schlanke Herstellung, schlanke Forschung und Entwicklung, schlanke Administration ... sowie schlanke Führung,
- Ausbau der eigenen Kernkompetenzen,
- Optimierung der Geschäftsprozesse,
- unternehmensweite Orientierung am Nutzen für Kunden,
- kontinuierliche Verbesserungsprozesse (in Sinne des Kaizen),
- dezentrale Strukturen und flache Hierarchien,
- offene Information und intensive Kommunikation aller Beteiligten,
- unternehmensweite Motivation und persönliches Engagement für das Ganze,
- umfassende, breite und permanente Weiterbildung (lebenslanges Lernen),
- Zusammenarbeit mit Partnern innerhalb und außerhalb des Unternehmens.

Geschäftsprozessmanagement: Vom Schlankheitsdenken zum Management der Wertschöpfung

Dank des rasanten Fortschritts und der gestiegenen Leistungsfähigkeit der neuen Informations- und Kommunikationstechnologien dynamisieren sich die Instrumente der Unternehmensführung. In modernen Unternehmen wird die strategische Flexibilität stark durch die Leistungsfähigkeit der Informationstechnik bestimmt. Ein Beispiel veranschaulicht dies: Fusionen von Unternehmen sind oft unmöglich, weil sich ihre Daten-, Informations-, Kommunikations- und Applikationsstrukturen nicht zusammenführen lassen. *Praxis:* Bei der Fusion von KLM mit der Air France spielte die IT ebenfalls eine entscheidende Rolle. Kundenservice ist im Airline-Business ein zentraler Wettbewerbsfaktor. In der Flugbranche sind viele Serviceangebote informatikgestützt (Meilenbonusprogramme). Diese beiden Airlines hatten aber das Glück, bei der internen Gestaltung ihrer jeweiligen Geschäftsprozesse dieselben Applikationen, Methoden und IT-Tools zu nutzen. Dies erlaubte (zumindest) auf der IT-Seite eine kompatible Sprache, was das Zusammenwachsen enorm erleichterte. Das vereinte »Geschäftsprozessmanagement« trägt erheblich dazu bei, die definierten gemeinsamen strategischen Absichten zu realisieren, sich konsequent an den Wünschen der Kunden auszurichten und das neue Unternehmen auf Effizienz zu trimmen.

Abbildung 28: Management der Geschäftsprozesse

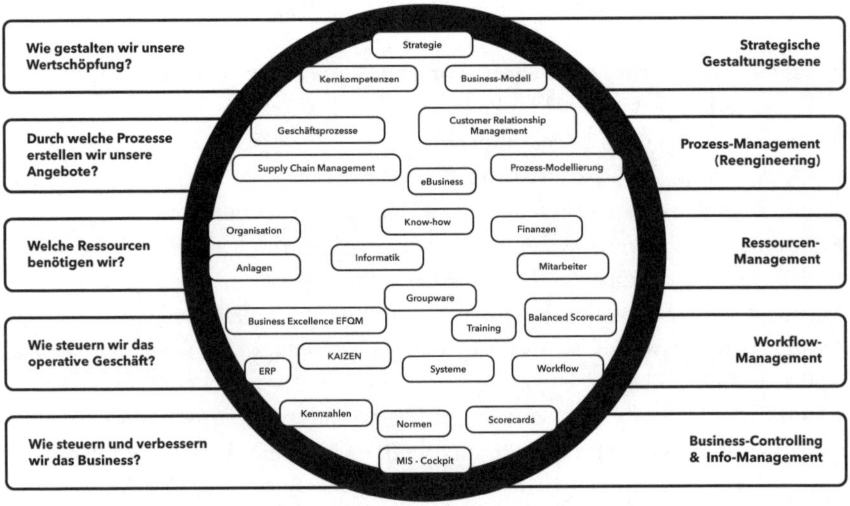

Was sind »Geschäftsprozesse«? Ein Geschäftsprozess ist eine Folge von Aktivitäten (Prozessen) zur Erzielung eines ökonomischen Ergebnisses. Geschäftsprozesse sind eng mit »Projekten« verwandt. Projekte haben aber eher den Charakter der Einmaligkeit, Geschäftsprozesse hingegen werden immer wieder durchlaufen. Die Geschäftsprozessbetrachtung liegt quer zur traditionellen Organisationsbetrachtung, welche Aufgaben, Verantwortung und Kompetenzen statisch auffasst. Geschäftsprozesse zeigen, wer bei einem Prozess welche

Tätigkeiten erfüllt, um eine Aufgabe zu erfüllen. Der Prozess beschreibt das Zusammenwirken von Personen, Material, Informationen, Entscheidungen und Tätigkeiten im Zeitablauf. Die Geschäftsprozesse bilden eine zusammengehörende Kette von Tätigkeiten, deren Ziel es ist, eine Leistung beziehungsweise einen Wert zu erschaffen. Das »Business Process Management« (BPM), auch »Geschäftsprozessmanagement« (GPM) genannt, ist ein integriertes, IT-gestütztes Führungskonzept, welches viele der besprochenen Führungsansätze in sich vereint.[96] Bei der »Geschäftsprozessmodellierung« werden die einzelnen Geschäftsprozesse von der Wirklichkeit abstrahiert und dann unter Zuhilfenahme professioneller, leistungsfähiger Computerprogramme modelliert (Abbildung 28). Seine zentrale Fragestellung lautet: »Wer macht was, wann, wie, womit und mit wem?«

Jeder Geschäftsprozess setzt bei einer Leistung für einen (internen oder externen) Kunden an. Die Prozesskette unterliegt der Optimierung in Bezug auf Zeit, Kosten, Effizienz und Werthaltigkeit/Nutzen für den Kunden. Überflüssige Abläufe und Aktivitäten sollen vermieden, artverwandte Tätigkeiten gebündelt, nicht wertschaffende Aufgaben ausgelagert, manuelle Abläufe automatisiert und Zuständigkeiten geklärt werden. Das Geschäftsprozessmanagement fragt auf einer strategischen Ebene: »Was ist unser Geschäft? Welche Wertschöpfung erbringen wir? Welche Kernprozesse benötigen wir dafür?«

Einschätzung

Aufgrund seiner umfassenden Effekte für Agilität, Anpassungsfähigkeit und Innovationsfähigkeit von Unternehmen ist das Business Process Management weit mehr als nur eine Modeerscheinung. Informations- und Kommunikationstechnologien (Hard- und Software) sind selbst zu strategischen Erfolgstreibern avanciert. Die strategische Intelligenz und strategische Wendigkeit werden im viel beschworenen Informationszeitalter immer mehr technologie- und informationsgetrieben. Damit gehört das Thema »Business Process Management« (BPM) auf die Agenda der Geschäftsleitung bei der Diskussion strategischer Themen.

Asiatische Strategien: Mit kleinen, aber konsequenten Schritten

> Einen Fehler zu machen und ihn nicht zu korrigieren,
> das erst ist wirklich ein Fehler.
> Konfuzius

Japanische Strategien: Vom Produktfokus zum Prozessfokus

Nicht erst im Zug fortschreitender Globalisierung gehören asiatische Unternehmen aus Japan, Südkorea, Taiwan und China zur Weltspitze. Viele asiatische Unternehmen haben ihre einstigen »Vorbilder« und Kopiervorlagen in Europa und den USA an Größe und Ertragskraft heute überrundet.

Gegen Ende der 70er Jahre staunte die westliche Geschäftswelt, wie erfolgreich sich die japanischen Unternehmen weltweit im globalen Wettbewerb positionierten. Zuerst wurden die Newcomer mit ihren Produkten im holprigen Design belächelt. Doch dann waren Führungskräfte überrascht, mit welch nachhaltiger Qualität und zu welch attraktiven Preisen die Herausforderer immer mehr neue Kunden für sich gewannen. Die Japaner nahmen ihren westlichen Konkurrenten schmerzliche Marktanteile ab. Zuerst geriet die Schwerindustrie unter Druck, dann der Schiffsbau, ihm folgten die Automobilindustrie, die Uhrenindustrie, die Elektronikindustrie sowie die Film- und Kameraindustrie. ...und der Prozess ist noch nicht am Ende seiner Entwicklung. Einige der westlichen Anbieter mussten in der Folge ihre Tore für immer schließen oder wurden übernommen.

- Hersteller von Negativfilmen
  Fujifilm, Konica gegen Agfa, Ilford und Kodak
- Hersteller von Automobilen
  Toyota, Honda, Nissan gegen deutsche und amerikanische Hersteller
- Hersteller von Motorrädern und Rollern
  Suzuki, Yamaha, Honda gegen Sachs, Zündapp, Puch, Kreidler, Ducati, Norton
- Hersteller von Uhren und Zeitmessern
  Casio, Citizen, Seiko gegen Omega, Tissot, Zenith, Longines und Rolex

- Hersteller optischer Geräte und Fotoapparate
  Canon, Nikon, Pentax, Minolta gegen Leica, Voigtländer, Praktika, Rollei
- Hersteller von Baumaschinen
  Komatsu, Hitachi gegen Case, Hanomag, Deere, Caterpillar
- Hersteller von Konsumelektronik
  TDK, JVC, Toshiba, Kenwood, Matushita, Sony, NEC gegen Grundig, Zenith, Sennheiser, Metz, Schneider

Vor allem die japanischen Herausforderer brachten die westlichen Unternehmen arg in Bedrängnis. Es erstaunt daher nicht, dass westliche Führungskräfte und wissenschaftliche Denker sich für die »Geheimnisse der japanischen Strategien« besonders interessierten. Vorne weg: Der japanische Erfolg beruhte nicht auf strategischen Tricks oder geheimen Strategien, sondern auf einem professionellen, am Detail orientierten und nachhaltigen Management sowie auf sorgfältiger Beobachtung und enormem Engagement aller Beteiligten.

Viele Studien haben in den letzten Jahrzehnten den Erfolg der »Tiger-« und »Drachenstaaten« untersucht. Aus ihnen lassen sich folgende Erfolgsfaktoren zusammentragen:

1. Strategie und Führung sind deutlich langfristiger orientiert als im Westen.
2. Die Unternehmenskultur zeichnet sich durch eine beachtliche Loyalität gegenüber dem Unternehmen und gegenüber dem Management aus.
3. Die Mitarbeitenden leben eine hohe Arbeitsmoral und ein starkes Pflichterfüllungsbewusstsein. Sie sind lernwillig und veränderungsorientiert.
4. Asiatische Strategien setzen auf eine rasche Erzielung von Skaleneffekte durch frühzeitige internationale Expansion (Multiplikation).
5. Die Kostenstrukturen sind günstiger. Die Gründe hierfür liegen in geringeren Kosten für Produktionsfaktoren, aber auch in der konsequenten Ausrichtung auf das Thema »Effizienz«.
6. Ein nicht zu unterschätzender Erfolgsfaktor ist das Zusammenspiel von Unternehmen, staatlichen Organisationen und Verbänden, die alle in dieselbe Richtung zielen. Zudem kann die asiatische Gesellschaft als sehr wirtschafts- und unternehmensfreundlich bezeichnet werden.
7. Die Angebote setzen weniger auf innovative Spitzenleistungen, sondern eher auf günstige Komplettangebote oder auf Bewährtes in beständiger Qualität.
8. Sowohl die Führung als auch die Mitarbeitenden sind »erfolgshungrig« und persönlich gewillt, heute für ein besseres Morgen eine Extraportion an Leistung zu bieten.

Einer der zentralen Erfolgsfaktoren der japanischen und koreanischen Industrie ist bis heute das sehr hohe Qualitätsniveau. Die japanische Industrie lancierte in den 50er und 60er Jahren immer wieder umfassende, nationale Qualitätsinitiativen, die auf den Ideen des amerikanischen Qualitätsexperten W. Edwards Deming aufbauten (siehe »Fitmacher«-Strategien). Erstaunlich ist, dass die japanischen Kostenstrukturen in den 80er Jahren über denjenigen amerikanischer Unternehmen lagen. Die günstigen Produktionsfaktoren können damit den japanischen Erfolg nicht erklären. Dieser Sachverhalt regte zu weiteren Untersuchungen an. Vor allem die großen, global tätigen Unternehmensberatungsfirmen engagierten sich in diesen vergleichenden Studien.

»7S«-Modell: Erfolgsfaktoren der Spitzenunternehmen

Richard Pascale und Anthony Athos untersuchten die japanische Erfolgsstory. Sie hielten ihre Erkenntnisse in *The Art of Japanese Management* fest. Zusammen mit ihren beiden McKinsey-Kollegen Tom Peters und Robert Waterman, welche sich westlichen Erfolgsunternehmen zuwandten, kamen sie zum Schluss, dass der Schlüssel des Erfolgs japanischer Unternehmen nicht im strategischen Fokus allein liegt, sondern in den zur jeweiligen Strategie passenden Managementpraktiken. Dies gilt aber auch für westliche Unternehmen. Nicht die Strategie allein führt zum Erfolg, sondern ein »Mix« von Faktoren.[97] Diesen Erfolgsfaktoren-Mix nannten die Forscher »7S«-Modell.

In der Folge wurde das einfache und praktische Modell von der Beratungsfirma McKinsey in ihre internationale Beratungstätigkeit integriert. Seitdem hat sich die Bezeichnung »McKinsey-7S« oder »Glückliches Atom« (»happy atom«) etabliert (Abbildung 29).

Die Atome des »7S«-Modells zeigen die Erfolgsbausteine, auf welche die Spitzenfirmen für ihren Erfolg setzen. Sie sind erfolgreicher, weil sich ihr Management um die harmonische Pflege sämtlicher Komponenten kümmert. Doch das 7S-Schema erklärt nicht nur den Erfolg der Top-Firmen. Das Modell dient auch als Gestaltungsvorlage für das Management: So kann das »7S«-Modell als Checkliste eingesetzt werden, um die Professionalität der Unternehmensführung zu beurteilen. Das Modell weist prägnant auf den Umstand hin, dass erfolgreiches Management nicht mit der Formulierung der Strategie endet. Welche Bausteine umfasst das »7S«-Modell?

1. *»Shared Values«* (geteilte Werte)
   Hier sind die Werthaltungen, Einstellungen und Erwartungen angesprochen, die von Führungskräften und Mitarbeitern geteilt werden. Erfolgsun-

Abbildung 29: »McKinsey-7S-Modell«

ternehmen pflegen ihre gemeinsamen Werte. Diese »Unité de Doctrine« bestimmt, wie sich das Unternehmen selbst versteht, wie die Mitarbeitenden geachtet werden, wie im Unternehmen miteinander umgegangen wird oder wie die Firma ihre Rolle in der Businesswelt interpretiert.

2. *»Strategy« (Strategie)*
Das Thema Strategie fokussiert die zukünftige Stoßrichtung des Unternehmens. Strategie ist die Auswahl attraktiver Geschäfte, auf die das Unternehmen seine Zukunft baut. Hier werden Wettbewerbsvorteile definiert und Wertschöpfungsprozesse bestimmt. Zu diesem Themenblock gehört aber ebenfalls die Kommunikation der Strategie nach innen und außen.

3. *»Structure« (Struktur)*
Die Organisationsstruktur (Aufbaustruktur) bestimmt die Hierarchieordnung und das Machtgefüge. Sie regelt die Entscheidungskompetenzen und Verantwortlichkeiten. Strukturen können für die Strategieumsetzung fördernd oder behindernd sein. Strukturen schaffen Klarheit, grenzen aber auch ein.

4. *»Systems« (Systeme)*
Hierzu zählen Arbeitsprozeduren, -routinen, -abläufe sowie der Informationsfluss und die Lenkungssysteme der Führung.

5. *»Skills« (Fähigkeiten, Know-how)*
Skills sind die spezifischen Fähigkeiten (Kernkompetenzen) des Unterneh-

mens. Was kann das Unternehmen besonders gut? Wofür ist es bekannt? Auf welche Stärken und besonderen Fähigkeiten baut der Erfolg des Unternehmens auf? Existieren Skill-Gaps (Fähigkeitslücken)?
6. *»Staff« (Mitarbeitende, Personal, Human Resources)*
Staff fokussiert die personellen Ressourcen des Unternehmens: Welche Stellen oder organisatorischen Einheiten müssen geschaffen werden? Welche Talente werden in Zukunft benötigt?
7. *»Style« (Stil, Kultur)*
Dieser Themenblock weist auf die Bedeutung der Unternehmenskultur. Folgende Fragen sind zu beantworten: Wie partizipativ arbeitet das Managementteam? Welcher Führungsstil wird gepflegt, und wie adäquat ist dieser für die Strategieumsetzung? Wie geht das Unternehmen mit Veränderungen um? Wie werden Konflikte gelöst?

Manche der Schlüsselfaktoren, wie beispielsweise Strategie, Struktur oder auch Systeme, lassen sich in relativ kurzer Zeit verändern und neuen Situationen anpassen. Die anderen Erfolgskomponenten sind hingegen längerfristig orientiert. Sie können nur mit größerem Engagement verändert werden. Gerade diese »schwerfälligen« Faktoren sind interessant, da sie von Konkurrenten nicht leicht kopiert werden können. Style, Skills und Staff bilden daher besonders wichtige Quellen für nachhaltige Wettbewerbsvorteile.

Peters und Waterman haben ihre Forschungsergebnisse im Buch *Auf der Suche nach Spitzenleistungen* zusammengetragen.[98] Das Buch wurde in den ersten vier Jahren über drei Millionen Mal verkauft und hat bis heute die Zehn-Millionen-Absatzmarke weit hinter sich gelassen. Erstaunlich ist, dass von den 43 untersuchten Unternehmen (unter anderem HP, Intel, Johnson & Johnson, 3M, Marriott, McDonald's, Disney, Boeing, Exxon, DuPont) nur zwei nach einer langer Zeit zu »Ausrutschern« (Atari, Wang Labs) wurden. Die Top-Firmen haben zudem Wettbewerber ihrer Branche leistungsmäßig deutlich überrundet. Hätte man im Oktober 1982 bei der Präsentation des Buches 10 000 US-Dollar in die untersuchten Spitzenfirmen investiert, würde man nach zwanzig Jahren 140 050 US-Dollar sein eigen nennen! Hätte man damals die gleiche Summe in die Unternehmen des Dow-Jones-Index gesteckt, so wären daraus nur 85 500 US-Dollar geworden.

Die »7S«-Bausteine sind Gedankenstützen einer ganzheitlichen Unternehmensführung. Sie erinnern das Management immer wieder daran, dass die einzelnen Erfolgskomponenten auch untereinander abzustimmen sind. Über den Zeitablauf hinweg verändert sich die Relevanz der einzelnen Bausteine. Mal ist der eine Faktor in der Führungsarbeit besonders aktuell, dann wieder ein anderer. Verändert man den einen, so sind auch die anderen dementsprechend abzustimmen. Das Modell eignet sich auch für strategische Stärken-Schwächen-Betrachtungen oder für das Management von Wandelprozessen. Dabei gilt es nicht nur, die sieben »S«-Faktoren zu durchleuchten, sondern besonders aufschlussreich sind die Beziehungen unter den Bausteinen und ihre gegenseitige Abstimmung. Erst die »Gleichgerichtetheit« der Komponenten schafft den strategischen Schub. In der Praxis findet das »7S«-Modell Einsatz in folgenden Situationen:

- bei umfassenden Restrukturierungen,
- im Rahmen von Change-Prozessen,
- bei der Neuausrichtung der Strategie und den Folgen für das Unternehmen,
- bei Mergers- und Akquisitions-Projekten zur gegenseitigen Abstimmung,
- bei der Beurteilung der Unternehmens-, Strategie- und Managementsituation durch Strategen oder Berater.

Das Excellence-Projekt von McKinsey war nicht als Publikationsvorhaben konzipiert, sondern nur als eine Studie des San Francisco Büros, welches den Erfolg der weltweit tätigen Spitzenkonzerne ergründen wollte. Die Berater flogen rund um den Globus, beobachteten Geschäftspraktiken und sprachen mit erfolgreichen Firmenchefs, Experten und Forschern, um »Spitzenleistungen« zu ergründen. 1979 lud der Münchener Ableger von McKinsey den Berater Tom Peters ein, um der Firma Siemens seine Studienergebnisse zu präsentieren. Peters erarbeitete für diesen Anlass eine umfassende PowerPoint-Präsentation von über 700 Folien (für eine Zwei-Tage-Präsentation). Doch der Aufwand lohnte sich. Die Präsentation war ein derart durchschlagender Erfolg, dass sogar PepsiCo in Atlanta auf Tom Peters aufmerksam wurde. Die Geschäftsleitung wollte unbedingt die Forschungsergebnisse aus erster Hand hören. Doch das Management von PepsiCo konnte dafür nicht zwei volle Tage opfern. So war Peters gezwungen, seine Themen auf den Punkt zu bringen. Er organisierte seine Einzelerkenntnisse in acht zentrale Thesen für erfolgreiches Management.[99] Was zeichnet erfolgreiche Unternehmen aus?

1. *Primat des Handelns oder: Probieren geht über Studieren*
   Die bestgeführten Unternehmen sind schnell, agil und effektiv. Sie verfügen über wendige Einsatzgruppen, die auch über Organisationsgrenzen hinweg aktiv werden, um auftretende Chancen oder Probleme konsequent anzupacken. Sie setzen auf Experimente, um zu sehen, wie Märkte, Kunden und Konkurrenten reagieren, und um auch aus allfälligen Fehlern zu lernen.
2. *Nähe zum Kunden oder: Der Kunde ist König*
   Die Spitzenfirmen sind geradezu besessen, ihre Kunden rundum zufriedenzustellen, ja sogar die Erwartungen der Kunden durch ihre Leistungen zu

übertreffen. Qualität, Zuverlässigkeit und Service haben einen sehr hohen Stellenwert für Führungskräfte und die Mitarbeitenden. Diese Unternehmen orientieren sich stark an den Wünschen ihrer Kunden und weniger an der Minimierung von Kosten oder der Führerschaft im Technologiebereich.

3. *Freiraum für Unternehmertum oder: Jeder ist (Mit-)Unternehmer*
   Die Mitarbeiter werden bei Innovationsanliegen unterstützt. Die Unternehmenskultur fördert das Experimentieren und Suchen nach neuen Ideen.
4. *Produktivität durch Menschen oder: Nur persönliches Engagement bewegt Unternehmen*
   Exzellente Unternehmen setzten weniger auf Technologie und Systeme als auf engagierte Mitarbeiter. Sie haben Respekt vor dem Einzelnen. Daher fördern sie die Eigeninitiative. Hierzu unterstützen sie ihre Mitarbeiter durch Weiterbildung und Trainings.
5. *Sichtbar gelebtes Wertesystem oder: Wir tun, was wir sagen*
   Die Erfolgsunternehmen setzen auf eine intensive interne Kommunikation. Sie haben ein klares Werteprofil, einen Katalog von Leitsätzen und Prinzipien. Es ist ihnen wichtig, dass auch ihre Mitarbeiter diese Werte stützen.
6. *Bindung ans Kerngeschäft oder: Schuster, bleib bei deinen Leisten*
   Die Erfolgreichen halten sich an ihre Kernkompetenzen. Sie wissen, was sie perfekt beherrschen, und hüten sich davor, Hansdampf in allen Gassen zu werden. Bei der Expansion versuchen sie diese Kernkompetenzen zu multiplizieren.
7. *Einfache, flexible Struktur oder: Bürokratie minimal, Freiräume maximal*
   Organisation ist wichtig, aber nur so viel wie notwendig. Ein Zuviel bremst. Abläufe, Regeln und Prozeduren müssen möglichst einfach gestaltet sein und wenige Managementebenen betreffen.
8. *Straff-lockere Führung oder: Nur so viel Führung wie nötig, so wenig Kontrolle wie möglich*
   Spitzenunternehmen sind streng und stur in ihren Werten und Zielen, schaffen aber Freiräume für Mitarbeiter, um sich darin zu entfalten.

Viele der Erkenntnisse klingen wie Binsenweisheiten des zeitgemäßen Managements. Doch die Umsetzung dieser Grundsätze ist kein Selbstläufer. Die Erkenntnisse der Studie sind auch heute noch so relevant wie bei ihrer Erhebung.

Einschätzung

Das »7S«-Modell ist einfach, praktisch und plausibel. Es eignet sich hervorragend als analytischer Bezugsrahmen, um eine Unternehmenssituation zu untersuchen. Seine Stärke ist, dass nicht nur harte Faktoren beachtet werden, sondern auch weiche Faktoren eine ganzheitliche Sicht garantieren. Gerade bei Restrukturierungen, Change-Projekten oder Strategieänderungen konzentrieren sich viele Führungskräfte viel zu stark auf die harten »S«, das heißt auf Strategien, Strukturen und Systeme. Doch die Betrachtungen von Peters/Waterman belegen, dass erfolgreiche Unternehmen der »Soft Side of Management« eine sehr große Bedeutung beimessen. Erfolgsfirmen kümmern sich mit großem Engagement um Faktoren wie Werte, Fähigkeiten, Kultur, Stil und Personal. Veränderungen, Neuerungen oder Innovationen gilt es zuerst zu verstehen, zu akzeptieren, bevor sie von den Mitarbeitern mit Engagement verfolgt werden. Als Beispiel für die enorme Bedeutung weicher Faktoren kann die Fusion von DaimlerChrysler herangezogen werden. Die beiden Kulturen konnten nie zusammengeführt werden.

Ohmaes »3C«: Das strategische Dreieck

Die Arbeiten des japanischen Strategieberaters Kenichi Ohmae sind aus zwei Gründen wichtig. Erstens bringen seine Erläuterungen für westliche Führungskräfte interessante Einsichten, wie das asiatische (speziell das japanische) Management funktioniert. Dabei räumt Ohmae mit einigen westlichen Fehlmeinungen und Halbweisheiten auf. Zweitens befasste sich Kenichi Ohmae schon sehr früh mit den strategischen Auswirkungen der Globalisierung.[100]

Für den Berater Kenichi Ohmae müssen strategische Ziele nicht zwingend rational sein. Sie müssen in ihrer Gesamtheit auch kein logisches Bild zeichnen. Die globale Businesswelt funktioniert nicht rational. Neue Risiken, neue Chancen eröffnen immer wieder neue attraktive strategische Pfade. Erfolg lebt von Spontaneität und Überraschungen. Diese sind daher strategisch zu beachten. Daher lehnt Ohmae die Nutzung logischer Verfahren (wie beispielsweise die Systemanalyse) oder computergestützter Strategieentwicklungsprogramme grundsätzlich ab. Strategie ist ein kreativer, synthetischer (zusammensetzender) Akt. Zu viel Analyse führt zur Paralyse und verwischt spontane Geschäftsideen. Eine Strategie ist keine logische Ableitung aus der Analyse. Ohmae ist überzeugt, dass nur das menschliches Gehirn in der Lage ist, mit Spontaneität, Komplexität, Ungewissheit und Paradoxie wirkungsvoll umzugehen.

Es erstaunt daher nicht, dass japanische Unternehmen keine großen »strategischen Planungsabteilungen« unterhalten. Die asiatischen Strategen studieren insbesondere die strategische Stoßrichtung und das Verhalten der Konkurrenten, die Entwicklung globaler Trends sowie die sich immer wieder wandelnden Wünsche der Kunden.

Der ehemalige Leiter der Beratungsfirma McKinsey & Company in Tokio, Kenichi Ohmae, entwickelte ein einfaches »3C«-Modell, welches »strategisches Dreieck« (strategic triangle) genannt wird. Es setzt sich folgendermassen zusammen:

1. »Kunden«: Die Kunden (Customers) bringen dem Unternehmen die Umsätze.
2. »Konkurrenten«: Die Wettbewerber (Competition) streiten sich um diese Umsätze. Konkurrenten versuchen sich gegenseitig zu verdrängen.
3. »Unternehmen«: Das eigene Unternehmen (Company), welches die Leistungen für den Kunden erbringt.

Strategisches Denken spielt sich immer in diesem »3C«-Dreieck ab. Die drei Eckpunkte sind voneinander abhängig. Ändert der Kunde sein Verhalten, betrifft dies die anderen beiden Komponenten direkt. Ändert die Konkurrenz ihre Strategie, hat dies ebenfalls Effekte für die beiden anderen. In Anlehnung an das »3C«-Modell unterscheidet Ohmae die folgenden Strategien:

1. *Unternehmensbasierte Strategien*
Unternehmensstrategien zielen darauf, die Fähigkeiten, Kompetenzen und Stärken des Unternehmens nachhaltig auszubauen, um (zumindest) in Teilbereichen Wettbewerbsvorteile zu sichern. Gemäß Ohmae muss ein Unternehmen nicht in jedem Bereich eine Leaderposition innehaben, um im Markt erfolgreich sein zu können. Die japanischen Konzerne belegen dies durch ihre erfolgreichen Angebote seit Jahren. Zentral ist für ihn aber immer das Thema Kostensenkung, da sie sich dies sowohl positiv für Kunden als auch positiv auf die Gewinnsituation auswirkt. Sämtliche betrieblichen Prozesse sollten immer wieder in Bezug auf ihre Effizienz und Effektivität hin durchleuchtet werden. Der Erfolg des asiatischen Ansatzes liegt nicht in radikalen Kostensenkungsaktionen alleine, sondern in kleinen, konsequenten und fortlaufenden Schritten der Effizienzsteigerung. Fragen für die Geschäftsführung sind: Wie können wir uns noch weiter verbessern? Welche Stärken bauen wir noch weiter aus? Wo können wir noch weitere Kosten einsparen? Wie kann die Effizienz noch weiter gesteigert werden?
2. *Kundenbasierte Strategien*
Kunden sind die Basis jeglicher Geschäftstätigkeit. Sie gehören ins Zentrum jeder strategischen Überlegung. Ein erfolgreiches Management setzt das Kundeninteresse über das Aktionärsinteresse. Nur diese Betrachtung sichert die Nachhaltigkeit und Langfristigkeit des erfolgreichen Geschäftsmodells. Besonders bedeutungsvoll für den Wettbewerb sind die Strategien der Kunden- und Marktsegmentierung. Sie gestatten es, das Geschäft und den Markt »anders« als Konkurrenten anzugehen. Folgende strategische Fragen gehören in diesen Bereich: Welche Kunden bedienen wir? In welcher Inten-

sität, mit welchen Angeboten, über welche Vertriebskanäle? Wie können wir uns mit unseren Angeboten differenzieren? Wie strukturiert die Konkurrenz das Geschäft, wie können wir uns davon abheben? Was würde die Kunden besonders faszinieren? Was können wir Außerordentliches bieten?
3. *Wettbewerbsbasierte Strategien*
Wettbewerbsbasierte Strategien verstärken die Unterschiede zu Konkurrenten. Bei einer Wettbewerbsstrategie sucht man nach Differenzierungen, Abgrenzungen und Besonderheiten. Fragestellungen für das Management sind: Wodurch können wir uns von Dritten abheben? Wie werden wir besonders gesehen? Wie können das Image und die Marke zur Abgrenzung von den Konkurrenten genutzt werden?

Kenichi Ohmae, der in Japan auch »Mr. Strategy« genannt wird, ist der Meinung, dass westliche (vor allem amerikanische) Firmen sich viel zu stark auf die wettbewerbsbasierten Strategien konzentrieren. Die japanischen Unternehmen denken umfassender im strategischen »3C«-Dreieck.

In Japan gilt die Erfolgsgleichung »hito kane mono« oder »Personen, Geld, Sachen (Anlagekapital)«. Erfolg hat, wer alle diese drei kritischen Komponenten in eine harmonische Ordnung bringt. Dabei ist ein einseitiger Überschuss genauso unerwünscht wie ein einseitiger Mangel. Wenn ein Unternehmen beispielsweise über zu hohe Geldmittel verfügt, ohne dass die Führungskräfte diese Gelder sinnvoll investieren, bedeutet dies einen unnötigen, ineffektiven Überfluss. Zu viele Führungskräfte ohne genügend finanzielle Mittel müssen auf der anderen Seite viel zu viel Energie aufbringen, um an die investiven Mittel heranzukommen. Sie verschleudern damit ihre wertvolle Zeit und ihre persönlichen Kräfte. Das Management muss sich zuerst um den Aufbau und die Entwicklung seiner Talente (hito) kümmern und erst dann um die verfügbaren Mittel (mono), wie Fabriken, Maschinen, Technologien, Prozesse oder Informationen. Erst wenn sich aus diesen beiden ersten Faktoren genügend frische Ideen, Projekte oder Innovationen ergeben, sind die notwendigen Geldmittel (kane) zuzuteilen.

Theorie »Z«: Die Ost/West-Synthese

Die Theorie »Z« wurde von William Ouchi, Professor für Unternehmensstrategie an der University of California in Los Angeles, entwickelt.[101] Er erforschte globale Managementstile und korrelierte diese mit ihrem Erfolg. So identifizierte Ouchi drei Typen von Firmen. Als »Typ A« bezeichnet er den amerikanischen, als »Typ J« den japanischen Managementstil. Als besonders erfolgreich erwiesen sich aber in seinen Untersuchungen Unternehmen des »Typs Z«, die man als Synthese aus »A« und »J« interpretieren kann.

»Typ-A«-Unternehmen sind individualistisch, das heißt, der Einzelne steht im Zentrum. Sie basieren auf dem »Hire & Fire«-Prinzip, sind kurzfristig orientiert, setzen rasch erreichbare Ziele, kontrollieren ihre Mitarbeiter häufig und bieten in der Regel Karrierepfade, die sich in denselben Wissensfeldern bewegen. »Typ-J«-Unternehmen hingegen sind gemeinschaftlich orientiert. Sie streben mit den Mitarbeitern eine intensivere Beziehung an. Daher bieten diese Unternehmen eine langfristige Beschäftigung mit eher langsamen Karriereschritten, sie beurteilen wenig, sondern fördern viel, und nutzen implizite Kontrollmechanismen über Teams. Sie setzen auf funktionsübergreifende Karrieren, um gegenseitige Lernprozesse noch weiter zu fördern.

William Ouchi ist der Überzeugung, dass ein intensiver Mitarbeitereinbezug zu mehr Erfolg, mehr Verständnis, mehr Motivation, mehr Identifikation und mehr Einsatz für die Interessen des Unternehmens führt. Aus dem »Ich« sollte ein »Wir« werden. Ouchi propagiert daher für den Strategieprozess eine Theorie »Z«. Damit fordert er, engagierte Mitarbeitende schon frühzeitig in die Entscheidungsfindung mit einzubeziehen und ihre Leistungen öffentlich anzuerkennen. Es sind ihnen interessante, herausfordernde Karriereperspektiven zu bieten. Zudem sollte allen Mitarbeitenden großer Respekt als Person entgegengebracht werden. Auch längerfristig gesicherte Arbeitsplätze verpflichten Mitarbeitende, sich mehr für das Unternehmen und seine Ziele einzusetzen.

»Z« lehnt sich an die von Douglas McGregor entwickelten Philosophie der Führung »X« und »Y« sowie die entsprechenden Menschenbilder an. Die Theorie »X« betrachtet Menschen als faul und bequem. Daher sind sie durch äußere Anreize zu motivieren. Die »Y«-Vorstellung hingeben betrachtet den Menschen als engagiert, ehrgeizig und zielstrebig. Zur Arbeit motiviert sich der Mensch von innen heraus, da er sich so persönlich weiterentwickelt. In der Theorie »Z« von William Ouchi sucht der Mensch längerfristige, produktive Beziehungen. Er fühlt sich so auch für die Entwicklung des Ganzen persönlich verantwortlich.

Es ist Ouchis Verdienst, frühzeitig auf die zentrale Bedeutung der Unternehmenskultur für den Strategieerfolg hinzuweisen. Die Unternehmenskultur ist für Ouchi ein wichtiger Treiber einer erfolgreichen Strategieumsetzung. Die Kultur behindert oder beflügelt die Entfaltung von Strategien. Die mitarbeiterachtende Unternehmenskultur führt zu einem engagierten »Sich-Kümmern« um erfolgskritische Kleinigkeiten im Alltag, welche in ihrer Summe den Erfolg begründen.

Einschätzung

Ouchis Beitrag ist kein neuer strategischer Ansatz, sondern eher eine praxisorientierte Managementphilosophie im Umgang mit Strategien. Smarte Strategien auf dem Papier nützen wenig. Es sind immer Menschen, die ihnen Leben einhauchen. Strategien bewegen wenig, wenn sie nicht die Mitarbeitenden einbeziehen.

Toyota Management System: Wenn »gut« zu wenig ist

Dieser Abschnitt vertieft einzelne Themen des japanischen Managements am Beispiel des weltweit erfolgreichen Unternehmens Toyota. Entscheidend für den Erfolg ist weniger das Set der Methoden und Vorgehensweisen, sondern die fundamentale Qualitäts-, Kunden- und Effizienzphilosophie des Unternehmens. Noch in den 60er Jahren war Toyota ein nationaler Anbieter von Automobilen im fernen Japan. Heute verkauft das Unternehmen mehr Fahrzeuge als jeder andere Autokonzern. Kein Wunder also, dass sich viele Führungskräfte und Wirtschaftsexperten für die Ursachen dieses gewaltigen Erfolgs interessieren. So pilgern Führungskräfte aus aller Welt in die Toyota-City, um zu sehen, wie die Themen Qualität, Effizienz und Kundenorientierung vom Topmanagement bis hin zu den Mitarbeitenden in den Produktionsstraßen angepackt werden.

Der Erfolg von Toyota hat seine Wurzeln nicht in einer besonders cleveren Produkt- und Markenstrategie, sondern vielmehr im Engagement aller Beteiligten bei der Umsetzung strategischer Ziele. Toyota belegt, dass eine gute strategische Idee alleine noch nicht genügt, um durchschlagenden Erfolg zu haben. Derjenige besetzt den Vorsprung nachhaltig, der es versteht, seine strategischen Absichten mit fokussiertem Engagement im Alltag in konkrete Resultate umzusetzen. Das »Toyota Management System« ist mit den Namen Taiichi Ohno und Eiji Toyoda eng verknüpft. Die beiden gelten als die Begründer von »Kaizen«, »Kanban«, »Just-in-Time« sowie des »Toyota Management Systems« (TMS).[102] Startpunkt waren die schlechten Qualitäten, hohen Defektraten und enormen Produktionsausschüsse in den 60er und 70er Jahren im Vergleich zur westlichen Konkurrenz bei Toyota. Dieser missliche Zustand war derart gewaltig, dass er sogar die Existenz des Unternehmens gefährdete. Ohno und Toyoda setzten auf eine »kontinuierliche Veränderung zum immer Besseren« durch radikale Qualitätsinitiativen, Restrukturierungsprojekte und Effizienzsteigerungssysteme. Welche Ideen stehen hinter dem Erfolg des Toyota Management Systems?

1. *»Totale« Kundenorientierung*
Kundenorientiertes Management auf allen Stufen des Unternehmens. Der Kunde allein ist der ultimative Maßstab für betriebliche Entscheidungen und Aktivitäten. Er muss die Anstrengung einer Verbesserung erkennen und honorieren.
2. *»Totale« Qualitätsorientierung*
Qualität geht weit über das Produkt hinaus. Qualität müssen alle Mitarbeitenden auf allen Stufen des Unternehmens durch ihre Sorgfalt garantieren. Jeder kann hierzu einen Beitrag leisten. Qualität ist auch nicht das Ergebnis, sondern ein dauerhafter, nie endender Prozess. Ein »gut genug« gibt es nicht mehr, denn eine zusätzliche Verbesserung ist immer möglich. Qualität kann nicht auf Vorrat produziert werden. Sie ist immer wieder jeden Tag neu zu sichern. Nur messbare Kriterien gestatten ein erfolgreiches Management der Qualität, welches auch Fortschritte erkennen kann.
3. *»Totale« Effizienzorientierung*
Angestrebt wird die fehlerfreie Produktion. Ausschuss, Verschleiß oder Defekte sind verpönt. Es wird nur hergestellt, was wirklich benötigt wird. Zwischenlager sind so weit als möglich zu vermeiden. Mit hoher Akribie werden Fehler auf ihre Ursachen untersucht. Ein Fehler ist kein Problem, wenn er ergründet und korrigiert wird. Die Effizienz konzentriert sich auf Produktivität, Materialhandhabung und auf die Minimierung der Durchlaufzeiten.
4. *»Totale« Mitarbeiterorientierung*
Es gibt keine Ausnahmen: Alle müssen zur kontinuierlichen Verbesserung von Produkten und Prozessen beitragen. Dies gilt auch für die Führung. Gute Führung bedingt eine klare, offene und direkte Kommunikation über Ziele, Normen, Standards, Abweichungen und Maßnahmen. Gestützt wird das Führungssystem durch eine intensive Schulung und vertiefende Trainings.

Das »Toyota Management System« fußt auf langfristig orientierten, strategischen Zielsetzungen (Abbildung 30). Dies hat auch Gültigkeit, wenn kurzfristige Interessen darunter leiden, denn die Erreichung des übergeordneten Ziels steht im Fokus. Die Entscheidungsfindung ist konsensorientiert. Sie bezieht alle Betroffenen in die Lösungsfindung mit ein. Viele Augen sehen mehr; viele Meinungen wissen mehr. Breite und umfassende Ideen erweitern das Spektrum erfolgreicher Lösungen. Asiatische Entscheidungsprozesse wirken daher in westlicher Perspektive langwierig und aufwändig. Dieser Nachteil wird in der Umsetzung wettgemacht, denn sie erfolgt konsequent und rasch. Das Wissen zu einer Situation muss aus der Situation selbst kommen. Alle benötigten Informationen sind daher vor Ort einzuholen. Aufgaben sind an den »Ort des

Geschehens« zu delegieren, um Probleme möglichst nahe an der Wirklichkeit zu lösen. Teams erfüllen ihre Aufgaben weitgehend autonom. Jedes Mitglied bringt seine Qualifikation und sein persönliches Engagement in die Teamarbeit ein. Es wird von jedem Einzelnen erwartet, dass er aktiv und engagiert zur Problemlösung und Aufgabenerfüllung beiträgt.

Abbildung 30: Toyota Management System (TMS)

Das Toyota Management Systeme setzt auf folgende Bausteine:

1. *Kanban: Der effektive Verbrauch bestimmt die Beschaffung*
Kanban ist ein Verfahren der Produktionssteuerung, welches sich auf den effektiven Verbrauch ausrichtet. Die einzelnen Produktionsstellen beeinflussen den Materialfluss. Anstelle einer zentralen Produktionsplanung werden die Materialflüsse vor Ort entschieden und geordert. Nur wenn wirklich neues Material benötigt wird, wird der Zulieferer aufgefordert. Dies reduziert die Lagerhaltung und Kapitalbindung deutlich.
2. *Just-in-Time: Alles zur rechten Zeit*
Verwandt ist damit das »Just-in-Time«-Prinzip der Produktion. Es ist eine bedarfs- oder fertigungssynchrone Herstellungsstrategie. Die Zulieferer verpflichten sich, innerhalb einer bestimmten Vorlaufzeit zu liefern. Dadurch

wird am Produktionsort nur gerade so viel Material gelagert, um die Herstellung aufrechtzuerhalten.
3. *Kaizen: Der lange Weg zum immer Besseren*
»Kaizen« ist überzeugt, dass auch große Erfolge ihre Ursache nicht in großen innovativen Sprüngen haben müssen. Auch große Distanzen lassen sich in vielen kleinen Schritten überwinden. Ein kontinuierlicher, nie endender Innovationsprozess der kleinen Schritte bringt erstaunliche Fortschritte. Im deutschsprachigen Raum wird Kaizen mit »kontinuierlicher Verbesserungsprozess« (KVP) übersetzt. Das Wort Kaizen setzt sich aus zwei Elementen zusammen: »Kai« heißt »verändern« und »Zen« »das Gute«. Taiichi Ohno, einst Produktionsleiter bei Toyota, entwickelte das Managementkonzept mit dem Motto: »zum Guten verändern«. Die Philosophie ist so einfach wie wirksam: 1. Nur gute Prozesse liefern gute Ergebnisse. 2. Schwächen im Produkt zeigen Schwächen im Prozess. 3. Prozessverbesserungen führen zu Produktverbesserungen. 4. Es gibt keinen Tag ohne Verbesserungen. Kaizen wird in Japan als *sichtbare* Veränderung verstanden. *Praxis:* Das Firmenmotto der Edelmarke Lexus von Toyota lautet »In Relentless Pursuit of Perfection«. Man kann Kaizen nicht treffender definieren als »die unaufhörliche Suche nach Perfektion«. Dieser konsequent verfolgte Qualitätsansatz hat es Toyota und anderen japanischen Herstellern auch in anderen Branchen erlaubt, ihre Wettbewerbsvorteile weltweit auszubauen. Tagein tagaus optimieren sie Kosten, Zeitbudgets, Produktivitäten sowie die Qualität von Produkten und Prozessen. Sämtliche Mitarbeiter auf allen Stufen sind in den Verbesserungsprozess eingebunden und aufgefordert, immer wieder Vorschläge zur Verbesserung einzureichen. Daraus entwickelt sich eine wirksame Spirale des Lernens und des kontinuierlichen Fortschritts. Dieses endlose Prozedere verbessert nicht nur, sondern führt auch zu Innovationen. So haben sich die Japaner in der Automobilindustrie im Bereich hybrider Fahrzeuge einen mehrjährigen strategischen Vorsprung erarbeitet.
4. *Kampf der Verschwendung: Synchronisation, Standardisierung, Qualifikation*
Jede Arbeit setzt sich aus Wertschöpfung und Verschwendung zusammen. Das eine Element ist zu fördern, das andere auszumerzen. Verschwendung kann verschiedene Ursachen haben: Ausschuss, zu hohe Lagerhaltung, zu häufige Transportbewegungen, Wartezeiten, Ineffizienzen oder Überproduktion. Doch wie funktioniert dieser Kampf gegen »Verschwendung«? Im Kanban-System wird die Produktion vom Ergebnis rückwärts durchdacht und reorganisiert. Die Qualifizierung der Mitarbeiter ist dabei ein ständiger Begleiter. Sie hat so weit zu erfolgen, dass die Mitarbeitenden in der Lage sind, auftretende Probleme selber zu erkennen, passende Methoden zu deren Lösung selber anzuwenden und notwendige Maßnahmen selber zu er-

greifen. Dieses Vorgehen vermeidet nicht Fehler, erhöht aber die Agilität am Ort des Geschehens.

Die japanischen Management- und Produktionsmethoden können heute von westlichen Unternehmen nicht mehr unberücksichtigt bleiben. Das »Toyota Management System« ist weltweit zu einem zentralen Benchmark in der Automobilbranche geworden. Aber auch andere Wirtschaftszweige können aus dem System wertvolle Impulse gewinnen.

Hoshin Kanri: Strategie mit der Kompassnadel

Hoshin Kanri (»Planen mit der Kompassnadel«) ist ein firmenumfassendes Planungs- und Steuerungssystem, bei dem alle Mitarbeitenden und Führungskräfte in einen zyklischen Prozess der Zielvereinbarung und Zielverfolgung eingebunden werden. Diese Art der Strategieplanung und Strategieumsetzung wird in Japan von den Unternehmen Nippon Denso, Bridgestone Tire, Komatsu, Toyota und vielen anderen seit Jahren mit Erfolg eingesetzt. Die Bausteine des Hoshin-Kanri-Strategieprozesses fußen auf der Qualitätsmanagement-Philosophie von W. Edwards Deming, dem Organisationskonzept der Divisionalisierung (Abteilungsbildung) des ehemaligen General Motors Firmenchefs Alfred A. Sloan sowie dem Management-by-Objectives-System des Management-Vordenkers Peter Drucker. Hoshin Kanri hat seine Wurzeln daher in amerikanischen Schlüsselkonzepten des Managements.

Der Hoshin-Kanri-Strategieprozess wurde in den 80er Jahren von der Japanese Association of Standards entwickelt, um die Wettbewerbsfähigkeit des Landes nachhaltig auszubauen. Erstaunlicherweise fand das Managementsystem in der späteren Folge den Weg wieder zurück in die USA.[103] Große Unternehmen wie Hewlett-Packard (HP), Procter & Gamble (P&G) oder Xerox entwickelten ihre hauseigenen strategischen Managementsysteme basierend auf den japanischen Hoshin-Kanri-Erfahrungen. Auch heute werden langfristige Planungs- und Strategieprozesse in vielen Unternehmen rund um den Globus im Sinne von Hoshin Kanri gesteuert, strategische Stoßrichtungen erarbeitet, grundlegende Werthaltungen (Mission, Vision) abgestimmt sowie unternehmensweite Verbesserungs- oder Innovationsprojekte gelenkt.

Was ist Hoshin Kanri? Das Managementsystem kann man als »integral vernetze Lancierung der Strategie« oder schlicht als »Management by Strategy« bezeichnen. Das Topmanagement formuliert einfach und klar verständlich die wichtigen Unternehmensziele. Diese obersten Zielsetzungen heißen »Nordsterne«, da sie für alle Bereiche als nicht verhandelbar gelten und wegweisend für alle sein müssen. »Nordsterne« sind der Ausgangspunkt sämtlicher Planungsprozesse, welche dann kaskadenartig über die gesamte Organisationsstruktur von oben nach unten auf alle Bereiche und Abteilungen adaptiert werden. Ein wichtiges Prinzip lautet: »Alle können ihren Beitrag zu den strategischen Zielen und Absichten leisten!« Die zentralen Vorgaben richten Führungskräfte und Mitarbeitende auf die überragenden Herausforderungen und strategisch prioritären Projekte aus. Jede Einheit formuliert ihre konkreten »Beiträge« zur Erreichung der Vorgaben. Dadurch werden »Nordsterne« in der Organisation griffig heruntergebrochen, messbar und führbar. Die Bereiche untereinander stimmen ihre jeweiligen Zielsetzungen in Koordinationsmeetings ab. Jeder Planungszyklus beinhaltet bei Hoshin Kanri immer auch seine eigene Verbesserung.

Im Gegensatz zu westlichen Verfahren, wie beispielsweise dem »Management by Objectives«, widmet das Hoshin Kanri Verfahren sehr viel Zeit der intensiven Kommunikation zur Klärung der Situation. Der Ausgangspunkt für die Ausrichtung eines Bereichs oder einer Abteilung auf die obersten Zielsetzungen startet nicht mit Zielsetzungen, sondern mit der Phase »Understanding our Mess«, einer umfassenden Klärung der Ausgangslage. Diese Situationsaufnahme umfasst intensive Diskussionen mit den Beteiligten, dem Entwickeln von Schlussfolgerungen und Einsichten, um detailliert festzuhalten, wo man zurzeit steht. Hoshin Kanri umfasst daran anschließend die nachstehenden Arbeitsphasen:

1. Definition des »Nordsterns« (Strategische Schwerpunkte)
2. Entwicklung eines Plans (Jahresplanung, Aktionsplanung, Initiativen)
3. Ausführung des Plans (Realisierung, Implementierung)
4. Beobachtung der Planausführung (Controlling, Review, Updating)
5. Lösung auftretender Schwierigkeiten (Ad-hoc-Management)
6. Verbesserung des Planungsprozesses (Metaplanung)

Hoshin Kanri hilft Jahr für Jahr, das gesamte Unternehmen auf die zentralen Herausforderungen und Ziels auszurichten, um so die Wettbewerbsfähigkeit weiter auszubauen. Das Managementsystem richtet in zyklischen Abständen alle Führungskräfte und Schlüsselmitarbeitenden auf die wichtigen Zielsetzungen auf sämtlichen Führungsebenen aus Die »Unité de Doctrine« wird durch Hoshin Kanri in eine »Unité d'Action« transformiert.

Einschätzung

Hoshin Kanri ist ein bewährtes Verfahren zur Strategieentwicklung und -umsetzung, das sowohl in großen, komplexen Unternehmen als auch in einer einfacheren Konzeption von mittleren Unternehmen eingesetzt werden kann. Die

Stärke des Verfahrens liegt in seiner formalisierten, intensiven Kommunikation. Das Managementsystem fordert intensive Gespräche unter den Führungskräften verschiedener Ebenen und mit ihren Mitarbeitenden zu Zielen, Erwartungen und Ergebnissen. Dies erzeugt Initiative, Engagement, Orientierung und Mitwirkung. Nachteilig ist in der heutigen Zeit rascher Veränderungen, dass die strategisch notwendige Flexibilität des Handelns durch das relativ ritualisierte Verfahren gebremst werden kann.

Bootstrapping: Grenzenloses Business, grenzenloses Lernen (Kopieren)

Der Korrespondent der *New York Times* und Autor Thomas Friedman hat die Metapher der »flachen Welt« für unsere globalisierte Geschäfts- und Lebenswelt geprägt.[104] Thomas Friedman vertritt die These, dass sich das Business rund um den Globus dank der Globalisierung vereinfacht hat, da sich Unternehmen an ähnlichen Prinzipien orientieren. »Vereinfacht« heißt, dass nicht nur Staaten oder große Konzerne, sondern auch kleine und mittlere Unternehmen oder gar Individuen zu Akteuren der Globalisierung werden. Die flache Welt revolutioniert die gewohnte Vorstellung von Business. Sie führt zu neuen Angeboten, zu Offshoring und Outsourcing bis hin zu einer Reorganisation der Wertschöpfungsketten und globalen Partnernetzwerke von Unternehmen. Offene Märkte, überall verfügbares Know-how, Rendite suchendes Kapital, kostengünstige logistische Systeme und ein steigendes Bildungsniveau in vielen Regionen führen dazu, dass sich die Lebens- und Geschäftswelt neu ordnet. Diese gewaltigen Umbrüche werden von vielen gesellschaftlichen Kreisen als Bedrohung empfunden. Doch die Globalität eröffnet auch neue Zukunftschancen für viele Menschen auf dieser Welt.

Praxis: Ein Beispiel für grenzenloses Business in der flachen Welt bietet die chinesische Stadt Chongqing. Nur wenige westliche Führungskräfte können die Stadt im Herzen Chinas per Anhieb auf der Landkarte zeigen. Doch Chongqing ist mit rund 30 Millionen Einwohnern nicht nur die größte Stadt im chinesischen Riesenreich, sondern auf der ganzen Welt. Chongqing ist das Herz der chinesischen Motorradindustrie. In der Stadt wird man den Eindruck nicht los, dass die Stadt vom »Motorradvirus« erfasst wurde. In Chongqing hat sich ein innovatives Geschäftssystem etabliert, das man als »lokal vernetzte Modularisierung« bezeichnen kann.[105] Viele kleine Zulieferer, die nur lose miteinander verbunden sind, bilden ein enorm leistungsfähiges Businessnetzwerk, welches sich mit enormer Geschwindigkeit an neue Marktanforderungen anpassen kann. Dieses produktive Netzwerk ist in der Lage, selber

Motorräder in rasender Geschwindigkeit nach den Wünschen der Abnehmer zu entwickeln. Die Produktionskapazitäten sind enorm flexibel und anpassungsfähig, da viele Klein- und Familienbetriebe für die Herstellung verantwortlich sind. Im Zentrum dieses Geschäftsnetzes agieren die Motorradbauer Dachangjiang, Longxin oder Zongshen. Die drei Großen der Szene orchestrieren die vielen kleinen Anbieter für ihren optimalen Produktionsbedarf. Die drei privatwirtschaftlichen Unternehmen stehen in enormer Konkurrenz zu den großen der Branche, wie Honda, Yamaha oder Suzuki. Die Global Player sind die großen Vorbilder der Lokalen. Ihre Geschäftsarchitektur wird von den Chinesen als Lern- und Kopiervorlage benutzt, aber auch weiterentwickelt. So haben die Chinesen das Bauen von Motorrädern durch Outsourcing kompletter Module an Subunternehmen entwickelt. Die chinesischen Hersteller entwerfen beispielsweise keine detaillierten Konstruktionsskizzen von den zu bauenden Motorrädern, sondern beschreiben nur zentrale Schlüsselkomponenten eines Motorrads. Die Big Three legen somit nur die wichtigen Parameter der Motorradperformance fest. Diese Grobskizzen geben sie an ihre Zulieferer weiter. Diese sind dann frei, innerhalb der definierten Vorgaben innovative Lösungen und Budgets vorzuschlagen. So organisiert sich das Netzwerk immer wieder selbst. Es ist charakterisiert durch eine schier unendliche Kreativität, hohe Innovationskraft und erstaunliche Agilität. Die sich selbst-organisierende Motorradentwicklung führt dazu, dass die chinesischen Firmen rascher als ihre ausländischen Vorbilder wachsen. Die chinesischen Motorradbauer drängen nun ins Ausland. Chinesische Motorräder aus Chongqing sind mittlerweile nicht nur in Süd- und Südostasien, sondern auch in Südamerika und vielen Staaten Afrikas anzutreffen. Auch im Bereich der Elektro-Bikes ist China führend. China hat heute bereits einen Weltmarktanteil von über 50 Prozent am globalen Motorrad-Kuchen. Der Effekt auf die ausländischen Konkurrenten ist fatal: In Vietnam allein hat die einst führende Marke Honda 90 Prozent ihres Geschäftsvolumens verloren. Dieses Globalisierungsbeispiel zeigt, dass die neuen Herausforderer nicht nur rasch lernen und kopieren, sondern ebenfalls in der Lage sind, innovative Wettbewerbs- und Wertschöpfungssysteme mit Erfolg zu etablieren.

Diesen dynamischen Entwicklungspfad bezeichnet man als »Bootstrapping« (Stiefelschlaufe).[106] Bootstrapping übersetzt heißt »sich am eigenen Schopf aus dem Schlamm ziehen«. Führungskräfte in den aufstrebenden Nationen sind ungeduldig und möchten so rasch wie möglich mit dem Westen mithalten. Doch ihr Know-how und ihre Mittel sind meistens beschränkt. Trotzdem fürchten sie sich nicht, selbst Weltklasseunternehmen in ihrer Existenz direkt herauszufordern. Ihre ungenügenden Mittel machen sie durch Beweglichkeit, Engagement, Innovation, Kreativität und einen immensen Lernwillen wett.

Wie funktioniert »Bootstrapping«? Unternehmen, die sich selber am Schopf aus der Vergangenheit in die Zukunft hieven, sind radikal auf Erfolg programmiert. Für sie gibt es nur ein Vorwärts, um zu gewinnen. Das Management setzt auf raschen Fortschritt, das heißt Lernen von Wettbewerbern, Lernen von Lieferanten, Lernen von Kunden und Lernen aus den eigenen Fehlern. Kopieren, wo immer möglich, ist eine zentrale Devise der Bootstrapper![107] Obwohl sie die westlichen Standards kennen, setzen sie in ihrem Alltagsgeschäft nur auf diese, wenn sich Vorteile für sie ergeben. Für sie zählt einzig der Fortschritt, die Mittel, Verfahren oder Methoden sind nachrangig. Sie streben erst gar nicht danach, »perfekt« zu sein. Sie wissen, dass sie nur dank ihrer Schnelligkeit und ihrer Lernfähigkeit auf den Weltmärkten gewinnen können. Einige der ganz großen Unternehmen haben auch als Bootstrapping-Venture losgelegt: Apple, Coca-Cola, Dell Computer, Microsoft, Facebook oder HP. Perfektion, Bürokratie, Status und Selbstgefälligkeit lähmen in der flachen Welt. Gewinner wird nur wer, agil, innovativ und unkompliziert bessere Problemlösungen zu guten Preisen anbieten kann.

Einschätzung

Lässt sich die »Bootstrapping-Strategie« auch im Westen anwenden? Bestimmt ist Bootstrapping ein idealer Ansatz für sich entwickelnde Wirtschaften. Doch müssen wir wirklich immer nur großangelegte Strategien und komplizierte Lösungen entwerfen? Aus einer kreativen und innovativen Perspektive kann man durchaus auch strategisch wilde Ideen mit beschränkten Budgets und Energien entwickeln. Auch einfache Lösungen haben ihren Reiz und ein attraktives Geschäftsvolumen. Bootstrapping nimmt auf Gegebenheiten, Konventionen, Usancen und Traditionen wenig Rücksicht. Bootstrapping sucht nach Wegen, vorhandene Defizite durch smarte, innovative, einfache Lösungen wettzumachen. Zudem setzt Bootstrapping auf kurzfristige Lernzyklen, die schnell Erkenntnisse bringen und den Fortschritt beschleunigen. Die westlichen Industrienationen werden längerfristig nicht mehr das Epizentrum für Innovation sein. Innovation findet zunehmend global statt. Dies gilt nicht nur auf der Ebene der Produkte und Dienstleistungen, sondern zunehmend auch auf der Ebene der Managementsysteme und Geschäftsmodelle. Neue Businesskonzepte und unkonventionelle Organisationsformen werden überall auf der Welt entwickelt. Auch der Westen kann durch verstärkte Agilität lernen.

Dynamische Strategien: Strategie in einer komplexen Welt

Der Dumme hält Ordnung.
Das Genie beherrscht das Chaos.
Sprichwort

Geschäftsdynamik: Neue Welt, neues Denken

Radikaler Wandel verändert unsere Geschäftswelt unaufhaltsam. Märkte schrumpfen, wachsen, verschwinden oder entstehen neu. Doch Veränderung an sich ist nichts Neues. Blättert man durch die ältere Managementliteratur, taucht das Thema immer wieder auf. Anpassung und Change waren immer schon zentrale Führungsthemen, denn erfolgreiches Geschäft und Innovation bedeuten Fortschritt. Doch die Situation hat sich in den letzten Jahren verschärft. Die Veränderungsraten beunruhigen und verunsichern Politiker, Führungskräfte, Mitarbeitende und Kunden. Die Dynamik des Wandels ist oft so groß, dass die Zeit für Anpassungen zu fehlen scheint. Es ist nicht mehr möglich, sich auf jede veränderte Marktkonstellation in gewohnter Weise einzustellen.

Viele Ansätze des strategischen Managements verlieren in diesen dynamischen Situationen ihre Wirksamkeit, da sie aus einer stabileren Zeit stammen. Die klassischen Praktiken und Prozedere der Strategiearbeit stoßen an ihre Grenzen. Vieles wird von Führungskräften daher oft nur noch als Ritual empfunden. So macht es beispielsweise immer weniger Sinn, Strategien »top-down« zu entwickeln, Strategien »langfristig« nach einem festen Zehn-Jahres-Muster auszulegen, Strategien als einen »idealen Endzustand« zu definieren, Wertsysteme als »Unité de Doctrine« zu verabschieden oder Pläne »akribisch und zentral« zu entwerfen. Einer »vorgedruckten« Landkarte in einem sich ständig verändernden Terrain zu folgen wird ein riskantes Unterfangen.

Der Strategieexperte Gary Hamel bemerkt, dass die Dynamik der Geschäftswelt weitaus höher ist, als es Unternehmen bisher gelungen ist, ihre interne Dynamik darauf auszurichten.[108] Es ist klar, dass Managementmethoden, Strategien und Führungssysteme sich an dieser wild erscheinenden Dynamik zu orientieren haben. Doch bei genauerer Betrachtung stellt man fest, dass es eigentlich weniger die Verfahren, Methoden oder Instrumente sind, die angepasst werden müssen, als vielmehr das strategische Denken selber. Überholte Vorstellungen trüben den Blick. Das Strategieverständnis ist einem »Reality Check« zu unterziehen und selbst zu hinterfragen.

Das frische Denken sucht nach neuen Impulsen in anderen wissenschaftlichen Feldern. Vor allem die Allgemeine Systemtheorie, Kybernetik, Chaostheorie und Spezialgebiete aus wissenschaftlichen Disziplinen wie der Neurologie, Wetterkunde oder Biologie werden für den »Reality Check« strategischer Themen herangezogen. Viele der neuen Ideen fußen auf dem Konzept der Selbstorganisation und der Vorstellung, dass das Management nicht alles logisch-rational vorausbestimmen kann, um den geschäftlichen Erfolg wie gewohnt sicherzustellen.

Abbildung 31: Erhöhung der strategischen Taktrate – Anpassungszeiten

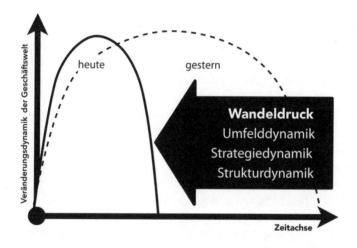

Eine der Konsequenzen aus der gestiegenen Beschleunigung der Umfelddynamik ist der Wandeldruck. Er fordert, die Taktrate der eigenen Geschäftsdynamik zu erhöhen (Abbildung 31), um die Anpassungszeit zu verkürzen. Damit wird nicht eine spontane »Aktionitis« gefordert. »Aktionitis« ist das pure Gegenteil von Strategie. Charles H. Fine, Professor für Management am MIT in Cambridge, hat sich mit der Frage auseinandergesetzt, wie sich die interne Taktrate (clockspeed) in Unternehmen erhöhen lässt.[109] Er empfiehlt, drei Themen zu durchleuchten: (1) die Produkttechnologie, (2) die Prozesstechnologie und (3) den Managementprozess. Er hält fest, dass sich die ersten beiden Themen relativ rasch an die Markt-, Wettbewerbs- und Kundendynamik anpassen, der dritte Bereich aber in vielen Unternehmen hinterher hinkt. Strategien werden zu spät angepasst, alte Strategien zu spät für ungültig erklärt, Entscheidungswege zu wenig beschleunigt und Organisationsstrukturen zu zögerlich adaptiert. Unternehmen müssen sich nicht nur darauf ausrichten, immer wieder Neues »zu erlernen«, sondern darauf bedacht sein, auch engagiert zu »entlernen« (unlearning).[110] Nur so kann die Zukunft hemmender Ballast entsorgt werden. Veraltete strategische Absichten, Regeln, Praktiken oder Geschäftsroutinen sind *aktiv* außer Kraft zu setzen.

Strategische Frühaufklärung: Gestern Prognosen, heute Szenarien

Das Gebiet der strategischen Frühaufklärung wurde maßgeblich durch die Arbeiten des »Vaters des strategischen Managements« H. Igor Ansoff begründet. Frühaufklärung will »Schwache Signale« (weak signals) im Umfeld eines Geschäfts identifizieren, um mögliche Konsequenzen frühzeitig abzuleiten. Für den Begriff der »Schwachen Signale« existiert keine allgemein anerkannte Definition. Welche Idee steckt sich dahinter?

Schwache Signale sind Trendinformationen, die für das Business relevant sind bzw. sein könnten. Das Hauptproblem der »Weak Signals« ist, dass man eigentlich immer erst retrospektiv mit Bestimmtheit weiß, ob der Trend auch eine Zukunft hatte und ob er für die Geschäftsentwicklung relevant war. Die Interpretation Schwacher Signale ist nie eindeutig und lässt immer mehrere alternative Schlüsse zu. Ihre Quellen sind Statistiken, Kennzahlen, Prognosen, Studien, Trendbeobachtungen, aber auch Gespräche unter Führungskräften, Meinungen von Experten, Rücksprachen mit Kunden, Firmenbesuche, Messen, Ideen oder Stellungnahmen der Fachpresse.

Jedes Business muss, um zukunftsfähig zu bleiben, ein für seine Anforderungen angepasstes System der »strategischen Frühaufklärung« entwickeln. Nur so kann es feststellen, wo sich neue attraktive Geschäftschancen auftun oder potenzielle Gefahrenherde liegen. Drei Verfahren eignen sich zur Erkundung der Zukunft.

Beim »*Scanning*« werden die Markt- und Umfeld-Informationen systematisch in periodischen Abständen gecheckt, gesichtet und verdichtet. Das relevante Umfeld des Unternehmens wird mittels eines vorgegebenen Rasters durchkämmt.

Das »*Monitoring*« hingegen geht unsystematischer und punktueller bei der Zukunftserforschung vor. Es folgt einer konkreten Fragestellung. Dies hat den

Vorteil, Erkenntnisse und Einsichten in einer reichhaltigen Form zu liefern. So nutzen viele Unternehmen zuerst ein grobes Scanning, bei dem »Schwache Signale« (»heiße Themen«) identifiziert werden. Diese werden dann in einem Folgeschritt vertiefter analysiert und interpretiert.

Einen dritten Weg beschreitet das »*Trend-Scouting*«. Seine Idee heißt: »Die Zukunft liegt auf der Straße, man muss nur wissen wo.« Bei diesem Ansatz der Zukunftsforschung begeben sich die Forscher (meist Anthropologen) ins Geschehen, das für ein Business interessant ist. Die Zukunftsforscher werden selbst zum Teil des Marktgeschehens. So beobachten Kunden direkt beim Kauf, bei der Nutzung oder beim Entsorgen eines Produktes. Aus diesen Direktkontakten gewinnen sie tiefe Einsichten über den Kunden, aus denen sich Wünsche, Erwartungen und Hoffnungen für die Zukunft ableiten lassen.

Unternehmen nutzen folgende Formen der strategischen Frühaufklärung:[111]

- *Strategische Frühaufklärung der ersten Generation (frühe 70er Jahre): Kennzahlensysteme*
  Kennzahlen zur Entwicklung des Unternehmens oder eines Geschäftsfeldes, die (häufig) in die Zukunft extrapoliert (fortgeschrieben) oder hochgerechnet werden.
- *Strategische Frühaufklärung der zweiten Generation (späte 70er): Operative Früherkennung*
  Indikatorsysteme und Schemata zur Identifikation und Analyse von Chancen und Gefahren.
- *Strategische Frühaufklärung der dritten Generation (80er Jahre): Strategische Früherkennung*
  Professionelle Chancen- und Gefahrenanalysen sowie Suche nach schwachen Signalen.
- *Strategische Frühaufklärung der vierten Generation (90er Jahre): Strategische Frühaufklärung*
  Integrative und vernetzte Ansätze, welche die zukünftige Umfeldentwicklung prognostizieren und Maßnahmen ableiten.
- *Strategische Frühaufklärung der fünften Generation (ab 2000 bis dato): »Strategisches Futuring«*
  Modernste Verfahren, die sich mit der Entwicklung der Zukunft befassen, nutzen auch, Verfahren und Techniken der Generationen I bis IV. Sie setzen aber auch auf Verfahren, welche mögliche alternative »Zukünfte« (futuring) gedanklich entwerfen.

In der global vernetzten Geschäftswelt, die mit Ungewissheit und Überraschung nicht geizt, macht es Sinn, sich aktiv mit »denkbaren Zukunftswelten«

für das eigene Business oder den Markt auseinanderzusetzen (Abbildung 32). Dieses »Strategische Futuring«[112] hat seine Wurzeln in der Szenariotechnik, dem politischen Road Mapping, der Delphi-Befragung (von Experten), aber auch in der Science-Fiction. Von diesen Zukunftsversionen aus wird dann überlegt, wie die Entwicklungen von heute aus betrachtet verlaufen und welche strategischen Implikationen sich daraus ergeben.

Abbildung 32: Strategische Aufklärung

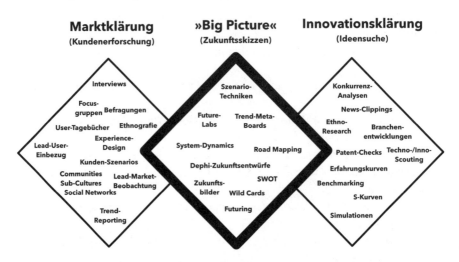

Betrachten wir die »Wild Cards« genauer: Wild Cards sind Karten, auf denen strategisch bedeutsame Störereignisse beschrieben werden, die wie in einem Monopoly-Spiel bei der Strategiearbeit ausgespielt werden. Die Teilnehmer diskutieren die Folgen und Konsequenzen dieser überraschender Ereignisse für das eigene Geschäft. Wild Cards stehen stellvertretend für Trendbrüche, Diskontinuitäten oder Überraschungen. Die Fragestellung lautet: »Wie verändert sich unser Businessumfeld, wenn das Wahnsinnsereignis XY eintreten würde? Was heißt dies für die Zukunft unseres Geschäfts?« Sich mit derartigen »wilden« Ereignissen zu befassen schärft das strategische Denken, hinterfragt die gewohnte Sicht der Dinge und bringt zementierte Vorstellungen ins Wanken. Eine »Wild Card« muss nicht eintreten. Wichtig ist aber, dass man auf mögliche »wilde« Ereignisse gedanklich vorbereitet ist. Der Zweck des »Futuring« ist nicht die Prognose der Zukunft, sondern der bessere Umgang mit ihr.

Strategische Wendepunkte: Paranoide gewinnen

Das *Time Magazin* nannte Andrew Grove einst den »besten Manager der Welt«, setzte ihn auf die Titelseite und widmete ihm mehrere Artikel. Wer ist Andrew S. Grove? Grove ist einer der Gründer des Chip-Giganten Intel. Er ist eine der angesehensten Führungspersönlichkeiten in den USA. Andrew Grove hat seine persönlichen Wurzeln in Ungarn. Seine Heimat verließ er nach dem missglückten Volksaufstand 1956. In den USA studierte er Ingenieurwissenschaften an der University of California in Berkeley. Kurz nach seinem Abschluss wurde er der dritte Mitarbeiter der noch jungen Intel Corporation, die er später als CEO und Chairman führte. Intel ist heute der weltgrößte Chiphersteller und ein Spitzenperformer der »Fortune 500«. Andrew S. Grove schreibt Bücher, Artikel und Kolumnen zu aktuellen Fragen der Unternehmensführung und des strategischen Managements.

Breite Beachtung fand sein Buch mit dem unkonventionellen Titel *Only the Paranoid Survive*.[113] In einer verrückten Geschäftswelt, so seine These, werden nur »Verrückte« wirklich große Erfolge erzielen. Verrückte denken kritisch, zukunftsgestaltend, überlegt, anders, radikal, wachsam und unkonventionell. Sie fordern den Status quo heraus.

Brachiale Geschäftstreiber nennt Andrew Grove »10x-Faktoren«. »10x« sind Ereignisse im Umfeld, die das bisher gewohnte Geschäft radikal erschüttern. »10x« steht für »um das Zehnfache«. Einige Beispiele veranschaulichen die »10x«-Idee: Wird der Ton im Stummfilmbusiness eingeführt, werden davon alle Filmproduzenten, aber auch alle Schauspieler betroffen. Alte, einst gefeierte Stummfilmgrößen verschwinden, weil ihre krächzenden Stimmen nicht zum neuen Medium passen. Neue Spielregeln beleben das Business, und neue Anbieter bekommen ihre Chancen. Kommt ein großer Supermarkt in ein kleines Dorf, erschüttert dies die bestehenden Handelsstrukturen in einem weiten Umkreis. Die erste Onlinebank beunruhigte das Bankwesen. Amazon lehrte den Buchhandel nicht nur in den USA das Fürchten. »10x«-Erschütterungen zwingen Unternehmen zum radikalen Umdenken. Sie müssen sich in kurzer Zeit auf radikalen Wandel einstellen und ihre bisherigen Strategien auf den Prüfstand stellen. Diese strategisch riskanten Situationen bezeichnet Andrew Grove als »Strategic Inflection Points (SIP)«, also »strategische Wendepunkte«. Für das Management sind derartige strategische Wendepunkte gefährliche Zonen. Grove vergleicht sie mit dem ruhigen Auge des Taifuns. Es muss entschieden werden, obwohl viele Unbekannte auf dem Tisch liegen. Verpasst man dieses Entscheidungsfenster, so hat man in der neuen Ordnung schlechte Karten. Strategische Wendepunkte sind für das Management äußerst heikle, gefährliche und riskante Situationen. »Ist das Schlimmste schon vorüber? Sollen wir uns schon ändern? Ist es noch zu früh? Sind wir schon zu spät dran? Kommen diese Trends wirklich so dramatisch? Müssen wir wirklich radikale Maßnahmen ergreifen?« sind existentielle Fragen, die das Management beantworten muss.

Strategische Wendepunkte zu verpassen kann für ein Unternehmen den Untergang oder zumindest einen massiven Rückschritt bedeuten. Es ist daher eine vordringliche Aufgabe, sich in der strategischen Führung mit den strategischen Wendepunkten für die eigenen Geschäfte zu befassen. Wendepunkte treten ein, wenn das bisherige strategische Modell nur noch harzig funktioniert, sich neue Chancen oder Gefahren auftun oder sich plötzlich neue erfolgreichere Wettbewerber im Markt bewähren.

Beginnt sich das Bild der bestehenden Strategie aufzulösen, so ist ein strategischer Wendepunkt nahe. Das bestehende Wertschöpfungsmodell ist kritisch zu hinterfragen und zu erneuern. Strategische Wendepunkte sind aber immer auch Chancenpunkte, die durch ein »unkonventionelles«, alles radikal hinterfragendes Denken zu erschließen sind. Wer an der alten, bisher mit Erfolg praktizierten Strategie klebt, riskiert es, diese Chancen für den nächsten Aufschwung zu verpassen.

Wo entdeckt man derartige Wendepunkte? Geschäftschancen ergeben sich in der Veränderung des Wettbewerbs, der Veränderung des Kundenverhaltens, der Veränderung der Marktstruktur, der Veränderung von Komplementärangeboten oder durch Regulierung, Deregulierung oder technologische Innovationen.

Veränderungsdynamik: Allzu viel ist schädlich

Ein Sprichwort sagt: »Wer stehen bleibt, wird überholt.« Dieses Sprichwort gilt in der dynamischen Businesswelt von heute mehr als je zuvor. Und trotzdem, auch das Gegenteil beinhaltet einen Kern der Wahrheit: Veränderung allein garantiert noch keinen Erfolg. Auch Unternehmen, die sich den neuen Herausforderungen anpassen, verzeichnen Misserfolge. Untersucht man diese Fälle des Scheiterns, stellt man eine Gemeinsamkeit fest. Unternehmen, die sich allzu häufig ändern, bauen eine innere Wandelresistenz auf. Zu viele aufeinanderfolgende Change-Projekte führen zu Unsicherheiten bei den Führungskräften und Widerständen bei Mitarbeitenden. Führungskräfte lassen sich viel zu leicht von einem neuen Führungskonzept blenden und rennen dann aber auch oft wieder viel zu rasch bei mäßigem Erfolg enttäuscht zum nächsten. So wird ein Total Quality Management im Unternehmen lanciert, dann Six Sigma angestrebt, dann ein Corporate Culture Management verfolgt, anschließend kommen Kostensenkungen mit Reengineering und ein

Business Process Redesign zum Zug. Eine »Wunderwaffe« folgt der nächsten. Die Betroffen erkennen den »Schlüssel für den Erfolg« nicht mehr. Die persönliche Anpassung an das Neue wird sinnlos, da Warten und Aussitzen die bessere Antwort für den Einzelnen ist.

Die neuere Strategieforschung rät, den »Phasen der radikalen Veränderung« ganz bewusst immer auch »Phasen der dynamischen Stabilität« folgen zu lassen. Erfolgreiches Veränderungsmanagement ist deshalb immer auch ein Management der dynamischen Stabilität, bei dem nicht alles und jedes unter die Räder kommen sollte. Was funktioniert soll sorgfältig weitergeführt und als solches deklariert werden. Veränderung muss aber trotzdem zu einem Dauerthema werden. Die betriebswirtschaftlichen Forschungen zeigen, dass Veränderungen in kleinen Schritten klar erfolgreicher sind als eine Häufung radikaler Veränderungswellen.[114] Es findet sich in jeder Organisation immer etwas, was auch in Zukunft weiter Bestand haben kann. Drei Veränderungsstrategien führen zur dynamischen Stabilität:[115]

1. *Veränderungsstrategie des Tüftelns (tinkering strategy)*
   In vielen Unternehmen muss bei Change-Projekten nicht alles neu erfunden werden. Häufig wird zu viel über Bord geworden. Vielfach lassen sich bei genauerem Hinsehen schon einzelne »Keimlinge des Neuen« finden, an denen man weiter »herumtüfteln« sollte. Diese Keimlinge sind zum Wachsen zu bringen. An diesen lässt sich das Neue festmachen und der Wandel aufsetzen. So können einzelne Keime der Veränderung in kleinen Dosen an verschiedenen Stellen der Organisation realisiert werden.
2. *Veränderungsstrategie des Improvisierens (kludging strategy)*
   Führungskräfte müssen sich vermehrt wieder trauen zu improvisieren. Improvisieren hat nichts mit Unprofessionalität zu tun, ganz im Gegenteil. Auch die Meister der Improvisation, die großen Jazz-Legenden, sind hoch professionelle Musiker, die aber nicht jedes Musikstück bis ins Detail planen, sondern nur das Wesen des Stücks im Kopf, Herz und Bauch haben. Je nach Publikum improvisieren sie dann ihre Tunes.
3. *Phasenstrategie der Beschleunigung und der Beruhigung (pacing strategy)*
   Es sollte nicht zu viel auf einmal verändert werden. Die beiden Phasen, Veränderung und Stabilität, müssen für Dritte klar erkennbar sein. Und beide Themen brauchen jeweils ihren Abschluss. Alle Mitarbeitenden und Führungskräfte benötigen nach einer Zeit des radikalen Wandels immer wieder auch stabile Verhältnisse, um Veränderungen mittragen zu können und um zu erleben, dass das Neue auch funktioniert.

Timing-Strategien: Der frühe Vogel frisst den Wurm, aber...

Heute verändern sich die Marktkonstellationen rasch. Oft tauchen unerwartet neue Herausforderer mit überraschenden Innovationen auf. Für Strategen ist die Frage interessant, ob man sich als Marktpionier positionieren oder erst als Nachfolger den Innovationen der Konkurrenz nacheifern soll.

Ein »First Mover« ist ein Unternehmen, welches als Erstes einen neuen Markt betritt und sich dadurch erhebliche Wettbewerbsvorteile erhofft. »First Mover«-Vorteile können von den verfolgenden Unternehmen nicht leicht wettgemacht werden. Sie setzen auf das Strategiemotto: »Der frühe Vogel frisst den Wurm!« Die Markt-Ersten warten nicht darauf, bis ein Produkt perfektioniert ist, sondern besetzen rasch ein Marktfeld, um es für sich zu erschließen. Vor allem in den Internet-Boom-/Doom-Jahren um die Jahrtausendwende war dieser strategische Timing-Ansatz in aller Munde. Junge Start-ups wollten mit ihren kreativen Internetlösungen durch einen (meist überhasteten) Markteintritt ihre Stellung gegenüber anderen Konkurrenten sichern.

Auf welche strategischen Vorteile setzen »First Mover«? Pioniere können meist für eine kurzfristige Zeitspanne eine monopolartige Stellung innerhalb einer bestimmten Zielgruppe erringen. Dies verschafft ihnen die Möglichkeit, überproportional hohe Margen für ihre Angebote zu realisieren. Marktpioniere verfolgen folgende Vorteile: (1) Ausschöpfung möglicher Skaleneffekte durch eine volumenintensive Produktion, (2) Besetzung kritischer Ressourcen, (3) Aufbau nachhaltiger Imagevorteile bei den Kunden, (4) starke Markenbildung und (5) breitere Kundenbasis für Anschlussgeschäfte. Doch »First Mover« gehen auch ein erhebliches Risiko ein. Apple lancierte beispielsweise in den 90er Jahren des letzten Jahrhunderts den damals bahnbrechenden Newton, einen Minicomputer mit Handschrifterkennung. Doch der Markt war noch nicht bereit für diese innovative Technologie. Der Sprung in die Zukunft war für Kunden zu groß. Das Unternehmen fuhr massive Verluste ein.

Aber auch »Follower« (Nachfolger) setzen auf nicht zu unterschätzende Vorteile, indem sie aus den Fehlern der Pioniere lernen können. Amazon war nicht der Erste im Markt, sondern Verfolger. Auch Google war nicht »First Mover«. Altavista bot als Erster eine funktionierende Internet-Suchmaschine, doch Google war wesentlich geschickter im Ausbau seiner Marktstellung. Das Marktrisiko der Nachfolger ist deutlich geringer, denn sie wissen genau, was Kunden schätzen und Konkurrenten bieten. Sie folgen dem Strategiemotto: »... aber der erste Wurm wird gefressen!«

Die Strategiewissenschaftler Costas Markides und Paul Geroski argumentieren, dass es vor allem für größere Unternehmen nicht sinnvoll ist, eine »First Mover«-Strategie zu verfolgen.[116] Für etablierte Unternehmen ist es oft interessanter, dem Innovationsleader auf den Fersen zu folgen. Große Unternehmen verfügen meist weder über die Kultur noch über die Strukturen und Prozesse, um neue Märkte mit kreativen, innovativen Produkten auf unkonventionelle Art zu bearbeiten. Dafür haben die dominanten Unternehmen aber bewährte Prozeduren für die Multiplikation, um nachhaltiger und dominanter auf dem Markt aufzutreten, als es die Pioniere tun können. *Praxis:* Ein Beispiel ist IBM, das flugs dem innovativen Unternehmen Apple mit Personal Computern in den neu geschaffenen Markt folgte. IBM war nie so innovativ wie Apple, wusste aber perfekt, wie man Märkte skaliert und beherrscht. Der PC und nicht der Mac dominierte die Computing-Welt.

Abbildung 33: »First Mover«- und »Follower«-Strategien

Das strategische Timing für die Lancierung einer Strategie ist wesentlich von den vorliegenden Markt- und Wettbewerbsbedingungen abhängig. Erst eine detaillierte Untersuchung dieser Konstellationen führt zur Entscheidung, ob das Unternehmen als »First Mover« oder als »Follower« das Business wagen soll. T. J. Gerpott hat ein Schema (Abbildung 33) entwickelt, welches die wichtigen strategischen Entscheidungskriterien thematisiert.[117]

Einschätzung

Die »First Mover«-Strategie bietet einige klare Vorteile wie Vorsprung in der Gewinnung neuer Marktkenntnisse, Abstecken von Marktpositionen, Schutzfrist vor Preiskämpfen, Etablierung von Bekanntheit, Image und Marke, Vorsprung durch Skaleneffekte, Chancen für Patente und Lizenzen, Festlegung von Standards, Imagevorteile im Markt, Sicherung von Distributionskanälen, Aufbau von Knowhow und dergleichen mehr. Der Pionier versucht durch seinen frühen Markteintritt höhere Preise durchzusetzen, um eine »Pionierrente« abzuschöpfen. Doch diese Strategie ist mit erheblichen internen und externen Risiken behaftet: hohe Produktentwicklungsinvestitionen, hohe Investments in die Erschließung von Märkten, Gefahr der Erleichterung des Markteintritts für Nachfolger, hohes Risiko der falschen Geschäftseinschätzung und Zielgruppenwahl, Gefahren durch innovativere Angebote der Nachfolger und hohe Akzeptanzrisiken. »Follower« können diesen Risiken aus dem Weg gehen. Empirisch zeigt sich, dass die »Fast Second«, die schnellen Zweiten, besonders erfolgreich sind. Wer aber zu lange auf den idealen Zeitpunkt für den Markteintritt wartet (»Late Mover«), verspielt seine Chancen.

Systemische Strategie: Lenken bei Komplexität

Die Systemtheorie und Kybernetik befassen sich mit dem Umgang mit Komplexität. Wieso soll man also nicht Ihre Erkenntnisse für die Management- und Strategielehre nutzen?
Konventionelles Managementdenken propagiert, dass der Erfolg am besten durch Stabilität und Ordnung sichergestellt wird. Das Unternehmen muss einen »Fit« (idealen passenden Zustand) zwischen seinen internen Stärken und den Chancen in seinem Umfeld anstreben. Die moderne systemische Strategiebetrachtung hingegen vertritt die gegenteilige Auffassung: Gerade Instabilität, Unordnung, Spannung und Konflikte beschreiben den Charakter erfolgreicher, innovativer Unternehmen treffender. Kreativität und Innovation entstehen in inspirierenden, herausfordernden und ungewissen Konstellationen; weniger in straff organisierten Bürokratien. So ziehen Strategen auch die Komplexitäts-, System- und Chaostheorie für ihre Überlegungen heran.

Die Kybernetik als die Lehre der »Steuermannskunst« befasst sich mit den Wirkungsprinzipien komplexer, adaptiver Systeme. Führungskräfte sind in einer systemischen Betrachtungsweise »Kybernetiker«, also »Steuerleute«. Was sind »komplexe Systeme«? Komplexe Systeme entziehen sich unserem Vorstellungs- und Gestaltungsvermögen.[118] Sie sind durch eine Reihe von Eigenschaften charakterisiert: Sie verhalten sich nicht linear, das heißt, selbst kleine Änderungen können zu überraschenden Ergebnissen führen. Das Verhalten eines Systems ergibt sich aus den Wechselwirkungen firmeninterner und -externer Elemente. Komplexe Systeme sind offen, sie stehen also in regem Austausch mit ihrer Umgebung. Sie besitzen innere Fähigkeiten zur Selbstgestaltung und Selbststabilisierung, das heißt, sie sind lern- und anpassungsfähig. Eine Gruppe von Spatzen ist genauso ein komplex-adaptives System wie die Arbeitsgruppe einer Produktionsstraße, wie das System der Börse, ein Ameisenstaat oder eine politische Partei. Sie alle bestehen aus einer Vielzahl von Elementen, die miteinander in dynamischen Beziehungen stehen und gemeinsame Interessen anstreben. Das effektive Zusammenwirken der Teile lässt sich nicht vorhersagen. Wer daher die Funktionsweise komplexer Systeme verstehen will, benötigt einen Ansatz, der Komplexität zulässt und nicht durch Vereinfachung erstickt.

Zentrales Konzept der systemischen Strategie ist das »Navigieren«. Ein einfaches Steuerungs- oder Navigationssystem ist der Thermostat, der die Wärme einer Wohnung reguliert. Er misst die Raumtemperatur mit einem Sensor und vergleicht diese mit einem Vorgabewert. Besteht eine Diskrepanz, gibt der Thermostat einen entsprechenden Impuls an die Heizung zur Erhöhung oder Reduktion der Temperatur. Sie wird ein- oder ausgeschaltet. Der Thermostat erhält wiederum ein Feedback zu den Effekten dieser Einstellung. So regelt der Thermostat durch Einpendeln die vorgegebene Raumtemperatur. Dieses Beispiel zeigt die dynamische und vernetzende Betrachtungsweise des systemischen Ansatzes. Der vernetzende Denkansatz der Systemwissenschaft fand Verbreitung in verschiedenen wissenschaftlichen Disziplinen, wie in den Wirtschaftswissenschaften (durch Stafford Beer), in der Biologie (durch Humberto Maturana und Francisco Varela), in der Anthropologie und Psychologie (durch Gregory Bateson, Heinz von Foerster, Ernst von Glasersfeld, Paul Watzlawick) oder in der Soziologie (durch Niklas Luhmann).

Die Wissenschaft der Steuermannskunst ist selbstverständlich auch für das Management »komplexer, adaptiver sozialer Systeme«, also für Unternehmen interessant. Die systemische Perspektive strebt danach, das Unternehmensgeschehen möglichst in seiner Ganzheitlichkeit, Vernetzung und Dynamik zu erfassen. Die systemorientierte Managementlehre der Universität St. Gallen hat aus der kybernetisch-systemischen Denkwelt wertvolle Einsichten zur Lenkung, Gestaltung und Entwicklung von Unternehmen, zum Prozess der Entscheidungsfindung und zum Wissenschaftsverständnis der Managementlehre entwickelt. Einige Ergebnisse in knapper Darstellung sind:

1. Unternehmensführung ist mehr als Menschenführung. Management gestaltet komplexe Systeme in einem dynamischen Umfeld. Personen, Beziehungen, Absichten, Probleme, Lösungen, Strukturen und Situationen bilden eine Ganzheit.

2. Management betrifft nicht nur die Unternehmensspitze, sondern sämtliche Führungskräfte lenken, gestalten und entwickeln aktiv Teilsysteme. Diese wirken wiederum zusammen zu einem Ganzen.
3. Wird ein Teil des Systems verändert, hat dies Konsequenzen für das Gesamte. (Das Ganze ist mehr als die Summe seiner Teile.)
4. Management ist der Umgang mit komplexen Situationen bei unvollkommener Information. Dies hat Konsequenzen für die Führungsarbeit und Entscheidungsfindung:
   - Problemstellungen und Situationen sind in ihrer Vielfalt zu betrachten.
   - Sie sind durch ein »vernetztes Denken« zu ergründen.
   - Das Handeln des gesamten Unternehmens muss sich an übergeordneten (normativen) Grundsätzen (Strategien, Erfolgspotenziale, Mission) orientieren.
   - Eine Führungskraft, egal in welcher Position im Unternehmen, kann nicht alles perfekt lenken und steuern, sondern dem System nur entsprechende Impulse geben.

Management beabsichtigt, das Verhalten eines komplexen Systems in eine gewünschte Richtung zu lenken, um Ziele zu erreichen. Doch erst die Wirkungen von Entscheidungen und Handlungen, also die Reaktionen und Effekte zeigen, wie das System letztlich funktioniert. Komplexe Probleme, komplexe Situationen oder komplexe Organisationen lassen sich somit nicht umfassend beherrschen, sondern nur in ihrer Gestaltung und Entwicklung beeinflussen. Wirkungsvolles Management setzt daher nicht auf die Reduktion der Komplexität durch Vereinfachung, sondern auf das Verstehen der komplexen Zusammenhänge. »Perfektes« Management, das für jegliche Situation das perfekte Rezept zur Hand hat, kann es nicht geben. Jedes Unternehmen muss sich sein eigenes, individuell »passendes« Managementsystem entwerfen, gestalten und weiterentwickeln, um erfolgreich die Herausforderungen der Zukunft zu meistern. Doch wie funktioniert dies? Komplexe natürliche Systeme, wie Wälder, Pflanzen oder Seen, haben eine innere Fähigkeit zur Selbstgestaltung und Selbstentwicklung. Von Menschen geschaffene soziale Systeme (zum Beispiel Arbeitsgruppen, Unternehmen) haben diese innewohnende Zukunftskompetenz nicht. Ihre Fähigkeit zur Anpassung, Veränderung oder Reorganisation muss in das System hineinorganisiert werden. Die Strategie des systemorientierten Managements zur Lenkung, Gestaltung und Entwicklung komplexer Systeme folgt daher dem Grundsatz »Beeinflusse zur Stärkung der selbstorganisierenden Kräfte«.[119] Strategien, Strukturen oder Prozesse sind daher so zu gestalten, dass sie sich von sich aus weiter in die gewünschte Richtung entwickeln.

Strategie ist aus der systemischen (und entscheidungstheoretischen) Perspektive ein informationsverarbeitender Prozess. Führungskräfte verarbeiten

Informationen, lösen Problemstellungen und treffen Entscheidungen. Das systemische Management fordert, Probleme möglichst in ihrer Vielschichtigkeit und Ganzheit anzugehen. Auch komplexe Situationen sind nicht durch ständige verfeinernde Analysen zu reduzieren, denn damit vermindert sich auch die Reichhaltigkeit der Informationen. Das Abbild der Wirklichkeit wird zu grobkörnig. Die Entwicklung einer Strategie ist ein komplexer Problemlösungsprozess. Dieser erfordert ein vernetzendes Denken zur Komplexitätsbewältigung. Das Strategiethema als solches ist nicht gegeben, sondern muss im Problemlösungsprozess »entdeckt« werden. Die Methodik des vernetzten Denkens nach dem St. Galler Ansatz[120] umfasst sechs Schritte, die zwar linear dargestellt werden, aber selbst als mehrfach zu durchlaufender Prozess zu verstehen sind. Diese Fragestellungen eignen sich nicht nur Lösung von Problemen, sondern auch zur Entwicklung von Strategien. Die folgenden Fragen sind zu klären:

1. *Was ist überhaupt das zu lösende Problem? Wie präsentiert sich die Ausgangslage?*
Problemabgrenzung und Zielbestimmung zur Erstellung eines »Abbilds der Realität«.
2. *Wie funktioniert das System? Welche Komponenten bestimmen das System, und was hängt womit zusammen?*
Analysieren des Wirkungsnetzwerks durch Identifizieren der Beziehungen und Intensitäten der Beeinflussung.
3. *Welche möglichen Lösungswege können beschritten werden, und welche Chancen bieten diese?*
Erfassen und Interpretieren der Potenziale für Chancen oder Risiken (zum Beispiel mittels Szenarien, Querverbindungen oder Vernetzungen).
4. *Was lässt sich überhaupt verändern, lenken und steuern? Worauf haben wir Einfluss? Worauf nicht?*
Erarbeitung von Steuerungs- und Gestaltungsmöglichkeiten.
5. *Was gibt es aufgrund der Erkenntnisse nun zu tun? Wer kann wie zum Fortschritt beitragen?*
Planung der konkreten Eingriffe und Prüfung ihrer Wirkungen und Nebeneffekte.
6. *Wie wird was wann realisiert? Wer macht mit und trägt was bei?*
Implementierung (Umsetzung) der entwickelten Strategie im Alltag.

Der deutsche Psychologieprofessor Dietrich Dörner der Universität Bamberg befasst sich als Forschungsschwerpunkt mit komplexen Entscheidungssituationen.[121] Dabei hat er vor allem das Verhalten der Entscheidungsträger beobachtet. Er stellt fest, dass unsere Gehirne in komplexen, vernetzten und dynamisch sich ändernden Situationen rasch an ihr Limit stoßen. Entscheider konzentrieren sich bei komplexen Problemen zu intensiv auf einzelne »Knoten«. Sie verlieren gerne den Blick für das Netzwerk als Ganzheit. Sie übersehen das Systemgesetz, dass man nicht ein einzelnes Element verändern kann, ohne im selben Zug das Verhalten des Gesamtsystems zu beeinflussen. In seinen Studien zum menschlichen Problemlösungsverhalten stellt Dörner fest, dass die Versuchspersonen eine Neigung zum isolierenden Ursache-Wirkungs-Denken, eine Tendenz zum Unterbewerten der Beziehungen zwischen den Elementen und eine Tendenz zur Unterschätzung der Dynamik des Systems zeigen. Die Entscheider setzen also zu stark auf das lineare Denken (Ursache/Wirkung). So werden zum Beispiel zirkuläre, exponentielle oder rückbezügliche Vorgänge kaum beachtet und Neben- und Fernwirkungen kaum einbezogen. Die Versuchspersonen entwickeln ein »Reparaturdienstverhalten«, bei dem aktiv nach Missständen gesucht wird. Der Entscheider glaubt, Einzelheiten einfacher in den Griff zu bekommen. Dies führt zu einem strategischen Verhalten des »Löcher-Stopfens«. Der Stratege verliert das »Big Picture«, welches ausschlaggebend für eine ganzheitliche Entwicklung ist.

Einschätzung

Der systemische Strategieansatz liefert kaum griffige Strategieempfehlungen für die Praxis. Empirisch fundiert ist er ebenfalls nicht. Dafür bietet der Ansatz Denkwerkzeuge im Umgang mit Komplexität, Ungewissheit und Dynamik. Viele unserer Vorstellungen zur Strategiewelt haben ihre Wurzeln in der Zeit der industriellen Revolution, also in Zeiten relativer Stabilität. Sie passen daher oft eher schlecht als recht in unsere dynamische Businessära. Die systemische Strategiebetrachtung raubt dem herkömmlichen strategischen Management die Illusion, für jedes Unternehmen, in jeder Markt- oder Wettbewerbssituation immer eine passende Strategie bieten zu können. Komplexe Systeme, wie Unternehmen es sind, lassen sich nur schwer gezielt so steuern, dass die Effekte wie erwartet auftreten.[122] Das Strategie-Management gleicht daher viel eher einem Beeinflussen als einem konkreten Steuern.

Greiner-Modell: Evolutionäre und revolutionäre Phasen

Larry E. Greiner, Professor für Organization Development der University of Southern California in Los Angeles, hat sich mit den langfristigen Entwicklungspfaden von Unternehmen auseinandergesetzt.[123] Er stellte fest, dass Unternehmen normalerweise sechs Stadien durchlaufen. Strategien, Strukturen und Systeme, welche die Unternehmen nutzen, müssen zu jedem Entwicklungsstadium passen, wenn sie erfolgreich den nächsten Schritt in Richtung Expansion in Angriff nehmen wollen. Jedes Stadium ist durch evolutionäre Wachstumsphasen und revolutionäre Konflikt-Phasen gekennzeichnet. Die »Greiner-Kurve« ist ein praktisches Modell (growth-phases-model), um Unternehmen in ihrem Entwicklungsverlauf zu beurteilen.

Abbildung 34: Larry Greiners Entwicklungsmodell

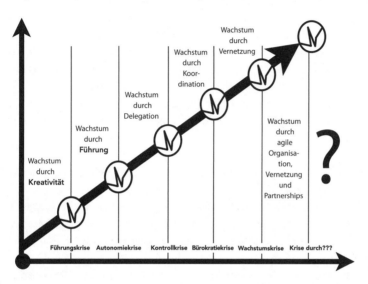

Gemäß Greiner durchläuft ein wachsendes Unternehmen folgende Stadien:

1. *Wachstum durch Kreativität*
   Merkmale: Start-up-Firma, unternehmerische Entscheidungsfindung, formlose Kommunikation, hohes Engagement der Mitarbeitenden, hohe Identifikation mit den Absichten, viel Arbeit bei niedrigen Erträgen. Das Ende des Wachstums wird durch eine Führungskrise eingeleitet.
2. *Wachstum durch Führung*
   Merkmale: nachhaltiges Wachstum, Etablierung erster Führungssysteme (Buchhaltung, Personal, Kapitalmanagement, Budgetierung, Planung, Motivationsanreize). Das Ende des Wachstums ist die Autonomiekrise.
3. *Wachstum durch Delegation*
   Merkmale: dezentralisierte Strukturen, operative Verantwortlichkeiten, Profit-Centers, Cost-Centers, finanzielle Anreize, Entwicklung von Teilstrategien, dem Management by Exception (in Ausnahmefällen), formelles Be-

richts- und Kommunikationswesen. Das Ende des Wachstums ist die Kontrollkrise.
4. *Wachstum durch Koordination*
Merkmale: Bildung von Produktgruppen (oder strategischen Geschäftsfeldern), strategische Planungssysteme, Zentralisierung der Supportbereiche (Personal, Planung, Finanzen), Verantwortung der Führungskräfte in den Geschäftseinheiten für den Return on Investment (ROI), Motivation durch Beteiligung am Gewinn. Das Ende des Wachstums ist die Bürokratiekrise.
5. *Wachstum durch Vernetzung*
Merkmale: Suche nach neuen Wegen der Zusammenarbeit, Projektmanagement durchzieht das Geschehen, Teamaktivitäten nehmen zu, Matrixorganisation, Vereinfachung der Kontrollen, Informationssysteme bekommen einen wichtigen Stellenwert, Anreize für Teamverhalten. Das Ende des Wachstums sind interne Konflikte.
6. *Wachstum durch besondere Organisationsformen*
Diese Entwicklung gilt für Holdings, Fusionen oder ganze Netzwerke von Unternehmen.

Das Greiner-Modell der Unternehmensentwicklung ist aufgrund seiner Einfachheit und Plausibilität zu einem Klassiker im Bereich der Systementwicklung geworden. Greiner liefert zwei wertvolle Erkenntnisse für die Praxis: Erstens zeigt er, dass in jeder Phase der Unternehmensentwicklung unterschiedliche Führungskompetenzen erfolgreich sind. In seinem Ansatz müssen Führung, Systeme, Kultur und Prozesse zur jeweiligen Entwicklungsphase passen. Dies zeigt auch, dass es keine Lösungen geben kann, die universell passen und für immer funktionieren. Und zweitens sind gerade die gefundenen Lösungen selbst immer wieder die Quelle neuer Probleme, Krisen und Konflikte, welche aber bei ihrer Überwindung die nächste Wachstumsphase einleiten. Jede Lösung trägt ihre Krise in sich und jede Krise trägt ihren nächsten Wachstumskeim in sich. Daher durchlaufen Firmen in ihrer Wachstumsentwicklung Phasen der evolutionären (ruhigen, stetigen) Entwicklung und Phasen der revolutionären (wilden, konfliktreichen, unstetigen) Entwicklung. Die revolutionären Phasen führen durch ihren Konflikt zum Sprung in eine nächsthöhere Stufe.

Strategisch Lernen: Langfristig erfolgreich

Am Anfang des 21. Jahrhundert hat sich der Produktionsfaktor Wissen, getrieben durch die Informations- und Kommunikationstechnologien, endgültig als Werttreiber neben Arbeit, Boden und Kapital etabliert. Der Wissensarbeiter steht strategisch im Fokus des Interesses, da er die wichtigen Werte für die Zukunft schafft. Seine Kreativität und seine Leistungsfähigkeit sind zu einem wesentlichen Faktor zur Zukunftssicherung geworden. Es sind Schlüsselarbeitskräfte, welche das Geschäft treiben.

Die Industrie- und Dienstleistungsgesellschaft hat sich zur Wissensgesellschaft entfaltet, in der Know-how zu einem entscheidenden Wettbewerbsfaktor in vielen Geschäftsbereichen geworden ist. Die künftige Leistungs- und Innovationsfähigkeit von Unternehmen hängt immer mehr davon ab, inwieweit es einem Unternehmen gelingt, aus neuem Wissen neue ökonomische Werte zu schaffen. Daher muss das Wissen von Unternehmen und von Mitarbeitenden auf allen Stufen gefördert und nutzbar gemacht werden. Hier setzt das »Wissensmanagement« an.

Doch Wissensmanagement ist eine schwierige Disziplin, da Wissen ein immaterieller, ja flüchtiger Faktor ist. Das aktuellste und wertvollste Wissen lagert nicht in Schubladen oder Ordnern, sondern in den Köpfen der Mitarbeitenden (implizites Wissen), und verlässt jeden Abend das Unternehmen. Elektronische Datenbanken, Dokumente, Bibliotheken, Pläne, Skizzen und dergleichen sind zwar vorhanden, haben aber weitaus weniger Wert für die Zukunftsgestaltung als die Know-how-Träger. Schon manch ein Unternehmen ist in existenzielle Nöte geraten, weil Schlüssel-Know-how-Träger plötzlich gekündigt haben.

Wirft man einen Blick zurück, so stellt man fest, dass Wissensmanagement schon immer die Grundlage für eine erfolgreiche Zukunftsgestaltung war. In den 1980er Jahren untersuchte der Chefplaner der Erdölfirma Shell, Arie de Geus, mit einer Expertengruppe die Frage, warum eigentlich nur so wenige Unternehmen ihren 50. Jahrestag erleben.[124] Seine Studie zur Langlebigkeit von Unternehmen konzentrierte sich auf Firmen, die rund 100 Jahre überlebten. Untersucht wurden in der Studie 30 Firmen aus Nordamerika, Europa und Japan. Darunter befanden sich zum Beispiel die schwedische Stora, eine im 13. Jahrhundert gegründete Papierfirma, die japanische Sumitomo-Gruppe, die über 400 Jahre erfolgreich wirtschaftete, und die britische Glasfirma Pilkington, deren Geschichte sich bis auf das Jahr 1820 zurückverfolgen lässt.

Arie de Geus und sein Forscherteam kamen zum Schluss, dass die durchschnittliche Lebensdauer von Unternehmen kürzer war als angenommen. Die Forscher berechneten eine durchschnittliche Lebenserwartung für Unternehmen auf der Nordhalbkugel: Diese liegt bei knapp 20 Jahren. Die zweite Erkenntnis der Shell-Studie war, dass die länger existierenden Firmen Meister im Umgang mit Veränderungen sind. Sie sind Meister im »Change Management«.

Praxis: Das schwedische Unternehmen Stora lässt sich bis 1288 zurückverfolgen. Die Firma überstand das düstere Mittelalter, durchlebte die frischen Ideen der Renaissance und Reformation, überstand die Kriegswirren des Dreißigjährigen Krieges, passte sich der Industriellen Revolution an und überdauerte die beiden Weltkriege im 20. Jahrhundert. Was ist das Stora-Erfolgsrezept? Das Management beobachtete das Umweltgeschehen immer ganz genau und selbstkritisch. Es war über Jahrhunderte hinweg immer bereit, auch radikale Schritte zu realisieren. So war die Firma in der Kupferherstellung, Holzwirtschaft, Papierherstellung, Eisenhochöfen-, Wasserkraftwerke- und Chemiebranche tätig.

Die Forscher der Shell-Studie waren erstaunt, dass die langfristig erfolgreichen Unternehmen ähnliche Eigenschaften aufwiesen:

1. *Konservatives Finanzmanagement*
   Diese Unternehmen gehen sorgfältig mit ihrem Kapital um. Sie sind traditionell in ihrem Finanzgebaren, indem sie ihr Wachstum aus sich heraus finanzieren. Sie setzen die Mittel so ein, dass sie sich eine hohe Handlungsflexibilität erhalten.
2. *Sensitivität für das Umfeld*
   Sie erkunden ihr Geschäftsumfeld genauestens. Sie gehen nicht davon aus, dass sie aufgrund ihrer großen Erfahrung schon alles wissen. Sie wollen Märkte, Wettbewerber und Marktkonstellationen immer wieder vertiefender ergründen. »Lernen« ist ihr Schlüssel zum Erfolg.
3. *Kohäsion durch eine gemeinsame Identität*
   Die langfristig erfolgreichen Unternehmen schafften es, aus ihren Mitarbeitenden eine Community zu bilden, die sich mit dem Unternehmen und dessen Schicksal identifiziert. Die Unternehmenskultur ist ein zentraler Faktor, der intensiv gepflegt wird.
4. *Toleranz für neue Ideen*
   Die Erfolgsunternehmen zeigten eine hohe Bereitschaft, neue Ideen auszuprobieren. Sie geben ihren Mitarbeitern immer wieder Freiräume für Experimente. Sie suchen nach Partnerschaften, um gemeinsam mit Dritten neue Pfade zu beschreiten und daraus Neues zu lernen.

Arie de Geus bezeichnet diese Spitzenunternehmen als »Living Companies«: lebendige Unternehmen. Diese stellt er den »ökonomischen Unternehmen« gegenüber, für die in erster Linie die Quartalsergebnisse zählen. De Geus ist der Überzeugung, dass Unternehmen auch deshalb scheitern, weil sie sich zu stark auf die Erreichung kurzfristiger Ziele fokussieren und sich viel zu wenig engagiert um ihre Unternehmenskultur (Community) kümmern. Doch welche Rolle spielen diese Communitys? Hier kann die Evolutionsforschung einen Beitrag zur Klärung der Frage bieten. Der Evolutionswissenschaftler und Molekularbiologe Allan C. Wilson der University of California Berkeley hat die Lernfähigkeit von Lebewesen im Kollektiv im Zug ihrer Evolution erforscht.[125]

Für eine erfolgreiche Anpassung durch kollektive Lernprozesse müssen drei Bedingungen erfüllt sein:

1. Eine erfolgreich lernende Spezies muss sich frei bewegen können. Sie muss ihr Umfeld in Herden oder Gemeinschaften erkunden. Die Spezies, die sich nur innerhalb eines isolierten Territoriums auseinandersetzt, hat deutlich geringere Erfolgschancen in der Anpassung.
2. Die Mitglieder der Spezies müssen die Freiheit genießen, neue Verhaltensweisen und Fertigkeiten zu testen. Wenn diese Tests nutzenstiftend sind, dann müssen diese neuen Handlungen ins Verhaltensrepertoire für alle aufgenommen werden können.
3. Die Mitglieder der Spezies müssen untereinander eine intensive Kommunikation pflegen, um die erfolgreichen neuen Fertigkeiten und Verhaltensmuster vom Einzelnen auf die Gemeinschaft zu transferieren.

Alan Wilson belegt seine These mit einer Beobachtung, die er bei Vögeln in England gemacht hat. So lernten Meisen, Milchflaschen mit ihren Schnäbeln zu öffnen, um an den Inhalt zu kommen. Rotkehlchen hingegen, die im Wettbewerb um dieselben Ressourcen im gleichen Lebensraum stehen, schafften dies nicht. Warum nicht? Meisen leben in Gruppen und pflegen eine äußerst intensive Interaktion. So geben sie neue Verhaltensweisen untereinander weiter. Sie beobachten einander und kopieren erfolgreiche Verhaltensweisen sofort. Rotkehlchen hingegen sind Einzelgänger, die in festen Revieren leben. Auch sie kommunizieren, aber nur, um ihre Artgenossen aus ihren Revieren zu vertreiben. Die Folge dieses Verhaltens: Sie passen sich nur langsam an Neues an.

Einschätzung

Die Fähigkeit von Unternehmen und Individuen zu lernen, ist für die Gestaltung der Zukunft wichtig. »Lebendige Unternehmen« lernen aktiv und engagiert, passen sich an, probieren und experimentieren, um weiter zu wachsen. Sie setzen auf die Weiterentwicklung des Faktors Know-how und nicht nur auf das Wachstum ihres Kapitals. Die Quelle ihrer langfristigen strategischen Stärke liegt damit in ihrer Anpassungsfähigkeit und weniger in ihren Ressourcen allein.

Welche strategischen Hinweise folgern aus der Shell-Studie? Top-Führungskräfte müssen weniger selbst direkt in das Geschehen eingreifen, sondern ihren Schlüsselpersonen genügend große Freiräume erschließen, in denen sie experimentieren können. Dies ist die Quelle für Innovation und Fortschritt. Toleranz für andere Meinungen und andere Verhaltensweisen ist ein wichtiges Merkmal erfolgreicher Unternehmensführung.

Strategische Fitness: Zwischen Bürokratie- und Chaosfalle

Dieser theoretische Ansatz fokussiert die Art des Strategie-Regimes. Die konventionelle Strategieauffassung setzt auf Ordnung. Sie passt daher gut zu (relativ) ruhigen, stabilen Zeiten. Doch in der rasant fluktuierenden Geschäftswelt kann ein Zuviel an Ordnung, Planung, Struktur, Regelung oder Disziplin rasch zu einer Bremse für Agilität und Anpassungsfähigkeit werden. Aber auch ein reines Laisser-faire, Improvisieren oder spontanes Reagieren ist keine ideale Form: der spontane Moment diktiert das Geschehen und endet im Chaos.

Unternehmen haben die inhärente Tendenz, sich zu Bürokratien zu entwickeln. Im Lauf ihrer Entwicklung häufen sie immer mehr Regeln, Routinen und Standards an, die ihr Verhaltensspektrum einschränken. So trifft man immer wieder Firmen, welche mit Akribie das Parken der Dienstwagen, die Zuordnung von Chefbüros, die Spesenabrechnungen bei Dienstreisen oder den Einkauf von Schreib- und Bürowaren organisieren. Zentralen Herausforderungen wird dafür weniger Beachtung und Engagement geschenkt. Jedes Unternehmen muss sich von Zeit zu Zeit radikal entrümpeln, damit nicht zu viel Stabilität die Agilität ausbremst.

Strategieforscher und Managementberater bauen die Erkenntnisse der Komplexitäts- und Chaostheorie in die Strategielehre ein. Sie kamen zum Schluss, dass Unternehmen von einer statischen Strategieentwicklung zu einer dynamischen, fließenden Strategiearbeit übergehen sollten. Beim klassischen, statischen Ansatz stehen die Analysetätigkeit wie auch der konsequent Einsatz strategischer Verfahren und Methoden (zum Beispiel Portfolioanalyse) im Zentrum. Beim dynamisch-systemischen Ansatz stehen die Wirkungszusammenhänge, die Strategie-Diskussion und die laufende Anpassung des Strategieprozesses an die neuen Veränderungen im Zentrum.

Die Grundlagen der Komplexitäts- und Chaostheorie werden hier nicht skizziert.[126] Doch der strategisch-systemische Ansatz geht davon aus, dass Unternehmen, die sich in der Grenzzone zwischen »Stabilität« und »Chaos« bewegen, am besten zu einer flexiblen Anpassung an radikale Veränderungen fähig sind. Unternehmen mit hoher innerer Dynamik und großen Freiräumen haben das größte Potenzial, sich strategisch innovativ zu erfinden (Abbildung 35). Versucht das Management, der Wandeldynamik mit mehr Ordnung und mehr Regeln zu begegnen, so bewegt sich das Unternehmen in Richtung »Bürokratiefalle«, was zu einer Erstarrung und Hemmung führt. Auf der anderen Seite führt aber ein Nichtstun oder Laufenlassen zur Führungs- und Richtungslosigkeit. Dies wird mit »Chaosfalle« beschrieben.[127]

Die Professorin der Stanford University Kathleen Eisenhardt für Strategisches Management und die McKinsey-Beraterin Shona Brown beschreiben,

Abbildung 35: Strategie zwischen Chaos und Ordnung

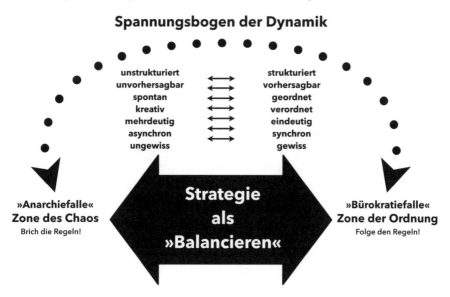

dass Unternehmen strategisch am effektivsten arbeiten, wenn sie sich »am Rande des Chaos« bewegen. Das heißt, das Management sorgt für eine dynamische Balance zwischen einer für Stabilität sorgenden Struktur und der für Innovationen notwendigen Unordnung.[128] Erfolgreiches Management positioniert sich daher zwischen diesen Extrempositionen und sucht »Spannungen«. Ungereimtheiten, Neuigkeiten, Paradoxien, Herausforderungen oder Konflikte beleben die Suche nach innovativen Lösungen und führen zum Fortschritt. In der Chaostheorie bezeichnet man diesen produktiven Spannungszustand als »Rand des Chaos«.

Wie kann der Spannungszustand in Unternehmen erhöht werden?

- *Spannung durch Öffnung: wandelorientierte Unternehmenskultur*
  Das Management etabliert eine offene Unternehmenskultur, die der Veränderung und dem Wandel positiv gegenübersteht. Hierzu werden bewusst Handlungsfreiräume geschaffen.
- *Spannung durch wenige Kernstrukturen*
  Im Unternehmen gelten feste Spielregeln der Zusammenarbeit, klare Prioritäten, klare Zeitvorgaben und Performance-Indikatoren. Diese werden auch als »frozen components« bezeichnet, das heißt als unverrückbare Eckwerte der Führung. Sie sind klar fixiert und gelten für alle. Dies sind aber nur wenige an der Zahl. Alles andere ist offen, unstrukturiert, möglich und wird grundsätzlich toleriert.

- *Spannung durch intensive Kommunikation in Echtzeit*
  Das Unternehmen wird wendiger, wenn es seine Kommunikation von oben nach unten und in umgekehrter Richtung intensiviert. Eine beschleunigte, unkomplizierte und möglichst freie Kommunikation lässt Fluktuationen, Sprünge, Diskontinuitäten und Muster, die irgendwo im Unternehmen auftauchen, rascher vom Management erkennen. Dies verkürzt die Reaktionszeiten.

Brown und Eisenhardt schlagen ein an die komplexen chaotischen Situationen angepasstes strategisches Vorgehen vor. Ihre Erkenntnisse haben die beiden in Fallstudien, Projekten und Interviews mit Führungskräften hochdynamischer Unternehmen (Google, Facebook) gewonnen:

1. In dynamischen Verhältnissen sollte sich das Managementteam in kurzfristigen Abständen für strategische Fragenstellungen treffen. Strategieteams, die nur in längerfristigen periodischen Intervallen derartige zentrale Fragen behandeln, sind im Nachteil, da ihre Reaktionszeiten größer und ihr Anpassungsbedarf höher ist. Gemeinsam wird (immer wieder) erkundet, wie das »Business tickt« und worauf man weiter setzt. Strategieentwicklung wird so fließend.
2. Strategische Themen sind nicht exklusiv dem Topmanagement vorbehalten. Die Wirklichkeit erfasst das gesamte Unternehmen an allen »Ecken und Enden«. Daher sind auch weitere Schlüsselpersonen oder Teams mit spezifischen strategischen Fragen und Aufgaben zu betreuen.
3. Erfolgreiche Führungskräfte setzen darauf, dass Entscheidungsprozesse in Gang gehalten werden. Sie drängen nicht auf rasche Entscheidungen, die den Problemlösungsprozess beenden. Dies ist nicht damit zu verwechseln, Entscheidungen auf die lange Bank zu schieben. Dies würde Warten und Nichtstun bedeuten. Im Gegensatz dazu müssen mit großem Engagement Märkte, Konkurrenten, Kunden oder Geschäftsmodelle beobachtet, untersucht und auf neue Geschäftschancen abgeklopft werden. Durch die kurzfristigen Sitzungsintervalle der Strategieteams werden Chancen oder Risiken von den Entscheidungsträgern rechtzeitig erkannt und rascher genutzt.
4. Strategieteams arbeiten dann am besten, wenn sie von einer gemeinsamen Vision oder Mission getragen werden und dieselben längerfristigen Zielsetzungen verfolgen. Vision und Mission (Leitbild) werden zu fixen Leitsternen, strategische Ziele werden hingegen veränderbar.

Einschätzung

Die dynamischen Strategieansätze bieten keine eigentlichen Strategietools, sondern Denkansätze, wie strategische Fragen in dynamischen Konstellationen anzupacken sind. Sie zeigen, dass Strategieentwicklung im Top-down-Verfahren nicht für alle Situationen das geeignete Mittel ist. Will man durch die Strategieentwicklung auch die Reichhaltigkeit der Informationen und Wahrnehmung stärken, die Geschwindigkeit der Reaktionen und Umsetzung beschleunigen, die Innovationskraft des Geschäfts forcieren, dann empfehlen sich die dynamischen Strategieansätze. Der Gegensatz zu den traditionellen Ansätzen zeigt sich in der Kluft zwischen Planung und Realisierung (Ausführung). Diese Kluft verwischt in der dynamischen Strategieperspektive.

Bricoler: Im Bastelmodus Zukunft gestalten

Basteln und Business passt das zusammen? Strategieentwicklung kann auch im Bastelmodus zum Erfolg führen. Basteln ist Aufgabe, Hobby und Spiel gleichermaßen.

In Frankreich versteht man den Bastelbegriff umfassender als im Deutschen. Unter »bricoler« versteht man nicht nur Basteln, sondern zudem auch »etwas reparieren« und »aus dem Vorhandenen etwas sinnvolles Neues erschaffen«. Der französische Ethnologe Claude Levi-Strauss führte den Bricoler-Begriff in die Wissenschaft der Anthropologie ein.[129] Levi-Strauss beobachtete Eingeborene in fremden Ländern, wie sie aus einfachen Müllteilen praktische Werkzeuge herstellten. Dieses Problemlösungsverhalten bezeichnet der Völkerkundler Levi-Strauss als »Bricolage«. Ein »Bricoleur« (Französisch: Bastler) nutzt also das Vorhandene auf eine unkonventionelle, innovative Art, um Sinnvolles herzustellen. Wer bastelt, nutzt Vorhandenes über seinen bisherigen Zweck hinaus, um Neues zu erschaffen. Der Bricoleur ist nicht unprofessionell. Er nutzt nur sehr einfache Ressourcen. Er weiß, dass es bessere Materialien und perfektere Lösungswege gibt, aber sie stehen ihm im Moment nicht zur Verfügung. Um trotzdem zum Ziel zu gelangen, kompensiert er den materiellen Engpass mit Kreativität. So setzt er großes kreatives Potenzial frei und nutzt Methoden, Verfahren und Mittel auf eine unkonventionelle Weise.

Eine »Bricoleur-Strategie« kann auch im Business erfolgreich sein.[130] Erinnern wir uns an den Vietnamkrieg, wo eine überlegene französische Armee (mit ihren geplanten Strategien) und die noch professionellere amerikanische Armee (auch mit geplanten Strategien) am enormen Willen, kreativen Geist und innovativen »Bricoleur-Ansatz« des Viet Cong und Viet Minh gescheitert sind. Guerilla-Strategien fußen auf dem Ansatz des kreativen Bastelns.[131]

Dass nicht jede Management- und jede Geschäftssituation für das Prozedere der logisch-rationalen Planung und Strategiefindung geeignet sind, leuchtet spontan ein. Dies gilt auch umgekehrt für das strategische Basteln. Vor allem Geschäftsbereiche, die in hoch dynamischen Märkten und Wettbewerbskonstellationen tätig sind, setzen auf eine bastelnde Art der Strategiefindung. Entscheide zu strategischen Themen werden an den Ort des Geschehens delegiert. Auch ein strategischer Bastler nutzt, was ihm gerade hier und jetzt zur Verfügung steht. Er baut nicht lange Kernkompetenzen auf, sondern arbeitet mit den Stärken, die er jetzt nutzen kann. Den Bricoleur interessiert nicht die »perfekte« Lösung, sondern die passendste für seine Ziele, die er in vernünftiger Zeit realisieren kann. In diesem Sinn ist Bricolage das Gegenteil einer logisch-rationalen, klassischen strategischen Unternehmensplanung. In der klassischen Planung denkt man voraus, erstellt mit großem Aufwand eine Auslegeordnung (Sandkasten) und wägt dann systematisch die Chancen und Risiken verschiedener Alternativen gegeneinander ab. Ein Planer handelt (idealerweise) erst dann, wenn sein Problemlösungsprozess abgeschlossen ist. Denken und Handeln sind phasenweise getrennt. Nicht so beim Bastler. Er gestaltet die Zukunft, während er handelt. Dieses Vorgehen erlaubt ihm ein rasches Agieren, um die Gunst der Sekunde für sich zu nutzen.

Einschätzung

Der Bricoleur-Ansatz eignet sich für innovative, neue Geschäftsmodelle. Start-up-Unternehmen erarbeiten ihre Strategien im Bastelmodus. Er gestattet eine permanente Änderung und Anpassung, entwickelt aber nicht ziellos. Sobald das Business eine bestimmte Größe erreicht hat, muss eine Strategie weit mehr erfüllen, als smarte Ideen und spontane Aktionen.

Patching: Kurz, treffend, knackig

Die Standford-Wissenschaftlerin Kathleen M. Eisenhardt sowie die McKinsey-Beraterin und Google-Topmanagerin Shona L. Brown erweitern den Bricoleur-Ansatz.[132] Sie empfehlen Unternehmen, die sich in hoch wandlungsfähigen, flexibel handelnden Märkten bewegen, ein »Strategic Patching«.

»Flicken« als Managementstrategie? Auf Deutsch heißt »Flicken« Näharbeit oder das Reparieren von Kleidungsstücken. Doch der englische Begriff »Patching« hat neben dem Reparieren von Kleidungsstücken, bei dem man ein kleines Stoffquadrat über das Loch näht, noch eine weitere Bedeutung, die aus der Informatik kommt. Unter einem »Patch« versteht man ein kleines Computerprogramm, einen kleinen Software-Update.

»Patching« (auf Deutsch etwas zusammenstückeln, etwas neu gruppieren; einfügen; Flickwerk oder Flickarbeit, Updates) ist eine Vorgehensweise der Strategieentwicklung, bei der Strategien auf die dynamischen Anforderungen der sich verändernden Markt- und Wettbewerbsentwicklung aktualisiert werden. »Strategic Patching« bedeutet, dass sich spezialisierte, relativ autonome Geschäftseinheiten selbst um die Anpassung ihrer strategischen Ausrichtung im Detail kümmern. Sie koordinieren sich selber nach außen mit ihrem Umfeld und nach innen mit den anderen Geschäftsfeldern des Unternehmens in kurzen zeitlichen Intervallen. Patching wirft einen unkonventionellen Blick auf die Strategien, Strukturen und Prozesse eines Unternehmens, indem es diese als etwas Vorläufiges, Vergängliches, Dynamisches oder Instabiles betrachtet.

Anstatt umfassende, längerfristige Strategien zu entwerfen, propagieren die Strategieexperten Eisenhardt und Brown, viele kleinere strategische Schritte auf der Ebene der Geschäftseinheiten zu unternehmen. Diese Geschäftsstrategien werden als Patches laufend aktualisiert (nicht aber neu geschrieben!). Die Markt- und Wettbewerbsdynamik bestimmt die strategische Anpassungsdynamik.

Umfassende Strategien einer Kommandozentrale lehnen die beiden Strategie-Expertinnen für Unternehmen in dynamischen Marktkonstellationen ab. Die Managementmodelle des Industriezeitalters passen ihnen für die heutige Geschäftswelt nicht mehr. Patching bedingt Führungskräfte mit hoher Eigenverantwortung, hoher Professionalität, starker Individualität, engagierter Kreativität und unablässigem Willen, Neues dazuzulernen. Es ist die Aufgabe des übergeordneten Topmanagements, die ganzheitliche Vision (Leitbild) beizusteuern und die strategischen Updates untereinander zu koordinieren.

Beim »Patching« gibt es keine Strategien mit fester Dauer, keine Strategien für fünf oder zehn Jahre und keine Strategien mit einem Verfallsdatum. Das heißt nicht, dass die Führungscrew keine längerfristige Optik zur Geschäftsentwicklung hat. Im Gegenteil. Die strategische Ausrichtung des Geschäfts findet nur nicht mehr in erkennbaren Analyse- und Planungsphasen statt, sondern wird zu einem »Running Issue«, einem Dauerthema. Vor allem in temporeichen und wettbewerbsintensiven Märkten mit hoher Volatilität machen längerfristige Planungen mit fixen Zielsetzungen und umfassenden Maßnahmenpaketen kaum Sinn. Strategische Rituale haben hier keinen Platz. Dies verlangt vom Management vor Ort und den Mitarbeitenden einen geschmeidigen Umgang mit Strategien, Strukturen und Prozessen. Je einfacher und anpassungsfähiger Strukturen und Prozesse sind und je weniger Aufwand zu ihrer Installation notwendig ist, umso eher werden sie eingesetzt. Nicht die Steigerung der Effizienz oder Produktivität ist die oberste Entscheidungsmaxime, sondern die Stärkung der strategischen Wendigkeit.

Die beiden Strategieexpertinnen geben folgende Handlungsanleitungen:

- Reagiere rasch ohne aufwändiges Taktieren, um Zeitvorteile zu nutzen.
- Entwickle für jede strategische Entscheidung mehrere Alternativen, um die Entscheidungsqualität zu verbessern.
- Teste strategische Entscheidungen. Etabliere kleinere Versuchsreihen, um Geschäfte in ihrer Funktionsweise zu verstehen. Lerne aus den Entscheidungen, und gib Erkenntnisse und Handlungsempfehlungen in Grundsätzen weiter.
- Improvisiere, um Unsicherheiten und Ungewissheiten zu überbrücken.
- Handle im Sinn der strategischen Idee, wenn konkrete Aktionsprogramme fehlen.

Strategisches Patching wendet sich vom klassischen Strategieansatz ab. Marktdominanz ist nicht erklärtes Ziel, sondern das dynamische Positionieren des Geschäfts im Wettbewerb und in den Märkten.[133] Flexible, wendige Prozesse (Agilität, Geschwindigkeit) aufzubauen ist wichtiger für den Erfolg, als eine Marktposition zu erobern und diese dann zu verteidigen.

Einschätzung

»Patching« ist für sogenannte High Velocity Markets, also hoch dynamische Marktkonstellationen gedacht. Als Voraussetzung für Patching empfehlen Eisenhardt und Brown, möglichst autonome Geschäftseinheiten zu bilden, ein wirkungsvolles Strategie-Controlling zu etablieren, ein unternehmensweit gültiges Vergütungssystem zu schaffen und professionelle Führungskräfte zu engagieren, welche vor der hohen Rate der Veränderungen nicht zurückschrecken.

Strategischer Wandel: Zur Veränderung provozieren

Beim »strategischen Wandel« (strategic change) fragt man, wie eine neu entwickelte Strategie wirkungsvoll umgesetzt werden kann. Wandelzeiten sind immer heikle Managementphasen, da das bisherige Geschäft noch (zumindest teilweise) weitergeführt werden muss und sukzessive schon das neue Business gestartet wird. Altes und damit oft auch einst Bewährtes gilt es über Bord zu werfen. Neues Know-how und neue Verhaltensweisen sind zu erlernen. In dieser schwierigen Umbruchphase des »Strategic Change« treten verschiedene Polaritäten auf: Mitarbeiter-Interessen versus strategische Interessen, Standardaktivitäten versus neue Aktivitäten, Kundenzufriedenheit versus Mitarbeiterzufriedenheit und dergleichen mehr.

Jeder Veränderungsprozess in Unternehmen durchläuft die vom deutschen Psychologen und Professor der Cornell University Kurt Lewin identifizierten drei Wandelphasen. Sein anschauliches Modell hat sich als Standard zur Betrachtung von Phänomenen des »sozialen Wandels« etabliert.

Kurt Lewin nannte die aufeinanderfolgenden drei Phasen eines Wandelprozesses anschaulich »Unfreezing« (Auftauen), »Transition« (Übergang) und »Refreezing« (Gefrieren: wieder einfrieren).[134] In der Auftauphase wird die Veränderung vorbereitet und geplant, Betroffene sind in den Prozess einzubeziehen. Zudem wird die Zeit des Übergangs bestimmt. In der folgenden Übergangsphase werden die Veränderungen dann etabliert und der Wandelschritt vollzogen. Und in der abschließenden Gefrierphase wird die Veränderung stabilisiert, also zur neuen Routine.

Mittlerweile wurden für strategische Wandelprozesse leistungsfähige Interventionsmethoden und -verfahren entwickelt, um die heikle Phase der Umsetzung und der Instabilität möglichst kurz zu halten.[135] Werden die Übergänge von einer alten in eine neue Ära nicht professionell gehandhabt, können negative Effekte auftreten: die Mitarbeiter sind demotiviert, die Kunden unzufrieden oder die Führungskräfte frustriert. Oft versanden Veränderungsprozesse, da ein neues Denken und neues Verhalten nicht per Dekret verordnet werden kann. Das wichtigste Prinzip des Wandelmanagements lautet »Mache die Betroffenen zu Beteiligten«. Durch intensive Information und Kommunikation wird die Bereitschaft zur Veränderung vergrößert. Es gibt immer Fälle, wo der Wandel von Führungskräften und Mitarbeitern, die am Bewährten hängen, boykottiert wird.

Für umfassende, radikale Strategieänderungen, werden heute erfolgreich Großgruppeninterventionen lanciert.[136] Den verschiedenen Ansätzen ist gemeinsam, dass alle Betroffenen zusammen in einen großen Raum geladen werden, so dass sie die »neue Ära« gemeinsam starten. Die Interventionen setzen zudem auf eine intensive, offene Kommunikation unter allen Beteiligten. Zu den Teilnehmern an derartigen Interventionen gehören nicht nur Führungskräfte und Mitarbeitende, sondern ebenso Lieferanten, Partner oder Kunden. Großgruppen können einen Umfang von mehreren 1 000 Personen erreichen. Welches sind die häufigsten Interventionstypen, die auch für Strategie-Events genutzt werden können?

- *» World-Café « : Stärkung von Werten und Ideengewinnung*
  Diese Methode führt ihre Wurzeln auf die Zeit zurück, als die Menschen noch gemeinsam rund um die Feuerstellen saßen und wichtige Themen diskutierten, die alle interessierten und bewegten.[137] Auch die Französische Revolution wurde in Kaffeehäusern von Intellektuellen und Rebellen gegen das bestehende Regime konzipiert. Diese Idee wird durch die World-Ca-

fé-Methode für strategischen Wandel übernommen. Vier bis fünf Personen diskutieren an Kaffeetischen konkrete Fragestellungen. Durch Rotation und die Diskussion von spezifischen Themen entsteht eine Vernetzung, die einen umfassenden Ideenaustausch garantiert. Dies stärkt das gegenseitige Verständnis und die Akzeptanz.

- *»Zukunftskonferenzen«: Einigung auf gemeinsame Ziele*
  Dieses Verfahren ist auch als Future Search bekannt.[138] Dabei entwickelt die Großgruppe (circa ab 150 Teilnehmer) gemeinsame Visionen von der Zukunft des Unternehmens oder eines Geschäfts.
- *»Real Time Strategic Change« (RTSC): Aktivierung der Mitarbeitenden*
  Die Real Time Strategic Change Conference ist eine Methodik der Veränderung, deren Ziel es ist, die Neuorientierung in Einklang mit den Absichten und Zielen der Führungskräfte und Mitarbeitenden zu bringen.[139] Sie wird bei Fusionen, neuen Strategien oder bei der Etablierung neuer Geschäftsfelder angewandt. Bei dieser Methode stehen die Zielsetzungen und Strategien selbst nicht zur Disposition. Der Fokus liegt auf der Kommunikation und Umsetzung. Über mehrere Tage hinweg werden in variablen Gruppenzusammensetzungen konkrete Maßnahmen und Aktionen erarbeitet.
- *»Open Space«: Ideengewinnung für Ziele und Maßnahmen*
  Dieses Verfahren eignet sich als Ideengeber zur Strategieentwicklung, wenn sich das Unternehmen in einer sehr schwierigen, komplexen Lage befindet und Lösungsansätze unklar vorliegen.[140] Viele Menschen in einem Raum erläutern die Problemstellung und vernetzen ihr Know-how, um eine Lösung zu entwerfen. Bei einer Open-Space-Sitzung existieren weder eine Agenda noch klare Vorgaben. Es wird ein Marktplatz der Ideen simuliert.
- *»Appreciative Inquiry«: Offenlegung von positiven Potenzialen*
  Die Appreciative Inquiry (wertschätzende Erkundung) möchte Positives verstärken.[141] Das Verfahren setzt auf das Strategieprinzip »Stärke deine Stärken«. Auch hier arbeiten in unterschiedlichen Zusammensetzungen Mitarbeitende an der Entdeckung von positiven Aspekten, um die Stärken weiter auszubauen. Dieses Verfahren soll positive Kraft zur Veränderung schaffen.

Einschätzung

Eine Strategie endet nicht mit ihrer Formulierung. Damit fängt die strategische Arbeit eigentlich erst an. Denn jede Strategie wird nur an ihren Ergebnissen gemessen, und diese erbringen nur Führungskräfte und Mitarbeitende. Daher ist das Management des strategischen Wandels für die Umsetzung ein wichtiger Schritt. Der Kommunikation und Information ist breiter Raum zu geben.

XLR8: Mehr Agilität dank dualer Struktur

John P. Kotter, Professor der Harvard Business School, ist Experte für strategische Veränderungsvorhaben (radical change).[142] Im Rahmen seiner Studien hat er eine Reihe von Erfolgsfaktoren herausgefiltert, welche die Dynamik von gelenkten Wandelprozessen effektiv steuern. Das Thema Agilität gehört für ihn zu jedem Strategie-Programm, da Strategie-Entwicklung und -Umsetzung oft nicht mit der Dynamik der Veränderung mithalten können. Die Strukturen und Prozesse sind zu langsam, schwerfällig und träge, um sich rasch auf veränderte Situationen einzustellen oder um die auftretenden Chancen schnell genug zu nutzen. Führungskräfte bemerken hierzu oft: »Unser Unternehmen bewegt sich mit der Schwerfälligkeit eines Supertankers; doch wir benötigen die Beweglichkeit von Schnellbooten.« Kotters Kernfrage lautet: »Wie kann man den strategischen Herausforderungen rasch, agil und kreativ begegnen, um die Vorteile eines sich öffnenden »Fensters der Möglichkeiten« zu nutzen, bevor es schon wieder zu spät ist?« Seine Empfehlung lautet: »XLR8« (sprich: Accelerate oder Gib Gas!). Doch wie beschleunigt man im Sinne Kotters?

Kotter sieht die Lösung für das Problem der mangelnden Agilität in einem einfachen Ansatz: Er etabliert eine zusätzliche, komplementäre Netzwerkorganisation. Das Besondere an Kotters Ansatz ist, dass er nicht die bestehende Organisation für die Realisierung einer dringlichen Aufgabe neu strukturiert oder verändert. Sondern er überlagert die bestehende Struktur mit einem Netzwerk, welchem er besondere Befugnisse zugesteht. So schafft er ein duales System: Die herkömmliche, klassische Aufbauorganisation kümmert sich um die Bewältigung des bestehenden operativen Geschäfts, die überlagernde, ergänzende Netzwerkstruktur hingegen konzentriert sich auf die Entwicklung und Umsetzung strategischer Aufgaben und Initiativen. Die Netzwerkstruktur verfolgt einzig den Zweck, eine rasche Realisierung auftretender Chancen zu garantieren. Das bestehende Geschäft soll dadurch weder gestört noch verunsichert werden. Die herkömmliche Hierarchie fokussiert sich wie gewohnt auf Effizienz und Zuverlässigkeit der Leistungserbringung. Die zweite überlagernde, ergänzende Netzwerkstruktur fokussiert sich auf ein rasches Realisieren von Strategieimpulsen, Innovationen oder Veränderungen. Das Netzwerk ist keine »Super Task Force«, welche wiederum an eine Instanz der Hierarchie rapportiert. Das Netzwerk ist nahtlos mit der Hierarchie verwoben, und zwar durch Menschen, welche in beiden Systemen handeln.

Für die Netzwerkorganisation werden freiwillige, stark motivierte und für Neues offene Mitarbeiter beigezogen. Sie genießen große Freiräume in ihrer Arbeit, um diese für strategische Fragen, Innovationsprojekte und Kreativität einzusetzen. Das duale System setzt auf fünf Prinzipien: (1) Einzelne Change-Agents sind zu schwach, um größere Projekte anzuschieben. Daher sind genügend engagierte Personen in die Netzwerkstruktur einzubinden. Ein wirksam funktionierendes duales System soll möglichst viele Schlüsselpersonen mobilisieren, um Situationen rascher und umfassender zu erfassen, aber auch um Dinge konsequenter voranzubringen. (2) Freiwilligkeit in der Mitwirkung ist ein Merkmal der Netzwerk-Agenten. »Wollen« hat Vorrang vor »Müssen«. (3) Es ist auf Personen zu setzen, die nicht nur mit dem Kopf, sondern vor allem auch mit dem Herz Veränderungen treiben. Dies erhöht die Dynamik und das Engagement. Dies lässt sich durch einen übergeordneten Zweck oder Sinn erreichen. (4) Unsere Zeit des raschen Wandels fordert mehr Leadership und weniger Management. Change setzt auf engagierte, leidenschaftliche Führung. (5) Hierarchie und Netzwerk sind keine Gegensätze, sondern müssen partnerschaftlich zusammenwirken. Sie funktionieren als ein einziges System.

Praktikable Regeln für ein professionelles Management von Veränderungen bieten die »Acht Akzeleratoren« (Abbildung 36).[143]

Abbildung 36: Management-Regeln für strategischen Wandel (8 Akzeleratoren)

Kotter verabschiedet sich von der kleinen Gruppe von Elite-Managern, welche den strategischen Wandel alleine aus ihrem jeweiligen Silo-Bereich voranbringen wollen. Strategische wendige Unternehmen haben die Fähigkeit eine kritische Menge von Freiwilligen und Engagierten zu rekrutieren, um den Wandel mit hoher Schubkraft zu tragen. Der Führung kommt dabei die entscheidende, zentrale Aufgabe zu, Begeisterung zu geben, Engagement zu entfachen und Energien freizusetzen.

Einschätzung

Die Idee der dualen Strukturen ist ein kreativer Ansatz, um agiler, konsequenter und kraftvoller den Change voranzutreiben, ohne die produktiven Strukturen dadurch in ihrer Effizienz und Effektivität zu stören. Dieses Konzept hat seine Wurzeln in den »Skunk Works« für herausragende, strategische Projekte in Hochdrucksituationen (siehe entsprechendes Kapitel in diesem Buch). Kotter setzt bei seinem Agilitätsansatz auf zwei Systeme, aber nur eine Organisation. Duale Systeme tragen aber immer den Virus eines erhöhten Konfliktpotenzials durch Friktionen in sich. Die Praxis zeigt, dass sich herausragende Projekte, die von geballtem Teamgeist und überdurchschnittlichem Engagement getragen sind, rasch in Luft auflösen, wenn sie deutlich mehr Kraft, Energie und Zeit beanspruchen, als die Beteiligten auf Dauer aufbringen können. Wertvoll sind aber die von Kotter entwickelten acht Regeln für das Management von Change.

Innovationsstrategien: Erneuerung schafft Fortschritt

Reihen Sie so viele Postkutschen, wie sie wollen aneinander;
Sie werden nie eine Eisenbahn erhalten.
Joseph A. Schumpeter

Innovation: Mehr als gute Ideen

Eine Studie zum Innovationsverhalten von Unternehmen aus Amerika, Europa, Japan und Australien belegt, dass diejenigen Unternehmen ertragsstark sind, die einen maßgeblichen Teil ihres Cashflows mit Innovationen erwirtschaften.[144] So konnten Firmen, die ihr Geschäft zu 80 Prozent mit neu lancierten Produkten bestreiten, ihre Marktkapitalisierung während einer Periode von fünf Jahren verdoppeln.

Investieren Unternehmen wirkungsvoll in den Geschäftstreiber Innovation? Die weltweit realisierte Studie der Beratungsunternehmung Booz Allen Hamilton »Innovation 1000« liefert hierzu eine Antwort: »Nur bedingt.«[145] Innovation ist einer der zentralen, strategischen Hebel, um im immer härter werdenden Wettbewerb zu bestehen. Sie sichert Zukunft. Doch Investitionen in Innovation sind riskant. Die Mehrheit der innovativen Projekte erfüllt in der Praxis die in sie gesteckten Erwartungen nicht oder nur mangelhaft. Damit geraten Unternehmen in eine Zwickmühle: Die Erntezeiten einer Innovation komprimieren sich durch die Verkürzung der Produktlebenszyklen und die Gegenreaktionen von Wettbewerbern, und die Ergebnisse innovativer Projekte auf der anderen Seite lassen immer mehr auf sich warten.

Wo kommen die Impulse für Innovationen her?[146] Die Innovationsthemen lassen sich in »Push-Quellen« (Treiber) und »Pull-Quellen« (Zug) unterscheiden.[147] Führt eine neue Erkenntnis aus Forschung und Entwicklung zu einer Erneuerung, spricht man von einem »Technology Push«, entwickelt das Marketing eine neue Angebotsidee, dann liegt ein »Marketing Push« vor. Auch die öffentliche Hand gestaltet durch ihre Gesetzgebung und Impulse innovative Prozesse. Ein Beispiel dafür ist der Solartechnologie-Push in Deutschland aufgrund der anreizschaffenden Gesetzgebung und der staatlichen Subventionen.

Dies ist ein »Public Push«. Aber auch Kunden können durch ihre veränderten Einstellungen, Wünsche oder Verhaltensweisen innovative Impulse bewirken. In diesem Fall spricht man von einem »Market Pull«.
Innovationen machen aus guten Ideen vermarktungsfähige Angebote. Sie beflügeln das Wachstum, sichern Fortschritt und Ertrag. Innovationen werden daher von der betriebswirtschaftlichen Forschung intensiv untersucht. Sie stellt folgende Fragen:

- Was sind (echte) Innovationen?
- Wie werden Innovationen entwickelt?
- Wie können Märkte mit neuen Angeboten bearbeitet werden?
- Wie reagieren Kunden auf Innovationen?
- Wie lassen sich Marktpositionen mit Innovationen verteidigen/ausbauen?

Innovationen sind unabdingbar für jedes Unternehmen, um seine Zukunftsfähigkeit zu sichern. Der Harvard-Strategieexperte, Michael Porter, bemerkt: »Der einzige Weg zum Wettbewerbsvorteil führt heute über die Innovation.«[148] Innovation ist einer der am häufigsten verwendeten Businessbegriffe schlechthin. Doch zugleich ist Innovation auch ein schillernder Begriff, der, ganz ähnlich wie der Strategiebegriff, ein Spektrum an Interpretationen zulässt. Für einige ist eine Innovation eine smarte Idee, für andere schlicht nur ein gutes Produkt, Dritte erkennen darin den kreativen Akt selbst und für andere ganz einfach etwas, womit man viel Geld verdient. Einige Experten betonen den kreativen Aspekt; andere hingegen legen das Gewicht auf die kommerzielle Umsetzung der neuartigen Idee in Form eines Angebots.

Fasst man die Diskussionen der Neuerungsforschung zusammen, so kann man Innovation mit der Formel »*Innovation = kreative Idee + Implementierung*« auf den Punkt bringen. Diese Betrachtung bedeutet Folgendes: Erstens, je mehr Ideen, umso besser. Zweitens, Selektion einiger Ideen für die Weiterbearbeitung. Drittens, vermarktbare Produkte oder Dienstleistungen aus den Ideen entwickeln, und viertens, verkaufen.

Doch neuere Ansätze nehmen von dieser traditionellen Betrachtung und Formel Abschied.[149] Sie sind daran interessiert, die Effektivität (Wirksamkeit) des Innovationsprozesses selbst nachhaltig zu steigern. Und tatsächlich, Strategie und Innovation sind wesensverwandt. Bei der Strategie fokussiert man die Positionierung des Business im Markt aus der Sicht der Kunden und gegenüber Wettbewerbern. Mittels (Produkt-)Innovationen möchte man genau diese Positionierung aktualisieren und weiter ausbauen. Jede erfolgreiche Innovation berührt daher das Geschäftsmodell und die Ertragsmechanik. Innovation folgt treffender folgender Erfolgsformel »*Innovation = Bedürfnis + Lösung*«. Echte Innovationen orientieren sich direkt am Kundenbedürfnis. Innovationen müssen in den Köpfen der Kunden einen beobachtbaren, merklichen »Nutzenvorteil« gegenüber den bisher bekannten Lösungen bringen. Sie setzen an einem echten Kundenbedürfnis an, werden für einen konkreten Markt zugeschnitten und führen zu Mehrgeschäft. Einzig der Kunde ist der Maßstab für den Erfolg einer Investition.[150]

Bestimmt, alle Unternehmen realisieren ihre Innovationsprojekte kundenorientiert. Doch was heißt das wirklich? In der herkömmlichen Perspektive werden Kunden in Interviews nach ihren Wünschen und Bedürfnissen befragt, oder ihr Verhalten wird von Marktforschungsprofis vertieft studiert. Und trotz dieser Kundennähe bringen die entwickelten Lösungen oft nicht den erforderlichen zusätzlich erkennbaren Kundennutzen. Neue Innovationsansätze gehen einen deutlichen Schritt weiter direkt auf den Kunden zu. Kunden werden eingeladen, am wertschöpfenden Innovationsprozess aktiv selber mitzuwirken. Die »Booz-Allen-Hamilton«-Studie belegt auch, dass Unternehmen, die gemeinsam mit ihren Kunden Neuerungen oder Weiterentwicklungen erschaffen, eine doppelt so hohe Gesamtkapitalrendite erwirtschaften. Sich mit dem Thema »Strategie der Innovation« auseinanderzusetzen lohnt sich.

Häufig findet sich in der Unternehmenspraxis die Unterscheidung zwischen Produkt- und Prozessinnovation. »Produktinnovationen« sind markt- und kundengerichtet. Sie bezeichnen die Entwicklung neuer Angebote oder verbesserter Qualitäten. »Prozessinnovationen« streben eine Verbesserung der betrieblichen Abläufe zur Erhöhung von Effizienz und Effektivität an. Einige Autoren zum Thema Innovation trennen begrifflich zwischen Erfindung (»Invention«) und Innovation.[151] »Erfindungen« sind noch keine Innovationen. Sie bedeuten lediglich einen technischen Fortschritt, müssen aber nicht zwingend zu einem Markterfolg führen. Echte Innovationen hingegen bedingen diesen aber.

Schumpeter: Innovation durch kreative Zerstörung

Innovation ist nicht erst in unserer heutigen Zeit ein wichtiges Thema für Erfolg. Der Österreicher Joseph A. Schumpeter, der an den Universitäten Bonn und Harvard lehrte, sprach Ende der 30er Jahre des letzten Jahrhunderts von der überragenden Bedeutung der Innovationsdynamik für die Ökonomie. Durch seine Arbeiten popularisierte Schumpeter Fachbegriffe wie »Innovation« oder »kreative Zerstörung«.[152]

Auslöser einer kreativen Zerstörung sind Innovationen. Das Bessere wird zum Feind des Guten. Jede ökonomische Entwicklung baut auf diesen fundamentalen Prozess der schöpferischen Zerstörung. Dies führt dazu, dass alte Strukturen untergehen, um dem Neuen Raum zu geben. Die Marktwirtschaft ist anderen Wirtschaftssystemen durch die innere Kraft der permanenten Erneuerung überlegen. Innovationen beseitigen veraltete Lösungen und brechen mit ineffizienten Strukturen. Dadurch entsteht Vorsprung und Fortschritt.

Durch die Globalisierung und den Boom des Internets erlebt die Theorie Joseph A. Schumpeters eine Renaissance, da beide Entwicklungen die zerstörerischen Kräfte sichtbar machen. Der Wandel zur Servicegesellschaft, die zunehmende elektronische Vernetzung, der Wegfall internationaler Handelshemmnisse und die wachsende Computerisierung/Roboterisierung des Geschäftsalltags restrukturieren ganze Branchen in einer grundlegenden Weise und in noch nie beobachtbarer Geschwindigkeit. Zudem gründeten in der Internet-Boomphase um die Jahrtausendwende viele Jungunternehmer Start-up-Ventures, die dem schöpferischen Ideal von Schumpeters Unternehmertum sehr nahekamen.

Einschätzung

Joseph A. Schumpeter kommt das Verdienst zu, als Erster auf die überragende Bedeutung der Innovation für die Volkswirtschaft, das Unternehmen und den Entrepreneur hingewiesen zu haben. Die Überlegungen Schumpeters wurden nie empirisch bestätigt, was aber viele Forscher zu vertiefenden Studien anregte.

Kondratieff-Zyklen: Auf den langen Wellen reiten

Der russische Wirtschaftswissenschaftler Nikolai Kondratieff (Kondratiev, Kondratjew) publizierte 1926 seine Theorie der zyklischen Wirtschaftsentwicklung in der deutschen Zeitschrift *Archiv für Sozialwissenschaft und Sozialpolitik*. Sie trägt den Titel »Die langen Wellen der Konjunktur«. Kondratieff interpretierte mehrjährige Konjunkturdaten aus Deutschland, Frankreich, England und den USA. Dabei stellte er fest, dass die konjunkturellen Fluktuationen von großen, langen Wachstumswellen überlagert wurden. Diese Wellenzyklen dauerten jewoils zwischen 30 und 60 Jahre. Erstaunlich ist, dass die Wellen ähnliche Verlaufsmuster zeigten. Die etwas länger dauernde Aufstiegsphase, in der sich eher eine positive konjunkturelle Dynamik entfaltet, wird von einer kürzeren Abwärtsphase mit rezessivem Konjunkturverlauf abgelöst. In Zeiten des Aufschwungs erkannte Kondratieff wichtige Entdeckungen und Erfindungen, welche die positive Dynamik fördern. Die eine Entwicklung unterstützenden Technologien nannte er »Basisinnovationen«.

Wie kommt es zu diesen »langen Wellen«? Ein neuer Zyklus beginnt mit der Unzufriedenheit über existierende Lösungen. Aber auch die Entdeckung neuer, attraktiver Basistechnologien kann einen Aufschwung initiieren. Neue Technologien führen zu einem Umdenken und zum Suchen nach praktischen Anwendungslösungen. Diese kreative Phase bringt eine Vielzahl an Innovationen hervor, von denen sich die eine oder andere auf breiter Basis durchsetzt. Basisinnovationen verändern die Struktur der Wirtschaft. Der wachsende Wohlstand auf Basis der neuen Innovationen stabilisiert die wachsenden, neuen Strukturen, was über eine längere Zeit gesehen wiederum selbst zu einem Problem wird. *Beispiel:* Eine Dampfmaschine, die einen mechanischen Webstuhl antrieb, war anfänglich um einen Faktor 200 leistungsfähiger als das bekannte Spinnrad. So konnten Textilien um einen x-fachen Faktor günstiger hergestellt werden. Diese revolutionäre Basisinnovation löste einen gewaltigen Boom aus, da die Nachfrage nach günstigen Textilien explodierte. Durch die wachsende Produktivität konnten die Unternehmensgewinne enorm gesteigert werden. Damit wurden wiederum die Investitionen in Forschung und Entwicklung finanziert. Doch auch die Dampftechnologie war nicht problemfrei. Der Transport von Kohle, Erzen und Industriegütern verteuerte sich zunehmend, was eine Phase des ökonomischen Abschwungs zu Folge hatte. England war durch die effiziente Nutzung von Stahl und Kohle zur Weltmacht geworden. Selbst als Deutschland und die USA auf die Elektrizität, Benzin-/Diesel-Motoren und Chemie als neue Basisinnovationen setzten, gab England seine veraltete, ineffiziente Technologie immer noch nicht auf. Das Land verlor seine Vorrangstellung im globalen Wettbewerb und geriet ins Hintertreffen.

Abbildung 37: Kondratieff-Zyklen und Basisinnovationen

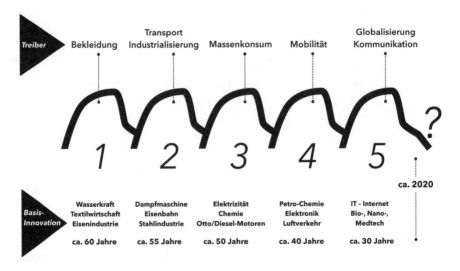

Der Ökonom Joseph A. Schumpeter bezog sich auf die Theorie der langen Wellen von Kondratieff. Er bezeichnete den Sachverhalt zu Ehren seines Entdeckers als »Kondratieff-Zyklen« (Abbildung 37).
Bezüglich der den Trend unterstützenden Innovationstechnologie des sechsten Kondratieff-Zyklus herrscht keine Einigkeit. Was könnte sich zur nächsten Boom-Technologie entwickeln? Kandidaten für kommende Basisinnovationen gibt es einige: Nanotechnologie, Kernfusionsenergie, Biotechnologie, regenerative Energien (Energiesparinnovationen, Solartechnik, optische Technologien), Industrie 4.0, Robotics oder bahnbrechende Innovationen aus dem Pharma-, Medizin- und MedTech-Bereich.

Einschätzung

Die Kondratieff-Theorie ist interessant, weil sie nicht nur eine ökonomische Dynamik beschreibt, sondern einen gesellschaftlichen Vorgang darstellt. Auch die gesellschaftliche Entwicklung orientiert sich an der Nutzung der Basisinnovationen. Hierzu bilden sich neue Infrastrukturen, neue Inhalte für die Bildung, neue unterstützende Technologien, neue Verhaltensweisen, neue gesellschaftliche Strukturen und vieles mehr heraus.

Ob sich die Kondratieff-Zyklen wirklich nach einem regelmäßigen Muster zwischen 30 und 60 Jahren einpendeln, wird die Zukunft weisen. Ein symmetrisch sinuskurvenartiger Verlauf gesellschaftlicher und ökonomischer Entwicklung ist jedoch zu bezweifeln. Doch dies ist nicht der relevante Aspekt der Theorie der langen Wellen. Strategisch interessant ist, dass zentrale Basisinnovationen unzweifelhaft gewaltige, längerfristige Wachstumstreiber darstellen und damit entscheidende Impulse für die strategische Positionierung vieler Geschäfte geben.

Skunk Works: Inkubator für radikale Innovationen

»Skunk Works« (wörtlich: Stinktier Werke) sind unabhängige (oft geheime) Entwicklungsabteilungen (auch: black projects) in Unternehmen, in denen hochkarätige, aus verschiedenen Fachdisziplinen zusammengesetzte Teams über wichtige Innovationsprojekte für das Unternehmen brüten.

Tom Peters und Nancy Austin propagieren in ihrem Buch *Leistung aus Leidenschaft* »Skunk Works«, um einem besonders hochkarätigen Innovationsprojekt einen durchschlagenden, prioritären Stellenwert einzuräumen.[153] Skunk Works zeichnen sich durch kreative, rasch und unabhängig denkende Expertenteams aus, die sich an den Randbereichen von Unternehmen mit wichtigen Zukunftsaufgaben befassen. Da die Skunk-Workers nicht in der regulären Organisationsstruktur integriert sind, verfügen sie über große (Narren-) Freiheiten, alle notwendigen Kompetenzen und ein beachtliches Mass an Autonomie. Sie können so mit Hochdruck unkonventionelle Lösungen entwickeln.

Der Begriff der Skunk Works hat seinen Ursprung in den Konstruktionsabteilungen der amerikanischen Lockheed-Martin Flugzeugwerke, die Projekte für die US Airforce realisierte. Die erste Skunk-Work-Abteilung soll neben einer schrecklich stinkenden Kunststofffabrik untergebracht gewesen sein. (Dies war wohl der Grund für die Namensgebung.) Während des Zweiten Weltkriegs erfuhr das amerikanische Militär, dass die Deutschen ein neuartiges Kampfflugzeug, den Düsenjäger, entwickelt hatten. Daher wandte sich das amerikanische Verteidigungsministerium an den Flugzeugbauer Lockheed Martin. Dieser trommelte sofort eine Entwickler-Gruppe mit auserlesenen Experten zusammen. Von Anfang an wurde dieses Top-Team örtlich isoliert, um möglichst keinen Kontakt zum Rest des Unternehmens zu haben. Nichts sollte das Zukunftsteam behindern und alle erdenklichen Anträge und Budgets wurden bewilligt. Die hoch qualifizierten Ingenieure entwickelten in ihrer Klausur in nur 143 Tagen einen komplett neuen Kampfjet-Prototyp mit Düsenantrieb. Die Skunk-Works-Methode gilt mit ihrer Kokonphilosophie bis in unsere Tage als äußerst erfolgreich.

Führende Unternehmen wie IBM, HP oder 3M griffen diese Methode für ihre eigenen Innovationsprojekte auf. Auch die modernen Industrie- und Technologieparks fußen im Kern auf Skunk-Works-Ideen. Sie bewähren sich insbesondere dann, wenn sich die bestehende Organisation eines Unternehmens stark auf Effizienz, Routine und Abwicklung konzentrieren muss und die außerordentlichen Aufträge der Entwickler daher kaum verkraften kann. Neuentwicklungen und unkonventionelle Aufgaben wären dann nichts als unwillkommene »Störungen« des normalen Betriebs.

Die beiden Managementprofessoren Charles O'Reilly und Michael Tushman der Harvard Business School empfehlen, in extrem wichtigen Situationen besondere Innovationseinheiten einzurichten, die sich eigenverantwortlich und autonom um ihre Aufgabe kümmern.[154] Wichtig ist, dass die konventionellen und unkonventionellen organisatorischen Einheiten immer wieder offen und direkt miteinander kommunizieren, damit die Neuerungen auch zu einem späteren Zeitpunkt erfolgreich in das bestehende Unternehmen überführt werden können.

Neue Geschäfte konkurrieren mit bestehenden Geschäften um die Zuteilung von Ressourcen. Dies hat zur Folge, dass häufig die neuen innovativen Ventures auf der Strecke bleiben, da sie mit höheren Risiken belastet sind. Die Innovations- und Strategieexperten Vijay Gonindarajan und Chris Trimble, beide Professoren am Center for Global Leadership der Dartmouth Tuck School of Business, empfehlen eine ausgewogene Innovationslogik, die bestehendes Geschäft und Innovationen ganzheitlich betrachtet und beiden einen gleichen Stellenwert einräumt.[155]

Andy Morrison, Professor am britischen Hanley Management College, untersuchte innovative Unternehmen in der Studie »Corporate Innovation – Going Beyond Innovation«. Er stellt die Frage: »Wann wird aus guten »Ideen« wirklich ein Erfolg?« Die Hanley-Managementstudie bringt fünf wertvolle Erfolgsfaktoren für Innovation ans Licht:[156]

1. Eine innovative Lösung muss die Probleme der Kunden lösen und nicht diejenigen von Technikern, Ingenieuren oder Forschern.
2. Die innovative Lösung und ihre Erfinder/Entwickler müssen möglichst lange zusammenbleiben. Viele Unternehmen begehen den Fehler, dass sie die Erfinder/Entwickler zu rasch von ihren Ideen trennen. Die neue Geschäfts-, Produkt- oder Prozessidee wird zu früh in bestehende Organisationsabteilungen transferiert. Gute Ideen werden dann schnell ihres Wesens beraubt. Sie verkümmern, verelenden und bringen nicht ihre möglichen, erwarteten Resultate.
3. Neuerungen brauchen eine besondere Berücksichtigung in Strategien, Plänen, Budgets und Programmen. Viele Innovationen gehen im jährlichen Kampf um Budgets und Ressourcen gegenüber konventionellen Projektvorhaben unter.
4. Häufig werden die eigenen Fähigkeiten der Umsetzung einer guten Idee überschätzt. Es lohnt sich, frühzeitig daran zu denken, mit welchen Partnern zusammen die Innovation (eventuell besser) angegangen werden könnte.
5. Frühzeitig sind interne und externe Netzwerke zu knüpfen, welche die gute Idee unterstützen. Diese politischen Netzwerke helfen, dem Innovationsprojekt den notwendigen Schub zu verschaffen. Sie belegen auch nach innen, dass sogar Dritte an die Idee glauben.

Innovationsmuster: Inkrementelle oder radikale Neuerung

Inkrementelle Innovation: Emsig in kleinen Schritten vorwärts

Die bessere Lösung schlägt die gute. Menschen sind immer auf der Suche nach Möglichkeiten, Dinge, Werkzeuge oder Prozesse zu verbessern, leistungsfähiger zu gestalten oder einfacher zu lösen. Schritt für Schritt suchen wir nach Fortschritt (Abbildung 38).

James Brian Quinn forschte nach einem grundlegenden Muster für erfolgreiche Innovationsprozesse.[157] Doch dieses konnte er in seinen Studien nicht entdecken. Von der Geschäftsleitung geplante und initiierte Innovationsprozesse, welche den durchschlagenden Erfolg bringen, trifft man in der Praxis selten. Quinn fand heraus, dass viele erfolgreiche Projekte keinem logischen Pfad von »oben nach unten« folgen, sondern überall entstehen. Wertvolle Impulse für Veränderungen, innovative Produkte oder die Erneuerung der Geschäftsprozesse sind nicht management-gebunden. Fortschrittsimpulse lassen sich überall im Unternehmen ausmachen. Dieses gängige Vorgehen, welches viele Unternehmen bei ihren Innovationsprozessen nutzen, bezeichnet er als »logischen Inkrementalismus« oder als »schrittweises, spontanes Vorgehen des Sich-Durchwurstelns«.

Abbildung 38: Innovation – inkrementell oder radikal?

	Inkrementelle Innovation	Radikale Innovation
Fokus des Innovationsprojektes	eher kurzfristige Optik auf die kommenden 6, 12 oder 24 Monate; Fokus: Kosten- oder Produktverbesserung	eher längerfristige Optik auf 5 bis 10 Jahre Fokus: Neuproduktentwicklung, neue Geschäftsprozesse, neue Geschäftsmodellierung
Gewissheit	bekannt, kontinuierlich, logisch, geringe Ungewissheit	unbekannt, sprunghaft, hohe Ungewissheit, bruchstückhaft
Geschäftsbezug	Entwicklung bezogen auf bestehendes Geschäftsmodell, um aktuell zu bleiben	Entwicklung bezogen auf noch unbekanntes Geschäftsmodell, um die Wettbewerbs-/Marktposition zu steigern
Organisation	verankert in bestehender Organisation, formaler Prozess	Schlüsselentwickler kommen und gehen, bereichsübergreifend, intern und extern; Projekt-Organisation
Ressourcen	setzt auf bekanntes Wissen; nutzt bekannte Vorgehensweisen und Methoden	entwickelt Lernprozesse, baut neue Fähigkeiten auf, erschließt neuartige Ressourcen
Modellvorstellung	in (kleinen) Schritten	in (großen) Sprüngen

Welche Rolle spielt das Management beim inkrementellen Innovationsprozess? Die Geschäftsleitung handelt als Coach, der strategische Initiativen unterstützt, umlenkt oder bremst. So ist es wichtig, dass sich die Geschäftsleitung dieser wichtigen verstärkenden oder bremsenden Rolle zur Zukunftsgestaltung bewusst ist. Es sollte daher ein Führungssystem etabliert werden, das entsprechende Innovationsinitiativen unternehmensweit identifiziert, um so deren Förderung zu sichern. Die Vorgehensweise der kleinen Schritte, die durch das Management koordiniert werden, ist sehr effektiv und leistungsfähig. Trotzdem reicht diese Form der Verbesserung nicht aus, um im Wettbewerb einen wirklichen Vorsprung zu etablieren.

Radikale Innovation: Suche nach großen Sprüngen

Die Märkte und Wettbewerber erfordern heute eine hohe Innovationsdynamik, wenn man sich als Innovationspionier zu positionieren gedenkt. Viele Managementkonzepte der industriellen Ära wie beispielsweise Hierarchie, Arbeitsteilung, Qualitätskontrolle, Bürokratie, Überwachung, Controlling oder Planung sind für innovative Prozesse aufgrund ihrer Starrheit eher hinderlich. Ein Innovationsschub erfordert enorme Experimentierfreude, spielerische Kreativität, schier grenzenlose Imagination und spontane Organisationsformen für die Entwickler. Unternehmen müssen diese erforschenden, spielerischen Aktivitäten zulassen, da sie wichtige Katalysatoren für sprunghafte Fortschritte und Innovationen sind.

Radikale Innovationen geben sich mit Verbesserungen des Status quo nicht zufrieden. Eine »radikale Innovation« ist kein Reparaturdienstverhalten und kein nächster Verbesserungsschritt. Radikale Innovationen sind auf der Suche nach Sprüngen, Trend- und Entwicklungsbrüchen oder Zäsuren. Ihr Inhalt sind innovative Angebote oder neue Produktlinien, die Erschließung bisher unbearbeiteter Märkte, sprunghafte Verbesserungen der Geschäftsprozesse oder gar die Konzeption neuer Geschäftsmodelle.[158] Es ist immer riskant, radikale Innovationen anzugehen, denn ihre Floprate ist beachtlich. Ihr Erfolg kann aber auf der anderen Seite auch durchschlagend sein. Hieraus ergibt sich eines der Hauptprobleme der radikalen Innovation: über eine längere Zeitdauer einem Projekt genügende Ressourcen zuzuordnen, obwohl kurzfristig keine Erträge zu erwarten sind.

Constantinos D. Charitou und Constantinos C. Markides, beides Strategieexperten der London Business School, haben sich aus der Wettbewerbsperspektive mit radikalen Innovationen beschäftigt. Sie erforschten, wie traditionelle, oft branchenführende Unternehmen sich gegenüber ihren innovativen Herausforderern verhalten. Hierzu erforschten sie hundert Unternehmen und identifizierten folgende strategischen Handlungsmuster:

- *Bleibe auf dein traditionelles Geschäft fokussiert.*
  Traditionsfirmen warten erst einmal ab und verfolgen weiterhin konsequent ihren konventionellen Geschäftspfad. Sie beobachten, wie sich die Herausforderer im Markt behaupten und wie die Kunden reagieren. Sie folgen der Empfehlung »Wait and see!«

- *Ignoriere Innovation – Innovation ist nicht unser Business.*
  Da die Herausforderer oft andere Zielgruppen in anderen Preissegmenten bedienen (zum Beispiel Billigairlines im Vergleich zu den Traditionsgesellschaften), findet man das herausfordernde Geschäftsmodell nicht attraktiv. Traditionsfirmen haben so die Tendenz, Innovationen abzulehnen.
- *Schlage zurück und sei radikaler!*
  Haben die Herausforderer jedoch einen nachhaltigen Erfolg, so kommt plötzlich der Zeitpunkt, zu dem auch Traditionsunternehmen auf das innovative Geschäftsmodell einschwenken. Sie folgen der Regel: Etabliere für die innovativen Geschäfte spezielle autonome Geschäftsbereiche oder gründe dafür eine Tochterfirma. Für diese relativ selbstständigen Einheiten ist es viel einfacher, sich wie Herausforderer zu verhalten (Beispiel: Lufthansa, Eurowings).
- *Ausnahme: Spiele beide Spiele!*
  Eine mit Vorsicht anzugehende Anpassungsstrategie ist es, beide »Spielvarianten« unter einem Dach anzubieten. Die Unterschiede zwischen Alt und Neu verschwimmen für den Kunden. Trotzdem lässt sich diese Strategie mit einem entsprechend großen Marketingsupport realisieren. (Beispiel: Versicherungsgesellschaften, die einen In-House-Telefonverkauf oder Direktvertrieb via Internet zu günstigeren Konditionen unter ihrem Label anbieten.)

Guy Kawasaki, der erste Marketingchef der Apple Inc., heute Venture Capitalist und Autor mehrerer Bücher zum Thema Innovation, hat viel beachtete »Wahrheiten« für den Umgang mit radikalen Innovationen zusammengetragen.[159]

- *Springe heute schon auf die nächste Kurve der Entwicklung!*
  Wer nachhaltigen Vorsprung sucht, findet diesen selten auf derselben technologischen Entwicklungsstufe, auf der sich auch die Wettbewerber bewegen. Setze Innovationsprojekte rasch auf neue sich abzeichnende Entwicklungstrends auf.
- *Vermarkte das Imperfekte!*
  Wer auf die perfekte Innovationslösung wartet, wird es kaum schaffen. Perfektion gibt es nicht. Perfektion frisst die Mittel weg und kostet enorm Zeit. Beispiele: Auch viele neue Fahrzeuge werden erst von den Kunden auf Herz und Nieren getestet. Ein enormer Vorteil kann errungen werden, indem Märkte mit Innovationen rasch besetzt werden.
- *Verbessere nonstop!*
  Imperfekt können Innovationen nur am Anfang bei Markteinführung sein, danach müssen sie hohen Qualitätsstandards zu genügen und müssen eine führende Position einnehmen, sonst erodiert ihr Vorsprung. Die Innovationen sind dann fortlaufend weiterzuentwickeln (inkrementelle Innovation).

- *Polarisiere mit deinen Angeboten!*
  Die Innovation muss zu reden geben. Eine bessere Promotion gibt es nicht. Es ist falsch, ein Produkt zu entwickeln, welches für jegliche Zielgruppe das richtige ist. Nur spezifische Kundensegmente können mit dem innovativen Angebot voll zufrieden sein. Von dort aus ist die Lösung weiter zu differenzieren und in andere Marktsegmente sukzessive zu multiplizieren.
- *Reiße Hindernisse nieder!*
  Innovative Lösungen sind, entgegen einer landläufigen Meinung, nicht einfach zu vermarkten. Sie haben sich gegen die bereits vorhandenen Lösungen durchzusetzen. Der Status quo ist träge. Erst wenn man Nutzer davon überzeugen kann, das Produkt zu testen, ist der Weg frei.
- *Lass hundert Blüten blühen!*
  Die Kunden alleine bestimmen, wie das Produkt oder die neue Lösung verwendet wird. Sie geben Anregungen zur Weiterentwicklung und für weitere Nutzungsanwendungen. *Praxis:* Der Kosmetikkonzern Avon entwickelte eine neue Hautcreme für geschmeidigere Haut. Doch die Kunden nutzten sie als Insektenschutzmittel. Avon stieg daraufhin in diesen neuen Markt ein.
- *Make happy! (Mach Kunden zufrieden!)*
  Dies sollte das Endziel jeder innovativen Entwicklung sein. Es geht dabei weniger um den technologischen Fortschritt allein, sondern vielmehr um zufriedene Kunden. Hierzu haben auch andere nicht technische Bereiche einen Beitrag zu liefern.

Einschätzung

Vor allem die kontinuierliche Innovation hält Angebote und Geschäftsmodelle aktuell. Die Erfolge des japanischen Managements, wodurch Toyota, Canon, Sony, Matushita und andere Konzerne zu Weltklasseunternehmen wurden, belegen den schrittweisen Ansatz. Westliche Manager erwarten von Innovationen häufig den großen Sprung nach vorn. Doch auch mit vielen kleinen Schritten lassen sich große Distanzen überwinden. Nur wenige Unternehmen haben ihre wirtschaftlichen Erfolge in großen Sprüngen erzielt: Dell, Apple, Inditex (Zara-Mode), Starbucks.

S-Kurve: Typisches Innovationsmuster

Die »S-Kurve« ist ein wissenschaftliches Konzept, welches den idealen Entwicklungsverlauf symbolisiert. Ursprünglich wurden S-Kurven in der Mathematik entwickelt, dann wanderte die Vorstellung des S-Verlaufs in die Physik, Biologie, Volkswirtschaftslehre und dann weiter in die Innovationsforschung.

Entwicklungsverläufe lassen sich in der Form eines S-Verlaufs interpretieren. Die S-Kurve beschreibt die Entwicklung eines Embryos ebenso wie die Wachstumsdynamik von Virenstämmen. Im Innovationsmanagement zeigt die S-Kurve den »prinzipiellen« Entwicklungsverlauf einer Neuerung in vier Phasen: Entwicklung, Wachstum, Reife und Degeneration. Die S-Kurve entspricht ebenfalls dem Verlauf eines idealtypischen Produktlebenszyklus.

Die Berater von Arthur D. Little haben eine Klassifikation der Innovationsdynamik vorgelegt (Abbildung 39).[160] »Schrittmachertechnologien« (pacing technologies) stecken in der Entwicklungsphase und sind riskant. Doch gerade sie haben das Potenzial, einen ganzen Geschäftszweig aufzumischen. »Schlüsseltechnologien« (key technologies) beeinflussen die gegenwärtige Wettbewerbsposition des Unternehmens. Sie sind die Träger des heutigen Fortschritts. Werden Technologien zu »Basistechnologien«, ist deren Vorsprungpotenzial zermalmt, da sie von den meisten Anbietern standardmäßig genutzt werden.

Abbildung 39: Die S-Kurve der Innovation – Technologiebegriffe

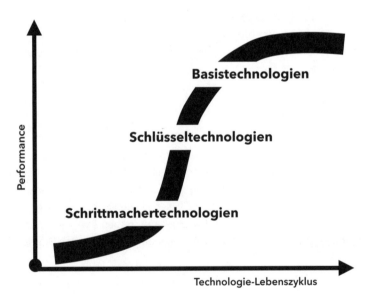

Die S-Kurven sind hilfreich zur Analyse technologischer Innovationszyklen. Es ist nützlich festzustellen, auf welcher Entwicklungsstufe sich eine Innovation befindet, da je nach Phase spezifische strategische Verhaltensweisen angebracht sind. Zudem existieren in der Unternehmenspraxis meist mehrere konkurrierende Technologien oder Innovationen gleichzeitig, die aber einen unterschiedlichen

Entwicklungsverlauf zeigen. Es ist wichtig, die Innovationsdynamik verschiedener Vorhaben aus finanziellen Gründen (Mittelzu- und -abflüsse) auszubalancieren.

Durch das Studium der S-Kurven stellt man fest, wann die Zeit reif ist, um von einer technologischen Lösung auf die nächste zu springen. Lässt sich die Leistungsfähigkeit nicht mehr deutlich steigern, sollte man sich nach neuen technologischen Lösungen umsehen.

Innovationspfade: Produkt- oder Prozessinnovation?

Die Harvard-Professoren William J. Abernathy und James M. Utterback befassen sich mit der Fragestellung, wann Unternehmen eher »Prozessinnovationen« beziehungsweise wann sie eher »Produktinnovationen« vorantreiben sollen.[161] Die Entscheidung für einen der Innovationspfade bedeutet eine strategische Weichenstellung, da dann die vorhandenen Fähigkeiten, Mittel und finanziellen Ressourcen sorgfältig diesem Pfad zugewiesen werden. Die empirischen Untersuchungsergebnisse belegen, dass es sich bei dieser Entscheidung weniger um eine Frage des »Entweder-oder« als um ein »Sowohl-als-auch« handelt. Beide Innovationspfade sind für den Erfolg eines Unternehmens entscheidend. Einerseits müssen neue Produkte dem Geschäft Impulse geben, andererseits sind immer wieder Effizienzsteigerungen notwendig.

Dass Produktinnovationen wichtige Treiber für das Wachstum sind, steht außer Frage. Mit zunehmender Dauer im Marktverlauf einer Innovation wird aber der Herstellungsprozess selbst immer bedeutsamer. Für den finanziellen Erfolg lohnt es sich dann vermehrt, den Prozess zu verbessern als in neue Produkte zu investieren. Warum? Die beiden Forscher behaupten, dass sich der Spielraum für immer noch weitere Produktverbesserungen im Verlauf des Produktlebenszyklus verengt. Die Fortschritte in Forschung und Entwicklung nehmen mit zunehmendem Alter des Produkts ab. Dies bedeutet, dass entweder die Aufwendungen für weitere Innovationen steigen und/oder die zusätzlichen Fortschritte immer geringer ausfallen. Die Innovationsexperten empfehlen, sich dann auf die innovative Verbesserung der Prozesse zu konzentrieren. Dies stärkt die Renditen.

Diese Effizienzsteigerungen im Prozessbereich verbessern die Profitsituation. Sie sind ebenfalls – neben der Produktinnovation – ein nicht zu unterschätzender, zentraler Faktor für den Ausbau der Wettbewerbsposition. Doch dieses Umschwenken vom Produkt auf den Prozess geschieht nicht immer ganz freiwillig: Die Konkurrenz verschärft zunehmend den Druck zur Rationalisierung. Auftretende Billiganbieter bieten den Kunden preisgünstige Alternativen. Zudem sind nicht alle Kunden immer nur an innovativen Verbesserungen interessiert, sondern wünschen sich auch günstigere Angebote. So führt kein Weg an der Effizienzsteigerung zur Senkung der Kosten vorbei.

Auch im Bereich der Premiumprodukte spielt nicht nur die »Produktinnovation« eine wichtige Rolle, sondern ebenfalls die »Prozessinnovation«. Investitionen zur Steigerung der Produktivität und Kostensenkung sind nicht zu vernachlässigen. Wer diesem Aspekt zu wenig Aufmerksamkeit schenkt, vergrößert seine Preisdiskrepanz zur Billigkonkurrenz. So kann es durchaus vorkommen, dass die psychologische Wertbeimessung durch die Kunden (»value for money«) den Preisaufschlag für das innovative Premiumangebot nicht mehr rechtfertigt. Abbildung 40 zeigt den Zusammenhang zwischen Produkt- und Prozessinnovation.

Abbildung 40: Prozess- und Produktinnovation im Verlauf

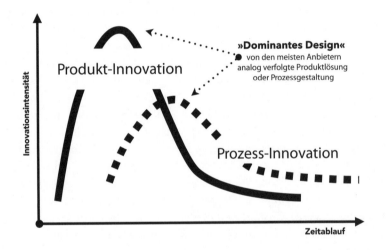

Innovationsgewinn: Lohnen sich Innovationen?

»Lohnen sich Innovationen für denjenigen, der sie entwickelt?«, fragte sich David J. Teece, Professor an der University of California Berkeley, bei seinen Innovationsstudien. Das »Teece-Modell« kann eingesetzt werden, um zu entscheiden, ob sich bestimmte Innovationen strategisch lohnen oder ob man die guten Ideen besser an Dritte weiterverkaufen sollte.[162] Bei seinen Studien fand Teece, dass zwei Faktoren diese Frage signifikant beeinflussen.

Der *erste Faktor* ist die »*Imitationsgefahr*« (imitability) einer Innovation. Die Imitationsgefahr bestimmt, wie rasch und einfach sich die Neuerung durch konkurrierende Wettbewerber nachahmen lässt. Dies kann ein identisches Produktangebot, ein Substitutionsprodukt oder das Kopieren des Innovationsprozederes selbst betreffen. »Welche Teile der Innovation lassen sich kopieren? Wie schnell wird kopiert? Wird nur der Innovationsprozess kopiert oder die Lösung?«, sind Diskussionsfragen dazu. Doch dem Imitieren ist der Erfinder/Entwickler nicht völlig ausgeliefert. Als Gegenmaßnahme kann er seine Innovationen mit den Immaterialgüterrechten (Lizenzen, Copyrights, Patente) absichern, was aber Zeit und Geld kostet. Zu beachten ist, dass es sich aufgrund der immer kürzer werdenden Produktlebenszyklen oft gar nicht mehr lohnt, Patente anzumelden, da die administrativen Sicherungsverfahren viel zu aufwändig und langwierig sind.

Der *zweite Faktor*, der den Profit einer Innovation nachhaltig beeinflusst, sind die »*komplementären Ressourcen*«. Diese ergänzenden Fähigkeiten, Fertigkeiten oder finanziellen Mittel sind für die Markteinführung, Kommerzialisierung und für die Anfeuerung des Marktwachstums notwendig. *Praxis:* Ein Beispiel aus dem amerikanischen Softdrink-Business zeigt die Rolle der komplementären Ressourcen. RC Cola war die erste Firma, die ein Diät-Cola-Getränk auf den Markt brachte. Doch RC Cola konnte sich vor den dominanten Marktführern nicht schützen. Die Imitatoren Coca-Cola und Pepsi stürzten sich auf die Produktidee. Die beiden Cola-Riesen verfügten über ein gewaltigeres Arsenal an komplementären Ressourcen im Vergleich zu RC Cola. So nutzten die Imitatoren ihre starken Marken, ihre Distributionskanäle, ihr professionelles Marketing, die Kraft bestehender strategischer Allianzen, die vorhandenen Kundenbeziehungen und ihre ganze Marktkraft, um »ihre« Innovation in den Markt zu drücken. Der Verlierer war RC Cola.

Einschätzung

Um von einer Innovation strategisch wirklich zu profitieren, ist nicht nur deren Geschäftspotenzial abzuklären, sondern vor allem auch deren Imitieranfälligkeit sowie die komplementären Ressourcen der potenziellen Konkurrenten.

Technologische Innovation: Kluft mangelnder Akzeptanz

Geoffrey A. Moore, Hightech-Berater im kalifornischen Silicon Valley, interessiert sich für das strategische Verhalten von Firmen in schnelllebigen Märkten, die durch ein hohes Wachstum gekennzeichnet sind.[163] Wie kann es ein Unternehmen in rasenden Wachstumssituationen schaffen, rasch die Marktführerschaft zu erobern? Schnell wachsende Märkte finden sich zum Beispiel in der

Hightech Branche oder auch im Internet-Business. Derartige Marktkonstellationen haben komprimierte Produktlebenszyklen und wachsen mit rasender Geschwindigkeit von einem Nischenmarkt in einen Massenmarkt.

Geoffrey A. Moore entwickelte die »Theorie der Innovationsdiffusion«. Diese erklärt, warum und wie rasch technologische Neuerungen von den Kunden akzeptiert werden. Die Diffusionsforschung untersucht beispielsweise die Dauer der Akzeptanz von Neuerungen durch die Kunden, wie diejenige von Armbanduhren, Personal Computern, mobilen Telefonen, Tomatensaucen, Videogames, Opernmusik oder Sushi in verschiedenen Kulturen. Das Diffusionsmodell wurde bereits 1962 vom Soziologen Everett M. Rogers, Professor der Stanford University und der University of Southern California, entworfen. Es geht davon aus, dass Innovationen sich entlang eines glockenförmigen Verlaufs im Markt verbreiten.[164] Diesen Glockenverlauf unterteilte Rogers aufgrund seiner Forschungsergebnisse in folgende Phasen (Abbildung 41):

1. *»Innovators« (Innovatoren, Enthusiasten, Techies, Freaks): 2,5 Prozent*
Die Innovatoren haben Freude am Neuen. Sie besitzen immer das neueste Smartphone, die aktuellste Digitalkamera oder das angesagteste Technik-Gadget. Sie bestimmen, was cool, hot oder out ist. Das Marktpotenzial dieser Gruppe ist relativ klein, aber als Beeinflusserszene sind sie bedeutungsvoll.
2. *»Early Adopters« (frühe Übernehmer, Visionäre): 13,5 Prozent*
Die frühen Produktnutzer erkennen den Nutzen der Technologie oder Innovation. Sie sind bereit, dafür einen höheren Preis zu bezahlen.
3. *»Early Majority« (frühe Mehrheit, Pragmatiker): 34 Prozent*
Die Pragmatiker öffnen das Tor in den Massenmarkt. Sie beobachten zuerst, bevor sie sich die Neuerung anschaffen. Sie müssen überzeugt werden, dass die Neuerung einen echten Vorteil gegenüber dem Bestehenden bringt. Sie gehen keine Risiken ein, setzen gerne auf bekannte Marken, etablierte Unternehmen und auf Verbessertes statt auf Revolutionäres.
4. *»Late Majority« (späte Mehrheit, Konservative): 34 Prozent*
Die Konservativen kaufen, wenn die Neuerung preisgünstig geworden ist und eine gewisse Verbreitung erreicht hat. Wenn alle etwas haben, kann es ja nicht schlecht sein.
5. *»Laggards« (Nachzügler, Skeptiker): 16 Prozent*
Dann gibt es noch die ewigen Skeptiker, die nicht an die Neuerung glauben. Sie kritisieren gerne und beschwören die guten alten Zeiten.

Geoffrey A. Moore erkannte, dass diese »Glockenentwicklung« für Hightech-Angebote nicht im nach dem Muster von Everett Rogers verläuft. Bei Hightech-Innovationen entsteht eine »Kluft« (»chasm«) der Akzeptanz zwischen den Enthusiasten und visionären Technikfans auf der einen Seite und den Pragmatikern auf der anderen Seite (Abbildung 41).

Abbildung 41: Akzeptanz von Innovationen

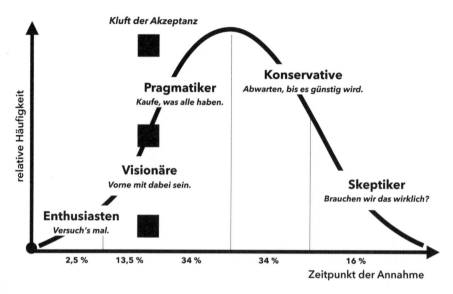

Wie kommt es zu dieser Kluft, die ein Überspringen des Geschäftserfolgs von einem Nischenmarkt zu einem Massenmarkt verhindert? Der Grund liegt in den unterschiedlichen Erwartungen der beiden Kundensegmente an eine technologische Innovation. Die Enthusiasten, Freaks oder Visionäre haben Freude an technologischen Spielereien an sich. Sie erfreuen sich an Gags, am Besonderen, Außerordentlichen und Neuen. Die Pragmatiker auf der anderen Seite der Kluft schätzen derartige Gags weniger bis gar nicht. Diese Kluft der Innovationen ist aus strategischer Sicht gefährlich. Immer wieder verpassen es Unternehmen, vor allem im Hightech-Bereich, ihre Strategien auf das Überspringen dieser Kluft auszulegen. Wer den Sprung nicht schafft, sitzt in der Nische fest und verpasst das große Geschäft. Nischenplayer gehen oft in einer späteren Phase in ihren kleinen, anspruchsvollen Teilmärkten unter.

Technologische Entwicklungen müssen, wenn sie einen Durchbruch im Breitengeschäft haben wollen, ihre strategische Positionierung sowie die Marketing-, Distributions- und Preisstrategie auf eine frühe pragmatische Mehrheit ausrichten, nachdem sie bei den innovativeren Zielgruppen bereits eine erfolgreiche Positionierung erreichen konnten. Dies gilt insbesondere für Start-up-Unternehmen. Wer keine Brücke zur Überwindung des Grabens strategisch aufbaut, stürzt ab. Wie kann man eine Brücke bauen?

1. Fokussierung auf ein Kerngeschäft und Aufbau einer starken Position bei den Early Adopters. Sie sollen belegen, was die Innovation bringt.
2. Abklären, wie die »Brücke« aussehen soll: transparente Nutzendarstellung, Value Proposition im Marktsegment der Early Majority.
3. Das Angebot möglichst zu 100 Prozent fertigstellen, so dass sich die Risiken für die Zielgruppe minimieren.
4. Ein Paket schnüren, bei dem die Risiken durch Zusatz- oder Nebenleistungen reduziert sind, und dann rasch im Markt multiplizieren. Intensiv mit der Zielgruppe kommunizieren.

Was bestimmt grundsätzlich, ob eine Innovation rasch und nachhaltig zum Erfolg wird?

- Die Innovation bringt einen *relativen Vorsprung*, das heißt, sie wird als echter Fortschritt gegenüber bestehenden Lösungen betrachtet.
- Die Innovation ist *einfach*, das heißt, ihre Idee wird rasch verstanden und ist einfach nutzbar.
- Die Innovation ist *kompatibel*, das heißt, sie passt zu den Vorstellungen und bisherigen Erfahrungen des Kunden.
- Mit der Innovation kann leicht *experimentiert* werden, das heißt, sie lässt sich leicht nachvollziehen.
- Die Innovation ist *beobachtbar*, das heißt, auch Dritte erkennen den Fortschritt.

Einschätzung

Zu beachten ist, dass sich Geoffrey A. Moore besonders mit technologischen Innovationen (vorwiegend im Hightech-Business) befasst. Das Problem der strategischen Innovationskluft wirkt speziell in diesem Segment stark. Geoffrey fordert in seinen Arbeiten immer wieder, dass Unternehmen, die einen Durchbruch feiern wollen, auf eine »First Mover«-Strategie setzen sollten. Doch die Strategie, dass der Erste, der den Markt besetzt, auch besonders erfolgreich ist, ist strategisch nicht haltbar.

Disruptive Innovation: Wenn Spitzenleistungen behindern

Der Beitrag von Clayton M. Christensen zur disruptiven oder »zerstörenden« Innovation ist einer der bedeutenden Ansätze der letzten Dekade im Bereich des Innovationsmanagement.[165]

Die »kontinuierliche Innovation«, das heißt das stetige Weiterentwickeln oder Verbessern von Produkten und Prozessen, beherrschen die meisten Unternehmen. Nur wenigen Unternehmen hingegen gelingt es, sich Wettbewerbsvorteile zu verschaffen, indem sie die dominante Industrielogik des Immer-schrittweise-Verbesserns durchbrechen. Neue Geschäftslogiken können herkömmliche Strategien zunichtemachen. Strategisch gefährlich sind daher die »zerstörerischen (disruptiven) Innovationen« und Geschäftsmodelle, welche Entwicklungssprünge bewirken. Warum? Sie bieten dem Kunden genau das, was er sucht, aber auf eine einfachere oder gänzlich andere Weise. Häufig sind es gerade Unternehmen außerhalb der Branche, die unkonventionelle Lösungen mit einem unschlagbaren Kosten/Nutzenverhältnis bieten (Abbildung 42). *Praxis:* Karge Hallen mit bunten Wühltischen oder Produkten direkt aus Kartons mit neonfarbenen Preisschildern prägten die konventionelle Schnäppchenjagd. Heute hingegen pilgern die Shopper in Factory Outlet Center, um sich mit hochwertiger Designermode in trendiger Atmosphäre einzukleiden ... und das noble Kaufhaus in teurer Innenstadtlage hat das Nachsehen. Weiter Beispiele für zerstörerische Innovationen, die ganze Geschäftskonzepte umdefinierten, sind: elektrisches Licht/Petroleumbeleuchtung, Dampfmaschine/Segelschifffahrt, Kupferdraht/Glasfaserdraht, Schreibmaschine/Textverarbeitung, Digitalfotografie/Analogfotografie, Quartzuhr/Analoguhr, iPod/CD-ROM.

Abbildung 42: Das Modell der »disruptiven« Innovation

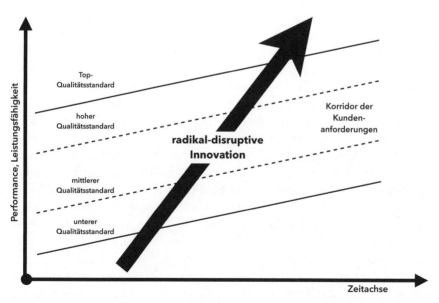

Clayton M. Christensen hat festgestellt, dass gerade Innovationsführer den Sprung in neue zerstörerische Innovationen häufig verpassen. Neben ökonomischen Gründen wie einer hohen Fixkostenstruktur, dem Herunterspielen der neuen Entwicklungskompetenz oder einer zu starken Vermarktungsorientierung sieht Christensen vor allem psychologische Ursachen wie Arroganz, Bürokratie, Erfolgsgewöhnung, Bestandsdenken oder Kurzfristorientierung. Die eigenen Kernkompetenzen eines Unternehmens können zu seinen größten Feinden werden, wenn radikaler Wandel angesagt ist. Christensen spricht vom »Innovationsdilemma«. Hervorragende Unternehmen verlieren rasch ihre Marktführerschaft, wenn sie mit bahnbrechenden, neuen oder radikal vereinfachenden Technologien oder Geschäftsmodellen konfrontiert werden. Sie hängen zu fest und zu lange an ihren Erfolgen aus vergangenen Tagen und wagen es nicht, sich auf das radikal Neue einzulassen.

Christensen thematisiert einen weiteren Aspekt im Zusammenhang mit Innovation: Viele Hersteller lancieren Forschungs- und Entwicklungsprojekte (vor allem auch im technischen Bereich), auf deren Ergebnisse kein Kunde wirklich je gewartet hat. *Beispiel:* So wurde das Automatikgetriebe immer weiter und weiter und weiter entwickelt, obwohl das System seit Jahrzehnten eigentlich gut funktioniert. Viergang-Automaten gelten heute als rückständig, fünf Gänge waren bis vor kurzem Standard, sechs Gänge sind heute die Norm. Mercedes brachte vor Jahren die Siebengang-Automatik als Errungenschaft auf den Markt, die dann kurzerhand von Toyota/Lexus mit der Achtgang-Automatik übertrumpft wurde. Und nun bastelt VW schon am Zehngang-Automatikgetriebe. Jeder weitere Automatikgang bedeutet für die Unternehmen aber einen enormen Forschungs-, Entwicklungs-, Produktions- und natürlich auch Kostenaufwand. Derartige »Pseudoinnovationen« lassen sich in verschiedenen Industrien finden. Die Elektro- und Hybridfahrzeuge hingegen setzen auf die CVT-Getriebetechnologie, welche völlig schaltfrei funktioniert. Diese Technologie läuft auf einer viel kostengünstigeren Innovationskurve. Christensen spricht in diesem Zusammenhang vom »innovativen Überschießen« (overshooting the market). Wer nutzt schon die ganze Funktionalität des Navigations- und Multimediasystems im Fahrzeug? Wer kann sämtliche Optionen seiner Smartphone-Apps oder TV-Station bedienen? Manche Kunden sind durchaus mit weniger zufrieden. Vor allem etablierte Unternehmen, die dem harschen Wettbewerbsdruck ausgesetzt sind, fallen gerne in die »Overshooting-Falle«, in dem sie auf Teufel komm raus innovative Verfeinerungen entwickeln. Dies kostet Geld und Zeit, oft ohne dass der Kunde die Anstrengung honoriert. Dieses Überschießen kann strategisch gefährlich werden, denn der Markt wird so reif für neue oder einfachere und günstigere Angebote am unteren Ende.

Die einfacheren, nicht mehr von den Spitzenanbietern erschlossenen Marktsegmente sind ein attraktiver Magnet für clevere Newcomer. Sie fokussieren sich speziell auf diese »liegengelassenen« Nischen. Spitzenanbieter schaffen ein Geschäftsvakuum, welches findige Unternehmen mit simpleren Lösungen anzieht. Diese Innovatoren »von unten nach oben« finden häufig einen relativ geschützten Wettbewerbsraum vor. Die etablierten, dominanten Anbieter halten sich in ihrem Geschäftsmodell nämlich selbst gefangen. Sie können nicht rasch ihr bisher bewährtes, jahrelang aufgebautes Wertschöpfungsmodell über den Haufen werfen. Die Marktführer haben sich über eine längere Entwicklungszeit zu dem hochgearbeitet, was sie heute sind: zum Topanbieter. Diese Position wollen und können sie nicht einfach aufgeben. Als Spitzenanbieter sind sie daher auch meist Hochpreisanbieter. Aufgrund ihrer etablierten Strukturen sind sie in vielen Fällen gar nicht in der Lage, in günstigeren Markt- und Kundensegmenten zu konkurrieren. Die etablierten Anbieter haben sich selber (durch ihre hohen Kernkompetenzen) in diese Entwicklungsbredouille gebracht.

Die Strategien der etablierten Unternehmen bezeichnet der Harvard-Professor Christensen als »nachhaltig«, diejenigen der Markteinsteiger als »zerstörend, trennend, quer liegend oder durcheinanderbringend« (disruptiv). Nachhaltige, kontinuierliche oder erhaltende Technologien/Innovationen verbessern die Leistungsfähigkeit der bestehenden Angebote. Die disruptiven, diskontinuierlichen oder störenden Innovationen hingegen bieten ihren Kunden ein neues Nutzenversprechen (value proposition). Sie bieten ihnen den Nutzen, den sie bei den etablierten Produkten vermissen. Oft spricht das »zerstörerische« Angebot auch preissensitive Kundengruppen an, was den Newcomer rasch wachsen lässt. Das Newcomer-Geschäftsmodell untergräbt das bisherige Businessgefüge einer Branche. Derartige zerstörerische Technologien oder Innovationen bringen den existierenden Status quo ins Wanken.

Newcomer haben zwei strategische Ansatzpunkte für ihren Angriff: Sie können sich einerseits auf Kundensegmente konzentrieren, die von den Spitzenanbietern vernachlässigt werden. Hier bieten sich zum Beispiel günstige Einstiegs- oder Basismodelle an, um im Markt Fuß zu fassen. Andererseits können aber auch die Topkunden direkt im Visier der Neuen stehen. Durch das Overshooting des klassischen Anbieters suchen die Kunden nach weniger komplexen Lösungen.[166] Sie wollen das kaufen, was sie wirklich benötigen. Wie können etablierte Unternehmen auf die disruptiven Innovationen reagieren?

- *Suche nach nicht ausgeschöpften Marktpotenzialen am unteren Ende*
  Gibt es Kundensegmente, die am unteren Ende des Marktes ein genügend attraktives Geschäftspotenzial bieten? Welche Funktionen könnten weggelassen werden, um das Angebot deutlich günstiger zu gestalten? Welche Mindestperformance ist für das Marktsegment am unteren Ende attraktiv? Welche Margen lassen sich dort erwirtschaften? Ist das Marktpotenzial für eine Entwicklung tragfähig genug?

- *Suche neue, noch nicht erschlossene Marktpotenziale im Umfeld*
  Existieren größere Zielgruppenpotenziale, die bisher aufgrund ihrer Einkommens- und Vermögenssituation nicht in der Lage waren, ein bestimmtes Produkt oder einen bestimmten Service zu nutzen, obwohl sie ein Bedürfnis dafür hätten?
- *Suche noch nicht erschlossene Aktivitäten beim Kunden*
  Könnten bestimmte Zielgruppen, die noch nicht erschlossen wurden, gewisse Aktivitäten leichter, kostengünstiger oder effektiver realisieren, wenn sie unsere Angebote zur Verfügung hätten?

Einschätzung

Topunternehmen, die ihre Marktstellung ihrer Technologieführerschaft verdanken, sind potenziell von einem Overshooting gefährdet: Sie unterliegen der Tendenz zum »Overengineering« (Überentwicklung). Auf der Jagd nach immer höherer technischer Raffinesse bleiben gerne die wirklichen Kundenwünsche auf der Strecke. Topanbieter übersehen leicht die Chancen, die sich daraus für neue disruptive Anbieter ergeben. Der Ansatz der disruptiven Innovation bietet strategisch wichtige Einsichten in die Marktdynamik. Innovationen sind nicht immer nur im Premium-Segment zu lancieren. Auch die Märkte am unteren Ende bieten für einfache, aber kundenorientierte Innovationen ein attraktives Potenzial.

Open Innovation: Demokratisierung innovativer Prozesse

Henry Chesbrough, Professor der University of California Berkeley, entwickelte das Konzept der »Open Innovation«.[167] Damit erweitert er den Innovationsprozess auf Personenkreise, die außerhalb des Unternehmens liegen. Man spricht hier auch von »interaktiver Wertschöpfung«. Dies ist eine bisher unkonventionelle Betrachtung des Innovationsprozesses, wurden doch innovative Entwicklungen bisher firmenintern und geheim vollzogen. Open Innovation geht den umgekehrten Schritt zur Suche nach Innovationen, indem Kunden beziehungsweise Nutzer (user) in den Entdeckungsprozess einbezogen werden. Der Ansatz der Open Innovation will die Kadenz (Häufigkeit) und die Qualität von Innovationen maßgeblich verbessern. Die Grundidee lehnt sich an das in der Softwareentwicklung verbreitete »Open-Source«-Modell (Beispiel: Linux) an.

Die verschärfte Wettbewerbsdynamik mit ihren Herausforderungen für Unternehmen führt zu einem Umdenken bei der verstärkten Suche nach innovativen Lösungen. Die Kritik am herkömmlichen Innovationsansatz lautet: zu aufwändig, zu kostenintensiv, zu langatmig, zu kundenfern. Daraus entwickeln sich unkonventionelle Strategien für den Prozess der Wertschöpfung. Das Unternehmen realisiert den riskanten Innovationsprozess nicht mehr allein (im stillen Entwickler-Kämmerlein). Externe Forscher, Studierende, Experten und vor allem »Heavy Users« (intensive Produktnutzer) werden in den Entwicklungsprozess einbezogen. Neu an diesem Ansatz ist, dass sich Kunden selbst am Wertschöpfungsprozess für »ihr« Unternehmen engagieren. Bestimmte Kundengruppen verstehen sich heute nicht mehr nur als passive Konsumenten. Sie empfehlen sich aktiv beim Unternehmen als Wertschöpfungspartner. Kunden entwickeln, analysieren, gestalten, forschen und produzieren engagiert mit. So bestimmen Kunden selbst den Fortschritt der von ihnen gekauften Produkte. Patricia Seybold, Expertin für kundenbezogene Strategieentwicklung und Customer Relationship Management, nennt dieses Phänomen »Outside Innovation« oder »Customer Innovation«.[168] Der Kunde selbst ist der Ausgangs- und Angelpunkt für Neuerungen.

Co-Creation: Interaktive Wertschöpfung

Der Strategieexperte C. K. Prahalad und der Marketingexperte V. Ramaswamy betrachten die Outside Innovation als Revolution der Wertschöpfung. Wertschöpfung ist heute nicht mehr allein Sache des Unternehmens, sondern Kunden übernehmen Teile dieses zentralen betrieblichen Prozesses. Doch der Begriff der Outside Innovation bringt die Idee nicht ganz auf den Punkt. Innovationen werden nicht außerhalb des Unternehmens, sondern gemeinsam von Unternehmen und Kunden entwickelt. Die beiden Forscher führten daher den treffenderen Begriff der »Co-Creation« (gemeinsame Kreation/Entwicklung) ein.

Der Ansatz der Co-Creation ist nicht mit der Ausrichtung auf bestimmte Zielgruppen (Marktsegmentierung) oder mit Initiativen zur intensiven Kundenorientierung (Customer Care) zu verwechseln. Bei der Co-Creation werden die Kunden direkt zu Problemlösern. Die Kunden und das Unternehmen definieren gemeinsam die neu zu entwickelnden ökonomischen Werte. Der Ansatz der Co-Creation will die ganzheitliche Kundenerfahrung bei wichtigen Entscheidungen einbeziehen. »Was gefällt, was nicht? Was funktioniert, was könnte besser sein? Wie geht der Kunde mit dem Produkt im Alltag um? Wofür wird es sonst auch noch eingesetzt? Wie ist das Lebensumfeld und die Situation, wenn das Produkt genutzt wird?«, sind einige der Fragen, die im Co-Creation-Prozess nach Antworten suchen.

Warum öffnen Unternehmen das Thema Innovation für Außenstehende? Prahalad und Ramaswamy sehen folgende Ursachen: wachsende Deregulierung, Wettbewerber aus den Emerging Markets, Konvergenz von Technologie und Kommunikation, zunehmende weltweite Vernetzung der Geschäftswelt und kritischere Kunden.[169] Die Kunden von heute sind derart umfassend informiert, vernetzt, aktiv und global orientiert wie nie zuvor. Sie wissen bestens, was es wo zu welchem Preis auf diesem Globus gibt. Unternehmen passen sich dieser Entwicklung an. Sie fragmentieren ihre Wertschöpfungsketten, wie dies vor wenigen Jahren noch unmöglich schien. So können Unternehmen durch die neuen Technologien heute die physische (Geschäftsoperationen) und die virtuelle Seite ihres Geschäfts (Managementprozesse) voneinander trennen. Dies gestattet es, sie einzeln zu optimieren. Beispiele hierfür sind das Outsourcing operativer Geschäftsprozesse oder Prozesse der Co-Creation.

Praxis: Ein Beispiel für Co-Creation ist Wikipedia. Die Plattform wird von ihren Lesern tagtäglich mit frischem Wissen versorgt und so up-to-date gehalten und immer umfassender.

Crowd Sourcing: Die Ideen der Massen

Das amerikanische Trendmagazin *Wired* fasst das Phänomen der Outside Innovation in den Begriff des »Crowd Sourcing«.[170] Crowd Sourcing hat aber einen etwas anderen Schwerpunkt als Co-Creation. Es steht für Ideengewinnung bei der unbekannten, großen Masse. Crowd Sourcing wird gerne mit Outsourcing verwechselt. Beim Outsourcing werden spezifische Unternehmensaufgaben aktiv an Dritte ausgelagert. Beim Crowd Sourcing hingegen werden intelligente und kreative Prozesse an Kunden und interessierte Kreise ausgelagert.

Eine Schar engagierter, cleverer Amateure beteiligt sich freiwillig an Forschungs- und Entwicklungsvorhaben oder liefert Informationen, um das Angebot erst zu dem zu machen, was es eigentlich sein sollte. Beispiele für Crowd Sourcing findet man häufig bei Webangeboten: Facebook, iStock Photo, YouTube, Amazon und eBay sind prominente Vertreter. Hier handelt es sich um *interaktive Wertschöpfungsprozesse* zwischen Unternehmen und Kunden. Andere Begriffe, die für dieses Phänomen genutzt werden, sind: »Open Innovation«, »Kollektive Intelligenz« oder »Schwarmintelligenz«. Der Kontext, in dem diese Begriffe eingesetzt werden, ist jeweils spezifisch, die Kernidee aber eigentlich immer dieselbe. Es handelt sich um das Zusammenspiel unternehmensinterner und -externer Kreise zur Erstellung eines ökonomischen Mehrwerts. Aufgaben, die bisher von den Mitarbeitenden eines Unternehmens erfüllt wurden, werden durch ein Netzwerk von Kunden und Nutzern angepackt. Die Aufgabenstellung kann eine Innovation sein, aber auch nur operative Tätigkeiten umfassen. Amazon ist als Buchladen vor allem deshalb interessant, weil Autoren ihre Bücher selbst beschreiben und Kunden ihre persönlichen Meinungen kundtun. Der Nutzwert für den Kunden des Amazon-Angebots entsteht so interaktiv zwischen Firma und Nutzer.

Sticky Information: Klebriges Know-how nutzen

Oft ist es für Unternehmen sehr schwierig, an die benötigten Kunden- oder Erfahrungsinformationen heranzukommen, da die Information eng mit der Situation verknüpft ist. Die klassische Marktforschung ist in vielen Fällen zu weit weg vom Kunden und von der Situation, wo das Produkt genutzt oder eingesetzt wird. Am reichhaltigsten und aufschlussreichsten sind Erfahrungsinformationen, die am »Ort des Geschehens« erhoben werden. Eric von Hippel, Ökonomie-Professor an der Sloan School of Management des MIT, hat hierfür den Begriff der »Sticky Information« (klebrige Information am Ort des Geschehens) geprägt.[171] *Praxis:* So wissen Windsurfer selbst am besten, wie das Gerät für ihren Wassersport beschaffen sein sollte. Ihre Meinungen und Erfahrungen sprudeln am Strand beim Getöse gigantischer Wellen unaufhaltsam. Gerade die »Heavy Users« (intensive Nutzer) kennen »ihre« ideale Ausrüstung, die es zur Maximierung des Erlebnisses braucht. Derartiges Insiderwissen klebt an Personen und an Situationen. Marktforschungslabors können diese Sticky Information bei ihren Untersuchungen nicht reproduzieren und auch kaum mit Interviews in einem sterilen Büro ergründen. Zahlen, Fakten und Verhaltensweisen lassen sich leicht vom Kunden zum Unternehmen transferieren, das Erfahrungs- und Bedürfniswissen hingegen nicht. Daher ist es am besten, wenn Unternehmen »Gesandte« in derartige Nutzer-Communitys entsenden, um möglichst reichhaltiges Erfahrungswissen im Umgang mit den eigenen Produkten und Dienstleistungen zu erhalten. Die Nutzung der Sticky Information, die sich in den Köpfen und Herzen der Kunden sowie am Ort des Geschehens befindet, ist für den Innovationsprozess zentral. Die Rolle des Kunden bei der Neuentwicklung von Innovationen ist eher gering einzuschätzen, hingegen extrem wertvoll bei der Produktverbesserung und Produkterweiterung.

User Innovation: Entwicklung der Innovation vor Ort

Die Studien von Eric von Hippel richten sich auf das Phänomen der interaktiven Wertschöpfung zur Entwicklung von Innovationen. Seine Forschungsergebnisse belegen, dass die Produkt- und Servicenutzer äußerst leistungsfähige Innovatoren sind. Von Hippel und sein Team beobachteten unter anderem die

Windsurfer-Szene an den Traumstränden dieser Erde intensiv. Sie stellten dabei fest, dass die Hersteller von Surfbrettern und technischem Gerät sehr eng mit den Surf-Freaks »zusammenarbeiten«. Viel mehr noch, Surfer und Hersteller bilden zusammen eine »Research Community«, welche sich engagiert um die Professionalisierung des Surfens kümmert. Den Wissensfortschritt im Bereich des Surfens entwickeln Kunden und Ausrüster in enger Zusammenarbeit.[172] Wenn Anwender sich selber um den Fortschritt ihrer eigenen Produkte und Dienstleistungen kümmern, spricht man von »*User Innovation*«. *Praxis:* User Innovation findet man in vielen Bereichen: Mountainbiker, Skater, Bergsteiger, Outdoor-Begeisterte oder Taucher geben den Herstellern wertvolle Tipps, wie sich Produkte verbessern oder neue Ideen einbauen lassen. In der Softwarebranche ist Linux mit seinem »Open-Source«-Ansatz erfolgreich unterwegs, wo Zigtausende Programmierer rund um die ganze Welt verteilt die Computersprache und konkrete Anwendungen non-stop weiterentwickeln. Linux fordert mit seinen kostenlosen Lösungen sogar den Marktführer Microsoft heraus. Beispiele finden sich aber auch in der Petroleumindustrie, wo Explorationsgeräte und -verfahren von Nutzern und Herstellern gemeinsam entwickelt werden.

Lead-User: Spitzennutzer als Innovationstreiber

Das traditionelle, herstellerbezogene Innovationsmuster lautet: Der Hersteller betreibt Marktforschung und entdeckt ein Bedürfnis des Anwenders oder seiner Kunden. Dann setzt er seine Forschungs- und Entwicklungsaktivitäten in Gang, die er während des gesamten Innovationsprozesses vorfinanziert. Hat er eine geeignete, marktfähige Lösung gefunden, patentiert er diese und verkauft sie an die Kunden. Doch das kundenzentrierte oder, wie sich Eric von Hippel ausdrückt, das »demokratisierte Innovationsmuster« steht dazu im völligen Gegensatz: »Lead Users« sind die Vorreiter, die Fans, die Spitzenanwender oder die einen Trend anführenden Kunden.[173] Sie haben Bedürfnisse, die einen allgemeinen Bedarf voraussahnen lassen. Doch warum machen Lead Users beim Innovationsprozess mit? – Sie erwarten einen persönlichen Nutzen durch die eigenen Entwicklungen. Dieser liegt aber nicht in der Absicht, »fette monetäre Gewinne« zu erzielen. Sie möchten ein komplexes Problem praktisch in den Griff bekommen. Von einer »*Lead-User-Innovation*« spricht man, wenn sich der Entwickler einen persönlichen Nutzen von der innovativen Lösung verspricht (Abbildung 43). Der Lead User ist selbstmotiviert und engagiert sich aus Eigenantrieb. Von Hippel zeigt in seinen Studien zur Effektivität der Lead-User-Methode, dass der Ansatz achtmal erfolgreicher nutzbare Ideen produziert als herkömmliche Innovationsprozesse.

Aus strategischer Sicht ist daher interessant, dass sich ein System der arbeitsteiligen Wertschöpfung etabliert, bei dem das Unternehmen selber nicht mehr den gesamten Wertschöpfungsprozess unter seiner Kontrolle hat.[174] Es bestehen in interaktiven Wertschöpfungskonstellationen oft nicht einmal vertragliche Vereinbarungen über die Entwicklungsaktivitäten oder die Nutzung der Erkenntnisse. Alle Beteiligten sind relativ autonom, wollen.

Abbildung 43: Innovationsakzeptanz und Lead User-Rolle

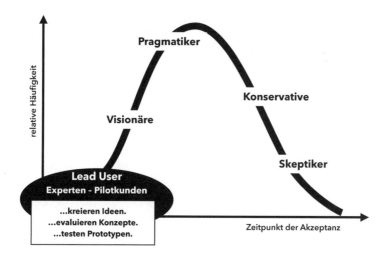

Einschätzung

Unternehmen nutzten aktiv das Know-how, Erfahrungspotenzial und Engagement ihrer führenden Kunden für ihren eigenen Innovationsprozess. Marktforschung und Marktbeobachtung produzieren immer nur eine externe, oft laborartige Sicht auf das Kundengeschehen. Erst der direkte Dialog mit den Kunden offenbart die Reichhaltigkeit der spezifischen Kundenbedürfnisse und -wünsche. Sie sind die Quelle für Innovationen.

Innovatortyp: Pionier versus Multiplikator

Paul Geroski und Costas Markides, Management-Professoren der London Business School, untersuchten praktische Innovationsprozesse in Firmen.[175] Dabei identifizierten sie zwei strategisch alternative Verhaltensmuster: »Pioniere« und »Multiplikatoren«. In Anlehnung an die Zeit großer Eroberungen sprechen sie auch von »Kolonialisten« (colonizers) und »Konsolidierern« (consolidators).

Pioniere sind kreativ in der Entdeckung neuer Ideen für Produkte oder Geschäfte. Sie erfinden Neues und haben ein Gespür, was Kunden wünschen. Kolonialisten sind meistens Unternehmer, Tüftler oder Start-ups. Sie verzichten auf Bürokratie, Administration, Routinen und straffe Organisation. Dafür suchen sie das Außergewöhnliche, Unkonventionelle und verstehen sich selbst als Rebellen. Kolonialisten sind schillernde, dominante, faszinierende Persönlichkeiten. Businesspioniere sind zwar kreativ, aber nicht sehr kompetent bei der Vervielfältigung ihrer Lösungen in Märkte. Sie entwerfen clevere Produktideen und Geschäfte, können diese aber nicht in einem großen Maßstab in verschiedenen Märkten umsetzen.

Die Multiplikatoren oder Konsolidierer andererseits sind ebenfalls innovativ, aber weniger im Entwerfen neuer Produkt- oder Geschäftsideen. Ihre Innovationskraft liegt im Skalieren von Geschäftsmodellen. Multiplikatoren schaffen es, smarte Innovationen in großen Dimensionen in verschiedenen Märkten zu platzieren. *Beispiel:* Der Softwaregigant Microsoft ist ein konsolidierendes Unternehmen. Sein Geschäftsmodell beruht auf der Integration guter Geschäftsideen von Dritten. Viele seiner Produkte, angefangen bei MS DOS über den Internet Explorer bis hin zu aktuellen Gaming-Produkten, wurden von »Pionieren« entwickelt und durch Microsoft meisterlich rund um den Globus mit großem Erfolg vermarktet.

Unternehmen, die in beiden Feldern kompetent und erfolgreich sind, so haben die Forschungsarbeiten gezeigt, bilden die Ausnahme. Markides und Geroski sprechen in diesem Fall von Unternehmen, die mit »beiden Händen« gekonnt agieren (ambidextrous organizations). Apple ist ein Unternehmen, das sowohl auf der Pionierseite als auch auf der Vervielfältigungsseite sehr erfolgreich unterwegs ist.

Einschätzung

Jedes Unternehmen sollte beobachten, in welchem Bereich seine strategische Innovationskernkompetenz liegt. Ist das Unternehmen eher ein Produktpionier oder ein Geschäftsmodellmultiplikator? Der Geschäftsmodellmultiplikator ist auf Produktinnovatoren angewiesen. Doch diese »Komplettierung« muss nicht zwingend unter einem einzigen Dach erfolgen. Viele Unternehmen begehen den Fehler, alles selber machen zu wollen. Multiplikatoren sollten, anstatt eigene Forschungsabteilungen aufzubauen, sich darauf konzentrieren, attraktive Geschäftsmodelle aufzuspüren und diese dann mit ihren multiplikativen Kompetenzen auf eine breite Basis zu stellen. Dies kann durch die Übernahme von Lizenzen, Akquisition, Integration, Nachahmung oder durch die Übernahme von Mitarbeitern erfolgen. Analoges gilt für Pioniere.

Innovationsarchitektur: Teile- oder Logik-Erneuerung

Technologische Neuerungen folgen im Schumpeter'schen Sinn einem dynamischen Verlauf von Aufbau und Zerstörung. Mit diesem Auf und Ab schwingt ein Know-how-Zuwachs und -Abbau mit. Neues Wissen entsteht und einst wichtiges Wissen wird obsolet. Mit derartigen Know-how-Prozessen haben sich die Innovationsforscherinnen Rebecca M. Henderson vom Massachusetts Institute of Technology und Kim B. Clark von der Harvard University auseinandergesetzt. Sie fragen sich, warum es etablierte, erfolgreiche Unternehmen oft nicht schaffen, innovative Produkte auf den Markt zu bringen, obwohl sie über das notwendige Know-how verfügen. Beispiele findet man viele, die zeigen, wie erfolgsgewohnte, innovative Unternehmen es verpassen, ihr Geschäft frühzeitig zu erneuern. So versäumte beispielsweise Motorola den Trend zu Multifunktionshandys und Smartphones oder die Schweizer Uhrenindustrie den Trend zur billigen Elektronikuhr.

Abbildung 44: Innovationsarchitektur

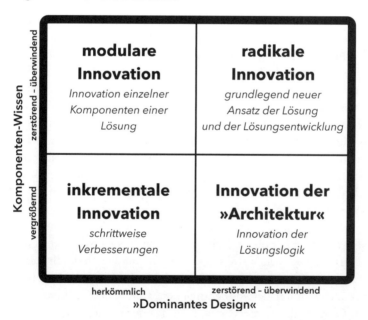

Henderson und Clark unterscheiden vier Innovationstypen (Abbildung 44):[176]

- *»Inkrementelle Innovationen«* (inkrementell = in kleinen Schritten)
  Diese Innovationen der kleinen Schritte knüpfen am vorliegenden technologischen Know-how an. Sie bauen auf vorhandene Fähigkeiten, Fertigkeiten

und Mittel. Sie ist die häufigste Form der Innovation. Überall dort, wo Produkte verbessert oder die Produktivität erhöht werden, findet man die Innovation in kleinen Schritten. Diese kleinen Innovationsschritte verändern weder die Gestaltungslogik des Produkts, noch der Verfahren, noch haben sie einen Einfluss auf die Branche oder Industriestruktur. *Beispiel:* Die laufende Verbesserung der Performance von Katalysatoren bei Automobilen gehört in diese Kategorie.

- »*Modulare Innovationen*« (»*Technologische Innovation*«)
Technologische Innovationen basieren auf neuem Know-how, sie belassen aber die »dominante Produktlogik« (dominant design) eines Angebots. *Beispiel:* Das Mobiltelefon folgt den Prinzipien der technologischen oder modularen Innovation. Das Innenleben des Handys wird technisch immer weiter erneuert, die grundlegende Funktionalität des Geräts für den Benutzer bleibt aber praktisch gleich.

- »*Architektonische Innovationen*« (»*Strategische Innovationen*«)
Architektonische Innovationen sind strategisch interessant. Diese gestalten das »dominante Grundmuster« bestehender Angebote neu, ohne aber die eingesetzte Technologie zu verändern. Was heißt das? Das genutzte Wissen und die eingesetzte Technologie bleiben gleich, die Lösung hingegen ist für den Kunden »neuartig«. Unter einer architektonischen Innovation verstehen Henderson und Clark weder eine radikale Innovation noch eine Erneuerung in kleinen Schritten, sondern die Erneuerung eines Angebots durch eine *neue Kombination der Komponenten*. Durch die Veränderung der »Architektur« eines Produkts beziehungsweise einer Dienstleistung entsteht eine interessante Neuerung. Architektonische Innovationen setzen etablierte Marktführer unter Anpassungsdruck. Sie heißen deshalb »architektonisch«, weil die Komponenten einer Leistung zusammen neu komponiert werden, technisch aber eigentlich keinen Fortschritt bedeuten. *Beispiel:* Die von der japanischen Elektronikfirma Canon entwickelten kleinen Heimkopiergeräte für den Massenmarkt sind strategische Innovationen. Die Japaner begründeten mit diesen Heimgeräten eine neue Produktkategorie (unter der Nutzung bestehenden Wissens). Canon konnte sich durch diesen Schritt weltweit attraktive Marktpotenziale erschließen. Diesen Massenmarkt hat der Branchenführer der Xerographie, die amerikanische Xerox, völlig verpasst. Obwohl das Unternehmen über das notwendige technologische und marktmäßige Know-how verfügte, nutzte es seine Fähigkeiten geschäftsmäßig nicht. Erst viel zu spät versuchte Xerox durch großen finanziellen Aufwand, ein Mini-Kopiergerät für den Heimmarkt zu entwickeln. Doch Xerox schaffte es auch nach acht Jahren großer Anstrengungen nicht mehr, sich im Massenmarkt erfolgreich zu positionieren und gab das Geschäft auf. Warum? Der Grund liegt im Unvermögen vieler etablierter Unterneh-

men, sich von ihren »dominanten Geschäftsmustern« (dominant designs) abkoppeln zu können. Bei Xerox lautete das dominante Geschäftsmuster in den Köpfen der Führungskräfte und Entwickler: »Wir sind die Weltmeister im Segment der Großkopierer. Uns macht niemand etwas vor.« Das langfristig interessantere Geschäft mit kleineren Geräten wurde mental als unattraktives »Kleingeschäft« beiseitegeschoben.

- »*Radikale Innovationen*«
  Radikale Innovationen setzen auf neue Technologien und bedingen eine Änderung des dominanten Grundmusters eines Produkts oder einer Dienstleistung. *Beispiel:* Apps für Mobilgeräte, Paketdienste (DHL, Fedex) Nylonstrümpfe oder die Antibabypille sind Beispiele für radikale Innovationen. Sie ändern die Geschäftsmodelle der Firmen und sind für Kunden neuartig. Radikale Innovationen nutzen neue Technologie, sprechen neue Kundensegmente an, erschließen neue Märkte und erfinden neue Geschäftsmodelle.

Henderson und Clark resümieren, dass es strategisch wichtig ist zu unterscheiden, was im Kern eigentlich erneuert wird. Werden einzelne Komponenten eines Produkts oder Prozesses verbessert, oder wird das »dominante Grundmuster« des Produkts erneuert? Ersteres ist eine Frage des technologischen Fortschritts, das Zweite eine Frage des Fortschritts im Entwicklungsdenken. Interessant ist vor allem der zweite Teil: Hier wird das vorherrschende Lösungsmuster selbst hinterfragt. Dieses »dominante Design« (dominantes Lösungsmuster) ist in den Köpfen der Entwickler, aber auch der Kunden eingeprägt. Alle wissen, wie eine Lösung zu sein hat. Nach der Entwicklung einer Innovation etabliert sich in der Branche und im Markt dieses dominante Lösungsmuster. Das dominante Design in den Köpfen regelt, wie das Produkt auszusehen hat, zu gebrauchen ist oder funktionieren muss.[177] Seit dem Modell T von Henry Ford im Jahr 1908 hat sich am Grundmuster eines Automobils wenig geändert. Ein Auto könnte aber auch ohne große Probleme mit einem Joystick statt mit einem Lenkrad gelenkt werden. Für praktisch sämtliche Produktgattungen existieren derartige »dominant designs« in den Köpfen der Hersteller und Kunden. So wissen wir, wie ein Handy, eine Mikrowelle, ein Fahrrad, eine Computermaus oder ein Kugelschreiber auszusehen und zu funktionieren hat. Diese dominanten Grundmuster wurden von niemandem je vorgegeben. Sie müssen auch nicht besser als andere, alternative Lösungen sein. Sie sind nur in die allgemeine Konvention übergegangen. Gerade diese dominanten Gestaltungsmuster offenbaren eine höchst attraktive Quelle für fundamentale Innovationen.

Geschäftsmodellinnovation: Operation am Herzstück

Im Start-up-Boom der 90er Jahre hat sich der Begriff des »Geschäftsmodells« etabliert. Das Geschäftsmodell ist die prägnante Beschreibung der Geschäftsabsicht, die konkrete Darstellung der Geschäftsstrategie sowie die konkrete Skizzierung der Wertschöpfungsprozesse. Jedes Geschäftsmodell ist auch mit einem Kosten-Ertrags-Modell zu unterlegen. Dies liefert die Entscheidungsgrundlagen für Finanzierung und Investments.

Die radikalste Form der Innovation ist die *Erneuerung des Geschäftsmodells*. Dabei steht das Herzstück des Geschäfts zur Disposition. Eine »Geschäftsmodellinnovation« ist eine Art Metamorphose für das Unternehmen. Das bisherige Business häutet sich in ein neues Geschäftsfeld. Heute konkurrieren Unternehmen nicht mehr nur auf der Ebene der Produkte, Services oder Geschäftsprozesse, sondern ebenfalls auf der Ebene der Geschäftsmodelle.

In Anlehnung an die Ökonomen Dodo zu Knyphausen-Aufsess und Yves Meinhardt umfasst ein professionelles Geschäftsmodell drei Komponenten:[178]

1. Darstellung der »Produkt-Markt-Kombinationen« und dem jeweiligen »Nutzenversprechen« (value proposition),
2. Darstellung der »Architektur der Wertschöpfungsprozesse«,
3. Darstellung der »finanziellen Ertragsmechanik«.

Die *Produkt-Markt-Kombinationen* umschreiben die verschiedenen Geschäfte, die das Unternehmen tätigt. Ebenfalls ist das Nutzenversprechen für den Kunden zu definieren. Die *Wertschöpfungsaktivitäten* skizzieren die Wertschöpfungskette mit ihren verschiedenen Geschäftsprozessen und den daran beteiligten Geschäftspartnern. Und last but not least zeigt die *Ertragsmechanik* als dritte Komponente, welche finanziellen Transaktionen mit den Kunden Umsätze und Erträge erwirtschaften. Das Geschäftsmodell soll offenlegen, wie differenzierte Wettbewerbsvorteile aufgebaut werden.

Der Harvard-Professor Henry Chesbrough vertieft die Bausteine eines professionellen Geschäftsmodells:[179]

- *Welcher Kundennutzen (value proposition) wird geboten?*
  Dies umfasst eine Umschreibung des Kundenproblems, die Erläuterung des Produkts oder der Dienstleistung und die Erklärung des Nutzens und Werts der Leistung für den Kunden.
- *Welche Marktsegmente werden bedient?*
  Hier sind die Zielgruppen und entsprechenden Märkte zu definieren. Ebenfalls gehört eine Bestimmung der Marktgrößen dazu.

- *Wie gestaltet sich die Wertschöpfung?*
  Eine geschäftsspezifische Wertkette muss entwickelt werden. Sie soll aufzeigen, in welchen Prozessen welche Werte geschaffen werden.
- *Wie funktionieren die Ertragsmechanismen (Kostenstrukturen, Zielmargen)?*
  Es ist aufzuzeigen, wie Umsätze und Erträge erzielt werden sollen. Die Kostenstrukturen, die Margen und die Geschäftsentwicklung gehören dazu.
- *Wie gestaltet sich das Wertschöpfungsnetzwerk (»Value Partnership«)?*
  Mit zum »Value Network« gehört die Darstellung der Konkurrenten, der Lieferanten, Kunden und Partner. Diese Marktpartner sind im Zusammenhang mit der eigenen Positionierung darzustellen.
- *Welche Wettbewerbsstrategie wird verfolgt?*
  Wie kann das Business einen nachhaltigen Wettbewerbsvorteil erzielen und auch längerfristig verteidigen? Welche Wettbewerbsstrategie verfolgt das Business: Kostenführerschaft, Differenzierung oder Nischenplayer?

Apple, Body Shop, easyJet, Skype, Ikea, Dell, Amazon oder eBay sind bekannte Firmen, die mit ihren Geschäftsmodellen die klassischen Anbieter in ihren jeweiligen Branchen herausgefordert haben. Geschäftsmodellinnovationen sind immer strategische Innovationen. Sie verändern die *Geschäftslogik* und oft sogar die *Industrielogik* (Wettbewerb) nachhaltig. Das Geschäftsmodell selbst ist keine Strategie, aber dessen Veränderung zur Erzielung eines Wettbewerbsvorteils, zur nachhaltigen Differenzierung gegenüber Konkurrenten oder zur Verbesserung der eigenen Marktposition.

In Anlehnung an die Terminologie von Clayton M. Christensen, der eine Innovation dann als »disruptiv«, das heißt radikal verändernd, zerstörerisch oder revolutionär bezeichnet, wenn sie die Regeln des Wettbewerbs verändert, sind Geschäftsmodellinnovationen auch »disruptive Innovationen«. In der Airline-Industrie haben die Budget Carrier die etablierten Fluggesellschaften nicht mit technologischen Innovationen auf der Produkt- oder Prozessseite herausgefordert, sondern durch eine bis dahin nicht praktizierte Logik des Geschäfts.[180]

Einschätzung

Die Innovationsstudie »Global CEO Study« von IBM zeigt, dass sich die erfolgreichen Outperformer weder im Bereich der Produkt- oder Serviceinnovationen noch im Bereich der Prozessinnovationen finden lassen, sondern im anspruchsvollen Feld der Geschäftsmodellinnovation. Strategische Geschäftsmodellinnovationen sind aber selten, da sie die Wettbewerbsregeln in der Branche fundamental verändern.

Kooperative Strategien: Partnerships zur Wertschöpfung

*Löse keine Probleme,
suche Chancen.*

Peter Drucker

Spieltheorie: Von Nullsummen- und Win-Win-Spielen

Die Spieltheorie versteht sich als die Wissenschaft des strategischen Denkens. Die Professoren Adam Brandenburger, Harvard University, und Barry Nalebuff, Yale University, setzen auf die Spieltheorie, um die Phänomene des kooperativen und konkurrierenden Verhaltens für das Feld der Geschäftsstrategien nutzbar zu machen.[181] Ihre Einsichten basieren auf der Theorie der mathematischen »Nicht-Nullsummenspiele«. Bei einem »Nullsummenspiel« gibt es keinen Mehrwert. Bei einem »Nicht-Nullsummenspiel« hingegen können alle Spieler ihre Positionen verbessern. Diese Spielform wird daher auch als »Win-win«- oder »Positivsummenspiel« bezeichnet.

Der spieltheoretische Ansatz hat durch die Verleihung des Wirtschaftsnobelpreises 2007 an Leonid Hurwicz, Eric Maskin und Roger Myerson einen starken Auftrieb in den Wirtschaftswissenschaften bekommen. Bereits 1994 waren John Nash, John Harsanyi und der Deutsche Reinhard Selten für ihre spieltheoretischen Arbeiten mit dem Nobelpreis ausgezeichnet worden.

Entscheidungsträger in Unternehmen neigen dazu, das Verhalten der Akteure in »Nullsummenspiele« zu fassen. Der Verdrängungswettbewerb ist ein Nullsummenspiel: Gewinnt die eine Partei, verliert die andere oder umgekehrt. Doch es wäre falsch zu glauben, dass erfolgreiche Unternehmen immer nur auf Kosten anderer gewinnen müssen. Der Geschäftserfolg liegt nicht im Siegen, sondern in der Steigerung des Kundennutzens, im erfolgreichen Sichern der Geschäftszukunft und in der Erhöhung der Profitabilität. Doch das »Besser-sein-Wollen-als-andere« ist fest in unserer Geschäftskultur verankert. Auch in vielen Sportarten gewinnt man auf Kosten der anderen. Nullsummenspiele verheißen nichts Gutes für Beziehungen. Sie provozieren Auseinandersetzungen, Konflikte oder Kriege. Die kompetitiven Strategien lassen keinen Raum für gemeinsames Wachsen offen.

Spieler haben aber auch andere Optionen. Sie können drei Rollen einnehmen: Entweder sind sie Konkurrenten oder Partner, die kooperieren. Win-Win-Lösungen ergeben sich durch kooperatives Verhalten. In einer dritten Option sind auch beide Rollen in Kombination denkbar. Brandenburger und Nalebuff haben für diese Kombinationsvariante den Begriff »Koopetition« (co-opetition) geschaffen. Diese anschauliche Wortschöpfung setzt sich aus den englischen Begriffen »cooperation« (Zusammenarbeit) und »competition« (Wettbewerb) zusammen. Koopetition drückt die Dualität einer wettbewerbsorientierten und einer partnerschaftlichen Beziehung zur Steigerung der gemeinsamen Wettbewerbsfähigkeit aus. Der Koopetitonsansatz offeriert ein strategisches Analyseraster, welcher den Wettbewerb aus einer kooperativen Sicht zu beurteilen hilft.

Das klassische Wettbewerbsmodell von Michael Porter mit seinem »Fünf-Kräfte-Modell« wird zur Analyse von Märkten und Branchen in der Praxis vielfach für die strategische Planung genutzt. Doch dieses Modell hat einen blinden Fleck: Es ist rein konkurrenzorientiert. Konkurrenten, Zulieferer oder andere Marktteilnehmer werden als Bedrohung für das eigene Geschäft und die eigene Profitabilität interpretiert. Diese gilt es vom Geschäft fernzuhalten, abzuwehren oder zu bremsen. Kooperationspartner spielen in der klassischen Wertschöpfungskette daher keine Rolle. Doch in Zeiten des verschärften Wettbewerbs ist auch ein Blick auf kooperative Strategieformen notwendig.

Value-Networks: Kooperation in der Wertschöpfung

In den letzten Jahren hat sich der Wettbewerb auf einer globalen Skala enorm verschärft. Dieser erhöhte Druck auf das Business führt zwangsläufig dazu, dass sich Unternehmen gegenseitig von attraktiven Marktpositionen zu verdrängen versuchen. Die harschen Wettbewerbsbedingungen können aber auch Gegenteiliges bewirken: Konkurrenten und andere Teilnehmer der Wertschöpfungskette rücken näher zusammen, um im Verbund den Herausforderungen zu begegnen. »Konkurrieren« und »Kooperieren« sind beides nützliche Strategiepfade für Erfolg. Der Wettbewerb verlagert sich durch die Kooperation in der Wertschöpfung auf eine nächste Ebene: weg vom »Unternehmen gegen Unternehmen« hin zum »Netzwerk gegen Netzwerk«.

Der harte, oft die Existenz bedrohende Wettbewerb führt zu Partnerschaften, bei denen sich jedes Unternehmen auf seine Kernkompetenzen konzentriert. So werden Lösungen für den Kunden nicht mehr aus einer Hand angeboten, sondern von einem vernetzten Partnerverbund gemeinsam realisiert. Ford und Volkswagen kooperieren beispielsweise im Van-Geschäft. Der Volkswagen

Sharan, Ford Galaxy und der Seat Alhambra wurden gemeinsam entwickelt und basieren auf derselben technologischen Basis, um Know-how, Entwicklungs- und Produktionskosten zu sparen. Ähnliche Kooperationslösungen finden sich im Automobilgeschäft häufig. Derartige strategische Verbundlösungen sind nicht nur für große, global tätige Unternehmen interessant. Sie bieten insbesondere auch kleineren und mittleren Unternehmen zusätzliche Chancen, um ihre limitierten Kompetenzen gegenseitig zu komplettieren. Durch Partnerschaften werden Innovations-, Forschungs- und Entwicklungs-, Herstellungs- und Vermarktungsprozesse gemeinsam neu ausgelegt. Dies verändert auch die Entscheidungs-, Informations- und Know-how-Prozesse der einzelnen Unternehmen im gesamten Verbund. So verringern Unternehmen die Leistungstiefe und werden zu »flacheren Unternehmen«. Durch die Verknüpfung der Wertketten entstehen »Wertschöpfungsnetzwerke« oder »Value Nets«.

Unternehmen, die auf den Netzwerkverbund setzen, können sich verschiedene Vorteile sichern:

- *Ressourcenvorteile*
  - Zugang zu neuen Technologien
  - Verschmelzen von Technologien
  - Optimierung der Kapazitäten
- *Know-how-Vorteile*
  - Pooling des Wissens, der Forschung und Entwicklung
  - Austausch von Personalressourcen (zum Beispiel Spezialisten)
- *Risikovorteile*
  - Risikoverteilung (Innovation, Markt, Entwicklung, Finanzierung)
  - Erweiterung der Angebotspalette
  - Schutz vor Übernahmen
- *Angebotsvorteile*
  - Erhöhung des Mehrwerts der Angebote
  - Bündelung von Kompetenzen
- *Kostenvorteile*
  - Reduzierung der Prozesskosten
  - Effizienzvorteile durch Prozessstraffung
  - Bündelung von gemeinsamen Aktivitäten
  - Abbau von Doppelaktivitäten
  - Outsourcing von Nebenaktivitäten
- *Zeitvorteile*
  - höhere Reaktionsgeschwindigkeit im Verbund
  - rascherer Marktzutritt
  - beschleunigte Innovations- und Entwicklungszyklen
  - parallele Erledigung von Aufgaben

- *Marktvorteile*
  - Globalisierung, Internationalisierung
  - Überwindung von Marktzutrittsbarrieren
  - Markterschließung
  - Zugang zu neuen Zielgruppen

Praxis: Ein Beispiel für ein »Value Networking« liefert die Geschäftseinheit »Personal Healthcare« von Philips, welche mit über 300 Partnern kooperiert.[182] Derartige umfassende Netzwerkkonstellationen bedingen eine Änderung in der strategischen Optik: Die strategischen Zielsetzungen können nicht mehr alleine, sondern nur noch im Verbund erreicht werden. Solche Geschäftsnetzwerke lassen sich über Verträge, durch finanzielle Kontrolle (in Dominanzverhältnissen) und/oder nur durch gegenseitiges Vertrauen erhalten. Aber Kooperation beinhaltet immer ein Beziehungsrisiko, das nicht abgesichert werden kann.

Abbildung 45: »Value Network« – horizontal: Wertschöpfungskette; vertikal: Netzwerk-Erweiterung

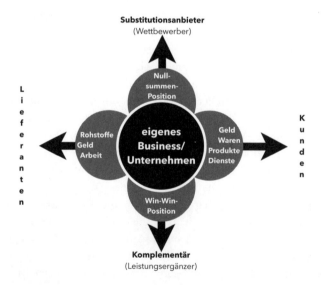

Ein »Wertnetz« (Value Net) lässt sich grafisch darstellen (Abbildung 45).[183] Auf der Horizontalen werden die Kunden und die Lieferanten dargestellt. Dies symbolisiert die Wertschöpfungskette. Zu diesen Partnern bestehen direkte geschäftliche Beziehungen. Auf der Vertikalen werden potenzielle Zusammenarbeitspartner skizziert. Hierunter fallen die Konkurrenten, welche in der Lage sind, das eigene Angebot zu substituieren. Sie können aber auch eine kooperative Rolle einnehmen. Ebenso werden Komplementäre dargestellt. Komplementäre verfügen über wertsteigernde Beiträge, die das eigene Angebot attraktiver gestalten, das heißt ihm einen Nutzenimpuls (Added Value) verleihen.

Praxis: Der amerikanische Flugzeughersteller Boeing setzt auf kooperative Wertschöpfung. Das Unternehmen steht in einem erbitterten Wettbewerb mit Airbus, chinesischen Herstellern und anderen Unternehmen. Boeing lagert wichtige Komponenten seiner Produktion, seiner Forschung und Entwicklung an Partnerfirmen rund um den Globus aus. Mit dem Boeing Dreamliner hat das Unternehmen einen neuen Maßstab im Luftverkehr gesetzt. Neue Werkstoffe, neues Design, neue Elektronik und besonders sparsame Triebwerke läuten eine weitere Runde im Wettbewerb ein. Dieser große Schritt in die Zukunft ließ sich nur durch das Zusammenwirken von über 70 Zulieferunternehmen rund um den Globus bewerkstelligen. Die hoch spezialisierten Partnerfirmen bringen ihre Fachkompetenz nicht nur in Form von innovativen Lösungskomponenten ein, sondern bereits in der Forschungs- und Entwicklungsphase. Boeing koordiniert vom amerikanischen Everett bei Seattle aus das kooperative, globale Netzwerk. Die Konzernzentrale fügt die Lösungskomponenten zu einem funktionierenden Ganzen zusammen und führt den komplexen Prozess. Aber auch im Luftverkehr selbst haben sich kooperative und kompetitive Formen des Wettbewerbs etabliert. Star Alliance, One World oder SkyTeam sind Zusammenschlüsse unter Konkurrenten zum gemeinsamen Vorteil. Ebenso kommen viele Innovationen heute nicht mehr von den großen Automobilherstellern selber, sondern aus dem Wertschöpfungsnetzwerk. Die Autohersteller konzentrieren sich auf ihre Kernfähigkeiten, also auf Design, Branding, Vertrieb, Service und Fertigung. Die engagierten und innovativen Zulieferer bieten automobile Innovationen in vorgefertigten, abgestimmten Komponentenbausteinen an. Die Zulieferer und die Automobilfirmen entwickeln gemeinsam das Produkt in einem Wertnetz weiter. Dieses kooperative strategische Verhalten nützt allen: die Automarken können sich durch Innovationen differenzieren, und die Zulieferer sichern sich ihre Absatzvolumina. Rund vier Fünftel der Innovationen im Automobilgeschäft haben ihre Quelle heute im Wertnetz. So kristallisieren sich Innovations- und Know-how-Netzwerke heraus, die gemeinsam Mehrwerte schaffen. Für den Verbund von Geschäften und Unternehmen zu Wertschöpfungsnetzwerken werden auch Begriffe wie »Business Webs«, »X-Webs«, »Synergy Webs« oder »Added Value Webs« verwendet. »Value-Networks« sind in hohem Maße strategisch.

PARTS-Modell: Kooperatives Konkurrieren

Die Spieltheoretiker und Strategieexperten Adam Brandenburger (Harvard University) und Berry Nalebuff (Yale University) empfehlen Führungskräften, sich nicht nur innerhalb des existierenden Spielfeldes zu bewegen, sondern sich selbst aktiv um die Gestaltung der Spielregeln zu kümmern.[184] Dies erfordert einen Blick über den Tellerrand des eigenen Geschäfts.

Strategie muss nicht zwangsläufig zu einer kompetitiven Auseinandersetzung führen. Business heißt nicht Krieg: Lieferanten müssen nicht geknebelt, Konkurrenten nicht plattgemacht und Kunden nicht gebunden werden, um wirtschaftlichen Erfolg zu haben. Brandenburger und Nalebuff fordern, das strategische Denken den Herausforderungen des Hyper-Wettbewerbs anzupassen. Nur so können wirklich alle Chancen für Vorsprung ausgeschöpft werden. Ereignisse im Business sind nicht nur in Chancen und Gefahren zu kategorisieren. Sie können immer auch Ergänzungen zum eigenen Business bieten. Der Schlüssel für Erfolg kann durchaus in Formen der Zusammenarbeit liegen. Geschäftspotenziale ergeben sich immer auch in Form von Ergänzung der eigenen Angebote durch die Leistungen Dritter. Die strategische Regel dazu heißt etwas paradox formuliert: »Kooperativ konkurrieren!«

Die Strategen Brandenburger und Nalebuff empfehlen im Umgang mit den kooperativen Strategien das »PARTS-Modell«. PARTS präsentiert eine Checkliste für Strategiediskussionen, welche die Kernthemen für die Gestaltung von Value Nets aufzeigt.

1. *»Players«: Wer sind die Spieler? Lassen sich weitere Player einbringen?*
   In diesem Baustein geht es darum, möglichst alle infrage kommenden Spieler zu identifizieren. Dabei sind selbstverständlich auch Konkurrenten miteinzubeziehen. Aus dieser Liste sind mögliche Partner zu wählen. Frühzeitig muss man sich auch mit der Frage befassen, wie sich das Wettbewerbsspiel durch die neuen Kooperationen ändert.
2. *»Added Values«: Welche Mehrwerte bringt die Kooperation? Lassen sich weitere Mehrwerte realisieren?*
   Welcher Mehrwert soll für das Unternehmen und die Kunden aus der Zusammenarbeit resultieren? Wie kann der Added Value weiter vergrößert werden? Wer bietet konkret was? Wer bietet was nicht?
3. *»Rules«: Welche Spielregeln gelten für die Zusammenarbeit?*
   Die Regeln der Zusammenarbeit sind frühzeitig mit den Partnern zu fixieren. Wer hat die Macht, bestehende oder neue Regeln zu ändern? Welche Spielregeln in der Branche nutzen dem Business; welche behindern das Geschäft? Wer könnte Regeln aushebeln oder umgehen?

4. »*Tactics*«: *Welche Werte und Verhaltensweisen prägen die Kooperation?*
Welche Taktiken einzelner Teilnehmer können das ganze Unterfangen gefährden? Wer verfolgt welche Interessen, wer unterstützt oder wer behindert? Wie nehmen die anderen Teilnehmer die Kooperation wahr? Welche Rolle spielt die Kooperation für die einzelnen Partner?
5. »*Scope*«: *Wo endet die Kooperation?*
Hier werden folgende Fragen angegangen: Welchen Umfang hat die Zusammenarbeit? Wo endet die Gemeinsamkeit? Müssen die Grenzen verschoben werden? Wie langfristig denken die Mitwirkenden?

Einschätzung

Kathrin Harrigan, Strategie-Professorin an der Harvard University, untersuchte in einer breit angelegten Studie den Erfolg kooperativer Strategien.[185] Sie stellte fest, dass nur 45 Prozent der Unternehmen mit ihren Partnerschaften erfolgreich waren. 60 Prozent der untersuchten Firmen hielten an ihrer Partnerschaft über vier Jahre fest, und nach zehn Jahren hatten sich 86 Prozent der Kooperationen aufgelöst. Interessanterweise scheitern die meisten Kooperationen weder an der Strategieformulierung noch an der Strategieumsetzung, sondern an den sozialen Problemen, die sich durch Mehrdeutigkeit, Unstimmigkeit, Verlust von gegenseitigem Vertrauen und die unterschiedlichen Unternehmenskulturen ergeben. Der Ansatz der »Koopetition« bietet ungewohnte Einsichten in das Wesen des Wettbewerbs. Diese Betrachtung kann neue interessante Geschäftschancen, aber auch potenzielle Gefahren aufzeigen.

Parenting: Mutter-Tochter-Beziehungen

Die britischen Professoren Michael Goold, Andrew Campbell und Marcus Alexander des Ashridge Strategic Management Centre in London führten über zehn Jahre eine Studie zum Thema der Strategiehierarchie durch.[186] Sie untersuchten Multibusinessunternehmen in Nordamerika, Japan und Europa und fragten sich, welcher wertmäßige Zusammenhang zwischen den Geschäftsstrategien und der übergeordneten Unternehmensstrategie besteht. »Hat das Gesamtunternehmen einen höheren ökonomischen Wert als die Summe seiner Geschäfte? Schaffen die übergeordneten Strategien einen Mehrwert oder zerstören sie ihn?«, fragten sie sich.

Dafür kalkulierten sie den Wert der einzelnen Geschäftsfelder, Geschäftseinheiten oder Tochterfirmen und verglichen die Summe mit dem Gesamtwert des Unternehmens. Zu ihrer Überraschung fanden sie in über der Hälfte der untersuchten Fälle, dass die Summe der Teile höher bewertet war. Woran lag das? Die Größe des Konzerns spielte ebenso wenig eine Rolle wie die Diversität der verschiedenen Geschäftsmodelle. Sie stellten fest, dass diejenigen Unternehmen einen höheren gruppenweiten Mehrwert erzielten, die eine kohärente Gesamtstrategie für die Gruppe verfolgten.

Die Ashridge-Berater empfehlen Multibusinessunternehmen, einen sogenannten elterlichen Vorteil (parenting advantage) für das Gesamtsystem aufzubauen. Die »Mutter« hat Kernkompetenzen aufzubauen und dafür zu sorgen, dass die verschiedenen Einheiten auch wirklich vom Gesamtverbund profitieren, indem sie effizient und effektiv zusammenarbeiten. Versteht die »Mutter« zu wenig vom operativen Business der einzelnen Töchter oder kann sie zu wenig professionelle Unterstützung bieten, fällt der Synergie-Mehrwert dahin.

Die »Corporate-Parenting«-Matrix zeigt die Beziehungen zwischen der Gruppenstrategie und den Strategien der Geschäftseinheiten. Wertoptimal ist das »Stammlandgeschäft«, da die »Tochter« über Entwicklungspotenziale verfügt, welche zudem von der »Mutter« aktiv unterstützt werden. In »Ballastsituationen« bestehen für die »Mutter« kaum Ansatzpunkte, mit dieser Geschäftseinheit einen Mehrwert zu erwirtschaften, obwohl das Know-how zum Business vorhanden und die Produktpalette der Einheit gut sind. In der Situation der »Wertfalle« verfügt die Geschäftseinheit zwar über

Abbildung 46: »Corporate-Parenting«-Matrix

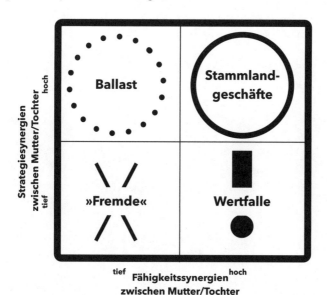

Geschäftspotenziale, doch dem »Mutter-Unternehmen« fehlen das Knowhow, die Ressourcen oder der Wille. Daraus kann keine fruchtbare Zusammenarbeit und Synergie entstehen. Im Segment »Fremde« bestehen zwischen der »Mutter« und der »Tochter« weder nutzbare Synergien noch sonstige gegenseitige Kompetenzen oder Ressourcen, um voneinander zu profitieren (Abbildung 46).

Glokale Strategien: Business in flacher Welt

*Globalisierung beginnt nicht mit Exportquoten.
Sie beginnt in den Köpfen der Manager.*
Roland Berger, Unternehmensberater

Internationalisierungsstrategien: Grenzen überwinden

Die Globalisierung verändert die Logik und Strukturen für erfolgreiches Geschäft. Welche Auswirkungen hat die globale Vernetzung der Märkte aus einer strategischen Sicht?

- Der schärfste Konkurrent kann Tausende von Kilometern weit entfernt auf einem anderen Kontinent sein Geschäft betreiben und trotzdem dieselben Kunden bedienen.
- Auch grenzüberschreitende Wertschöpfung in der Herstellung vernetzt das Business immer weiter.
- Die Verfügbarkeit von Rohstoffen und Ressourcen wird zu einem herausfordernden Thema rund um den Globus.
- Produktives Know-how und Spezialwissen veralten durch das globale Imitieren rascher denn je. Der zentrale Erfolgsfaktor im globalen Wettbewerb heißt Köpfchen. Damit ist Kreativitäts- und Innovationskraft nicht nur für die Produktentwicklung gemeint, sondern ebenfalls für die Gestaltung der Strukturen, der Prozesse, der Marktbearbeitung, der Personalführung und Ähnliches. Talente treiben das Geschäft.
- Westliche Unternehmen haben einen Vorteil, da sie oft noch über genügend Kapital und ein hohes spezialisiertes Know-how verfügen, welches sie für ihre Re-Positionierung nutzen können.
- Das Überangebot an Waren nimmt immer weiter zu. Dadurch bleiben Differenzierung und Spezialisierung weiterhin zentrale Strategiethemen.
- Da in fernen Ländern zu meist günstigeren Faktorkosten gearbeitet werden kann, bleibt auch die Themen Kosten und Effizienz ein Dauerbrenner für das Management. So heißt die Erfolgsformel einer flachen Welt nicht »Dif-

ferenzierung *oder* Kostenführerschaft«, sondern »Differenzierung *und* Kostenführerschaft«. Beides ist strategisch unter einen Hut zu bringen.
- Nicht alle Produkte und Services sind für die Globalisierung geeignet. Lokale und kulturelle Unterschiede sind zu beachten und eröffnen Chancen. Hier kommen die »glokalen Strategien« zum Zug (glokal = global + lokal).
- Ebenfalls werden die Merger- & Acquisitions-Aktivitäten rund um den Globus zunehmen, wodurch die internationale Verflechtung nochmals weiter fortschreitet.

Unter »Internationalisierung« wird die Übertragung ökonomischer Aktivitäten über nationale Grenzen hinweg verstanden. »Globalisierung« ist die Veränderung der Weltwirtschaft, die zu vermehrten länderübergreifenden Transaktionen führt. Produkte, Ressourcen, Technologien und Kapitalien werden grenzenlos ausgetauscht. Die Effekte der Globalisierung sind wirtschaftlich, sozial, kulturell und ökologisch.

Eine globale Strategie setzt immer auch auf die Erringung eines Wettbewerbsvorteils. Dieser kann in folgenden Feldern gestaltet werden:

1. *Vorsprung durch verstärkte Effizienz*
   - Nutzung von Volumeneffekten
   - Nutzung von Synergien
   - Verlängerung der Produktlebenszyklen
   - Erhöhung der Flexibilität
2. *Vorsprung durch strategischer Positionierung*
   - frühzeitige Marktbesetzung
   - Finanzierungsausgleich zwischen Ländern
   - Transferpreise
3. *Vorsprung durch Risikoverteilung*
   - Diversifizierung von finanziellen oder länderbezogenen Risiken
   - Diversifizierung von operativen Risiken
4. *Vorsprung durch Lerneffekte*
   - Lernen auf der Ebene der Kundenwünsche und des Marketings
   - Lernen durch Entwicklungs- oder Forschungspartnerschaften
5. *Vorsprung durch Skaleneffekte*
   - Ausschöpfung größerer Marktvolumen
   - Realisierung größerer Produktionsvolumen
   - Synergien durch Multiplikation
6. *Vorsprung durch Image*
   - Image als internationales Unternehmen
   - internationale Kundschaft
   - Steigerung des Markenwertes

Nach der Auffassung des in Indien aufgewachsenen Strategieexperten der London Business School, Sumantra Ghoshal, sind Großunternehmen die bedeutendsten sozialen und ökonomischen Institutionen der Moderne. Sie bestimmen den ökonomischen Fortschritt international maßgeblich. Zusammen mit Christopher Bartlett, Professor der Harvard Business School, erforschte er die Internationalisierungsstrategien.[187] Die Wirtschaftswissenschaftler stellten fest, dass Unternehmen den Sprung vom nationalen zum internationalen Unternehmen sehr unterschiedlich bewältigen. Mit diesen Erkenntnissen haben sie eine Typologie der »Internationalisierungsstrategien« entworfen.

1. *Die internationale Strategie*
   Die Auslandsaktivitäten erweitern die nationalen Aktivitäten. Die Zentrale hält die Fäden der Geschäftsentwicklung direkt in ihrer Hand. Der Vorteil der Internationalisierung ist der Transfer von Kompetenzen auf neue lokale Märkte. Viele kleinere und mittlere, aber auch große Unternehmen wählen dieses Modell als Einstieg in die Internationalisierung.
2. *Die multinationale Strategie*
   Das Management betrachtet die verschiedenen Auslandsaktivitäten als Portfolio unabhängiger Geschäftsfelder. Die Tochterunternehmen sind relativ autonom. Viele der lokalen Entscheidungen werden vor Ort in den ausländischen Einheiten getroffen. Ein umfassendes Controlling (insbesondere Finanzkontrolle) koordiniert die ausländischen Aktivitäten. Die Auslandsniederlassungen suchen vor allem nach interessanten Marktchancen. Das multinationale Unternehmen passt sich den lokalen Gegebenheiten an und richtet seine Strategie und Produktangebote auf die nationalen Märkte aus. Philips operierte in den 70er Jahren des letzten Jahrhunderts nach diesem Muster.
3. *Die globale Strategie*
   Globale Unternehmen zeichnen sich durch ein globales, grenzenloses Denken aus. Landesgrenzen bilden für das Management grundsätzlich keine geschäftlichen Hürden mehr. Die Auslandsgeschäfte sind Brückenköpfe, die den offenen Marktzugang bieten. Sie planen und organisieren die gesamten Geschäftsaktivitäten über die Landesgrenzen hinweg. Die Auslandsniederlassungen entwickeln die Strategievorgaben zusammen mit der Zentrale. Im globalen Unternehmen werden Skaleneffekte und Standortvorteile konsequent genutzt. Nestlé ist ein Unternehmen mit global ausgerichteter Strategie.
4. *Die transnationale Strategie*
   Das transnationale Unternehmen hat seinen nationalen Kern verloren, es operiert gänzlich auf einer globalen Basis. Die Entscheidungsfindung findet dezentral statt. Personen, Produkte, Ressourcen und Informationen fließen

frei zwischen den nationalen Geschäftsstellen. Die Aktivitäten werden weltweit koordiniert. Das transnationale Unternehmen integriert die Vorteile der anderen Strategieformen je nach Bedarf. Hier werden Skaleneffekte und Standortvorteile genutzt, Marktstrategien lokalisiert und globale Synergien ausgeschöpft. Die großen globalen Pharmakonzerne operieren nach diesem Muster.

Einschätzung

Eine Strategieentwicklung, ohne das Thema »global/lokal« zu berücksichtigen, ist lückenhaft. Einerseits nehmen die Herausforderungen auf den Heimmärkten durch internationale Wettbewerber zu, und andererseits bieten andere Regionen auf dieser Welt nicht nur günstige Produktionsfaktoren, sondern auch attraktive Marktchancen. Zudem lassen sich interessante Partnerschaften auf einer globalen Ebene etablieren. Werden diese Positionen nicht rechtzeitig besetzt, gehen andere Wettbewerber diese Beziehungen ein und besetzen diese meist über Jahre hinweg.

Outsourcing-Strategien: Schwächen verkaufen, um Stärken auszubauen

Rund um den Globus lagern Unternehmen vermehrt einzelne Aktivitäten in fremde Länder aus. Sie tun dies, um von attraktiven Produktionsfaktoren und Standortkosten zu profitieren oder um sich prominent in großen Absatzmärkten zu positionieren.

Werden Tätigkeiten von Unternehmen an Drittfirmen über vertragliche Vereinbarungen ausgelagert, spricht man von »Outsourcing« (Auslagerung). Welche Gründe führen zu einem Outsourcing? Durch die Auslagerung will sich das Unternehmen verstärkt auf sein Kerngeschäft konzentrieren, einen Mangel an Fachkräften und Spezialisten überwinden, rascher auf Marktanforderungen reagieren, die eigenen Geschäftsprozesse vereinfachen oder die Komplexität des eigenen Geschäfts reduzieren.[188]

Ursprünglich ist Outsourcing ein Konzept der Informatik. Aufgrund der hohen Komplexität und enormen Veränderungsdynamik haben Unternehmen den Rechnereinsatz und dessen Bewirtschaftung an dafür spezialisierte Unternehmen abgegeben. Daraufhin folgte die Textilindustrie zur Senkung der Kosten und Steigerung der Wettbewerbsfähigkeit ebenfalls dieser Strategie. Mittlerweile findet Outsourcing nicht nur in den Funktionsbereichen Produktion und Entwicklung statt, sondern zunehmend auch in servicenahen und wissensintensiven Bereichen. Wenn umfassende Produktionsaufgaben an Geschäftspartner ausgelagert werden, hat dies eine Reduktion der Fertigungstiefe zur Folge. Als strategische Gründe für ein Outsourcing von Geschäftsprozessen lassen sich Kostensenkung, Steigerung der eigenen Flexibilität, Mangel an Know-how, Konzentration auf eigene Kernkompetenzen, Nutzung weiterer Produktionskapazitäten, Kostenklarheit, Beschleunigung der Geschäftsprozesse oder die Vermeidung eigener Investitionen in den Ausbau der Kapazitäten anführen.

Durch Outsourcing soll sich jedes Unternehmen auf seine eigenen besonderen Stärken und Fähigkeiten, also auf seine Kernkompetenzen, fokussieren. Alle anderen Geschäftsprozesse können (zumindest theoretisch) an professionelle Dritte ausgelagert werden. Durch den Outsourcing-Prozess steigen die zwischenbetriebliche Arbeitsteilung und die Vernetzung von Kompetenzen. Es bilden sich Wertnetze.

Betrachtet man die gesamte Lieferkette eines Angebots vom Einkauf bis zur Lieferung und die daran beteiligten Unternehmen, spricht man von der »Supply Chain« (Lieferkette, Wertkette). Mit dem »Supply Chain Management« versuchen Unternehmen, ihre strategische Stellung durch eine erhöhte Effizienz und Effektivität zu stärken.[189] Die einzelnen Aufgaben entlang der Liefer- und Produktionskette werden (idealerweise) von demjenigen Partner erbracht, der die effizientesten Strukturen und Prozesse zur Verfügung stellt. Diese Kette kann von der Rohstoffgewinnung bis zur Produktentsorgung und dem Recycling reichen. Die Leistungen entlang der Wertkette werden von verschiedenen, aber selbstständigen Unternehmen erbracht. Das Outsourcing führt zu komplexeren und international verwobenen Liefernetzwerken. Da verschiedene Unternehmen einen Beitrag zur Wertschöpfung des Angebots liefern, spricht man von einem »Wertschöpfungsnetzwerk« (value network).

Flache Strategien: Orchestrieren des globalen Geschäfts

Einer der einflussreichsten Promotoren der Globalisierung, der Kolumnist der *New York Times* Thomas L. Friedman, spricht statt von Globalisierung von der »flachen Welt«.[190] In einer »flachen Welt« verwischen sich die geschäftlich relevanten Unterschiede rund um den Globus. Das heißt, nationale Besonderheiten und Spezialitäten spielen immer weniger für den Erfolg eine Rolle. Friedman argumentiert, dass die Globalisierung in den letzten Jahren in eine neue Phase getreten sei, indem nun kleinere Unternehmen oder selbst Individuen auf dem globalen Parkett handeln können. Friedman betont damit die Chancen der Globalisierung, die in den letzten Jahren eine gewaltige Verbesserung der Einkommens- und Vermögenssituation von Millionen Menschen rund um den Globus bewirkt hat.

Wie hat man Erfolg in der flachen Welt? Nicht einzelne Strategien wie Outsourcing oder Supply Chain Management bringen einen nachhaltigen Vorsprung, sondern das globale Denken. Outsourcing beschleunigt zwar den Trend zur Globalisierung, da viele Geschäftsprozesse nach Übersee ausgelagert werden. Aber auch der umgekehrte Prozess zeigt bereits Wirkung. Beim »Insourcing« werden bisher fremde Tätigkeiten in die eigene Wertschöpfung übernommen. *Praxis:* Der Logistiker UPS bringt nicht mehr nur Pakete von A nach B, sondern übernimmt auch konkrete Zusatzaufgaben für seine Kunden. So repariert UPS für Toshiba Computergeräte oder liefert Teigrohlinge für die amerikanische Pizzakette Papa Johns aus.

Die Kompetenzen, Fähigkeiten und Ressourcen der Unternehmen restrukturieren sich global in Form des Aus- beziehungsweise Einlagerns. Durch das »strategische Orchestrieren« von Wertschöpfungskomponenten lassen sich neue Geschäftsfelder besetzen.

Die »Führung von Wert-Netzwerken« ist von der Führung von Tochtergesellschaften oder Franchiseunternehmen klar zu unterscheiden. Dominante Führungsverhältnisse spielen hier keine Rolle. Gegenseitiges Vertrauen, klare Spielregeln, unterstützendes Training sowie Zertifizierung und professionelles Controlling sind die wesentlichen Erfolgskomponenten für die Zusammenarbeit. Jeder Netzwerkpartner bleibt ein autonomes Unternehmen. In derartigen Konstellationen darf nicht übersehen werden, dass jeder immer auf der Suche nach der für ihn besten Lösung ist. Wertschöpfungsnetzwerke werden nicht für die Ewigkeit geknüpft, sondern müssen sich im Wettbewerb für die Beteiligten bewähren.

Praxis: Li & Fung ist eines der größten Unternehmen weltweit, das aber kaum jemand kennt.[191] Das Handelshaus mit Sitz in Hongkong arbeitet mit etwa 8 000 Lieferanten in über 40 Ländern zusammen. Die Bezeichnung Handelshaus ist irreführend, aber historisch bedingt. Das Unternehmen ist ein hersteller- und länderübergreifendes Netzwerkunternehmen, welches nicht nur Waren beschafft und liefert, sondern auch über seine Netzkontakte nach Wunsch des Auftraggebers herstellt und zwar ohne dass das Li & Fung Produktionsstätten besitzt. Li & Fung übernimmt von der Produktgestaltung über die Entwicklung und Qualitätssicherung bis hin zur Herstellungsüberwachung und Lieferung sämtliche Schritte der Wertschöpfung. Das Unternehmen stellt selber keine Waren her, hat aber über seine Netzwerkpartner Zugriff auf ein Produktionspotenzial von rund einer Million Mitarbeitern. Li & Fung gilt als Musterbeispiel eines »Geschäftsorchestrators«. Es erwirtschaftet einen Umsatz von rund 7 Milliarden US-Dollar. Weiß das Unternehmen, welche Lösungen oder Produkte sein Kunde wünscht, sucht es in Windeseile die benötigten Kompetenzen in seinem Netzwerk auf der ganzen Welt zusammen. Ein derartiger »Orchestrator« ermöglicht es den Unternehmen, sich auf ihre Spezialisierung und Kernkompetenzen zu konzentrieren. Nachteilig ist natürlich, dass die internationale Verflechtung des eigenen Geschäfts damit steigt und die Abhängigkeit von Dritten rasant wächst.

Boden der Pyramide: Strategien für prosperierende Schwellenmärkte

Die Märkte am unteren Ende der globalen Einkommens- und Vermögenspyramide werden von vielen westlichen Unternehmen vernachlässigt. Gerade diese Märkte sind im Aufbruch, da sich die Einkommenssituation vieler Drittweltländer in den letzten Jahren merklich verbessert hat und eine neue Mittelschicht heranwächst. Milliarden von Menschen besitzen eine gigantische Kaufkraft und sind auf der Suche nach attraktiven Angeboten. Für diese Kunden sind aber unsere oft anspruchsvollen, hoch differenzierten Produkte mit ihren vielen Funktionen oft nicht nur zu komplex, sondern auch in ihrem Alltag kaum zu gebrauchen. Selbstverständlich sind sie meist auch noch viel zu teuer. Märkte am unteren Ende der Pyramide suchen nach Einsteigerprodukten.

Vor allem die indischen und chinesischen Unternehmer haben in diesem Geschäftssegment ihre Chancen erkannt. Ohne große Anpassungen können sie ihre eher simplen Produkte aus den jeweiligen Heimatländern in Drittweltmärkten mit großem Erfolg absetzen. Einfache Waschmaschinen, Heizungen, Klimageräte oder Mobiltelefone, die in Entwicklungsregionen Asiens, Afrikas und Südamerikas abgesetzt werden, sind Beispiele dafür. Doch aufgrund der großen Marktvolumen sind diese Marktkonstellationen ebenfalls für westliche Firmen interessant. Vor allem auch deshalb, weil die Innovationsraten deutlich niedriger und die Produktlebenszyklen noch längerfristig ausgelegt sind. Zudem werden heute Marken etabliert, die später bei der Entwicklung zu komplexeren Märkten unabdingbar für den Erfolg (und Imitationsschutz) sind.

Die Bearbeitung dieser Märkte am unteren Ende der Pyramide ist aber nicht einfach. Die Zielgruppe der Wenigverdiener ist anspruchsvoll, aber »wertorientiert«. Preise und Leistungen zwischen alternativen Angeboten werden verglichen und Nutzenversprechen genau abgewogen, denn Einsteigerkunden müssen sich im Vergleich zu anderen Kundengruppen stärker vor einem Fehlkauf hüten. Besonders attraktiv aus westlicher Sicht ist die hohe Markenorientiertheit dieser Zielgruppe.

Der Stratege C. K. Prahalad schätzt, dass die »Basis der Pyramide« ein Marktpotenzial von rund fünf Milliarden Menschen umfasst.[192] Diese interessanten Marktpotenziale sind bisher auf den Radarschirmen vieler Marktstrategen übersehen worden. Gerade für diese Kundengruppen wurden weder Produkte oder Services noch spezifische Marktstrategien entwickelt. Zudem begehen westliche Firmen, die diesen Markt bearbeiten, oft einen fundamentalen Denkfehler. Sie meinen mit älteren oder einfacheren Versionen heimischer Angebote die Einsteigerkunden in Schwellen- oder Drittweltländer locken zu können. Doch diese treffen die Wünsche der Konsumenten meist eher schlecht als recht. Prahalad empfiehlt, spezifische Angebote für diese großen Märkte zu entwickeln. Die »aufstrebenden Märkte« (Emerging Markets) sind längerfristig attraktiv. Es lohnt sich daher, rechtzeitig Marken und Marketing- bzw. Vertriebsstrukturen zu etablieren. Vergleicht man zum Beispiel die Anzahl der Mobiltelefone, die Anzahl der Fernsehgeräte oder die Anzahl der Radiogeräte, die in diesen Marktsegmenten weltweit abgenommen werden, so gehören sie zu den Spitzenmärkten.

Große Unternehmen wie beispielsweise Nokia, Philips, Motorola oder Axa Versicherungen entwickeln nicht nur spezifische Strategien für die globalen Wachstumsmärkte am unteren Ende der Pyramide, sondern erforschen die Rahmenbedingungen für Erfolg. Sie tun dies zusammen mit Anthropologen und Verhaltensforschern. Prahalad und Hart zeigen, dass nicht die Preisgestaltung allein der zentrale Erfolgshebel ist, um in diesen Märkten zu den Gewinnern zu gehören. Wichtiger für durchschlagenden Erfolg ist, Marktpositionen mit starken Marken frühzeitig zu besetzen, die Erwartungen der Kunden zu lenken, Distributionssysteme aufzubauen, Finanzierungslösungen anzubieten und auf einfache, nutzenstiftende Innovationen von unten nach oben zu setzen. Die beiden geben folgende Empfehlungen, um die Basis der Pyramide strategisch anzugehen:

- Die Preis-Leistungs-Relation muss um einen »Quantensprung« günstiger sein als in etablierten westlichen Märkten.
- Die Distribution muss für extrem unterschiedliche Marktregionen funktionieren, d.h. einfach landwirtschaftliche, aber auch entwickelte dicht besiedelte Regionen erreichen. Der Distributionsprozess ist zu vereinfachen, so dass leicht Mitarbeiter vor Ort gewonnen werden können.
- Es ist auf eine hohe Öko-Freundlichkeit der Angebote zu achten.
- Neue und alte Technologien sind aus Kostengründen (und Robustheit der Produkte/Lösungen) zu kombinieren.
- Die Neuentwicklung von Angeboten und Komponenten soll »universell« erfolgen. Sie muss über Länder, Kulturen, Sprachräume transportierbar sein.
- Das Produktdesign hat radikal einfach, aber zeitgemäß zu sein. Modernes Design belegt den Fortschritt des Angebots und wird besonders geschätzt.

- Die Produktion sollte möglichst in den Absatzregionen erfolgen, dies senkt die Kosten und erhöht die Flexibilität.
- Die tagtägliche Nutzung des Produktes oder Service ist zu erforschen. Vielfach werden die Lösungen in »feindlichen« Umgebungen (Feuchtgebiete, Wüsten, Staub, Geräusche, Blackouts) genutzt. Daraus sind Rückschlüsse für die Produktentwicklung zu ziehen.
- Marketing hat neben der Attraktivitätssteigerung auch einen Lehrauftrag zu erfüllen. Angebote sind zu erklären.
- Angebote sind auf das wirklich Notwendige zu vereinfachen.
- Unternehmen entwickeln, produzieren und vermarkten bewusst für Lokalmärkte vereinfachte Lösungen. Manche dieser so vor Ort geschaffenen Lösungen haben das Potenzial, ihren Weg zurück in die Industrienationen zu finden. Dort können sie am unteren Preisende auftretende Marktchancen nutzen. In solch einem Fall spricht man von einer »Reverse Innovation Strategie« (Umkehr-Innovation).[193]

World 3.0: Strategien in einer semi-globalisierten Welt

Wir haben den Eindruck, dass wir in einer grenzenlosen Welt leben, in der sich Ideen, Einstellungen, Güter und Menschen frei zwischen Kontinenten und Nationen bewegen. Doch ist dem wirklich so? Der aus Indien stammende Harvard Business Professor Pankaj Ghemawat stellt die These der flachen (globalisierten) Welt kritisch in Frage. Globalisierung wird entweder als das Beste, was uns je passieren konnte, präsentiert oder von anderen wiederum total verdammt. Doch Ghemawat propagiert einen dritten, realistischeren Weg der Betrachtung: die semi-globalisierte Welt oder die Welt 3.0.[194]

Unsere Welt ist in Wirklichkeit gar nicht so grenzenlos und vernetzt, wie wir sie heute gern wahrnehmen. Viele der nationalen Marktbarrieren sind abgebaut und für eine globale Wirtschaftstätigkeit offen. Grenzenlos ist auch das World Wide Web mit seinen offenen Informations- und Kommunikationsmöglichkeiten. Doch dies verleitet Unternehmen ihre Strategien global auszurichten. Sie schenken aber regionalen und lokalen Besonderheiten noch viel zu wenig Beachtung.

Die Globalisierung von Angeboten ist zwar eine das Business vereinfachende, aber keine optimale Strategie für wirklich durchschlagenden Erfolg. Die Märkte sind wohl offen, doch die Kunden selbst nur in den wenigsten Fällen. Kunden sind immer stark in ihrer heimischen, regional-lokalen Kultur mit ihren spezifischen Usanzen und Besonderheiten verankert.

Seine Studien zeigen, dass Unternehmen, die lokalisierte Strategien anwenden, erfolgreicher agieren.

Wertstrategien: Ökonomischen Werten auf der Spur

Ich mache eigentlich immer das, was ich nicht kann, um etwas dazuzulernen.

Pablo Picasso

Kundennutzen: Austausch von Werten

Der »Kundennutzen« (customer value, customer utility) ist der vom Kunden persönlich wahrgenommene Wert eines Produkts oder einer Dienstleistung. Der Kunde entscheidet sich unter vergleichbaren Angeboten für dasjenige, von dem er annimmt, dass es ihm den höchsten Nutzwert bietet. Welchen Wert hat das Angebot für Kunden? Hierzu gehören objektive Größen wie Preise und Rabatte, aber auch viele subjektive Bewertungsgrößen wie Image, Freude, Faszination, Glück oder Sympathie.

Dieser für die strategische Ausrichtung wichtige Begriff ist nicht mit dem »Kundenwert« zu verwechseln. Der Kundenwert (customer lifetime value) bezeichnet den ökonomischen Wert einer Kundenbeziehung über den gesamten Lebenszyklus der Beziehung hinweg. Technisch gesprochen entspricht er dem Deckungsbeitrag des Kunden während der gesamten Beziehungsdauer, diskontiert auf den heutigen Tag. Der Kundenwert ist eine in Geldgrößen ausgedrückte betriebswirtschaftliche Kennzahl, die den »ökonomischen Wert« einer Kundenbeziehung darstellt. Eng verwandt mit dem Schlüsselbegriff des Kundennutzens ist das »Nutzenversprechen« (value proposition, Wertversprechen) eines Unternehmens oder einer Marke. Es beschreibt den Nutzen, den das Unternehmen dem Kunden garantiert. Seine Bestimmung und Definition gehören zum Kern des Geschäftsmodells und bestimmt den Wertschöpfungsprozess.

Wertschöpfungsprozesse: Werte erstellen

Die Wertschöpfung beginnt beim Einkauf, reicht über die Produktion bis hin zum Vertrieb. Sie beschreibt die Wertzuwächse im Prozess der Leistungserstellung. Diese Betrachtungsweise geht zurück auf die Verfahrensabläufe der industriellen Produktion. Arbeitsteilung und Standardisierung unterstützen diese lineare Betrachtungsweise. Hier spricht man auch von der Wertschöpfungskette. Heute hingegen konzentriert sich die Betrachtung nicht auf den Leistungserstellungsprozess, sondern vielmehr auf den Kunden. Die moderne Betrachtung der Wertschöpfungskette startet bei den Kundenwünschen (Abbildung 47).

Abbildung 47: Wertschöpfung – klassisch und zeitgemäß

Henry Ford, Gründer der Automobilfirma Ford, führte die Fließbandfertigung als revolutionären neuen Schritt zur Beschleunigung der Wertschöpfungsprozesse ein. Ford war darauf bedacht, möglichst sämtliche Wertschöpfungsstufen in seinen Automobilbau zu integrieren. Damit verfolgte er das Ziel, eine totale Kontrolle über sämtliche Produktionsstufen auszuüben. Im Laufe der Firmengeschichte ging dies so weit, dass die Ford Motor Company zeitweilig sogar Gummiplantagen, Kraftwerke und Stahlwerke betrieb. Der Ford-Konzern reihte im Lauf seiner Entwicklung eine Wertschöpfungskette an die andere. Die Massenmarktstrategie begünstigte diese Entwicklung. Die Kunden sollten mit möglichst kostengünstigen, standardisierten Produkten in großen

Volumen bedient werden. Doch eine derartige, nur auf den Massenmarkt ausgerichtete Wertschöpfungsstrategie hat im Zeitalter der anspruchsvollen Kunden ihren Zenit überschritten.

Wertschöpfung soll Mehrwerte für den Kunden schaffen. Doch diese Mehrwerte müssen den Bedürfnissen des Kunden entsprechen und nicht nur ökonomischen oder technologischen Prinzipien genügen. In einer sich rasch ändernden Geschäftswelt sind diese Mehrwerte aber »flüchtig«, da die Konkurrenz immer wieder mit attraktiveren Angeboten kontert und sich die Bedürfnisse der Kunden wandeln. Die dem Kunden zu bietenden Werte sind daher immer wieder zu ergründen.

Value Disciplines: Disziplinen der Wertschöpfung

Warum schaffen es manche Unternehmen, dass Kunden von ihren Produkten oder Services begeistert sind, während andere nonstop Kostensenkungsprogramme lancieren müssen, um im Wettbewerb zu überleben? Wieso funktionieren manche Unternehmen wie perfekte Uhrwerke, während andere immer wieder in operative Krisen fallen?

Die Antworten hierzu geben die amerikanischen Businessberater Michael Treacy und Fred Wiserma.[195] Sie setzen bei der Strategieentwicklung auf das »Konzept der Nutzendisziplinen« (value disciplines).

»Wertdisziplinen« heißen drei Leadership-Strategien, mit denen sich Unternehmen von ihren Konkurrenten erfolgreich absetzen können. Diese drei Strategiepfade basieren auf dem Studium der unterschiedlichen Kundenbedürfnisse. Die beiden Berater stellen fest, dass Kunden drei Arten von »Nutzenkonzepten« (value disciplines) schätzen: Die einen suchen in erster Linie die »günstigste Gesamtkostenlösung« (best total cost solution), die anderen die »Spitzenlösung mit den besten Produkteigenschaften« (best product features) und die dritten die für sie ganz persönlich »beste Gesamtlösung« (best total customer solution), die genau ihren Wünschen entspricht.

Kunden, welche sich zum Beispiel für die günstigste Lösung entscheiden, wollen eine rasche, unkomplizierte Lieferung und beanspruchen wenig Service. Sie wenden sich Unternehmen zu, die ihre Spitzenleistungen in der operativen Leistungserstellung haben.

Wer aber das innovativste Top-Produkt besitzen will, ist bereit, hierfür einen Premiumpreis zu bezahlen. Seine Wahl wird daher auf ein Unternehmen fallen, welches sich durch seine hohe Innovationskraft auszeichnet. Derartige Unternehmen positionieren sich als Produktführer. Kunden, die hingegen maßgeschneiderte Lösungen suchen, wählen Unternehmen, die in der Lage sind, ihre Angebote zu personalisieren, individualisieren und mit entsprechend intensivem Service auszustatten. Die Berater haben festgestellt, dass Firmen leicht in die Falle des »Alles-für-alle-sein-zu-Wollen« tappen. Die Stärke der Nutzendisziplinen ist es, sich klar auf die Führerschaft in einer dieser Disziplinen auszurichten.

Aus diesen drei Nutzenkonzepten der Kunden ergeben sich drei strategische Ansätze der Wertschöpfung, die alle beim Kunden, seinen Bedürfnissen und Wünschen ansetzen.

1. *Wertdisziplin der operativen Exzellenz*
   Firmen setzen hier auf eine relativ gute Qualität zu fairen Preisen. Sie sind keine Innovationsführer, sondern beobachten das Marktgeschehen genau und setzen auf die Erfolgsfaktoren im Volumengeschäft. In ihren Prozessen suchen sie nach hoher Effizienz und Kostenoptimierung. Beispiele für Unternehmen, die mit Nachdruck auf diesen wertschöpfenden Ansatz setzen, sind: Toyota, Billigairlines, Wal-Mart, Aldi, Hertz.
2. *Wertdisziplin der Produktführerschaft*
   Diese Unternehmen sehen sich als Innovatoren und Markenführer. Sie experimentieren mit neuen Lösungen und Produkten. Sie faszinieren ihre Kunden immer wieder aufs Neue. Beispiele für Unternehmen, die auf Produktführerschaft setzen, sind: BMW, Audi, Philips, Nike, 3M, Gillette.
3. *Wertdisziplin der Kundennähe*
   Die Zufriedenheit des Kunden ist das oberste Ziel dieser Unternehmen. Für ihn machen sie das Unmögliche möglich. Sie möchten ihre Kunden möglichst genau kennen und investieren daher viel in Markterkundung. Sie schenken auch dem Kundenservice große Beachtung. Beispiele für Unternehmen, die auf eine enge Kundenbeziehungen setzen: Four Seasons Hotels, Ritz-Carlton-Gruppe, Amazon, McKinsey Consulting, Roland Berger Consultants, SAP.

Das Modell der Wertdisziplinen ist ähnlich den drei generischen Strategien von Michael Porter (Kostenführerschaft, Differenzierung, Fokussierung). Doch im Gegensatz zum Porter-Modell haben sich Unternehmen auf eine der Disziplinen mit hoher Priorität zu konzentrieren, dabei aber die anderen Felder nicht vollkommen zu vernachlässigen. So sollte jedes Unternehmen einerseits eine Leadership-Disziplin verfolgen und zugleich bei den anderen beiden Disziplinen mit den Konkurrenten mitziehen, um im Wettbewerb nicht abzufallen.

Value Migration: Der Wertschöpfungswanderung folgen

Automobilkonzerne betreiben Bankgeschäfte und Hotelketten steigen ins Catering-Business ein. Banken stoßen ins Versicherungsgeschäft vor, Versicherungen ins Bankengeschäft, Nahrungsmittelkonzerne mutieren in Richtung Pharma durch die Lancierung von »Functional Food«. Die traditionellen Branchengrenzen verlieren an Trennschärfe.

Das »Verwischen von Branchengrenzen« nennt man »Business Migration« oder »Value Migration« (»Geschäftsmigration«). Was treibt diese Entwicklung? Erster Grund ist die unentwegte Suche der Unternehmen nach attraktiven Geschäftsmodellen zur Abrundung oder Erweiterung ihres eigenen Business. Der Experte auf dem Gebiet der Value Migration, der Unternehmensberater Adrian J. Slywotzky, bezeichnet dies als Suche nach attraktiven »Gewinnmustern« (Profit Pattern) in angrenzenden, nahen Branchen.[196] Zweiter Grund ist die Dynamik der sich rasch ändernden Kundenanforderungen. Nicht nur Produkte und Dienstleistungen, sondern auch Geschäftsmodelle unterliegen einem Lebenszyklus. Sie altern und werden obsolet. Unternehmen sind daher zur periodischen »Aktualisierung« (Business Update) oder zur »Neuerfindung« (Business Upgrade) ihres Geschäftsmodells gezwungen.

Der Prozess der »Geschäftsmigration« folgt den attraktiven Geschäftsmodellen. Entdeckt man Branchen, deren Geschäfte höhere Renditen abwerfen, lohnt es sich zu überlegen, ob sich das eigene Geschäft in dieses attraktive Feld hineinentwickeln könnte. Es wäre unter Umständen auch möglich, Geschäftsbausteine aus den attraktiven Branchen zu übernehmen.

In jeder Branche finden sich Unternehmen, die sehr erfolgreich unterwegs sind. Diese können als Vorbilder für Überlegungen zum Geschäftsmodell herbeigezogen werden. Welche Formen der Geschäftsmigration finden sich?

1. *Wertverschiebungen von Branche zu Branche*
   Unternehmen suchen möglichst ertragsattraktive Branchen. Sie versuchen, sich in diese attraktiven Märkte hinein zu entwickeln. Der IBM-Konzern ist ein Beispiel für eine gelungene Geschäftsmigration. Das Unternehmen hat sich vom führenden Hardwarehersteller zu einem der führenden IT-Software- und Beratungsunternehmen entwickelt. Der ehemalige CEO Lou Gerster baute den IBM-Konzern radikal um. Heute werden Kunden keine »Kisten« (Computer) mehr ausgeliefert, sondern sie bekommen maßgeschneiderte informationstechnologische Problemlösungen.
2. *Wertverschiebungen von Unternehmen zu Unternehmen*
   Unternehmen suchen nach ertragreicheren Konkurrenzlösungen in ihrer angestammten Branche. Dementsprechend passen sie ihre eigene Wert-

schöpfungskette an. Nespresso hat ein sensationell gewinnträchtiges Erfolgsmodell für das Kapselsystem-Kaffeegeschäft erfunden. Dies ist Vorbild für Konkurrenten, die Geschäftskomponenten in Teilen zu integrieren versuchen.
3. *Wertverschiebungen von Geschäft zu Geschäft*
Unternehmen erweitern ihre Wertschöpfungskette um einzelne attraktive Geschäftsbausteine. So vergrößern Informatikberatungsgesellschaften ihr Leistungsspektrum durch die Übernahme des IT-Outsourcing-Geschäfts. Sie erbringen damit nicht mehr nur Beratungsservices, sondern auch umfassende IT-Abwicklungsdienste.

Eine »horizontale« Business Migration erfolgt dann, wenn vor-, beziehungsweise nachgelagerte Bereiche der Wertschöpfungskette aus fremden Branchen integriert werden. Bietet beispielsweise ein Hotel einen eigenen Autovermietungsservice an, so ist dies eine horizontale Business Migration. Bei einer »vertikalen« Business Migration stößt das Unternehmen in fremde Branchen vor, die nicht zu seinem Geschäftssystem gehören. Das Hotel bietet zum Beispiel seinen Gästen fremde Leistungen wie Yoga, Kunstausflüge oder Kosmetikkurse an.

Unter einer »Product Migration« werden Produkteigenschaften verschiedener bisher selbstständiger Angebote gekreuzt. Ein Beispiel sind die Cross-over-Modelle der Automobilindustrie. Ein Van ist eine Kombination aus Limousine, Kombi und Transporter. Der Mercedes CL kreuzt eine Limousine mit einem Coupé und der BMW X6 einen Geländewagen mit einem Sportwagen zu einem »Sport Activity Vehicle«.

Bei strategischen Betrachtungen lohnt es sich, sich nicht nur auf die eigene Wertschöpfungskette zu konzentrieren, sondern den Blickwinkel zu erweitern und geschäftsnahe Wertschöpfungsstufen rund um die Branche mit unter die Lupe zu nehmen.

Wertschöpfungsarchitektur: Chancen an Branchengrenzen

In der rasanten Veränderungsdynamik von heute ist das lineare Wertschöpfungsdenken oft zu eng, um sich im Wettbewerb längerfristig Vorteile zu verschaffen. Unternehmen konkurrieren nicht mehr nur auf der Ebene ihrer Wertschöpfungsketten, sondern auch über Branchengrenzen hinweg. Tankstellen verkaufen nicht mehr nur Treibstoffe, sondern sind zu kompetitiven Handelsunternehmen im Food- und Non-Food-Bereich geworden. Die Tante-Emma-Läden kehren in Form clever sortierter Supermärkte an der Tankstelle zurück. Shell ist mittlerweile der größte Würstchenverkäufer Europas. Oder: Supermarktketten suchen ihrerseits Ergänzung im Bankengeschäft. Der Wettbewerb findet jenseits der konventionellen Branchen- beziehungsweise Industriegrenze seine Fortsetzung. Hier spricht man von der »Dekonstruktion der Wertschöpfungsarchitektur«.

Durch diesen Prozess ändert sich die Wettbewerbslandschaft. Unternehmen konkurrieren nicht mehr nur innerhalb einer Branche und entlang einer Wertschöpfungskette, sondern auch über ihre Branchengrenzen hinweg. Daraus formiert sich ein Wettbewerb auf mehreren Ebenen, nämlich um die leistungsfähigste Wertschöpfungsarchitektur. So lösen sich traditionelle, konventionelle Wertschöpfungsketten auf und kombinieren sich wieder neu.

Philip Evans und Thomas Wurster, beide Berater der Boston Consulting Group, bezeichnen das Phänomen der Wertschöpfungsrestrukturierung als »Dekonstruktion«.[197] Darunter verstehen sie den Umbau traditioneller Business-Strukturen, deren Auflösung und Neugruppierung. Unternehmen knüpfen ihre Wertschöpfungskette und damit ihre Leistungen für den Kunden neu. Statt von Dekonstruktion spricht man auch von »Unbundling« (Entpacken) beziehungsweise »Rebundling« (Zusammenschnüren) von Angeboten und Leistungspaketen.

Der Begriff der »Wertschöpfungsarchitektur« weist auf den Umstand hin, dass Unternehmen nicht mehr nur ihre eigene Wertschöpfungsketten betreiben, sondern sich auch Werte in Netzwerkstrukturen schaffen. verhalten sich eher wie Architekten, die Komponenten von Fähigkeiten und Ressourcen zur Steigerung des Kundennutzens bündeln. Sie beabsichtigen, dem Kunden ein höheres, erweitertes Wertangebot als die Konkurrenz zu bieten. Dies führt zur Auflösung traditioneller Industriegrenzen. Der Boston Consulting Group Berater, Dieter Heuskel, präsentiert beispielhaft vier Architekturen, mit denen sich Unternehmen erfolgreich im Wettbewerb dekonstruierter Wertschöpfungsketten behaupten (Abbildung 48):[198]

1. *»Schichtenspezialisten« (layer players)*
Spezialisten konzentrieren sich auf eine oder mehrere Stufen der Wertschöpfungskette. Meistens lösen sie einzelne Elemente aus einer Wertschöpfungskette heraus, auf die sie sich dann besonders fokussieren. Durch Größenvorteile, durch einen Know-how-Vorsprung oder durch entsprechende Eigentumsrechte (Patente) etablieren sie sich über Industriegrenzen hinweg. Sie funktionieren wie Solisten, die einzelne Elemente der Wertschöpfungskette mit hoher Virtuosität kostengünstig, professionell, effizient und kundenorientiert erfüllen.
Beispiel: Die großen Modelabels (Stardesigner), EDV- oder Reinigungsdienste konzentrieren sich auf ihre spezifischen Kernkompetenzen. Was die

einen Unternehmen wegen Ineffizienz beziehungsweise mangelnder Kernkompetenz auslagern, wird für andere durch Aggregation auf eine Schicht der Wertschöpfungskette zu einem attraktiven Business.

2. *»Pioniere« (pioneers)*
Wie Schichtenspezialisten bieten Pioniere eine Leistung über Branchengrenzen hinweg an. Sie bieten aber keine bereits existierende Lösung, sondern bieten eine neu geschaffene Wertschöpfung. Sie versuchen ihre Lösung möglichst als Standard im neu geschaffenen Markt zu etablieren.
Beispiel: Im Airline-Business hat sich das elektronische Reservierungssystem Sabre als Standard etabliert. Mittlerweile wird Sabre auch von anderen Unternehmen in der Reisebranche für die Buchung von Hotelbetten, Zug-Tickets oder Mietwagen genutzt.

3. *»Orchestratoren« (orchestrators)*
Orchestratoren konzentrieren sich auf wenige Stufen der Wertschöpfung. Sie steuern ganze Unternehmensnetzwerke, ohne dass sie Kompetenzen in allen Bereichen haben.
Beispiel: Adidas, Puma oder Nike haben ihre Herstellung an Drittfirmen ausgelagert. Sie haben sich zu virtuellen Unternehmen entwickelt. Dabei steuern sie die notwendigen Wertschöpfungsprozesse zentral. Sie orchestrieren die Wertschöpfungsbeiträge ihrer Geschäftspartner für ihre Angebote.

4. *»Integratoren« (integrators)*
Integratoren führen eine umfassende Wertschöpfungskette an, um die Transaktionskosten zwischen den einzelnen Stufen zu reduzieren. Sie beabsichtigen möglichst die gesamte Wertschöpfung unter ihre Kontrolle zu bringen. Zu den Integratoren gehören vor allem produzierende Unternehmen: Sie integrieren die attraktiven Wertschöpfungsbausteine Richtung Kunde, wie beispielsweise Servicepakete, technische Services, Finanzierungsdienstleistungen. Auf der anderen Seite geben sie vorgelagerte Beschaffungsaspekte zur Auslagerung (an Systemlieferanten) frei.
Beispiel: Die russische Gazprom ist bestrebt, den gesamten Erdgasprozess von der Förderung bis hin zum Endverbraucher zu kontrollieren. Auch das Modehaus Benetton will den gesamten Wertschöpfungsprozess selbst realisieren.

Strategische Überlegungen zur Architektur der Wertschöpfung ermöglichen es Firmen, attraktive Chancenpotenziale zu entdecken, die sie durch die Bildung neuer Kompetenzen und durch Diversifikation besetzen können. Dies erfordert ein Überschreiten ihrer bisherigen Branchengrenzen und ein Verlassen bekannter strategischer Pfade, dafür werden neue attraktivere Wachstumspotenziale erschlossen.

Abbildung 48: Architektur der Wertschöpfung

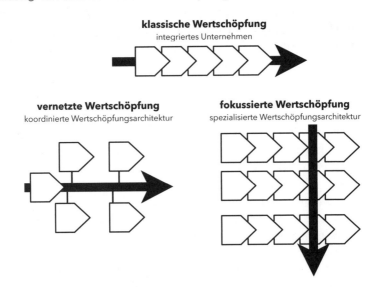

Value Innovation: Strategien für Blaue Ozeane

Die beiden Professoren für strategisches Management der INSEAD-Universität Kim W. Chan und Renée Mauborgne entwickeln die orthodoxe Strategielehre von Michael Porter und den ressourcenbasierten Strategieansatz von Hamel und Prahalad mit ihren strategischen Studien weiter.[199]

Gemäß den beiden Wissenschaftlern bestimmt weder die Branchenwahl allein massgeblich den Erfolg, noch konnten sie Unternehmen ausmachen, deren langfristige Wertschöpfung nur auf ihren besonderen Ressourcen (Kernkompetenzen) basierte. Für sie begründen Unternehmen eine erfolgreiche Wertschöpfung durch eine Sequenz »strategischer Schritte«. Was meinen sie damit? Das Verhalten aller konkurrierenden Unternehmen ist erfolgskritisch bei der Strategiefindung und -umsetzung. Jeder strategische Schritt führt zu Gewinnern und Verlierern.

Beispiel: Das von Henry Ford lancierte Modell T im Jahr 1908 ließ die gesamte Automobilbranche aufblühen. Lediglich die Fabrikanten von Pferdefuhrwerken sahen schweren Zeiten entgegen. Ford erreichte in den USA einen Marktanteil von über 60 Prozent. 1924 brachte ein strategischer Schritt von General Motors Ford in große Schwierigkeiten. Statt des einfarbigen Autos (nur in schwarz) schuf GM einen neuen Marktraum durch Lifestyle Automobile in großer Variation (verschiedene Farben; verschiedene Interieurs, verschiedene Modelltypen; verschiedene Motorisierungen). GM überrundete durch seine flexiblen Angebote den einstigen Marktführer Ford. GMs Marktanteil sprang von 20 auf 50 Prozent und Ford kollabierte auf 20 Prozentpunkte. Dies war Anstoß für Ford, sich wieder »neu« zu erfinden und den Kunden neue attraktivere Angebote zu offerieren.

Jeder strategische Schritt bietet den Kunden merkliche Nutzeninnovationen. Sie bekamen deutlich mehr oder anderes für ihren Dollar. Aber auch die Autobranche profitierte von diesen strategischen Schritten. Jeder Schritt vergrößerte den Marktraum der Branche nachhaltig.

Konzentriert man sich in der Strategiefindung nur auf seine eigene Branche oder auf seine eigenen herausragenden Stärken (Kernkompetenzen), verpasst man leicht mögliche wachstumsintensive Geschäftschancen. Die beiden Strategiedenker empfehlen daher, immer Ausschau nach potenziellen »Nutzeninnovationen« (Werte) für den Kunden zu halten. Daraus sind entsprechende strategische Schritte abzuleiten. Doch wo findet man diese gewinn- und geschäftsträchtigen Nutzeninnovationen? In den »Blauen Ozeanen«, lautet ihre Antwort.

Ein Blauer Ozean ist ein Marktraum, in dem bisher noch niemand Geschäfte tätigt. Die Wettbewerbsbedingungen sind ideal, da sich keine Konkurrenten tummeln, die einem das Geschäft vermiesen. Häufiger anzutreffen sind aber die »Roten Ozeane«. Hier wütet das »Business as usual«, das heißt ein wilder, halsbrecherischer, den anderen verdrängender Wettbewerbskampf, bei dem viel zu viele Anbieter gegenseitig um die Gunst der Kunden mit ähnlichen Angeboten buhlen. Das herkömmliche Denken in Produkt- bzw. Konkurrenz-Benchmarks, in Kostenvorteilen und Leistungsdifferenzierung ist essentieller Bestandteil strategischer Arbeit. Dies führt aber zu ähnlichen Angeboten, einem ruinösen Verdrängungswettbewerb mit unendlichen Zyklen zwischen Aktion und Reaktion.

Nun gilt es, nach frischen Ansätzen und neuen Geschäftsmodellen für eine intelligente Diversifikation Ausschau zu halten. Kim und Mauborgne empfehlen, Blauen Ozeane zu kreieren. Ihre Devise lautet: »*Schaffe innovative Markträume, in denen die Angebote den Kunden (und Nicht-Kunden) einen wirklich differenzierbaren Mehrwert (Value) bieten.*« *Blaue Ozeane stehen für frisch geschaffene Märkte, welche dank innovativer Lösungen einen hohen Kundennutzen erzeugen. Ausgangsbasis für die Überlegungen sind die bestehenden Märkte und Leistungsangebote.*

Die beiden Strategie-Professoren haben 150 strategische Verhaltensmuster in 30 verschiedenen Branchen über die Zeitspanne von 1880 bis 2000 untersucht. Was stellten sie fest? – Wirklich erfolgreiche Geschäftsmodelle entwickeln sich vornehmlich in Blauen Ozeanen. In mit Konkurrenten überfüllten Markträumen sind Spitzenresultate kaum erzielbar. Der wild tosende Wettbewerb macht gute Angebote, interessante Margen und andere strategische Vorteile rasch zunichte.

Praxis: Anstatt sich im Videogame-Geschäft auf das Kopf-an-Kopf-Rennen mit immer noch schnelleren Prozessoren und aggressiveren Spielen einzulassen, hat Nintendo seine Strategie neu kalibriert. Dabei orientiert sich die Firma an bisher unbearbeiteten Kundensegmenten, die bisher noch nicht zur »Gamer Community« gehören. Als besonders attraktive Zielgruppen wurden Frauen und Spieler in reiferem Alter identifiziert und für diese Kunden spezifische Nutzeninnovationen (attraktive Angebote) entwickelt. Nintendo übertrifft mittlerweile die Umsätze seiner schärfsten Konkurrenten, Microsoft und Sony. Das Geschäft in diesem Blauen Ozean der nicht professionellen Spieler brummt. Damit hat Nintendo eine Nutzen- oder Wertinnovation für seine Kunden lanciert und einen relativ ruhigen, attraktiven (blauen) Marktraum geschaffen.

Bei der Strategie der Erschließung Blauer Ozeane dreht sich die strategische Stoßrichtung in erster Linie nicht um die Erringung von Wettbewerbsvorteilen, sondern um die Entwicklung und Gestaltung von Nutzeninnovationen. Statt direkter Konkurrenz, weicht man seinen schärfsten Wettbewerbern aus und erschließt neue Geschäfte. Es geht also nicht darum, Konkurrenten zu schlagen oder zu überholen, sondern darum, dem Kunden einen höheren Nutzengewinn gegenüber klassischen Angeboten zu bieten. Die Konkurrenz wird in einem Blauen Ozeanen irrelevanter. Sie existiert eigentlich (zumindest im Idealfall für eine bestimmte Zeit) gar nicht. Die Innovation zielt weder auf die Verbesserung technischer Neuerungen noch auf das Bieten irgendwelcher Zusatznutzen. Fokussiert wird auf das Herzstück des Geschäftsmodells, das »Kundenversprechen« selbst.

Damit kritisieren die beiden Autoren den Wettbewerbsansatz von Michael Porter. Die Roten Ozeane beschreiben seinen Ansatz. In diesen roten (»blutgetränkten«) Ozeanen versuchen Unternehmen, ihre Konkurrenten durch eine Fülle von Maßnahmen und Gegenmaßnahmen auszustechen. Ihre Strategie ist, »besser«, »schneller« oder »billiger« zu sein. Märkte werden dadurch immer noch enger und umkämpfter. Produkte entwickeln sich zur kaum mehr unterscheidbaren Massenware für den Kunden. Die Blue-Ocean-Strategie hingegen strebt danach sich »anders« beim Kunden zu positionieren.

Die Forscher fanden dank ihren Studien heraus, dass von den 108 untersuchten Unternehmen 86 Prozent ihre Produktpalette weiterentwickelt haben, also der Strategie einer schrittweisen »Line Extension« gefolgt sind.[200] Diese neuen, erweiterten Produkte und Services brachten zwar 62 Prozent des gesamten Umsatzes, aber nur 39 Prozent des gesamten Gewinns. Diejenigen hingegen, die es schafften, neue Markträume durch Nutzeninnovationen zu erschließen, also radikal erweiterte, differenzierende Angebote auf neue Märkte zu werfen, erwirtschafteten damit zwar nur 38 Prozent des Umsatzes, dafür aber 61 Prozent ihres Gesamtgewinns.

Verschiedene Pfade erschließen neue Markträume: So können vollkommen neue Märkte aufgezogen werden. Dies haben zum Beispiel Google oder eBay mit ihren entsprechenden virtuellen Plattformen getan. Doch derartige fundamentale Chancen sind selten. Wichtig für etablierte Firmen ist es, die Grenzen der eigenen Branche konsequent nach Chancen für andere Kundennutzen abzuklopfen. Aus dieser Betrachtung heraus haben sich viele attraktive Geschäftsmodelle entwickelt: Mobiltelefone, Express-Paketservices, Kabelfernsehen, Mutual Funds. Interessant für Nutzeninnovationen sind vor allem diejenigen Kundengruppen, die sich (noch) nicht für das herkömmliche Angebot entschieden haben.

Praxis: Der Markt der Golfschläger ist hart umkämpft. Es herrscht ein wilder Verdrängungswettbewerb. Doch Callaway schaffte es, einen Blauen Ozean zu etablieren: Das Unternehmen erforschte, warum sich viele an sich Interessierte letztlich doch nicht für den Golfsport begeistern. Sie fanden eine Gemeinsamkeit unter den Befragten: Die Gruppe der Unentschlossenen empfand es frustrierend und peinlich, den Ball mit dem Club nicht zu treffen. Die klassischen Golfschläger-Clubs sind für Anfänger zu klein. Ohne intensives Training von Auge, Arm und Hand ist es nicht einfach, den Schwung zu koordinieren. Callaway lancierte daraufhin die »Big Bertha«, einen Club mit extra großem, dickem, wuchtigen Kopf, wodurch Treffer leichter von der Hand gehen. »Big Bertha« findet reißenden Absatz, und zwar erstaunlicherweise nicht nur bei Neukunden, sondern auch bei den erfahreneren Spielern.

Innovationen sollten nicht nur auf der Angebotsseite vorangetrieben werden. Sie müssen auf der Nachfrageseite erfolgen. Nutzeninnovationen sind der Kern einer Blue-Ocean-Strategie, indem sie den gegenseitigen Verdrängungskampf um Differenzierung oder Kostenführerschaft aushebeln. Sie schaffen andere, innovative Werte für Kunden (und natürlich für das Unternehmen). Welche strategischen Empfehlungen gibt die Blue-Ocean-Strategie?

- *Konkurriere nicht in bereits bestehenden Marktsegmenten!*
  Weiche dem Verdrängungswettbewerb möglichst aus. Suche nach Marktfeldern, die noch nicht von Wettbewerbern umkämpft sind.
- *Versuche nicht, die Konkurrenz zu schlagen!*
  Mache die Konkurrenz im Wettbewerb durch Nutzeninnovationen für den Kunden irrelevant.
- *Schöpfe nicht nur das vorhandene Nachfragepotenzial aus! Erweitere die Nachfrage.*
  Suche nach neuen, unentdeckten Nutzenpotenzialen und erobere diese Märkte.

- *Konkurriere nicht auf der Qualität-Kosten-Achse, wo die Alternative »hochwertig« oder »billig« heißt.*
  Biete anderes, frisches und neues. Orientiere Dich am Kunden und weniger an den Konkurrenten.
- *Richte nicht das Angebot auf die beiden Strategie-Alternativen Differenzierung oder Kostenführerschaft aus.*
  Verfolge beide strategische Stoßrichtungen möglichst simultan oder abwechselnd.

Knapp formuliert: Mach nicht das, was alle tun! Brich mit den Schulweisheiten der Strategielehre, um neue Chancen durch frisches Denken zu erschließen. Suche nach neuen Teichen, um zu fischen, anstatt sich in bestehenden Gewässern um die Fischbestände zu streiten. Die Blue-Ocean-Strategie überwindet die Aussagen der klassischen Strategielehre (zumindest teilweise). Erfolgreiche Unternehmen halten sich nicht an die traditionellen »Gesetze« einer Branche, sondern sie versuchen, vom Kunden direkt zu lernen. *Praxis:* Ikea hat den Möbelverkauf revolutioniert, indem es bewusst auf Transport und Montage der Möbel verzichtete. Zudem haben die findigen Schweden erkannt, dass Kunden beim Besuch eines Möbelgeschäfts auch ein Shoppingerlebnis suchen und nicht nur neue Möbelstücke. So wurde die Ikea-Ausstellung um das Gastronomieangebot ergänzt, ein Kinderparadies eingerichtet und das Sortiment um Accessoires und Lifestyle-Produkte erweitert.

Wirkungsvolle Blue-Ocean-Strategien sollten drei Prinzipien genügen:

1. *Klarer, prägnanter Fokus*
   Wirkungsvolle Strategien sind einfach. Sie konzentrieren sich auf wenige, aber ganz wichtige Faktoren. *Praxis:* Die erfolgreiche amerikanische Fluglinie Southwest Airlines fokussiert sich nur auf die Faktoren Service, Schnelligkeit und häufige Shuttle-Verbindungen von Punkt zu Punkt. Dies macht sie gegenüber ihren Konkurrenten besonders. Die in der Branche üblichen Strategiekomponenten wie Lounges, Platzwahl, Klassen oder Verpflegung interessieren nicht und werden nicht geboten.
2. *Erkennbare Einzigartigkeit*
   Die Strategie muss aus der Sicht des Kunden einzigartig und besonders sein. Diese Alleinstellung sollte der Kunde beim Angebotsvergleich klar erkennen.
3. *Überzeugender Slogan, der die strategische Absicht auf den Punkt bringt*
   Southwest Airlines folgt konsequent dem Slogan:»Schnelligkeit des Fliegers zum Preis des Autos.« Diese Aussage wird zum Maßstab für das Management und der gesamten Organisation ihres Fluggeschäfts. Schlüsselgrößen für die Führungsarbeit sind Kosten und Schnelligkeit.

Markträume: Suchpfade zur Erweiterung der Marktgrenzen

Kim und Mauborgne empfehlen »Sechs Suchpfade« (Six Path Framework), um Markträume zu erweitern. In diesen erweiterten Markträumen (Blauen Ozeanen) haben Unternehmen (zumindest für eine bestimmte Zeitspanne) Ruhe vor ihrer Konkurrenz, da sie sich anderes positionieren. Diese »Nasenspitzenvorteile« schützen vor Verdrängung durch harten Wettbewerb. Statt auf »Angriff« oder »Widerstand« setzen sie auf »Ausweichen«. Die sechs Suchpfade zur Erweiterung der Markträume lauten:

1. *Suche von neuen Geschäftschancen in substituierenden Branchen*
   Unternehmen konkurrieren auch gegen Anbieter von Produkten und Dienstleistungen, welche das eigene Angebot substituieren. *Beispiel:* So stehen die Fluggesellschaften nicht nur untereinander im Wettbewerb, sondern gegenüber der Bahn, der Schifffahrt, den Busreisen und dem Auto. Durch die Analyse dieser Substitute lassen sich ergänzende, erweiternde oder alternative Wertinnovationen für das eigene Geschäftsmodell finden. Folgende Fragen sind zu stellen: Welche Alternativen haben Kunden zu unserer angebotenen Lösung? Was könnte diese Kunden zu einem Wechsel motivieren? Welche Entscheidungskriterien sprechen für die alternative Lösung, welche für unsere Lösung?
2. *Suche nach Chancen außerhalb der strategischen Gruppe*
   Auch durch ein genaues Studium der strategischen Gruppen einer Branche können Inspirationen für eine Innovation der Wertschöpfung gefunden werden. Unternehmen innerhalb einer strategischen Gruppe verhalten sich im Wettbewerb ähnlich. *Beispiel:* BMW positioniert sich klar im Feld der Premiumanbieter im Automobilbau und setzt daher zusammen mit anderen Wettbewerbern (zum Beispiel Audi, Mercedes) auf Innovation, Hightech, Spitzendesign und eine Hochpreispolitik. Andere strategische Gruppen bieten aber eine Fülle anderer Kundennutzen: Gruppe der Elektromobilität, Gruppe der Offroader, Gruppe der Reisemobile, Gruppe der Kleinst-/Mini-Fahrzeuge, Gruppe der Low-Cost-Mobile etc. In diesen Branchengruppen haben sich bereits andere Anbieter trefflich positioniert und kämpfen erbittert um Marktanteile. Verknüpft man nun wichtige Entscheidungskriterien aus der einen und der anderen Gruppe für den Kunden, so führt dies direkt zu den erfolgreichen Geschäftsmodellen eines Mini Coopers, Sports Activity Vehicles oder Sportsvans. Folgende Fragen sind zu stellen: Was bietet unsere strategische Gruppe, was bieten die anderen strategischen Gruppen? Wie lassen sich die Angebote verschiedener strategischer Gruppen kombinieren? Aufgrund welcher Entscheidungskriterien wählen Kunden ein Angebot?
3. *Suche nach Chancen durch Betrachtung verschiedener Käufergruppen*
   In diesem Suchfeld stehen die bestehenden Kundengruppen im Fokus. Wie

könnten all die verschiedenen Kundenwünsche besser, das heißt mit differenzierten Lösungen bedient werden? Der Ansatz empfiehlt, dass man sich auf die Wünsche spezifischer Kundengruppen ausrichtet und diese zu erschließen sucht. Folgende Fragen treten hier auf: Welche Käufergruppen sind auszumachen (Beeinflusser, Nutzer, Erwerber usw.)? Welchen Nutzen ziehen sie aus unseren Angeboten? Welche weiteren Nutzeninnovationen könnten noch geboten werden?

4. *Suche nach Chancen in komplementären Angeboten*
Wertinnovationen lassen sich auch finden, indem man das Kundenverhalten ganzheitlich untersucht. Welche vorgezogenen beziehungsweise welche nachgelagerten Leistungen bezieht der Kunde, wenn er unsere Leistung praktisch nutzt? Durch Kombination von Leistungen lassen sich interessante Angebote schnüren. Folgende Fragen finden Betrachtung: In welchem Kontext wird unser Produkt genutzt? Welche Lösungen begleiten unser Angebot davor, dabei und danach?

5. *Suche nach Chancen in funktionalen oder emotionalen Kundenmotiven*
Wertinnovationen können auch entwickelt werden, indem man die Kundenmotive untersucht. So sind die traditionellen Uhrenhersteller auf professionelles Handwerk, enorme Kompliziertheit der Technik und teure Materialien ausgerichtet. Die Swatch hingegen macht aus der Uhr ein modisches, simples, buntes Accessoire. Folgende Fragen stehen an: Welche Motive leiten den Kunden bei der Wahl der Angebote? Lassen sich andere Kaufmotive zur Angebotserweiterung nutzen?

6. *Suche nach Chancen in Trendentwicklungen*
Unternehmen können auch durch eine frühzeitige Wahrnehmung und Umsetzung von Trends neue Markträume erschließen. Folgende Fragen sind zu prüfen: Welche Trends beeinflussen unser Geschäft? Geben neue Trends Hinweise auf neue mögliche Kundennutzen?

Strategieprofil: Kundennutzen im Wettbewerbsvergleich

Geschäftsideen zur Schaffung neuer Markträume lassen sich mit zwei strategischen Instrumenten entwickeln. Das *Strategieprofil* (Strategie-Leinwand, strategy canvas) vergleicht die Nutzen zwischen zwei oder mehreren Anbietern anhand der für Kunden relevanten Entscheidungskriterien (Nutzenausprägungen). Es zeigt bei welchen Kriterien man sich eher in »blauen« (geschütztere Zonen der Differenzierung) und bei welchen man sich eher in »roten« (Zonen der gegenseitigen Verdrängung) befindet.

Strategieprofil: Wettbewerbskriterien transparent gemacht

Die Strategie-Leinwand (Strategy Canvas) ist ein Instrument der Strategie-Entwicklung: Bei der Suche nach blauen Ozeanen spielt die »Wertkurve« eine wichtige Rolle für die Positionierung eines Angebots. Statt Wertkurve kann sie treffender als Strategie-, Angebots- oder Nutzenprofil bezeichnet werden. Sie stellt das Nutzenmuster eines bestimmten Angebots bezogen auf die Ausprägung wettbewerbsrelevanter Faktoren dar. In diese Darstellung können auch die Strategieprofile von Konkurrenten eingetragen werden. Dadurch wird die Differenzierung der Angebote für den Kunden transparent, was wiederum strategische Rückschlüsse zulässt. Anzustreben ist eine möglichst markante Differenzierung, da zusammenfallende Ausprägungen puren Konkurrenzkampf bedeuten und dem Kunden keine besonderen Nutzen stiften (Abbildung 49).

Auf der horizontalen Achse werden die den Wettbewerb entscheidenden Faktoren aus der Sicht der Kunden aufgelistet. Die vertikale Achse zeigt die Stärke eines Faktors im Vergleich zu anderen konkurrierenden Angeboten.

Welche Schritte sind für das Management von Nutzeninnovationen notwendig? Bedeutend sind die wettbewerbsrelevanten Faktoren, welche das Business gestalten. Sie sind daher zuerst zu ergründen: Welches sind aus Kunden-

Abbildung 49: Strategie-Profil – (Nutzenprofile; Wertkurven) von zwei Airlines

sicht die relevanten Entscheidungskriterien, um in diesem Geschäft erfolgreich zu sein? An diesen Entscheidungskriterien sind in der Folge die eigenen Angebote beziehungsweise alternativen Angebote von Konkurrenten zu messen.

- Anschließend wird für ein existierendes Business eine »Wertkurve« (Nutzenprofil, Strategieprofil) durch Beurteilung der Ausprägung jedes Kriteriums erstellt (Abbildung 50). Es können mehrere strategische Konturen für eigene und konkurrierende Angebote dargestellt werden.
- Die Spreizungen zwischen den Wertkurven (Strategieprofilen der Angebote) zeigen die unterschiedlichen strategischen Positionierungen. Dies sind interessante Zonen für eine chancenreiche Neupositionierung.
- Die Ausprägungen der Kernfaktoren lassen sich durch das Management der Nutzeninnovationen jeweils in vier Richtungen gestalten (Abbildung 50 und 49):
  - Eliminierung: Kernfaktoren im Wettbewerb ausblenden oder nicht beachten.
  - Reduzierung: Ausprägungen von Kernfaktoren radikal abbauen oder kürzen.
  - Steigerung: Ausprägungen von Kernfaktoren über den Branchenstandard anheben oder klare Mehrwerte bieten.
  - Kreation: Neue Werteelemente (Entscheidungsfaktoren) hinzufügen.

Abbildung 50: Wertinnovation durch Veränderung des Nutzenprofils für jeden wettbewerbsrelevanten Faktor in eine der vier Richtungen

Kundennutzenkarte: Aufspüren von Nutzeninnovationen

Das Strategie-Tool »Karte des Kundennutzens« (Buyer Utility Map) hilft beim Entwickeln neuer Geschäftsideen im Rahmen der Blue-Ocean-Strategie.[201] Anhand der *Kundennutzenkarte* lassen sich konkrete Nutzeninnovationen (Wertinnovationen) wie beim Kreativitätsinstrument eines morphologischen Kastens konkret kreieren. Den Kunden können in den jeweiligen Stadien ihrer Produkterfahrung spezifische Nutzen (utilities) geboten werden. Derartige Nutzen können beispielsweise sein: Steigerung der Effizienz des Angebots für den Kunden, Vereinfachung des Umgangs mit dem Produkt/Service, Erhöhung der Bequemlichkeit, Reduzierung möglicher Risiken, Steigerung des Fun- oder des Imagewertes oder die Verminderung der Umweltschädlichkeit von Angeboten. Abbildung 51 zeigt ein mögliches Beispiel einer grafischen Kundennutzenkarte. Jedes Feld der Matrix gibt einen frischen Impuls für eine mögliche Nutzeninnovation (Angebotserweiterung).

Abbildung 51: Kundennutzenkarte – Nutzeninnovationen aufspüren

	Komplementäre Kundenprozesse					
Tableau möglicher Kundennutzen	beim Einkauf	bei der Lieferung	bei der Nutzung	bei der Erweiterung	beim Unterhalt	bei der Entsorgung
mehr Produktivität für den Kunden						
erhöhte Einfachheit für den Kunden						
erhöhte Convenience für den Kunden						
reduzierte Risiken für den Kunden						
erhöhter Fun- oder Imagewert für den Kunden						
erhöhte Umweltfreundlichkeit						

(Kundenwünsche, mögliche weitere Kundennutzen)

Felder zur Erschließung neuer Markträume (Nutzeninnovationen)

Einschätzung

»Kämpfe nicht gegen Wettbewerber, sondern erneuere dein Geschäft!« ist eine verlockende Metapher. Sie ist für Unternehmer und Führungskräfte reizvoll. Manch einer sieht sein Schiff »Unternehmen« schon auf beschaulicher Fahrt durch das ruhige Gewässer des endlosen Blauen Ozeans. Diese Vorstellung ist attraktiv, aber strategisch für die meisten Unternehmen nicht hinreichend. Bestimmt stellt die Blue-Ocean-Strategie ein ergänzendes Instrumentenset für die Strategiearbeit zur Verfügung, doch damit lässt sich der strategische Bedarf eines Unternehmens nicht decken. Firmen können sich kaum mit all ihren Angeboten in die paradiesische Welt der blauen Ozeane retten.

Die Blue-Ocean-Strategie dreht sich um Wachstumsempfehlungen und die Schaffung neuer Marktsegmente. Das eigene, bisherige Strategiedenken soll dabei hinterfragt werden, um bisher unerschlossene Potenziale zu entdecken. Ausgetretene Pfade, Usanzen der Branche und Konventionen im Management gilt es möglichst zu vermeiden, da sie einen zerstörerischen Wettbewerb anheizen. Revolutionär neue Strategien bietet der Ansatz nicht, eignet sich aber hervorragend um Angebote zu verfeinern. Insbesondere empfiehlt sich die Blue-Ocean-Strategie zur Gewinnung von Nichtkunden, wie:

- Die potenziellen Nichtkunden, die nur widerwillig kaufen und rasch abwandern, wenn sich ein besseres Angebot für sie erschließt.
- Die sich noch verweigernden Nichtkunden, für die das Angebot nicht erschwinglich oder in der existierenden Form unannehmbar ist.
- Die unentdeckten Nichtkunden, welche noch gar nicht als Zielgruppe identifiziert wurden, da sie einem anderen Markt zugeordnet wurden.

Beziehungsstrategien: Management der Kundendistanz

The customer is the mother of all dictators.
Jonas Ridderstrale, Kjell Nordström

Cluetrain-Manifest: Thesen für verstärkte Kundenrechte

Das »Cluetrain-Manifest« ist ein Manifest, welches in 95 Thesen ein neues Verhältnis zwischen Unternehmen und Kunden im Zeitalter der Transparenz propagiert.[202] Vorbild (im Internet und in Buchform) sind Martin Luthers 95 Thesen, die das Zeitalter der Reformation einläuteten. In unserer hochtechnologischen und IT-getriebenen Welt prangert das Manifest die Schwachstelle in vielen strategischen Überlegungen an: Wo bleibt der Mensch und Kunde? Was tun Unternehmen wirklich für ihre Kunden? Basiert Fortschritt nur noch auf technischer Revolution? Was hat der Mensch als Konsument von den neuen Entwicklungen? Ist alles wirklich nur immer in einer ökonomischen Perspektive zu betrachten? Einige Thesen aus dem Cluetrain-Manifest lauten:
Märkte sind Gespräche.

- Märkte bestehen aus Menschen, nicht aus demografischen Daten.
- Es gibt keine Geheimnisse. Der vernetzte Markt weiß mehr als die Unternehmen über ihre eigenen Produkte sagen. Und egal, ob eine Nachricht gut oder schlecht ist, die Kunden erzählen es weiter.
- Kunden möchten einen offenen Einblick in die Unternehmensinformationen und in ihre Pläne und Strategien. Mit einer Vierfarbbroschüre geben sie sich nicht mehr zufrieden.

Das Cluetrain-Manifest rückt die Kundenbeziehung ins Zentrum, welche von verschiedenen strategischen Ansätzen konkretisiert wurde. Die neuen vernetzenden Informationstechnologien geben dem Kunden neue Machtinstrumente an die Hand, um sich zu informieren, Alternativen zu ergründen und sich zu organisieren. So formiert sich eine »Gegenbewegung« zum gewinnfixierten Marktsystem. Strategien, die Kunden und Märkte manipulieren, werden leichter erkennbar. Kunden sind nicht mehr nur auf die einseitigen Informationen von Unternehmen angewiesen. Sie verfügen über mehr Transparenz per Mausklick denn je. So können sie Werbebotschaften auf Produkten, in Prospekten oder anderen Medien prüfen und rasch ihre persönlichen Erfahrungen mit Produkten, Marken und Unternehmen untereinander austauschen.

Unternehmen als »diffuse Gegenüber« bekommen ein klareres Gesicht. Der Kunde versteht sich als Geschäftspartner auf Augenhöhe und nicht mehr als manipulierbares Konsumvieh. Das Cluetrain-Manifest fordert von den Unternehmen mehr Klarheit, Offenheit, Ehrlichkeit und Durchsichtigkeit. »Authentizität« (Echtheit, Glaubwürdigkeit) wird zu einem Schlüsselbegriff im Business und mausert sich sogar zu einem eigentlichen Wettbewerbsfaktor. Dies wird besonders in Krisen deutlich, wie der Volkswagen-Abgasmanipulationsskandal offen legte.

One to one: Customer-Relationship-Strategien

Mit der wachsenden Emanzipierung der Kunden sinkt die Macht der Unternehmen. Kunden wissen, was es wo zu welchen Konditionen zu kaufen gibt und was »State of the Art« bei Produkten und Dienstleistungen wirklich heißt. Zudem haben sich die Wünsche und Bedürfnisse der Kunden weiter individualisiert. Sie geben sich immer weniger mit standardisierten Lösungen und Angeboten zufrieden.

Kunden möchten selber aktiv an der Gestaltung »ihrer« Produkte mitwirken. Die Angebote entwickeln sich daher in Richtung Einzigartigkeit und Individualität. Dieser Trend hat strategische Implikationen: Die Marktbearbeitung wird für Unternehmen deutlich aufwändiger. Ebenso wird das Lancieren neuer Angebote riskanter. Firmen suchen daher nach Wegen, die Distanz zwischen sich und den Kunden zu verringern, um rasch zu erkennen, wie sich Bedürfnisse, Einstellungen oder Wünsche ändern, und um die Kunden für Anschlussgeschäfte näher an sich zu »binden«.

Die Unternehmenskommunikation ist im Wandel. Der Dialog mit dem Kunden löst den Monolog ab. So wurde das »One-to-one«-Marketing entwickelt, welches auf eine personalisierte Kundenansprache setzt.[203] One-to-one steht für Eins-zu-Eins mit dem Kunden. Dieser Ansatz hat Auswirkungen auf die Entwicklung und Gestaltung von Produkten. Die Kundenorientierung beziehungsweise der Kundeneinbezug führt produktionsseitig zum »Mass Customizing«, einer »maßgeschneiderten« Produktion.

Das »Customer Relationship Management« oder »CRM« setzt an den Chancen der Informations- und Kommunikationstechnologien auf. Es will die

Beziehung zwischen dem Kunden und dem Unternehmen vertiefen, intensivieren, verringern und längerfristig pflegen. Messgröße all dieser Aktivitäten ist die Kundenzufriedenheit. CRM ist in Unternehmen rund um den Globus en vogue. Durch die Verschärfung des Wettbewerbs und die gestiegene Kundenmacht sind sich Firmen bewusst, dass sich ihre Strategien nicht nur an der Gewinnung von Neukunden orientieren können. Es ist auch ökonomisch sinnvoll, sich mit großem Engagement um die bestehende Kundschaft zu kümmern.

Der Begriff des Customer Relationship Management (CRM; Kundenbeziehungsmanagement) wird vielfältig interpretiert.[204] Einige sehen im CRM nichts als eine kundenbezogene Informationstechnologie, also eine Softwarelösung. Andere betrachten CRM aus der Sicht einer kundenfokussierten Organisationsgestaltung, wieder andere sehen in CRM eine Strategie des Marketings und für einige ist CRM eine Frage der radikalen strategischen Ausrichtung des Unternehmensgeschehens auf seine Kunden.

Ein umfassendes CRM-Verständnis umfasst alle genannten Aspekte. Damit kann man CRM als eine informationsgestützte Unternehmensstrategie bezeichnen, die darauf ausgerichtet ist, die Kundenzufriedenheit ganzheitlich zu optimieren, um längerfristig höhere Umsätze und eine bessere Profitabilität zu erwirtschaften. Das CRM durchdringt das ganze Unternehmensgefüge und richtet nicht nur Marketing und Verkauf auf die Wünsche und Anliegen der Kunden aus, sondern auch die Produktion, Logistik, Forschung, Entwicklung ... und das Management. Damit reicht das CRM von der strategischen Kundensegmentierung bis hin zum operativen Contact-Center-Outsourcing und der kundenorientierten Mitarbeiterbelohnung. Es umfasst alle Aktionen der Neukundengewinnung, Bestandskundenpflege und Kundenrückgewinnung. Umfassende Anstrengungen werden lanciert, um die Akquisitionskosten eines Kunden zu senken, dessen Profitabilität zu steigern, den Gewinn pro Kunde durch Cross-Selling (Verkauf weiterer Produkte) und Up-Selling (Verkauf höherwertiger Angebote) zu erhöhen oder um ihn längerfristig durch ein Beziehungsmanagement zu »binden«.

Die CRM-Software ist dabei ein Mittel zum Zweck. Sie führt die Kunden- und Prozessdaten zusammen, so dass sämtliche Kommunikationskanäle mit dem Kunden (wie Telefon, Fax, Web, Social Media, Verkauf) ihre Informationen aus derselben Quelle schöpfen. Durch die Datenbank- und Netzwerktechnologien können heute jederzeit und überall aktuelle Kundendaten erfasst, verarbeitet oder bereitgestellt werden. Auch die statistischen Analysesysteme und ihre grafische Aufbereitung haben enorme Fortschritte gemacht. Der Schlüssel für ein umfassendes CRM liegt in der Einrichtung eines »Data Warehouse«, wo alle kundenbezogenen Daten zusammenfließen und mit den Firmendaten verknüpft werden können.

Einschätzung

CRM in der einen oder anderen Form nutzt jedes Unternehmen. Ohne Orientierung auf die Kundenwünsche und -bedürfnisse ist kein erfolgreiches Business denkbar. Es ist das Verdienst des CRM-Ansatzes, den Kunden strikt ins Zentrum der strategischen Ausrichtung des Geschäfts zu holen und damit alle relevanten Aktivitäten, Projekte, Informationen, Strukturen und Prozesse auf eine Verbesserung des Nutzens für den Kunden auszurichten. Besonders bedeutend ist dabei, dass Unternehmen zwischen wichtigen und weniger wichtigen Kunden zu unterscheiden lernen. Durch den CRM-Ansatz fokussieren sich das Management und die Mitarbeitenden wieder auf die Kernbasis des Geschäfts: auf Kunden und Märkte. Gleichzeitig werden bei einem umfassenden CRM die Abläufe rationalisiert und die Daten- beziehungsweise Informationsbasis professionalisiert.

Loyalitätsstrategien: Sind alte oder neue Kunden attraktiver?

Kundenbindungs- oder Loyalitätsstrategien sind in Zeiten des Verdrängungswettbewerbs hoch im Kurs. Durch die Kundenbindungsaktionen sollen Wachstums-, Gewinn- und Stabilitätseffekte erzielt werden.[205] Der Fokus der Marktbearbeitung liegt bei vielen Unternehmen mehr auf der Intensivierung der Kundenbindung als auf der Neukundengewinnung. Dieser strategische Ansatz folgt der Idee, dass es möglich ist, durch Erhöhung des Kundennutzens, durch Verbesserung der Kundenzufriedenheit und durch Erhöhung der Kundenbindung einen höheren Umsatz und Gewinn zu erzielen. Das Kernprinzip der Loyalitätsstrategie heißt: »*Kümmere dich besonders intensiv um deinen Kundenbestand.*«

Die beiden Forscher Werner Reinartz (Universität zu Köln) und V. Kumar (INSEAD) haben Kundenloyalitätsstrategien empirisch erforscht und in einem viel beachteten Artikel in der *Harvard Business Review* publiziert.[206] Sie stellten fest, dass Bestandskunden nicht, wie vielfach angenommen, die profitableren Kunden sind. Ihre Studien bringen daher überraschende Ergebnisse ans Licht:

- Zwischen dem »Customer Lifetime Value«, das heißt einem über eine bestimmte Beziehungsdauer erzielten Umsatz, und der Profitabilität eines Kunden besteht nicht immer eine positive Korrelation.
- Kurzfristig und langfristig mit dem Unternehmen verbundene Kunden können gleich profitabel sein. Wissenschaftlich signifikante Unterschiede sind nicht auszumachen.

- Die Servicekosten für langfristig mit dem Unternehmen verbundene Kunden (Betreuungsaufwand) sind nicht notwendigerweise niedriger als bei anderen Kundengruppen.
- Längerfristig loyale Kunden bezahlen nicht unbedingt höhere Preise als andere Kunden.

Die beiden Forscher widerlegen die gängige Meinung, dass Bestandskunden attraktiver für Umsatz- und Gewinnentwicklung sind. Festzuhalten ist, dass sich die Untersuchungen von W. Reinartz und V. Kumar ausschließlich auf Kunden beziehen, die keine Rahmenverträge oder Kontrakte für Einkaufsbindungen unterzeichnet haben. Sie untersuchten Daten von 16000 Privat- und Firmenkunden von vier Unternehmen in verschiedenen Branchen (Lebensmittelkette, Versandhandel, Direktbank, Hightech-Serviceunternehmen). Die Ergebnisse können nur mit Vorsicht auf andere Branchen übertragen werden.

Abbildung 52: Loyalitätsportfolio

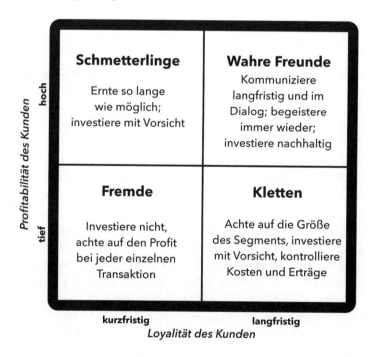

Reinartz und Kumar entwickelten ein »Loyalitätsportfolio«, welches die Kunden nach Loyalität und Profitabilität gruppiert sowie strategische Empfehlungen abgibt (Abbildung 52). Auf der X-Achse wird die Beziehungsdauer (Loyalität) dargestellt und auf der Y-Achse die Profitabilität. Kunden, die zwar eine hohe Profitabilität haben, aber stark zum Wechsel ihrer Lieferanten tendieren, bezeichnen sie als »Schmetterlinge«. Kunden, die eine lange Beziehungsdauer zu ihrem Lieferanten suchen, nennen sie »Kletten«. »Wahre Freunde« sind solche mit hoher Profitabilität und hohem Interesse an einer dauerhaften Beziehung. Und »Fremde« sind Kunden mit niedrigem Beziehungsinteresse und geringer Profitabilität.

Einschätzung

Es lohnt sich nicht immer, aus Neukunden langfristige Bestandskunden zu machen. Und je nach Kundentyp sind spezifische Maßnahmen in der Kundenpflege, Kundenbetreuung und Kundenbindung anzustreben. Es kann profitabler sein, Geschäfte mit bestimmten Bestandskunden nicht besonders zu forcieren, um damit die Gewinnsituation nicht zu verschlechtern. Neugeschäfte oder Bestandsgeschäfte sind strategisch auszubalancieren und die Mittel in die Marktbearbeitung differenziert zu überlegen.

Mass Customizing: Wahlfreiheit dank Choiceboards

Mass Customizing (auch Mass Customization) heißt »individualisierte Massenfertigung«.[207] Der Begriff setzt sich aus den beiden Worten »Massenfertigung« (für alle) und »Maßfertigung« (für einen) zusammen. Wörtlich übersetzt kann Mass Customizing daher als »massengeschneidert« bezeichnet werden. Es ist ein Fertigungskonzept mit strategischen Implikationen, da es eine flexible und gleichzeitig hochgradige Kundenorientierung bedeutet. Das Konzept verknüpft Eigenschaften der Einzelfertigung mit Eigenschaften der Massenfertigung, um dem steigenden Bedürfnis der Kunden nach mehr Individualität, Personalisierung und höherem Nutzen entgegenzukommen. Maßfertigung und Massenfertigung waren bisher Konzepte, die sich gegenseitig ausschlossen. Dank Mass Customizing decken Firmen, zumindest innerhalb eines produktionstechnisch sinnvollen Rahmens, individuelle Wünsche und Bedürfnisse der Kunden ab. Sie müssen dabei nicht auf die kostensenkenden und effizienzsteigernden Effekte von Automatisierung und Massenproduktion verzichten.

Mass Customizing basiert auf der Standardisierung von Bauteilen oder Komponenten, die sich zu einem individuellen Endprodukt zusammenstellen lassen. Die beiden gegenläufigen Prinzipien, »Economies of Scale« (Massenfertigung) und »Economies of Scope« (Vielfalt), lassen sich (mit Abstrichen) gleichzeitig durch Optimierung erreichen. Die Voraussetzungen für ein erfolgreiches Mass Customizing sind flexible Fertigungssysteme und computergestützte Fertigungstechniken. Der Prozess der Herstellung sollte ein »Built-to-Order« gestatten, ohne dass die Kosten für die steigende Komplexität wegen der Personalisierung die erzielbaren Erträge der Individualisierung wieder auffressen.

Das Mass Customizing modularisiert besonders die aus Kundensicht entscheidenden Produktmerkmale. Ein Merkmal des Mass Customizing sind daher die sogenannten Choiceboards (Auswahlkarten; Konfigurationen). Diese finden sich zum Beispiel in Form von Personalisierungseingaben auf vielen Shopping-Websites oder in den Preislisten der Automobilhersteller, wo »Pakete« im Zubehörbereich wählbar sind. Die meisten Autofirmen bieten auf ihren Websites einen »Car Configurator«, mit dem Kunden sich ihr ideales Wunschfahrzeug zusammenstellen können.

Mindshare-Strategien: Management der Aufmerksamkeit

Die Vertreter der »Attention Economics« (Aufmerksamkeitsökonomie) betrachten die Aufmerksamkeit des Kunden selbst als ein knappes Gut. Die Aufmerksamkeit selbst bekommt so einen ökonomischen Wert. Der Nobelpreisträger in Wirtschaftswissenschaften Professor Herbert Simon, der an der University of California Berkeley lehrte, war einer der Ersten, der das Thema der »Aufmerksamkeitsknappheit« thematisierte.[208] Simon schreibt: »In einer informationsreichen Welt bedeutet Reichtum an Information den Mangel an etwas anderem, nämlich eine Knappheit von dem, was die Information selbst verbraucht. Was sie verbraucht, ist offensichtlich: die Aufmerksamkeit der Empfänger. Der Informationsüberfluss schafft Aufmerksamkeitsarmut.«

Heute ist »Informationsüberflutung« (information overload) zum Normalzustand geworden. Nicht nur die Menge an Information ist gewaltig gestiegen, sondern auch die Reichhaltigkeit und Formen ihrer Darbietung. In unserer Lebens- und Geschäftswelt, in der wir mit Informationen aller Art nonstop bombardiert werden, ist das Ausselektieren von Unwichtigem notwendig, um den Überblick zu bewahren. Neben den klassischen Informationsmedien spielen Blogs, Message-Boards oder Social-Media-Communitys eine immer größere Rolle zur Informationsgewinnung. Bei all dieser Vielfalt und Fülle erstaunt es daher nicht, dass das Thema Aufmerksamkeit auch für Strategen interessant wurde. Warum? Wer im Getöse des Informationsrauschens mit seinen Angeboten vom Kunden nicht mehr wahrgenommen wird, hat schlechte Karten seine Marktposition auszubauen.

Das Management der Aufmerksamkeit hat strategisch eine hohe Priorität für ein Business, ein Produkt, einen Service oder eine Marke.[209] Nichtkunden oder potenzielle Kunden sind zuerst zu Interessierten zu machen, bevor sie sich überhaupt in eine Argumentation zum Kauf einlassen. Gelingt dies nicht, gehen sie im Meer des Informationsrauschens unter und verblassen. Statt von Aufmerksamkeit spricht man im Amerikanischen treffender von »Mindshare«, wörtlich übersetzt vom »Kopfanteil«. Den Mindshare von Unternehmen, Angeboten und Marken zu erhöhen muss ein wichtiges Thema auch an strategischen Diskussionen sein. Die hier angesprochene Profilierung ist nicht nur eine Aufgabe von Marketing oder Werbung, sondern eine immanent strategische. Es geht darum, das Unternehmen, seine Angebote und Marken in den Köpfen der Kunden und Nicht-Kunden richtig zu profilieren. Hierzu bieten sich verschiedene Strategien zur Erhöhung der Aufmerksamkeit an (Abbildung 53)[210]:

- *Branding (Markenmanagement)*
  Marken spielen eine zentrale Rolle zur Aktivierung der Aufmerksamkeit beim Kunden. Marken sind Wegweiser durch das Dickicht der viel zu vielen ähnlichen Angebote. Sie geben Produkten einen Namen und erhöhen ihre Wiederkennbarkeit.
- *Emotionalisierung*
  Der Geschäftsführer der Werbeagentur Saatchi & Saatchi, Kevin Roberts, bezeichnet Brands (Marken) mit hohem Aufmerksamkeits- und Beziehungswert als Lovemarks.[211] »Die Forschungen weisen darauf hin, dass Marken, die ihre Kunden emotional faszinieren, zwischen 20 und 200 Prozent höhere Preise fordern können als ihre Wettbewerber und zudem auch höhere Volumen absetzen«, bemerkt das Businessmagazin Fast Company. Marken mit hoher Aufmerksamkeit und großer emotionalen Ausstrahlung sind zum Beispiel McDonald's, Mini, Apple, Google, Ikea, Gucci, Moleskine, Versace, Mondavi, Lego, Illy, Rolex, Ferrari, Nike oder Adidas. Ein Lovemark ist eine »Supermarke«, die nicht nur eine hohe Aufmerksamkeit bei ihrer Fan-Community (Kunden) garantiert, sondern in der Lage ist, besondere Sympathiewerte aufzubauen, wodurch sich die Kundenbindung und das Kundeninteresse weiter verstärken.
- *Limitierung (Versionierung)*
  Limitierte Angebote steigern die Aufmerksamkeit durch Begehrlichkeit bei Kunden. Zeitlich befristete Angebote beispielsweise erhöhen den Druck zur Reaktion. Angebote, die für bestimmte Zielgruppen limitiert sind, erhöhen die Begehrlichkeit bei anderen. Neue Versionen im Software-Business verstärken den Druck für zum Update oder Upgrade.

- *Clan-Bildung*
  Harley-Davidson verkauft eigentlich gar keine Motorräder, sondern die Zugehörigkeit zu einer Community. Ihre Aktivitäten lenken die Aufmerksamkeit auf die Produkte und Services des Unternehmens. Viele Modeprodukte arbeiten ebenfalls mit der Community-Idee (zum Beispiel Converse, Van, Hollister, Quicksilver, Abercrombie & Fitch, Filson Outfitter).
- *Inszenierung*
  Marken inszenieren sich, um eine erhöhte Aufmerksamkeit zu erhaschen. Beispiele sind Apple mit seinen aufwändigen, symbolgeladenen Produkt-Launches, Vorstellung neuer Fahrzeuge durch Automobilkonzerne, Filmfestivals zur Präsentation von neuen Filmen.
- *Co-Creation*
  Durch die aktive Mitwirkung bei der konkreten Produktgestaltung kümmert sich der Kunde vermehrt um Unternehmen, Produkt, Service und Marke.
- *Design*
  Die Aufmerksamkeit kann durch Design vergrößert werden. Museen nutzen diesen Ansatz, um eine erhöhte Aufmerksamkeit und ein größeres Interesse für ihre Exponate zu wecken. Aber auch unattraktive Produkte, wie beispielsweise Autobremsen werden durch Design von Brembo in ihrer Begehrlichkeit aufgewertet. Apple setzt im Vergleich zu anderen Anbietern seiner Branche stark auf die Aufmerksamkeitsgewinnung mittels Design. Dies gilt für den Hard- wie für den Software-Bereich gleichermassen.

Abbildung 53: Mindshare-Strategie – Instrumente zur Gestaltung der Aufmerksamkeit

User Experience Strategy: Inszenierung mit Strategie

Die Managementberater Joseph B. Pine und James H. Gilmore skizzieren ein Bild unserer Konsumwelt, welche sich in weiten Teilen zur »Erlebnisökonomie« (Erfahrungsökonomie, experience economy) entwickelt hat.[212] In dieser Charakterisierung unserer Businesswelt kommt zum Ausdruck, dass dem »Erlebniswert« einer Leistung eine strategische Bedeutung zukommt. Durch die Mitgestaltung des Kunden an der Zusammenstellung »seines Produkts« oder »seiner Dienstleistung« erhöht sich sein Zufriedenheitswert. Doch dies alleine genügt in der Erfahrungsökonomie nicht. Der Kunde kauft sich eigentlich keine Produkte, um diese zu besitzen, sondern um mit ihnen seine Absichten, Zielsetzungen oder Träume zu realisieren.

Warum kostet eine Tasse Kaffee bei Starbucks das x-fache einer Tasse im Kaffeehaus um die Ecke? »Ganz klar«, bemerken die beiden amerikanischen Berater Joseph Pine und James Gilmore, »weil dem Kunden ein Mehrwert in Form von Lifestyle, Identität und Erlebnis geboten wird.« Kurz: Der Kunde kauft nicht ein Produkt, sondern gleich noch ein Erlebnis mit dazu. Strategien, die sich nur um die Positionierung im Wettbewerb, um Kostenführerschaft oder Qualitätsführerschaft bemühen, sind zu grob, als dass sie vom Kunden umfassend erfasst werden können. Erfolgreiche Strategien kümmern sich also nicht nur um Fragen der Positionierung oder Kernkompetenzen, sondern ebenfalls um die Schaffung von Erlebnissen, persönlichen Erfahrungen und Begeisterung.[213] Kunden suchen heute keine »guten« Produkte mehr. Diese finden sie überall. Unternehmen bieten ihren Kunden aus diesem Grund nicht nur Produkte und Dienstleistungen, sondern immer mehr auch Erlebnisse oder Erfahrungen, welche den Charakter ihrer Angebote unterstreichen. »Erfahrungen« werden damit zu Teilen der Wertschöpfung und selbst zu einem ökonomischen Gut. Dies zeigt ökonomische Konsequenzen: Der potenzielle Preisrahmen eines Angebots hängt maßgeblich von seinem Erlebniswert ab.

Wie lassen sich Angebote wertmäßig für den Kunden aufladen? Gilmore und Pine empfehlen vier Aktivierungsfelder, um den Erlebniswert eines Angebots zu erhöhen (siehe Abbildung 54). Beispiele für die Erlebnisinszenierungen rund um Produktwelten gibt es viele. So bietet Mercedes Expeditionen mit seinen Geländewagen (G-, GL-, GLE-Klassen) nach Tansania, Australien, an den Polarkreis oder in die Mongolei, um die Geländetauglichkeit und den »Abenteuercharakter« seiner Produkte zu belegen. Museen bieten die »Museum Night«, bei der kostenlos die ganze Familie das Erlebnis Museum genießen kann und so vielleicht auf den Geschmack kommt, einmal eine Ausstellung zu normalen Öffnungszeiten zu besuchen. Die US-Army bietet Jugendlichen eine Website mit angesagten Internet Games an, um sie für den Militärjob zu begeistern. FAO Schwarz, das bekannte Spielwarengeschäft in

New York, hat eine Spielwiese für Kinder eingerichtet, wo sie die zum Kauf verfügbaren Puppen, Spiele und Geräte erleben können. Der Hersteller mobiler Grillstationen, Webber, betreibt eigene Restaurants, in denen das gesamte Menü inklusive Desserts mit den bekannten Kugelgrills hergestellt wird.

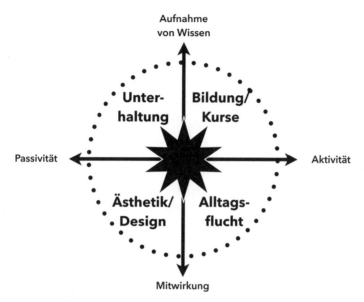

Abbildung 54: Erlebnisaufladung (Experience Management)

Infotech-Strategien: Auch für andere Branchen?

Die Umwälzungen, welche die Informations- und Kommunikationstechnologien bringen, sind für die Strategiefindung bedeutsam: Sie haben die Globalisierung nachhaltig beschleunigt und den Konsumenten deutlich mehr Transparenz und Macht gebracht. Der Fundus des per Mausklick zur Verfügung stehenden Wissens ist gewaltig. Das Internet hat auch die Art und Weise des Arbeitens in und zwischen Unternehmen neu gestaltet. Viele Produkte, ja selbst ganze Unternehmen sind mittlerweile auch virtualisiert, das heißt nur noch in der Form von Bits und Bytes existent. Diese folgenden Veränderungen haben Implikationen für das strategische Management:

- »*Markttransparenz*«
  Durch das Internet vereinfacht sich die Suche nach Informationen, und die Vergleichbarkeit von Angeboten wird maßgeblich erleichtert. Auch für die

Konkurrenz ist es leichter geworden, hinter die Kulissen zu sehen, um zu kopieren. Es wird für Unternehmen immer schwieriger, sich zu differenzieren. Die Transparenz drückt die Margen.

- *»Eintrittsbarrieren«*
  Der Zugang zu Geschäften und Märkten ist in vielen Branchen einfacher geworden. Eintrittsbarrieren fallen weg. Virtuelle Unternehmen lassen sich ohne große Anfangsinvestitionen etablieren.
- *»Intermediation«*
  Handelsstufen zwischen Produzenten und Konsumenten restrukturieren sich in der Internetwelt. Alte klassische Handelsformen, insbesondere Zwischenhändler, werden teilweise durch neue virtuelle ersetzt.
- *»Reach & Richness«*
  »Das Internet überwindet die Trennung von Richness und Reach und schafft dadurch neue Chancen«, behaupten die Boston-Consulting-Berater und Internetökonomie-Experten Philip Evans und Thomas Wurster.[214] Unter »Richness« versteht man die Reichhaltigkeit von Informationen, Dienstleistungen und Interaktionen. Der Begriff der Reichhaltigkeit ist weit zu fassen und lässt sich mit der Produktdifferenzierung vergleichen. Umfang, Qualität und Individualität eines Angebots gehören dazu. Unter »Reach« versteht man die Erreichbarkeit von größeren Kundengruppen, den Zugang zu Vertriebswegen, die räumliche Nähe zum Kunden oder einer Vielzahl von Individuen. Zwischen beiden besteht traditionell ein Trade-off, das heißt eine »Entweder-oder-Beziehung«: Je persönlicher und maßgeschneiderter ein Service angeboten wird, umso weniger Personen können damit bedient werden. Massenmärkte hingegen sind aus einer Informationsperspektive betrachtet keine reichhaltigen Märkte, sondern eher einfach und standardisiert. Doch das Internet gestattet nun, dass auch Massenmärkte mit maßgeschneiderten, reichhaltigen Informationen und Services bedient werden.
- *»Virtualisierung«*
  Das Internet ermöglicht es, traditionelle physische Produkte zu virtualisieren oder neue, rein digitale Produkte zu lancieren. Zeitungen können physisch, aber auch nur virtuell gekauft und gelesen werden. Für beides sind Geschäftsmodelle zu entwerfen. Doch die Virtualisierung macht nicht beim Produkt und Service Halt. Sie kann auch ganze Unternehmen oder Teile davon erfassen. *Beispiel:* Amerikanische Großkliniken lagern so Krankenberichte oder die Auswertung von komplexen Röntgenbilderserien via Internet an kostengünstigere Spezialärzte nach Indien aus.

Die Informations- und Kommunikationsökonomie hat strategische Konsequenzen und erfordert von den Unternehmen, bei ihrer Strategiebildung neue, andere Erfolgsfaktoren zu beachten (Abbildung 55).[215]

Abbildung 55: Neue Erfolgsfaktoren im Informationszeitalter

Der Chefökonom von Google und frühere Rektor der University of California Berkeley, Hal Varian, und sein Wissenschaftskollege Professor Carl Shapiro haben sich in ihren Arbeiten mit den ökonomischen Effekten der Information Economy auseinandergesetzt. Sie haben schon vor dem großen Internet-Hype darauf verwiesen, dass diese Epoche in vielen Aspekten einzigartig, in den ihr zugrunde liegenden ökonomischen Spielregeln aber nach den Prinzipien der freien Marktwirtschaft abläuft. Sie beschäftigen sich vor allem mit den Informationsgütern und ihrem spezifischen Wertschöpfungscharakter. Ihre Erkenntnisse sind für Unternehmen der Hightech- und Informationstechnologiebranche strategisch besonders interessant.

- »*Versioning*«
  Die Softwareindustrie arbeitet stark mit »Versionen« (versioning). Jede Applikation hat eine Versionsbezeichnung (wie Word Version 5.3). Durch diese »Versionierung« können immer wieder neue Produktgenerationen angeboten und nachgeschoben werden. Diese Aktualisierungen und Funktionserweiterungen regen zu Neukäufen an. Zudem sind die Produktkäufe bei den Herstellern oder Vertreibern zu registrieren. So kennen die Firmen ihre Kunden und bekommen wertvolle Informationen für ihre Vermarktungsstrategien. Neben diesem Ansatz lassen sich Softwareangebote (aber auch Produktangebote in anderen Sektoren) in Paketen zu differenzierten Preisen anbieten. Ein Beispiel für eine derartige Bundling-Strategie (Bündelungsstrategie) ist das Microsoft-Office-Paket.
- *Lock-in-Strategie (einschließen, einfangen, anketten)*
  Bei Softwareapplikationen und Betriebssystemen werden die Anwender

durch proprietäre Lösungen (firmenspezifische Lösungen) gefangen. Kunden, die zum Beispiel ein Microsoft-Betriebssystem nutzen, können nur dafür programmierte Software verwenden. Sie sind von der Macintosh-Computerwelt der Firma Apple ausgeschlossen. Ein Wechsel ist bei einem Lock-in ist nicht ausgeschlossen, aber er muss gut kalkuliert sein, da »Switching Costs« (»Wechselkosten«) in beachtlicher Größenordnung entstehen. Wer von einem Betriebssystem auf ein anderes wechselt, muss sich nicht nur die neuen Softwarepakete kaufen, sondern auch noch die Hardware austauschen und viele Arbeitsschritte neu erlernen. Diese Lock-in- (und Lockout-) Thematik ist nicht nur bei Soft- und Hardware strategisch relevant.[216] Auch Hotelketten und Fluggesellschaften vergeben mit ihren Kundenkarten Bonuspunkte, die nur innerhalb ihrer eigenen Geschäftswelt einen baren Wert darstellen. Switching Costs entstehen ebenfalls beim Wechsel von Telefonnummern, von Bankkonten oder dem Wechsel von einer Universität zu einer anderen. Lock-in- beziehungsweise »Switching-Cost«-Strategien binden den Kunden gegen ihren Willen in den eigenen Geschäftswelten.

Avantgarde-Strategien: Strategien für verrückte Zeiten

*Wenn alles unter Kontrolle zu sein scheint,
bist Du nicht schnell genug unterwegs.*
Mario Andretti, Formel-1-Rennfahrer

»Ver-rückt«: Strategie in turbulenten Zeiten

Das Geschäftsumfeld von heute ist komplexer und dynamischer geworden. Dies belegt auch eine weltweit durchgeführte IBM-Studie: 79 Prozent der befragten 1500 CEOs rechnen auch in absehbarer Zukunft mit einer weiteren Steigerung der Turbulenzen. Unsere gewohnte Geschäftswelt hat sich »verrückt«. Und nur 49 Prozent von ihnen fühlen sich für diesen Wandel auch genügend gerüstet.[217] Zur gestiegenen Komplexität tragen unter anderem folgende Faktoren bei: Globalisierung des Geschäfts, Hyper-Wettbewerb, Protektionismus, Deregulierung, Politische Unsicherheiten, Heterogenität der Kunden, Transparenz der Märkte sowie die Vernetzung der Kunden unter sich. Die gestiegene Dynamik resultiert vor allem durch: Heterogenität der Märkte, Zunahme der Krisen und Konflikte, Agilität der Wettbewerber, Anspruchsinflation der Kunden und verkürzte Innovationskadenz.

All dies bleibt auch der Strategie-Lehre nicht verborgen. Neue Ansätze der Strategie- und Managementtheorie untersuchen daher, welche Implikationen daraus für die Strategieprozesse resultieren. Digitalisierung, Globalisierung und Deregulierung haben ganze Branchenstrukturen radikal verändert. Dies zeigt sich zum Beispiel an der Auflösung konventioneller Grenzen in vielen Branchen. Die turbulenten Entwicklungen haben zu einer erheblichen Planungsunsicherheit geführt und manch eine Strategie scheint eher schlecht als recht zu greifen. Volatilität, Unsicherheit, Komplexität und Ambivalenz sind schlechte Voraussetzungen für den Erfolg ausformulierter, längerfristig orientierter Strategien.

Es ist daher keine Überraschung, dass sich die Erkenntnis durchsetzt, dass für die Lenkung, Steuerung und Gestaltung von Unternehmen frische Denkweisen und Handlungsempfehlungen notwendig werden. Die avantgardistischen Strategieansätze suchen ebenfalls nach den Quellen und Faktoren für erfolgreiches Geschäft, legen ihren Fokus aber verstärkt auf die rasche Nutzung unerwarteter, sich rasch verflüchtigender Chancen. Dies bedingt eine Ausrichtung des Denkens und Handelns auf Agilität, Flexibilität und Spontaneität, da in Zeiten hoher Dynamik nur der Schnelle die Chancen für sich nutzen kann. Dies hat Konsequenzen auf das Führungs- und Mitarbeiterverhalten, den Umgang mit strategischen Inhalten und Prozessen sowie auf die Managementsysteme, Strukturen und Prozesse (Abbildung 56).

Abbildung 56: Anforderungen an die Strategie in turbulenten Zeiten

Hyper-Wettbewerb: Brutalisierung des Geschäfts

In früheren stabileren Wirtschaftsphasen entwickelte man Strategien, um einen Wettbewerbsvorteil längerfristig aufzubauen, zu pflegen und zu verteidigen. Doch diese Zeiten existieren heute für viele Unternehmen nicht mehr. Der Wettbewerb im globalisierten Zeitalter einer digitalen Ökonomie ist zu einem mit harten Bandagen geführten Verdrängungswettbewerb geworden. Die Konstellationen im Wettbewerb ändern sich immer wieder überraschend.

Die »Goldene Strategie«, welche auf unbestimmte Zeit einen Wettbewerbsvorteil sichert, gibt es nicht mehr. Der Wettbewerb hat sich zu einem »Hyper-Wettbewerb« entwickelt, einem »über dem gewohnten Maß liegenden« Konkurrenzkampf. Errungene Wettbewerbsvorteile verblassen durch das Nachziehen der Konkurrenten rasch und müssen daher mit Hochdruck immer wieder neu aufgebaut werden, um Positionen zu halten.[218] Daher sollten Unternehmen ihre aufgebauten Wettbewerbsvorteile rasch und konsequent ausspielen, da diese durch die rivalisierenden Aktionen der Konkurrenten schnell wieder zermalmt werden.

Richard d'Aveni, Professor der Amos Tuck School of Business an der Dartmouth University, hat sich mit den Bedingungen des Hyper-Wettbewerbs auseinandergesetzt.[219] Er stellt fest, dass die Technologiedynamik, flexible Produktionstechniken und die globale Öffnung der Märkte zu einer gewaltigen Verschärfung der Wettbewerbsintensität rund um den Globus führen. Die Zeitfenster zum Ernten einer Strategie werden immer kürzer und kürzer (Abbildung 57).

Abbildung 57: Traditioneller und Hyper-Wettbewerb im Vergleich

	klassischer Wettbewerb	Hyper-Wettbewerb
Fokus	auf das Verhalten der aktuellen und potenziellen Wettbewerber	auf das Verhalten der Kunden, das Umfeld der Produktnutzung und auf Erfolgsunternehmen in anderen Branchen
Marktregeln	Spielen nach den gängigen, bekannten Regeln des Marktgeschehens	Suche nach innovativen, unkonventionellen Spielregeln und neuen Opportunitäten
Innovation	Innovation in erster Linie durch Produkterneuerung oder Produktverbesserung	Innovation in erster Linie durch Erneuerung des Geschäftsmodells und der Wertschöpfung
Strategie	Erreichung von Vorteilen gegenüber den Wettbewerbern; nachhaltige Vorteile	Erreichung von Wertvorteilen beim Kunden (»Vorsprung in den Köpfen«); temporäre Vorteile im Wettbewerb
Offenheit	ganzheitliche Kontrolle der Wertschöpfungskette	Vernetzung mit den besten Bausteinanbietern einer Wertschöpfungskette
Ressourcen	prioritär: Kapital und Größe	prioritär: Know-how, Kreativität, Vernetzung, Agilität
Strategie-Themen	primär: Chancen, Gefahren, Stärken, Schwächen, Effizienz, Marktanteile	primär: Nutzen für Kunden, Innovationen, Positionierung, Profilierung, Aufmerksamkeit, Branding, Design, Agilität

Im traditionellen Wettbewerbsansatz entwickeln Unternehmen einen strategischen Wettbewerbsvorteil, den sie dann im Lauf ihrer Geschäftstätigkeit für längere Zeit auszuschöpfen. Doch in der Welt des Hyper-Wettbewerbs lassen sich strategische Vorteile nur während einer relativ kurzen Phase ausspielen. Der Wettbewerbsvorsprung ist flüchtig geworden. Das Management muss sich daher frühzeitig mit deren Aktualisierung und dem neuen Aufbau neuer Wettbewerbsvorteile befassen.

D'Aveni schlägt für die Konstellation des Hyper-Wettbewerbs vor, vier »Wettbewerbsarenen« genau unter die Lupe zu nehmen, um attraktive Wettbewerbsvorteile zu entdecken:

1. *Wettbewerbsarena »Kosten und Qualität«*
   Hier findet der Wettbewerb um die Gunst der Kunden statt. Der »Wertvorteil« besteht im höheren subjektiven Nutzen und klar erkennbaren Mehrwert für den Kunden. Kunden sind nicht auf der Suche nach dem billigsten Angebot, sondern nach der besten Lösung zum günstigsten Preis. Sie denken in Werten und Nutzen und weniger in Preisen.
   Wettbewerbsarena »Know-how«
   Sind die Vorteile der Positionierung im Kosten- und Qualitätswettbewerb ausgeschöpft, wenden sich Unternehmen dem Know-how-Wettbewerb zu. Sie versuchen sich mittels Forschung und Entwicklung Innovationen voranzutreiben, um zu gewinnen.
2. *Wettbewerbsarena »Hochburgen« (Barrieren, Hindernisse)*
   In der kommenden Runde der Verschärfung des Wettbewerbs errichten sie Eintrittsbarrieren, um fremde Wettbewerber von den Märkten fernzuhalten.
3. *Wettbewerbsarena »Finanzmacht«*
   Letztlich nutzen potente Wettbewerber ihre finanziellen Ressourcen, um kleinere, lästige Konkurrenten zu übernehmen.

In Phasen des Hyper-Wettbewerbs sind aber vor allem diejenigen Unternehmen erfolgreich, welche die Fähigkeit hoher Agilität entwickelt haben. Dies verlangt eine große Nähe zu den Märkten und zu den Kunden. D'Aveni bemerkt hierzu: »Statt nach dauerhaften Wettbewerbsvorteilen zu suchen, konzentrieren sich Strategen im neuen Wettbewerbsumfeld auf den Aufbau einer Reihe temporärer Vorteile. Statt Stabilität und Gleichgewicht wird die Erschütterung des Status quo zum strategischen Ziel.«[220]

So schreibt das innovative Unternehmen die Regeln für Erfolg in einem Akt der »schöpferischen Zerstörung« selber mit. Kreativität, Know-how und Expertenwissen werden zu wichtigen Treibern der wirtschaftlichen Entwicklung. Viele Unternehmen halten ihren Wettbewerbsvorsprung nur, da sie intern über ein hohes kreatives Potenzial zur Lancierung innovativer Prozesse verfügen. Diese wissensintensiven Unternehmen setzen auf die Nutzung der modernen Informations- und Kommunikationstechnologien, Daten- und Wissensbanken, aber auch auf flexible Formen der Zusammenarbeit und Organisation.

Wer eine (temporäre) Erfolgsnische aufbauen will, kann auf den von D'Aveni entwickelten dynamischen Strategieansatz setzen, den er »7S-Bezugsrahmen« nennt:

1. *Superior Stakeholder Satisfaction: »Überlegene Befriedigung der Bedürfnisse von Kunden und weiteren Interessengruppen«*
   Die Kunden gilt es merklich, umfassend und nachhaltig besser zu pflegen, als dies die Konkurrenten tun. Hierzu ist eine besondere Nähe zu den Kun-

den zu etablieren, um ihre Wünsche und Bedürfnisse möglichst rasch und differenziert zu erfassen. Diese Zielsetzung muss sich einer Fülle von Aktionen, Initiativen und Massnahmen bemerkbar machen.

2. *Strategic Soothsaying: »Strategisches Wahrsagen«*
Unternehmen müssen periodisch gründlich vorausdenken und sich laufend anpassen und Veränderungen gestalten. Kunden sind oft nicht in der Lage zu äußern, was sie als Nächstes wünschen. Zum strategischen Wahrsagen gehört ein umfassendes Trend-Monitoring ebenso wie eine dezidierte Beobachtung der Technologieentwicklung oder des Konkurrenzverhaltens sowie eine enge Zusammenarbeit mit Schlüsselkunden.

3. *Speed: »Positionierung im Markt als agiler Wettbewerber«*
Unternehmen kümmern sich bei ihren strategischen Überlegungen zu wenig um die Beschleunigung ihrer Entscheidungsprozesse und Realisierungsgeschwindigkeit. Gerade in der schnelllebigen Ära des Hyper-Wettbewerbs kommt der Wendigkeit und Schnelligkeit eine große Bedeutung zur Sicherung des Wettbewerbsvorsprungs.

4. *Surprise: »Nutzung von Überraschungseffekten«*
Überraschungseffekte liegen dem Wettbewerbsstrategen d'Aveni sehr am Herzen, und er propagiert diese als einen wichtigen Hebel, um einen Vorsprung zu etablieren. Überraschungen tragen zur Verunsicherung der Konkurrenz bei und erhöhen die eigene Wachsamkeit.

5. *Shifting the Rules of Competition: »Änderung der gewohnten Spielregeln«*
Gewohnheiten, Routinen, Konventionen oder Usanzen der gesamten Branche sind als Quellen für Innovationen zu hinterfragen. Sie zu erkennen und abzubauen kann Freiräume für Neues schaffen. Das Brechen von gewohnten Regeln ist ein fruchtbares Feld für Innovationen.

6. *Signaling Strategic Intent: »Signalisieren der strategischen Absichten«*
Hierunter wird die Ankündigung neuer strategischer Absichten verstanden. Hyper-Wettbewerber nutzten frühzeitige Kommunikation strategisch, um Positionen frühzeitig zu besetzen und um Konkurrenten ein Schnippchen zu schlagen. Eine Position kann eingenommen werden, ohne dass schon alles perfekt entwickelt worden ist.

7. *Simultaneous and Sequential Thrusts: »Simultane und sequenzielle strategische Initiativen«*
Durch eine Fülle an strategischen Vorstößen sollen Konkurrenten verwirrt, gereizt oder gelähmt werden.

Einschätzung

Dem Ansatz von d'Aveni kommt das Verdienst zu, dass er das Thema des Hyper-Wettbewerbs ins Zentrum der strategischen Betrachtungen stellt. Das reine

Portfoliodenken mit seinen Normstrategien, Matrices und Kästchen genügt in der heutigen wilden Wirtschaft kaum. Ein an die neuen Realitäten angepasstes strategisches Denken ist notwendig: Geschwindigkeit, Agilität und Kreativität bekommen einen zentralen Stellenwert bei der Lösung strategischer Fragestellungen in Zeiten des aggressiven Wettbewerbs. Doch die brutalisierende Optik von d'Aveni ist zu stark auf das »Ärgern« der Konkurrenz hin ausgerichtet. Das Ziel einer guten Strategie ist für d'Aveni, die Wettbewerbsvorteile der Konkurrenten zu vernichten. Hierzu empfiehlt er auch List und Tücke, gezielte Täuschungsmanöver oder ein aktives Schlechtmachen der Konkurrenz. Dies führt zur Eskalation. Das Motto seines Arbeitens scheint »Kill or be killed« zu lauten. Sein Arsenal an strategischen Maßnahmen findet er im Reich der Spionage, der Terrorbekämpfung, der psychologischen Kriegsführung und im Partisanenkampf. Diese Optik verliert den Kunden aus den Augen. Es geht auch in einem noch so aggressiven Hyper-Wettbewerb nicht darum, sich mit den Konkurrenten auf Scharmützel einzulassen. Dies ist unproduktiv, gefährlich und realitätsfern. Die Raison d' Être eines Geschäfts liegt einzig und allein beim Kunden selbst. Bei seiner Zufriedenheit mit der Problemlösung. Bei seiner Faszination von Marke, Produkt und Service. Nur der Kunde ist der Dreh- und Angelpunkt für temporäre Wettbewerbsvorteile.

Strategische Intuition: Geistesblitze fördern

Im strategischen Management herrschte lange Zeit die Meinung vor, dass geschäftlicher Erfolg nur durch sorgfältige Analyse und Planung möglich ist. Doch betrachtet man die Erfolge zahlreicher Unternehmen, wie zum Beispiel Google, Starbucks, Apple, Facebook oder Ikea oder anderer Pionierfirmen genauer, so stellt man rasch fest, dass diese vielmehr auf eine wirksame Balance zwischen strategischer Intuition und strategischer Planung setzen. Ihr Erfolg fusst auf ihrer strategischen Intuition und ihrer hohen Kompetenz zur Umsetzung. Doch was ist strategische Intuition überhaupt?

Die strategische Intuition kombiniert eigene oder fremde Wissenselemente in einer spontanen, kreativen Idee (Flash of Insight).[221] Sie benötigt Zeit, sich zu entwickeln und tritt unerwartet in neuartigen Situationen auf. Sie steht im Gegensatz zur Experten-Intuition, welche Erfahrungswissen aus ähnlichen Situationen nutzt, um rasch und wirkungsvoll handeln zu können (z.B. ein Feuerwehrmann). Bereits der preussische Militärvordenker Carl von Clausewitz, hat auf die Bedeutung der strategischen Intuition bei der Beschreibung der phänomenalen Erfolge Napoleons hingewiesen. Napoleons Erfolge basieren auf einer hohen Geistesgegenwart, dem intensiven Studium historischer Konflikte, der Spontaneität von Geistesblitzen sowie entschlossenem, konsequenten Handeln.

Die vorherrschende, konventionelle Doktrin strategischen Arbeitens folgt dem Schweizer Stabsoffizier und Militärtheoretiker im Heere Napoleons und des russischen Zaren Alexander I., dem Baron Antoine-Henri Jomini. Dieser empfahl folgende Strategieroutine zum Erfolg: Zuerst ist die Situation eingehend zu analysieren, dann das Ziel möglichst konkret zu fixieren und daraufhin detailliert zu planen, wie das Ziel mit konkreten Aktionen erreicht werden kann.[222] List man ein aktuellen Strategieleifaden, so folgt er genau den Schrittfolgen Jominis.

Erkenntnisse der neuro-wissenschaftlichen Forschung verdeutlichen aber die kreative Stärke des Zusammenspiels von Intuition und Analyse. Ein großer Vorrat an Wissen und Erfahrung erhöht die Wahrscheinlichkeit, dass spontan Neues oder Kreatives entstehen kann, um ein anstehendes Problem zu lösen. Strategien sollten daher nicht logisch-deduktiv aus umfassenden Umfeld-, Markt- oder Unternehmensanalysen logisch-rational abgeleitet werden. Im Gegenteil, es ist der Intuition genügend Raum zu geben, um sich kreativ zu entfalten. Strategien sind ein synthetischer Prozess bei dem Neues entsteht, kein analytisch-logischer. Auf diese Erkenntnis setzen viele der neueren Strategieansätze. Sie fördern die Kreativität und Ideenfindung und Kombinieren diese mit professionellen Analysen und Einsichten zum Markt- und Wettbewerbsgeschehen.

Turbulenzen: Strategisch oder spontan handeln?

In wilden, sich rasch und unerwartet ändernden Geschäftszeiten stellt sich die Grundsatzfrage, ob Unternehmen überhaupt noch eine Strategie benötigen. Kann man den Erfolg planen? Ist nicht ein spontanes, situatives Handeln der passendere Ansatz?

Stellen wir uns vor, im tiefen Dschungel ausgesetzt worden zu sein. Wir fühlen uns hoffnungslos und orientierungslos verloren. Hilft in einer derart misslichen Lage eine Strategie weiter?

Ja, denn wer strategisch denkt, interpretiert seine Situation und sein Umfeld, entwirft daraus Handlungsalternativen und bewertet diese anhand von persönlich erwarteten Erfolgschancen. Das Schlechteste in der misslichen Lage wäre spontaner Aktionismus, das Blasen von Trübsal oder eine gänzliche Aufgabe durch Nichtstun. Strategische Entscheidungen führen zu Handeln auf der Einschätzung der Lage und auf einer nüchternen Analyse des Umfelds. Auch wenn nur wenig erkannt werden kann, so lassen sich doch Fluchtrichtungen skizzieren, Hell und Dunkel erkennen oder Geräusche wahrnehmen. Ungewissheit darf das strategische Denken nicht lähmen. Strategische Entscheidungen fällen heißt, die verfügbaren Informationen zu einem Bild zusammenzufügen und zu entscheiden, wie es weiter gehen kann. Dieser Entscheid ist unter Unsicherheit und Risiko zu fällen. Nach den ersten Handlungsschritten wird die Informationslage schon etwas besser, aktueller und reichhaltiger. Daraus kann die Strategie weiter verfeinert und die Maßnahmen differenzierter gestaltet werden. Strategisches Denken und Handeln begründen einen permanenten Lern- und Erkenntnisgewinnungsprozess.

Constantinos Costas Markides, Professor für strategische und internationale Unternehmensführung an der London Business School, untersuchte die Strategien der Innovatoren einer Branche:[223] Wie gehen Spitzenunternehmen und Branchen-Leader mit der Informationsgewinnung und Entscheidungsfindung um?

Top-Performer folgen alle demselben Erfolgsmuster, mit dem sie sich vom Rest der Branche absetzen: Sie sind fasziniert von ihren Kunden und wissen, wie sie ihre Kunden faszinieren. Doch diese Erfolgsstrategien werden längerfristig zu einer strategischen Falle. Bei ihrer Zukunftsgestaltung steht nicht die Erneuerung, sondern die Weiterentwicklung des bestehenden Geschäftsmodells im Fokus. *Beispiel:* Motorola, der Hightech-Gigant im Telekombereich, konnte mit den rasenden technologischen Innovationen im Markt der mobilen Telefone nicht mehr mithalten. Der technologische Anschluss war verloren. Die europäische und asiatische Konkurrenz bombardierte den Markt mit immer neuen und leistungsfähigeren Innovationen mit neuen Funktionalitäten. Eine Positionierung als »Innovation Leader« war für Motorola daher ausgeschlossen. So schwenkte das Unternehmen seinen Fokus auf eine neue Wettbewerbsarena: Design. Das schicke ultraflache Razr-Handy wurde zu einem »Killerprodukt«, das einen riesigen Erfolg brachte. Doch die neue Spitzenposition konnte nur über wenige Jahre besetzt werden, da die Konkurrenten blitzartig das neue Wettbewerbsthema übernahmen. Seit dem versucht Motorola »krampfhaft«, seine Design-Erfolgsgeschichte fortzuschreiben. So wurde das Razr-2 lanciert. Doch die Märkte haben sich geändert. Mittlerweile setzen andere führende Konkurrenten wie Samsung, Huawei oder Apple neue, viel umfassendere Standards mit ihren Smartphones. Motorola verpasste die neuen Entwicklungen und Marktchancen, weil es immer noch an der Verbesserung ihrer Designs fest hielt.

Für erfolgreiche Unternehmen schlägt Costas Markides daher ein doppeltes Vorgehen bei der Strategieentwicklung vor: Einerseits müssen Unternehmen in der Umsetzung ihrer bisherigen Erfolgsstrategie effektiver und effizienter werden.[224] Zugleich sollten sie sich schon sehr früh um die »Next Success Strategy« kümmern. Das strategische Management hat daher zwei fundamentale Aufgaben parallel anzupacken:

1. *Strategie des Gegenwartsgeschäfts*: Hier geht es um eine rasche, konsequente und effiziente Realisierung der laufenden Strategie sowie um ihre laufende Anpassung an die Dynamik der Kunden, des Wettbewerbs und der Märkte. Laufende Geschäftsroutinen sind zu verfeinern.
2. *Strategie des Zukunftsgeschäfts*: Zudem muss sich die Führungscrew mit dem Geschäft von morgen und übermorgen auseinandersetzen. Dies umfasst die Suche nach attraktiven neuen Märkten und innovativen Geschäften mit Wachstumsimpulsen. Entsprechende Ressourcen sind freizustellen und Kompetenzen aufzubauen.

Die Strategie-Professoren Julian Birkinshaw, London Business School, und Cristina Gibson, University of California Irvine, verwenden für die »strategische Doppelfunktion« den Namen »Ambidexterity«, »Beidhändigkeit«.[225]

Aktives Warten: Lauernd auf dem Sprung

Donald N. Sull, Strategie-Professor der London Business School, empfiehlt »strategisches Warten« (strategic waiting) als eine wichtige strategische Handlungsalternative für Unternehmen, die in hoch dynamischen Märkten unterwegs sind.[226] Diese bewusst in Kauf genommene Wartezeit soll ungewisse Situationen genauer klären, um Ressourcen zu schonen. Strategisches Warten dient auch dazu, frische Handlungsalternativen zu entwerfen und diese (zumindest gedanklich) zu testen.

Ein Unternehmer oder ein CEO wird oft mit einem Kapitän verglichen, der ein Schiff durch die offene See lenkt. Er steht auf dem Deck bei herrlichem Wetter, wo er mit seinem Teleskop den Rand des Horizonts nach Chancen und Gefahren absucht. Je nach seinen Erkenntnissen setzt er dann seine Segel für den richtigen Kurs. Doch ist dieses Bild realistisch? In vielen Märkten herrschen heute eher »neblige Verhältnisse«, die ein genaues Erkennen und ein längerfristiges Prognostizieren der Geschäftsentwicklung verunmöglichen. Ein Unternehmen durch schwierige, ungewisse Verhältnisse zu steuern gleicht viel mehr einem Autorennen bei schlechten, nebligen Sichtverhältnissen. Die Geschwindigkeit, mit der wir in die Zukunft rasen, ist oft zu hoch Auch die Konkurrenten sind rasend schnell unterwegs. Aussagen darüber, was nach der nächsten Kurve wohl auf den Fahrer zukommen wird, sind oft kaum möglich. Doch Ungewissheit ist nicht negativ zu bewerten. Diese Zeit ist zu nutzen: Neue, unbekannte und unvorhersehbare Situationen bringen nicht nur Risiken mit sich sondern schaffen immer wieder Chancen. *Praxis:* Die Automobilmärkte in den vielen westlichen Industrienationen stagnieren, doch in den führenden Schwellenländern, wie in

China, Indien, Russland oder Brasilien, brummt das Geschäft. Die Mittelschicht wächst in diesen Ländern immens, die verfügbaren Einkommen steigen merklich, das Kreditwesen etabliert sich, und die notwendige Infrastruktur für Verkehr und Logistik wächst. Vor ein paar Jahren konnte man sich diese gigantischen neuen Marktpotenziale kaum vorstellen. Analoges lässt sich im Automobilgeschäft auch beim Thema Klimawandel sagen. Viele Automobilhersteller sehen das Thema als Bedrohung für ihr Business, doch eigentlich eröffnen sich hier neue Herausforderungen mit gewaltigen Geschäftschancen.

Hier kommt nun das Thema des richtigen Timings ins Spiel. Agiert man zu früh, bezahlt man ein hohes Lehrgeld, kommt man zu spät, »beißen einen die Hunde«. Zu früh und zu spät sind also gefährliche Positionen. In dieser Zwickmühle der Ungewissheit kommt die »Strategie des aktiven Wartens« ins Spiel. Führungskräfte fühlen sich oft unter Druck, rasch auf Ereignisse reagieren zu müssen. Dieser Druck kommt von Anteilseignern, Kollegen, Mitarbeitenden, Konkurrenten und auch von Kunden oder Lieferanten. Doch gerade in wilden, ungewissen Marktkonstellationen ist strategisches Warten oft die beste strategische Reaktionsalternative. Warten heißt nicht Nichtstun.

Was kann in einer Phase des »aktiven Wartens« (active waiting strategy) getan werden? Donald N. Sull, der sich bei seiner Forschung vor allem mit Strategien für Unternehmen, die in ungewissen, stark verändernden Märkten tätig sind, beschäftigt, empfiehlt:[227]

1. *Kennen Sie Ihre Vision, aber halten Sie diese »unscharf«.*
Donald Sull rät davon ab, eine detaillierte Vision der Businesszukunft zu skizzieren, da dies Alternativen zu einem frühen Zeitpunkt ausschließt, Führungskräfte unter Zugzwang setzt und zudem Gefahr läuft, rasch obsolet zu werden. Zu detaillierte und langfristig orientierte Zielsetzungen verunsichern Mitarbeitende und Geschäftspartner. Eine grob skizzierte Vision ist in hoch dynamischen Marktkonstellationen leistungsfähiger, da sie ein flexibles Manövrieren erlaubt.
2. *Setzen Sie sich engagiert mit alternativen Entwicklungen auseinander.*
Er empfiehlt, sich in einer Phase des strategischen Wartens engagiert und intensiv mit möglichen Zukunftsentwicklungen auseinanderzusetzen. Eine derartige Zeitspanne ist aktiv zu nutzen, um mit Ideen und Lösungen zu experimentieren, um zu sehen, wie Kunden, Wettbewerber und Märkte reagieren. All dies verbessert das Lernen der Beteiligten und zeigt, in welche Richtung das Business wirklich »tickt«.
3. *Entwickeln Sie Handlungsreserven.*
Besonders wichtig wird es, eine »Kriegskasse« für Eventualitäten zu öffnen. Diese schafft Flexibilität und gestattet ein Experimentieren und vorsichtiges Manövrieren.

4. *Rekognoszieren Sie (Reconnaissance).*
   Rekognoszieren ist ein Begriff, der aus der Militärwelt stammt. Der Begriff heißt »aufklären, erkunden, ausspähen, das Gelände begehen oder auskundschaften«. Der Dynamik des geschäftlichen Umfelds soll im ganzen Unternehmen nachgespürt werden. Alle Mitarbeitenden sollen den Wandel spüren. Es ist daher falsch, die Mitarbeiter und Führungskräfte von der Umweltdynamik abzuschirmen. Sie alle sind – jeweils für ihre Verantwortungsfelder – in die Auseinandersetzung mit der Zukunft einzubeziehen. Dies soll auch die notwendige Sensitivität für Neues, Unbekanntes schaffen und den Weg für einen raschen Wandel von innen heraus ebnen.
5. *Halten Sie die Crew einsatzbereit.*
   Die Phase des strategischen Wartens kann nicht ewig dauern. Ist die Zeit für ein Engagement reif, so gilt es rasch, konsequent und mit allen Mitteln zu agieren, um die Chancen zu nutzen. Doch dies ist nur möglich, wenn auch die Mitarbeitenden für die Veränderung und das Neue bereit sind. Hierzu gehört ebenfalls der Aufbau von neuen Fähigkeiten und Fertigkeiten, um mit Veränderungen und Wandel umgehen zu können.
6. *Kündigen Sie das Ende des aktiven Wartens und den engagierten Wandel an.*
   Wenn das Timing stimmt oder die Zeit reif ist, um die neuen Chancen zu ergreifen, dann ist es notwendig, den Schritt offen im Unternehmen zu verkünden. Dies gibt Richtung, setzt Energien frei und beschleunigt das Agieren des Unternehmens im Markt.

Jamming: Strategie als Set simpler Regeln

Die Stanford-Professorin Kathleen Eisenhardt und der Strategie-Professor der MIT Sloan School of Management Donald Sull untersuchten das strategische Managementverhalten von Firmen, die in Märkten mit großer Veränderungsrate erfolgreich reüssierten. Ihre Erkenntnisse führen sie zur »Strategie als Set simpler Regeln« (strategy as simple rules).[228] Ist das Umfeld komplex und hoch dynamisch so empfiehlt sich nicht ein Mehr an Strategie, sondern ein Weniger. Strategien sollten Agilität bewähren und nicht zu einem beengenden Korsett für die Handelnden werden. Weniger Verhaltensvorgaben passen besser zum dynamischen, herausfordernden Umfeld. Die Komplexität lässt sich mit einfachen Regeln zähmen. Strategie hat in einer solchen Konstellation nicht die Funktion, das Handeln vorzugeben, sondern die Zukunft in eine bestimmte Richtung ganzheitlich zu lenken. Nicht die Steuerung der Zukunft mittels strikter Vorgaben steht im Zentrum, sondern vielmehr die Erhaltung der Zukunftsfähigkeit. Strategie muss flexibel Entscheidungs- und Handlungsfreiräume zulassen, um sich an die vielen kleineren und größeren Veränderungen anzupassen. So wird ein erfolgreiches Chancen-Management in Zeiten des Hyper-Wettbewerbs möglich. Das Set an simplen Regeln gibt Richtung, ohne die Veränderung selbst zu vorzubestimmen oder zu behindern. Diese »simplen strategischen Regeln« sind weder allgemein, beliebig noch vage formuliert, sondern klar, eindeutig und griffig. Nur daran können sich Führungskräfte und Mitarbeitende in ihrem turbulenten Alltag orientieren. Oft bestimmen sie weniger, was man will, als was man nicht anstrebt oder vermeiden will.

Simple Regeln funktionieren, weil sie drei Funktionen bieten: (1) Sie schaffen eine Grundlage, um Zielsetzungen flexibel und wendig zu verfolgen, ohne jedes Detail vorherzubestimmen. (2) Sie führen zu effektiven Entscheiden, selbst bei einer dürftiger Datenlage und hoher Zeitknappheit. (3) Die Mitglieder eines Unternehmens oder Organisation können sich rasch und einfach auf ein überschaubares Set an Regeln verständigen. Simple Regeln schaffen Korridore für Anpassung an veränderte Situationen und schaffen trotz eines erheblichen Ermessensspielraums eine Gerichtetheit des Handelns durch das Verfolgen von groben Zielsetzungen. Sie wirken wie Leitsterne. Simple Rules sind keine nichtssagenden, simplen Phrasen wie »Gib dein Bestes« oder »Sei innovationsorientiert«. Simple Regeln sind weder Vereinfachungen noch Verallgemeinerungen, sondern klare, vereinbarte Leitlinien oder Richtlinien für zweckmäßiges Handeln in komplexem Umfeld.

Unternehmen wie Vodafone, Cemex, Sun Microsystems, Yahoo, Facebook oder Google entwickeln keine umfassenden Strategien mehr im herkömmlichen Sinn. Statt umfassender, klassischer Strategien, die für jede Eventualität Zielsetzungen vorgeben, setzen sie auf ganz wenige, strategisch aber signifikante »Schlüsselprozesse«. Diese können beispielsweise Verfahren der »raschen Innovation« (speed innovation), der unkonventionellen Besetzung von Märkten oder das Eingehen von wertsteigernden Partnerschaften sein. Ist das Geschäft kompliziert, sollten die Geschäftsregeln einfach sein. Diese einfachen Daumenregeln fördern eine rasches Entscheiden und Handeln.

Vergleichbar sind die simplen Strategie-Regeln mit dem »Jamming«, einem Schlüsselkonzept der Jazz-Musik.[229] Jamming wird das gemeinsame, improvisierende Musizieren genannt, bei dem sich jeder Player am groben Lead Sheet (Melodievorlage: keine vollständige Partitur) sowie an der jeweiligen Situation selbst orientiert. Je nach Stimmung der Musiker und des Publikums wird die Melodie des Lead Sheets von den Jazzern *spontan* weiter interpretiert und gekonnt improvisiert. Diese Improvisation geschieht nicht wild, chaotisch oder formlos. Das Leadsheet legt die Kernidee des Musikstücks fest und die Professionalität der Musiker legt das Fundament zu dessen weiterer Improvisation.

»Simple Strategieregeln« zeigen die folgenden Beispiele:

- »*Funktionsregeln*«: *Wie hat's zu funktionieren? (How-to Rules, Wie-Regeln)*
Die Wie-Regeln bestimmen die Art und Weise, wie Prozesse konkret zu gestalten sind bzw. worauf besonders zu achten ist.
Praxis: Die japanische Akamai ist für ihren exzellenten Kundenservice bekannt. Die Wie-Regel von Akamai hierzu lautet: »Jede Kundenanfrage muss beim ersten Kontakt bereits professionell beantwortet sein!« So hat jedes Serviceteam einen technisch versierten Experten im Zugriff, der Spezialfragen schon beim ersten Telefonanruf lösen kann. Die gesamte Mitarbeiter-Crew aus Forschung und Entwicklung wird durch Rotation in den Kundenserviceprozess eingespannt.

- »*Chancenregeln*«: *Chancenspektrum (Boundary-Spanning Rules)*
Diese Regeln legen fest, in welchem Rahmen Chancen wahrzunehmen sind und welche Geschäftsmöglichkeiten eingegangen werden sollten oder nicht.
Praxis: Einer der führenden Anbieter von Netzwerkgeräten und Netzwerk-Managementsoftware, Cisco Systems, nutzt eine einfache Regel für seine Akquisitionen: Das Unternehmen ist auf der Suche nach Firmen mit sehr hoher Ingenieurskompetenz. Die Regeln für die Übernahme einer Firma lauten einfach: (1) Die Akquisitionskandidaten dürfen nicht mehr als 75 Mitarbeitende beschäftigen. (2) Mindestens 75 Prozent aller Mitarbeitenden haben ausgebildete Ingenieure zu sein.

- »*Prioritätsregeln*«: *Was ist besonders wichtig? (Priority Rules)*
Anstatt konkrete Ziele zu bestimmen, geben Prioritäten eine flexiblere Orientierung in Form einer Rangreihenfolge. Sie bestimmen, welche Prioritätenordnung unter den Geschäften gilt.
Praxis: Intel folgt einer simplen, aber wirksamen Regel zur Vergabe seiner Produktionskapazitäten. Die Höhe der Bruttomargen der Produkte bestimmt die Zuweisung von Kapazitäten. So bestimmen die lukrativen Geschäfte die jeweiligen Kapazitäten der Produktion.

- »*Timing-Regeln*«: *Wann und wie lange? (Timing-Rules)*
Diese Regeln legen Zeitspannen fest oder bestimmen zeitliche Prioritäten.
Praxis: Nortel hat strikte Regeln zur Produktentwicklung: So darf die Entwicklungszeit für eine neues Produkte nicht mehr als 18 Monate betragen.

- »*Ausstiegsregeln*«: *Wann steigen wir aus? (Exit Rules)*
Diese Regeln legen fest, wann man sich von Projekten oder Geschäften verabschiedet. Wann werden Projekte beendet, wenn sie die Resultate noch nicht erbracht haben? Wann werden Geschäfte abgebrochen, wenn sie die Erwartungen noch nicht erfüllt haben? Wann werden Märkte verlassen, wenn die Zielsetzungen nicht erfüllt werden konnten?
Praxis: Bei Oricon hat ein Projekt innerhalb von zwei Jahren profitabel zu sein, ansonsten wird es stillgelegt.

Die Entscheidungsträger sind sonst frei, kurzfristig ergebende Chancen spontan aufzugreifen und anzugehen. Dies wird explizit gewünscht. Sie sollen die neuen Geschäftschancen aber gezielt nutzen, und zwar ganz im Sinne der strategischen Leitideen, die nicht detailliert ausformuliert sein müssen. Die simplen Regeln wollen besonders wichtige Anliegen in grobe Handlungsempfehlungen fassen, aber den Handlungsspielraum nicht unnötig einengen oder gar die Agilität behindern.

Einschätzung

Neuere Strategieansätze werden deutlich vager in den Vorgaben. Sie beabsichtigen nicht, in unserer wilden, hochdynamischen Geschäftswelt Details zu regeln, welche dann im konkreten Fall behindern oder irritieren. Mittels der Strategie soll die Anpassungsfähigkeit und Spontaneität erhalten bleiben und trotzdem eine Entwicklungsrichtung favorisiert werden. So wird mit weniger Vorgaben Grundsätzlicheres geregelt. Es ist das Ziel, Korridore der Entwicklung zu schaffen, so dass auch spontane strategische Entscheide im Sinn der strategischen Zukunftsausrichtung getroffen werden.

Business not as usual: Wilde Zeiten, wilde Strategien

»Schmerzt es, wenn Sie sich Ihren Wettbewerbsvorteil auf die Zehen fallen lassen? Ist dies der Fall, sollten Sie sich dringend Gedanken über Innovationen machen. Denn alles, was wehtut, besteht aus zu viel Material und zu wenig Know-how.«[230] Dies ist ein typische Aussage der beiden Business-Professoren Kjell Nordström und Jonas Ridderstrale. Die beiden sind unterwegs, um traditionelle Vorstellungen zu Management und Strategie durcheinanderzuwirbeln. Die Schweden passen gar nicht ins Bild konventioneller Professoren der Betriebswirtschaft. Sie tragen Glatze, markante Brillen und schwarze Lederbekleidung wie Harley-Davidson-Fahrer. Die beiden wirken wie Fremdkörper in den ehrwürdigen Hallen einer Universität und man vermutet sie eher mit einem coolen Drink in der Hand in einer Heavy-Metal-Bar als am Dozierpult. Doch Nordström lehrt am Institute of International Business und Ridderstrale am Centre for Advanced Studies in Leadership. Ihre Kernthese lautet: Wer sich nicht radikal verändert und weiterhin am Bekannten und Gewohnten klebt, wird es in der wilden Zukunft schwer haben.

Das »Business as usual« hat ausgedient. Konventionelles schafft keinen Vorsprung, keine Differenzierung und keine Nachhaltigkeit mehr in den Köpfen der Kunden. Erfolgreiche Unternehmen wie Apple, Body Shop, Porsche,

Rolex oder Starbucks machen dies in ihren jeweiligen Märkten vor. Die Kunden kaufen heute nicht nur die Produkte dieser Starunternehmen, sondern sie sind erklärte Fans der Marken. Diese Unternehmen setzen Zeichen und folgen nicht dem Konventionellen. Ihre außerordentlichen Stärken sind ihre Intuition, Kreativität sowie eine enge, vor allem aber auch emotionale Beziehung zu ihren Kunden. Das oberste Ziel des Strebens im Business muss es sein, ein einzigartiges Wertangebot für den Kunden zu schaffen. Hierfür sind entsprechende Kernkompetenzen aufzubauen.

Der Rohstoff für nachhaltigen Geschäftserfolg und Vorsprung in die Zukunft sind weder Kapital- noch Marktmacht, sondern immer nur frische Ideen. Sie alleine bringen Erfolg und definieren merkliche Unterschiede in den Köpfen der Kunden. Rentable Geschäfte finden sich in smarten Markt- und Positionierungsnischen. Denn in den Massenmärkten schrumpfen Umsätze und Margen, da Kunden konkurrierende Angebote leicht gegeneinander ausspielen können. Und aufgrund der gestiegenen Transparenz im digitalen Zeitalter wissen sie genau, wer was besser oder billiger bietet. Die Kunden haben die Macht auf ihrer Seite. Sie wissen, dass sie mit ihrer Kaufkraft über die Zukunft von Unternehmen entscheiden.

Um den kreativen Ideenfluss nachhaltiger anzuheizen, lassen sich Unternehmen auch nicht mehr wie gewohnt strukturieren. Die Zukunft gehört der »Funky Inc.«, das heißt einem unkonventionellen, ja »flippigen« Unternehmen, bei dem nicht mehr alles logisch-rational begründet und belegt werden muss. Solche Unternehmen blühen durch Veränderungen, Neuerungen und Herausforderungen auf. Sie suchen aktiv und engagiert den Wandel und surfen auf der Welle des Paradoxen, Unkonventionellen oder Unbekannten. Das, was alle wissen, das Konventionelle, interessiert nicht mehr, sondern erforscht werden frische Chancen, frische Ideen, frische Herausforderungen und frische Risiken. Statik bedeutet Rückschritt, Dynamik fördert Fortschritt. Daher ist alles im Fluss zu halten: Bewegung, Beschleunigung und Tempo gehören zu den positiven Eigenschaften, die es durch das Management mit hoher Priorität zu fördern gilt.

Die schwedischen Professoren betrachten Kernkompetenzen als bedeutungsvoll, aber nicht mehr allein ausreichend für den Erfolg. Ganz in Anlehnung an die neuesten Erkenntnisse der Strategielehre setzen sie vielmehr auf die Lernfähigkeit, die Kreativität und die Change-Fähigkeit.[231] Sie legen weniger Wert auf die klassischen Kernkompetenzen (core competencies) sondern auf die sogenannten »Schlüsselpersonen« (core competents). Denn nur die Schlüsselpersonen sind in der Lage, auf der Welle des Wandels zu surfen und immer wieder daraus Innovationen zu erschaffen. Core Competents sind Professionals mit hohem, spezialisiertem Know-how, die Zusammenhänge erkennen, unkonventionell Probleme anpacken, lösungsorientiert sind und mit der Paradoxie oder Komplexität unserer Geschäftswelt umgehen können. Diese

Schlüsselpersonen müssen daher auch den Strategieprozess weiter treiben. Sie entwickeln frische Geschäftsoptionen, erweitern Grenzen, halten Ausschau nach wertsteigernden Partnerships, lancieren unkonventionelle Projekte zur Zukunftsgestaltung, sind nah an den Trendentwicklungen des Marktes und gehen auch Risiken ein, wenn sie Chancen erkennen. Diese Schlüsselpersonen sind in der Perspektive der beiden Professoren daher viel effektiver in der Sicherung der Geschäftszukunft als »Kernkompetenzen«. Nur smarte, engagierte Personen entwickeln neue Lösungen für Kunden, die das Geschäft nach vorne bringen. Diese wichtigen, engagierten und dynamischen Talente faszinieren, begeistern und motivieren.

Die Forscher erachten die klassische Wettbewerbsstrategie als einen Pfad, der heute für viele Unternehmen ins Nichts führt, da alle dieselbe strategische Ausrichtung und Positionierung verfolgen. Die Erfolgsfaktoren erodieren so rasend rasch, da Kopierer, Trittbrettfahrer und Gleichdenker blitzartig Verbesserungen oder Neuerungen übernehmen. Im klassischen Wettbewerbsmodell zermalmen Wettbewerbsvorteile sich gegenseitig im Nu.

Auch das traditionelle Modell des integrierten Unternehmens hat ausgedient. Wer früher Schuhe verkaufte, stellte diese auch selber her. Dies ist heute bei Nike, Adidas oder Timberland nicht mehr der Fall. Diese Unternehmen entwerfen Produkte und lassen diese irgendwo rund um den Globus von kompetenten, kostengünstigen Produzenten für ihre internationalen Märkte herstellen. Firmen zerlegen ihre Wertschöpfungsketten, zergliedern Komponenten und setzen diese wieder ganz nach Bedarf zusammen. Sie suchen nach neuen Wegen, mit anderen Anbietern, Konkurrenten, Komplementären und Kunden zusammenzuarbeiten. Strategieentwicklung wird zu einem Workout, bei dem das Geschäftsmodell zur Schaffung eines »überragenden, möglichst einzigartigen Wertangebots« für den Kunden im Zentrum steht. Kreative strategische Antworten sind zu den folgenden vier Fragen zu finden:[232]

1. *Wertangebot für Kunden:* Welche Kundensegmente sprechen wir an? Was bieten wir an Besonderem für diese Kunden? Wie erkennen sie unseren außerordentlichen Nutzen?
2. *Kernkompetenzen:* Auf welche Kernkompetenzen setzen wir? Warum auf diese? Wie beurteilen wir deren längerfristige Entwicklung?
3. *Komplementärkompetenzen:* Was können unsere Weltklassepartner besser als wir selbst?
4. *Zukunftsoptionen:* Welches Wachstumspotenzial existiert? Wo ist es zu finden? Wie erschließen wir es? Wie sichern wir es rasch?

Die beiden schwedischen Businessexperten empfehlen drei Typen von strategische Geschäftsmodellen, mit denen sich Unternehmen erfolgreich im Markt positionieren. Unternehmen haben die strategische Option, sich entweder auf das Businesskonzept, ihre Kunden oder auf bestimmte Fähigkeiten zu fokussieren.

1. »*Konzeptstrategien*«: *Fokus auf das Geschäftskonzept*
Ein Beispiel eines Konzeptspezialisten ist Dell. Sie gewinnen den Wettbewerb durch ihr besonderes Geschäftsmodell, welches einzigartig und überragend in der Branche ist. Dell lässt seine Computer von den Kunden konfigurieren und die Teile von Dritten zusammenbasteln. Die Komponentenhersteller bieten ihre Teile auf einer firmeninternen Plattform an, so dass Dell immer optimale Leistungen zu optimalen Preisen kaufen kann. Ein wichtiger Zusatzeffekt ist, dass Dell durch dieses Geschäftsmodell auf eine große kostspielige Lagerhaltung verzichten kann.

2. »*Beziehungsstrategien*«: *Fokus auf den Kunden*
Diese Unternehmen richten sich darauf aus, den »Kunden zu besitzen«. Sie faszinieren und begeistern ihre Kunden. Kunden werden zu Fans des Unternehmens. Die Scala in Mailand oder die Metropolitan Opera in New York »besitzen« ihre Kunden genauso wie Harley-Davidson oder Red Bull. Aber auch Unternehmen wie Google, Yahoo, eBay oder Amazon bieten Informationen gegen Kundenorientierung. Je mehr man ihre Services nutzt, umso besser »lernen einen die Firmen kennen«. Dementsprechend kompetent werden sie, maßgeschneiderte Lösungen anzubieten.

3. »*Fähigkeitsstrategien*«: *Fokus auf die Kernkompetenzen*
Diese Unternehmen konzentrieren sich darauf, bestimmte Prozesse oder Technologien mit hoher Kompetenz zu beherrschen. Ein Beispiel eines Unternehmens, welches sich als Fähigkeitsspezialist positioniert, ist die asiatische Flextronics, die rundum Lösungen in den Bereichen Design, Herstellung und Logistik anbietet. Dieses Unternehmen stellt »produktive Leistungen« für Unternehmen wie Apple (Mac), Microsoft (Xbox), Cisco (Routers) und HP (Drucker) bereit. Das Unternehmen betreibt über 80 Produktionsstätten in rund 30 Ländern. Fähigkeitsspezialisten sind aber auch Consultingfirmen wie McKinsey, Arthur D. Little oder Accenture. Sie finden sich allen Branchen zurecht und basieren ihr Geschäftsmodell auf die hohen Kompetenzen und Fähigkeiten ihrer Spezialisten.

Einschätzung

Studien zeigen, dass unkonventionelles Denken im Business zum Erfolg führt. So belegen die CEO-Studien von IBM (Global Business Services), dass sich nicht Produktinnovationen oder Geschäftsprozessinnovationen profitmäßig am meisten lohnen, sondern dass die operative Rendite im Bereich der strategischen Innovation, also der Geschäftsmodellinnovation, deutlich am größten ist.[233] Unternehmen, die sich immer wieder neu fokussieren, restrukturieren oder ihre Geschäftsperspektive erweitern, peilen den größten Erfolg an. Neben einem hohen Unterhaltungswert liefern die beiden Schweden mit ihrem Funky Business Konzept zudem eine Fülle an provozierenden Denkimpulsen.

Strategy Execution: Engagiert den Kurs steuern

> Die ganze Schwierigkeit besteht darin,
> den Grundsätzen, welche man sich gemacht hat,
> in der Ausführung treu zu bleiben.
> Carl Philipp Gottfried von Clausewitz

Strategieumsetzung: Wie aus Zielen Resultate werden

Dieser Abschnitt skizziert Managementthemen, die sich weniger um eine attraktive strategische Ausrichtung kümmern, sondern den Schwerpunkt auf die Realisierung oder Umsetzung legen. Der Entwicklung von Strategien zur Sicherung der Unternehmenszukunft wird sowohl in der Praxis als auch in der Wissenschaft große Aufmerksamkeit zu teil. Dies ist erstaunlich, da sich in der Praxis vor allem die Umsetzung der strategischen Absicht als die weitaus größere Hürde erweist.[234]

»Strategieimplementierung«, »Strategieoperationalisierung« und »Strategieumsetzung« werden hier im Weiteren synonym gebraucht. Die Strategierealisierung umfasst sämtliche Aufgaben, Tätigkeiten, Programme, Projekte, Initiativen und Aktivitäten in einem Unternehmen, die dazu dienen, die strategischen Zielsetzungen und Vorgaben in konkrete Resultate zu transferieren. Strategieentwicklung ist in erster Linie ein Denkprozess, Strategieumsetzung hingegen ein Handlungsprozess. Beide Komponenten sind für den Erfolg von Nöten. Früher wurden die beiden Prozesse separat und nacheinander betrachtet, in neueren Ansätzen verschmelzen die beiden zu einem einzigen Strategieprozess.

Die Strategieentwicklung ist für viele Unternehmen ein aufwändiges Unterfangen, an dessen Ende ein Schriftstück steht, welches die zentralen strategischen Aussagen enthält. Doch mit der Formulierung des Strategiepapiers hat sich noch nichts geändert. Es wurde noch nichts bewegt und kein Fortschritt erzielt. Eine schriftlich formulierte Strategie ist nicht das Ende eines professionellen Strategieprozesses, sondern bestenfalls ein wichtiger Zwischenschritt. Mit dem Strategiepapier beginnt die eigentliche strategische Führungsarbeit.

Die festgelegten Absichten gilt es nun in den Geschäftsalltag zu überführen. Hierzu sind Maßnahmenpakete zu lancieren, Aufträge zu erteilen, Mitarbeitende zu schulen und zu motivieren sowie die erreichten Ergebnisse mit den gesteckten Zielsetzungen zu vergleichen. Die Umsetzungsphase ist heikel, da viele Führungskräfte in der Praxis dazu neigen, nach der aufwändig geführten Strategieentwicklungsübung nun (endlich) wieder zum gewohnten Alltag zurückzukehren. Aktenberge und Termine drängen alle zu einem »Business as usual« zurück. Doch so weit darf es nicht kommen.

Warum funktioniert in der Praxis die Strategieumsetzung oft schlecht, harzig und zögerlich? Die Führungskräfte werden hervorragend im strategischen Planen (Strategie-Analyse, Strategie-Entwicklung) trainiert, aber die Umsetzung kommt zu kurz.[235] Zudem vertreten viele Top-Führungskräfte die Ansicht, dass die Strategieumsetzung die Aufgabe des mittleren und unteren Managements sei. Ein zusätzliches Hindernis ist, dass die Umsetzungsarbeiten zeitlich und arbeitsmäßig deutlich mehr Aufwand als die Strategieformulierung selbst benötigen. Auch die Triage zwischen noch zu erledigen Aufgaben aus der alten Ära und den bereits anstehenden neuen Aufgaben ist oft heikel. Der Geschäftserfolg ist keine Funktion einer perfekt formulierten Strategie, sondern fusst viel mehr auf den Soft-Factors, welche dem tatsächlichen Tun erst Richtung und Schub verleihen. Karlgaard spricht in seinem Bestseller daher nicht von »Competitive Edge« (Wettbewerbsvorsprung) sondern von »Soft Edge«, dem Vorsprung durch weiche Faktoren, die ein erfolgreiches Business auszeichnen.[236] Weiche Faktoren bieten zudem einen angenehmen Nebeneffekt: Sie sind weit weniger von Konkurrenten kopierbar. Was gehört zu den Soft-Factors? Sie umfassen eine Fülle von Faktoren: Vertrauen, Motivation, Kultur, Teamwork, Design, Intelligenz, Lernen und persönliche Identifikation. Die richtigen Hebel zur Gestaltung der weichen Erfolgsfaktoren sind: (1) Das Verhalten des Managements, welche durch ihre Entscheidungs- und Verhaltensmuster die Kultur des Tagesgeschäfts prägen. (2) Die firmeninterne Information und Kommunikation, da Mitarbeitende sich nur für das einsetzen, was sie kennen, verstehen und akzeptieren. (3) Der Grad an Selbstorganisation, da eigenverantwortliches und engagiertes Handeln sich nur in Gestaltungsfreiräumen entfalten kann.

3-Boxen-System: Strategie in Balance

Jede Strategie will verändern. Doch der Schritt zwischen dem Heute und dem Morgen ist oft zu groß, so dass ein Scheitern häufig vorprogrammiert ist. Der heikle Wandelprozess muss durch das Management initiiert, begleitet und gefördert werden. Vijay Govindararjan, Strategie-Professor am Dartmouth College in New Hampshire empfiehlt für diesen Veränderungsprozess ein dreigliedriges, balanciertes Vorgehen. Govindararjan nennt dies das »3-Boxen-System«.[237] Das Management hat sich um drei Themenbereiche im Rahmen eines Strategieprozesses zu kümmern. Dementsprechend sind auch die eigene Agenda, die Ressourcen und der benötigte Zeitbedarf darauf auszurichten (Abbildung 58).

Abbildung 58: 3-Boxen-Ansatz – Veränderung

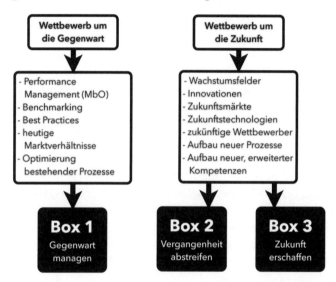

»Box-1-Aufgaben« optimieren die Gegenwart. Die gegenwärtigen Geschäfte sind am Laufen zu halten, denn sie bilden das Fundament für Veränderung, Innovation und Cashflow. Doch es sind nicht alle Ressourcen in diesem Feld einzusetzen, da sonst für den Fortschritt weder genügende Kapazitäten noch Ressourcen übrigbleiben. »Box-2-Aufgaben« befassen sich mit allen Aspekten desjenigen Geschäfts, welches in Zukunft nicht mehr benötigt wird. Der Blick richtet sich besonders auf diejenigen Aufgaben, welche obsolet werden. Bevor man einen großen Schritt in die Zukunft unternimmt, ist die Vergangenheit abzuschütteln. Alte oder gar veraltete Vorgaben können leicht irritieren. Nur ein klarer Bruch mit der Vergangenheit schafft für die Gestaltung der Zukunft den benötigten Raum. Ressourcen sind abzuziehen oder umzulenken, um Neues entstehen zu lassen. »Box-3-Aufgaben« kümmern sich um die Gestaltung der angestrebten, neuen Zukunft: Welche Ressourcen sind notwendig, um das Neue anzupacken und sukzessive zu erschaffen? Welche Bereiche benötigen weniger Ressourcen? Wie groß ist der Zeitbedarf?

Der 3-Box-Ansatz eignet sich hervorragend für die Organisation der Strategierealisierung. Oft übersieht man in diesem Prozess, sich weiter um das Heute zu kümmern, schleppt Altlasten mit in die Zukunft oder geht viel zu große Schritte, die für die Organisation kaum sinnvoll verkraftbar sind.

MbO-System: Konsequente Strategieumsetzung

Um den Transfer der Strategie in das Alltagshandeln zu vereinfachen, sind verschiedene Managementsysteme entwickelt worden, die aber alle in der einen oder anderen Ausprägung grundsätzlich immer auf das »Management-by-Objectives-System« (»MbO«) von Peter Drucker zurückgehen.[238] Mit dem MbO-System werden die strategischen Ziele operationalisiert, d.h. Personen übernehmen für die Realisierung die Verantwortung.

MbO ist kein Prinzip zur Führung von Mitarbeitenden, wie viele der anderen »Management-by-...«-Techniken, sondern ein umfassendes, leistungsfähiges »Ziel-Beitrags-System«, welches das gesamte Unternehmen durchziehen sollte. Das MbO-System hat eine Art Brückenfunktion zwischen Planung und Aktion: Es koppelt die institutionellen Ziele des Geschäfts oder des Unternehmens, wie beispielsweise Vorgaben aus der Businessstrategie mit den individuellen Zielen von Schlüsselpersonen. Nicht Unternehmen, Bereiche oder Abteilungen realisieren die strategischen oder operativen Ziele, sondern immer nur Führungskräfte und Mitarbeitende. Immer nur Menschen »produzieren« aus Absichten konkrete Ergebnisse.

Wie funktioniert diese Brückenfunktion zwischen Unternehmen und Mitarbeitenden? Führungskräfte auf allen Ebenen vereinbaren persönliche Beiträge zu den strategischen Zielen. Durch den Transfer der Strategien auf eine individuelle Ebene werden strategische Absichten realisierbar, das heißt konkret messbar, führbar und im Ergebnis überprüfbar. Durch das MbO-System bleiben Strategien nicht im Olymp der Absichten und Wünsche hängen, sondern werden auf die Leistungsträger pro Bereich oder Abteilung verteilt.

Strategiefragen: Umsetzung konkretisieren

In der Alltagspraxis sind die strategischen Überlegungen, Konzepte, Entscheide und Absichten auf den Punkt für die Tagesarbeit zu bringen. A.G. Leffley, erfolgreicher Ex-CEO von P&G (Procter & Gamble), und der Strategie-Berater und -Professor Roger L. Martin präsentieren einen praktischen, einfachen Leitfaden, um die jeweils komplexen Inhalte für die Umsetzung auf den Punkt zu bringen.[239]

Die beiden empfehlen fünf strategische Schlüsselfragen für jedes Produkt, Angebot, Geschäftsfeld oder Projekt zu beantworten, um konkrete strategische Schlüsselantworten zu provozieren. Die Fragen lauten:

1. *Wie lautet der Gewinner-Anspruch?*
   Was wollen wir mit diesem Ziel erreichen? Warum streben wir dieses Ziel überhaupt an? Wohin müssen wir kommen? Warum ist die Zielerreichung derart wichtig für unsere Zukunft?
2. *Wo konkurrieren wir?*
   In welchen Markt oder Marktsegment werden wir konkurrieren? Wen greift unsere Lösung, unser Produkt, Angebot oder Unternehmen an? Wer ist unser Konkurrent? Was müssen wir besser als unsere Konkurrenten machen? Wie positionieren wir uns im Wettbewerb? Wie beurteilen wir die Konkurrenzsituation?
3. *Wodurch gewinnen wir den Wettbewerb?*
   Welchen Wettbewerbsvorteil spielen wir aus? Welchen »einzigartigen« Kundennutzen bieten wir? Welchen Vorsprung können wir etablieren?
4. *Welche Kernkompetenzen benötigen wir dafür? Womit erreichen wir unseren Vorteil?*
   Welche Aktivitäten, Prozesse, Strukturen und welches Know-how sind für das Geschäft bereitzustellen? Welche Ressourcen setzen wir ein?
5. *Welche Managementsysteme steuern den Prozess?*
   Welche Personen, Strukturen, Systeme, Projekte oder Initiativen steuern den Prozess? Wie kann der weitere Fortschritt gelenkt werden?

Dieser kurze und prägnante Ansatz der fünf strategischen Schlüsselentscheide bringt die zentralen Absichten und führungsmäßige Begleitung des Prozesses auf den Punkt. Seine Stärke liegt in seiner Konzentration auf das Wesentliche. Dieser Leitfaden kann für die Detaillierung und Konkretisierung von Zielen sowie für die Vertiefung von Information und Kommunikation eingesetzt werden.

Balanced Scorecards: Systematisch steuern

Das Balanced-Scorecard-System findet im deutschsprachigen Raum eine hohe Verbreitung. Es wird daher im Folgenden stellvertretend für andere ähnliche Ansätze skizziert.

Die Balanced Scorecard verdankt ihren Bekanntheitsgrad einer ganzen Reihe von Veröffentlichungen der Professoren Robert S. Kaplan, Harvard Business School, und David P. Norton, Präsident der BSC Collaborative Inc. und Unternehmensberater bei der Palladium Group in Boston.[240] Im Jahr 1988 bekam die Beratungsfirma KPMG Peat Marwick von Apple Computer den Auftrag, die zentralen Schlüsselprozesse des Geschäfts zu identifizieren und für diese eine konkrete Performancemessung zu entwickeln. Apple wollte von einer rein finanziellen Steuerung seines Unternehmens abkommen und vermehrt auf strategische Zielaspekte setzen.

In der Folge wurde eine Forschungsgruppe gebildet, die aus Experten der Harvard Business School (unter Leitung von Robert S. Kaplan), Beratern der KPMG sowie aus Führungskräften von weiteren zwölf amerikanischen Großunternehmen bestand. Diese Gruppe hat sich zum Ziel gesetzt, einen allgemein nutzbaren, mehrdimensionalen Bezugsrahmen zur Fortschritts- und Leistungsmessung zu entwerfen. Der enge Fokus auf den Shareholder Value, also nur auf die finanziellen Resultate schaut, sollte dadurch überwunden werden. Aus diesen Arbeiten entwickelte sich die Balanced Scorecard, die heute zu den führenden Managementsystemen zur Strategieimplementierung gehört.

Die Balanced Scorecard ist ein mehrdimensionales Führungssystem, welches die strategischen Ziele in vier Perspektiven gruppiert. Nicht nur »Finanzen«, sondern auch »Kunden«, »Prozesse« und »Ressourcen« werden einbezogen. Ganz im Gegensatz zu weichen Zielvorgaben wie zum Beispiel Leitbilder oder Visionen, setzt die Balanced Scorecard auf Führbarkeit durch Griffigkeit, Nachvollziehbarkeit und Messbarkeit. Ziele, Kenngrößen oder Maßnahmen müssen praktisch umsetzbar, steuerbar und erfassbar sein. Der Blick der Führungsarbeit soll aber von rein finanziellen Größen wie beispielsweise dem Return on Investment weg auf eine umfassendere, ganzheitlichere Sicht des Geschehens gelenkt werden.

Wieso werden gerade diese vier Themenfelder für die Strategieumsetzung beleuchtet? Dass die finanziellen Ergebnisse zentral sind, liegt auf der Hand. Doch sich nur auf diese finanziellen Messgrößen und Kennzahlen zu verlassen ist ungenügend. Sie bilden das Unternehmensgeschehen zur Fortschrittsbeurteilung zu wenig ab. Die wichtigste Größe der Vorsteuerung des finanziellen Erfolgs ist der Markterfolg. Nur zufriedene Kunden stellen die notwendigen finanziellen Zahlungsströme bereit. Der Markterfolg basiert seinerseits wiederum auf abgestimmten, effizienten betrieblichen Prozessen. Hierzu zählen zum Beispiel Beschaffung, Entwicklung, Produktion, Logistik und Vertrieb. Diese Prozesse ihrerseits beruhen auf den professionellen Fähigkeiten der Mitarbeiter und den vorhandenen Ressourcen. So werden die verschiedenen Geschäftsbereiche mit dem finanziellen Ergebnis und der strategischen Absicht verwoben. Aus diesem Grund heißt das Balanced-Scorecard-Führungssystem »ausgewogen« (balanced), da es sich nicht nur auf das finanzielle Kennzahlensystemen zur Geschäftssteuerung allein abstützt. »Scorecards« heißen die bekannten Anzeigetafeln in der Sportarena, die dem Publikum die jeweilige Performance der Sportler signalisieren.

Welche Inhalte stehen hinter den vier Schlüsselperspektiven der Balanced Scorecard um den Fortschritt anzuzeigen?

1. »*Finanzperspektive*« *(financial focus)*
Die Finanzperspektive belegt, ob die Strategie den vorgesehenen wirtschaftlichen Erfolg bringt oder nicht. Die Zielgrößen in diesem Bereich sind die bekannten Finanzkennzahlen. Sie beantwortet folgende Frage:
Welche finanziellen Gesamtziele verfolgen wir?
Welchen Beitrag leistet die Strategie in Bezug auf wichtige finanzielle Kenngrößen wie Rentabilität, Wachstum oder Risiko? *Beispiele* für finanzielle Zielsetzungen können sein:
- die Kapitalrendite steigern
- liquide Mittel vergrößern
- höhere Preise durchsetzen
- Rentabilität einzelner Geschäfte erhöhen
- finanzielle Unabhängigkeit des Unternehmens sichern
- den Konzernwert steigern

2. »*Kundenperspektive*« *(customer focus)*
Die Kundenperspektive vernetzt das Unternehmen nach außen. Die Kundenzufriedenheit und der Marktanteil stehen in diesem Blickwinkel als Zielgrößen im Zentrum. Die Kernfrage lautet:
Bei welchen Kundengruppen und in welchen Märkten müssen wir erfolgreich sein, um die angestrebten finanziellen Ziele verwirklichen?
Welchen Beitrag bringt die Strategie in Bezug auf die Wertsteigerung für den Kunden oder bei der Differenzierung im Vergleich zur Konkurrenz für den Kunden? *Beispiele* für Kundenziele (Marktauftritt, Marktpositionierung) sind:
- Image und Markenbekanntheit steigern
- Neukundengewinnung forcieren
- Bestandskunden für Zusatzleistungen gewinnen
- Marktposition im Jugendmarkt verdoppeln
- Kundenservice verstärken
- Reklamationen senken

3. »*Prozessperspektive*« *(process focus)*
Die Prozessperspektive richtet das Augenmerk auf die internen Strukturen und Prozesse des Unternehmens. Die Zielgrößen sind in erster Linie Effizienz und Bearbeitungszeiten. Die wichtigste Kernfrage lautet:
In welchen Prozessen müssen wir Wettbewerbsvorteile erzielen, um bei den Kunden erfolgreich zu sein?
Welche Konsequenzen zeigt die Strategie für die Gestaltung von Prozessen? Müssen neue Prozesse etabliert oder bestehende Prozesse reorganisiert werden? Wie leistungsfähig sind die Prozesse zu beurteilen? *Beispiele für Prozessziele* sind:
- Innovationsprozesse beschleunigen
- Vertriebsnetz verdichten
- Marketingsupport für den Außendienst verstärken
- Logistiksystem vereinfachen

4. »*Lern- und Ressourcenperspektive*« *(learning and resource focus)*
Die Ressourcenperspektive setzt für den Unternehmenserfolg auf die Fähigkeiten, Kompetenzen und die vorhandenen, verfügbaren Mittel. Die Frage hierzu lautet:
Welche Fähigkeiten und Ressourcen benötigen wir, um Wettbewerbsvorteile in den Schlüsselprozessen zu erzielen?
Welche Ressourcen können wir einsetzen? Welche sind neu aufzubauen? Wie wirkungsvoll nutzen wir diese? Welche Fähigkeiten werden benötigt? Wie kann Lernen, Wandel und Innovation gefördert werden? *Beispiele* für Ressourcenziele können sein:
- Führungskräfte nachhaltig im Strategiebereich schulen
- Mitarbeitende bei der kontinuierlichen Verbesserung unterstützen
- Serviceorientierung im Unternehmen verankern
- Innovationsdynamik steigern
- Talentmanagementsystem einführen

Die Balanced Scorecard ist ein umfassendes, strategiebezogenes System zur Verhaltenssteuerung und Fortschrittsmessung. Sie benötigt als Vorgabe eine formulierte Strategie. Diese ist der Ausgangspunkt für alle Überlegungen und Aktivitäten. Die Balanced Scorecard richtet das Verhalten der Mitarbeitenden und Führungskräfte auf die Strategie aus (Alignment). Im Lauf der Jahre hat sich das Konzept immer weiter verfeinert. Mittlerweile erfüllt die Balanced Scorecard wichtige Funktionen: Sie präzisiert strategische Zielsetzungen, bricht Aussagen auf verschiedene organisatorische Einheiten herunter und ermöglicht eine professionelle, zyklische Kontrolle des Strategiefortschritts. Die Balanced Scorecard ist ein leistungsfähiges, ganzheitliches System für eine strategieorientierte Führung eines Unternehmens.

Das starre Steuerungs- und Kontrollsystem der monatlichen, quartalsweisen und jährlichen Kennzahlenanalysen wird zwar nicht überwunden, aber deutlich wertvoller genutzt. Die Checks sollen nicht nur einen Blick in den Rückspiegel erlauben, sondern auch in die Zukunft gerichtet zeigen, wie die geschäftstreibenden Faktoren und Maßnahmen das Geschäft gestalten.

Eine Balanced Scorecard kann für das gesamte Unternehmen oder auch nur für eine Geschäftseinheit erstellt werden. Voraussetzung ist aber in jedem Fall, dass die Vision und die Strategie für die Einheit formuliert vorliegen. Die Vision umschreibt das langfristig angestrebte Entwicklungsziel, die Strategie umfasst die anzugehende Stoßrichtung, um die Vision zu erreichen. Die Umsetzung erfolgt in einem der Organisationsstruktur folgenden »kaskadenartigen Top-down-Prozess«. Jede organisatorische Einheit liefert ihre Beiträge zur Umsetzung der Strategie. Für jede der vier Perspektiven wird ganz im Sinn der Strategievorgabe eine beschränkte Anzahl konkreter Ziele, Messgrößen und Maßnahmen abgeleitet. Messgrößen umfassen Indikatoren, die einen Fortschritt messen und Maßnahmen sind konkrete Vorhaben, Projekte oder Programme, welche der Zielerfüllung dienen (Abbildung 59).

Der Hauptvorteil der Balanced Scorecard liegt in der griffigen Formulierung von Zielsetzungen, die sich leicht verständlich kommunizieren lassen. Dies erleichtert die Konsensfindung in der Führungsriege, aber auch die Kommunikation in andere Führungs- und Mitarbeiterkreise. Im Rahmen eines Balanced-Scorecard-Prozesses kann es vorkommen, dass Themen auftauchen, welche bei der Strategie nicht bedacht oder zu wenig konkret bestimmt wurden. Derartige weiße Strategie-Flecken gilt es nachzuarbeiten. So hilft die Balanced Sco-

Abbildung 59: Aufbau der Balanced Scorecard (BSC)

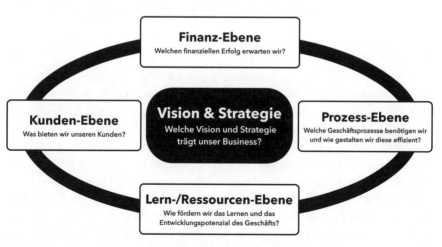

recard auch mit, die Strategiegriffigkeit im Geschäftsalltag zu gewährleisten. Die Balanced Scorecard wird nicht nur abteilungsintern entwickelt, sondern auch mit anderen relevanten Unternehmensbereichen vernetzt. Dies führt zu Veränderungsprozessen über das gesamte Unternehmen hinweg. Der Prozess geht davon aus, dass möglichst viele Betroffene miteinbezogen werden, um die Akzeptanz und Relevanz der Strategie zu verbessern.

Die Balanced Scorecard als »mehrdimensionales Performance-Managementsystem« hat die traditionelle auf Finanzkennzahlen basierte Steuerung des Unternehmensgeschehens nachhaltig verändert und in vielen Unternehmen abgelöst. Auch wenn man andere Führungssysteme nutzt, so herrscht heute Einigkeit darüber, dass die Führung eines Geschäfts aufgrund rein finanzieller Kennzahlen zu kurz greift und wesentliche Aspekte vernachlässigt.

Eine Untersuchung der Beratungsfirma Horváth & Partners[241] zeigt, dass rund vier Fünftel aller deutschen Unternehmen eine Balanced Scorecard im Rahmen ihrer strategischen Steuerung in der einen oder anderen Form einsetzen. Das Managementsystem der Balanced Scorecard eignet sich in der Praxis für folgende Aktivitäten:

- zur detaillieren Klärung der Geschäftsstrategien,
- als Diskussionsgrundlage zur Konsensfindung zu strategischen Aktionen,
- zur Verknüpfung von strategischen mit operativen Zielsetzungen innerhalb der Organisationsstruktur,
- als Vorgaben für Bereiche, Departemente oder Abteilungen in Form von Zielen, Projekten, Initiativen oder Programmen,
- zur Kommunikation strategischer Inhalte an Dritte,
- zur Überprüfung und Bewertung des strategischen Fortschritts,
- zur Koordination der Aktivitäten über organisatorische Grenzen hinweg,
- zur Verbesserung des Strategieprozesses innerhalb des Unternehmens.

Einschätzung

Vorteilhaft ist, dass Strategieentwicklung und Strategieumsetzung im gleichen Führungssystem Platz finden. Nicht nur die finanziellen Kenngrößen stehen im Zentrum der Führung, sondern viele wichtige, das finanzielle Ergebnis vorsteuernde Komponenten (Mitarbeitende, Prozesse, Kunden, Ressourcen).

Gewarnt werden muss aber vor einer »mechanischen Anwendung« der Balanced Scorecard.[242] Viele Unternehmen kümmern sich viel zu intensiv um ihren Instrumentenkasten anstatt um seine praktische Umsetzung. Nicht die lehrbuchhafte Nutzung des Instruments entscheidet über seine Wirksamkeit, sondern einzig und allein das daraus resultierende Handeln. So können »hauseigene« Programme zur Strategieumsetzung in der Praxis ebenso leistungsfähig sein wie das umfassende Instrumentenset der Balanced Scorecard. Als dogmatisch zu bewerten ist die Konzentration der BSC auf die vier Perspektiven des Unternehmensgeschehens. Um dem Topmanagement den Überblick über das Zielsystem des Unternehmens zu gewährleisten, haben führende Softwarehäuser wie beispielsweise SAP ganzheitliche, auf dem Balanced-Scorecard-System beruhende Management-Cockpits entwickelt.

Das BSC-System ist ein generisches Modell, das heißt, es will immer, für jeden Unternehmenstyp und in jeder Situation das richtige Führungsinstrumentarium sein. Gibt es dies überhaupt? Kaum. Die starke Komplexitätsreduktion ist seine größte Schwäche. Warum müssen immer gerade diese vier Perspektiven die einzig relevanten für den Erfolg eines Unternehmens sein? Zudem fehlt eine dynamische Betrachtungsweise völlig. Ziele werden heruntergebrochen, auch wenn sie unrealistisch sind, einfach nur, weil das Verfahren dies so »easy« gestattet. In der Praxis besteht die Tendenz, die Zielableitung mit viel zu vielen Zielsetzungen zu überfrachten.

Strategy Maps: Mit der Strategie-Landkarte auf Kurs

Zentrales Instrument der Balanced Scorecard ist das »Ursache-Wirkungs-Diagramm« (Strategy Map, Abbildung 60). Durch dieses werden die Ziele und Maßnahmen der vier Perspektiven miteinander logisch verbunden. So führt die Balanced-Scorecard-Logik sozusagen automatisch durch alle vier Betrachtungsebenen der Geschäftsentwicklung Finanzen, Kunden, Prozesse und Ressourcen/Mitarbeiter. Die Visualisierung der Wirkungszusammenhänge mittels einer Balanced Scorecard nennt man »Strategy Map« oder »strategische (Projekt-)Landkarte«.

Die strategische Landkarte veranschaulicht die Strategieaussagen schematisch, wodurch die Information und Kommunikation erleichtert sowie Lerneffekte gefördert werden können. Die Beiträge zu den entsprechenden strategischen Zielen können von den Führungskräften einfacher, prägnanter und rascher erkannt und nachvollzogen werden. Ihr Zusammenhang wird auch in der Vernetzung deutlich. Vision und Strategie werden durch die Überführung in konkrete strategische Initiativen auf eine operative, praktikable Ebene heruntergebrochen. Das Ziel wird in Aufgabenpakete zerlegt. Auch Defizite und Lücken der Strategie selbst werden durch diese strategischen Karten ersichtlich. Strategische Landkarten operationalisieren die Strategie auf eine effiziente, prägnante Weise und erleichtern die Information und Kommunikation nachhaltig.

Abbildung 60: »Strategische Landkarte« nach dem BSC-System

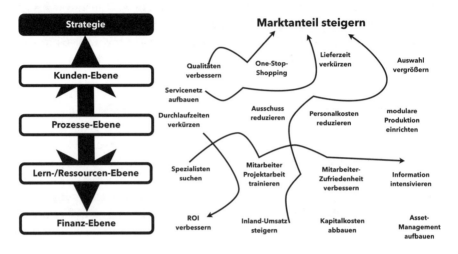

Einschätzung

Strategy Maps werden von den Autoren und vielen Beratungsunternehmen als »Anleitung zum Erfolg« oder als »Masterplan zur Erzielung nachhaltiger Wettbewerbsvorteile« vermarktet. Diese Marketingetiketten sind übertrieben. Die Strategielandkarten sind nichts anderes als vereinfachende grafische Veranschaulichung von Ursache-Wirkungs-Beziehungen einer schriftlich formulierten Strategie. Sie sind mit den vom Kreativitätsexperten Tony Buzan propagierten »Mind Maps«[243] vergleichbar.

Strategic Alignment: Strategiefokussiertes Unternehmen

Kaplan und Norton verfolgen mit ihren Arbeiten den Zweck, die oft abstrakt formulierten strategischen Stoßrichtungen praktisch im Geschäftsalltag zu verankern.[244] Das Alltagshandeln sollte konsequent auf die strategischen Ziele ausgerichtet sein, um die Schubkraft des Unternehmens im Wettbewerb zu steigern und das Business effizient in die angestrebte Richtung zu lenken. In ihren Forschungsarbeiten zur Balanced Scorecard befragten die Forscher Top-Führungskräfte, wie sie die beiden Themen »Strategie« und »Geschäftsperformance« in ihrer Führungsarbeit zusammenbringen. Zwei Begriffe tauchten dabei besonders häufig auf: »Alignment« und »Focus«. Mit »Alignment« sprechen die Führungskräfte ihre Bemühungen an, die Ausrichtung des Alltagsgeschäfts strategisch zu stärken, und mit »Focus« meinen sie die engagierte Mitarbeiterinformation und -kommunikation über alle wichtigen strategischen Themen.

Kaplan und Norton gaben daher einer ihrer Buchveröffentlichungen den Titel *Strategic Alignment*. Unter »strategischer Ausrichtung« (strategic alignment) verstehen sie die Ausrichtung des gesamten Unternehmens auf die strategischen Zielsetzungen. Initiativen, Projekte, Talente, Strukturen, Prozesse und Ressourcen sind kompromisslos auf die Strategieziele auszurichten. All dies ist nur durch eine strategieorientierte Führungsarbeit möglich.

Führungskräfte müssen eine Strategie nicht alleine oder per Dekret umsetzen. Change entsteht nicht auf Knopfdruck. Ein erfolgreicher Wandel ist nur durch die persönlichen Beiträge der Führungskräfte und der Mitarbeiter erzielbar. Hierzu müssen die Unternehmensvision und die strategischen Ziele auch zu einer persönlichen Vision der Mitarbeitenden werden. Die Vision einer »gemeinsam getragenen Zukunft« ist ein enormer Treiber für die Veränderungsfähigkeit. Ein Beispiel aus dem Tierreich soll die Wirkung einer gemeinsamen Fokussierung verdeutlichen: Eine einzelne Gans, die in einem Schwarm mit ihren Flügeln schlägt, bewirkt einen Auftrieb für den ihr folgenden Vogel. Dies ermöglicht es den Gänsen im Schwarm, 71 Prozent weiter zu fliegen, als wenn ein Vogel alleine unterwegs wäre. Gerade erfolgreiche Unternehmen zeichnen sich dadurch aus, dass sie in der Lage sind, diesen zielgerichteten Schub zu produzieren und auf die gesamte Belegschaft überspringen zu lassen. Die beiden Wissenschaftler haben fünf Prinzipien entwickelt, die zu einem derart »strategiefokussierten Unternehmen« (strategy focused enterprise) führen.

1. *»Mobilisieren«: Die Strategie muss operationalisiert werden*
   Die Führungskräfte müssen die strategischen Absichten in die logische Arbeitsstruktur des Unternehmens übersetzen. Nur so werden kritische Ziele, Maßnahmen und Messgrößen von den Mitarbeitenden in ihrem Alltag erkenn- und erfüllbar. Dies kann durch die Skizzierung von Strategy Maps oder die Entwicklung von Balanced Scorecards erfolgen.
2. *»Transferieren«: Die Strategie muss das gesamte Unternehmen ausrichten*
   Ein Unternehmen ist ein komplexes Gebilde mit verschiedenen organisatorischen Einheiten, die nach ihren eigenen Vorgaben und Vorlieben ticken oder gar ihre eigenen »Strategien« verfolgen. Diese funktionalen »Silos« führen aus strategischer Optik ein Eigenleben. Doch wenn das Unternehmen wirklich mehr als die Summe seiner Teile sein soll, ist diese Silobildung zu vermeiden. Dies erfordert engagierte Führungsarbeit zur Orientierung an den übergeordneten Zielen. Hierin liegt ein großes Potenzial für die Schubkraft und das Ausschöpfen interner Synergien. Idealerweise bindet

das Thema Strategieausrichtung (Alignment) auch die Geschäftspartner des Unternehmens, wie Lieferanten, Händler, Joint Ventures oder Outsourcing-Partner mit ein.

3. *»Ausrichten«: Die Strategie muss jedermanns Angelegenheit werden*
Erfolgreiche Führungskräfte nutzen die vielen Ideen von allen Mitarbeitenden für mehr Geschäft oder zur Verbesserung des Ablaufs. Jeder kann einen Beitrag zur Zukunftssicherung in seinem Job leisten. Und zwar in zweierlei Hinsicht: Erstens bei der Lieferung guter Ideen und bei der Unterstützung der Umsetzung. Norton/Kaplan sprechen von der Strategie als »Everyone's Everyday Job«. Voraussetzung dafür ist aber eine verständliche und offene Kommunikation der strategischen Ziele. Strategie lässt sich nicht dirigieren, sondern bedarf der Erläuterung in gegenseitiger Kommunikation sowie in konsistentem Verhalten der Führungskräfte. Hierzu gehört Schulung ebenso, um neue Kompetenzen zu entwickeln, wie die Ausrichtung des Vergütungssystems auf die Zielerreichung.

4. *»Motivieren«: Die Strategie muss als ein permanentes Thema etabliert werden*
Die meisten Unternehmen denken und handeln in Monats- und Quartalsrhythmen. Budgets und operative Pläne dirigieren ein kurzfristiges Verhalten. Nur Kennzahlen zu interpretieren, Soll-Ist-Abweichungen festzustellen und Kurzfristaktionen abzuleiten vernachlässigt die strategische, zukunftsgestaltende Dimension. Strategie darf nicht nur einmal jährlich stattfinden. Jedes Zielerreichungsmeeting ist ohne Thematisierung der strategischen Inhalte auf einem Auge blind.

5. *»Führen«: Die Strategie muss die Führung für den Wandel bereit machen*
Die wichtigste Voraussetzung für die Umsetzung der strategischen Absichten ist die Führungsarbeit selber. Die Führung darf daher die strategischen Ziele auch im Trubel des geschäftlichen Alltags nicht aus den Augen verlieren und hat sich entsprechend zu konsistent zu verhalten.

Einschätzung

Das Strategy Alignment ist ein leistungsfähiges und praktisch bewährtes System zur Strategieumsetzung sowie des strategischen Controllings. Es ist nicht zur Formulierung innovativer Strategien geeignet. Doch es konzentriert sich auf eine zentrale Schwäche in der Strategierealisierung, nämlich dass gute strategische Absichten oft nicht den Weg in den Alltag finden. Zudem betont das System die überragende Bedeutung der Führungsarbeit für den Erfolg.

Regenerationskompetenz: Geheimnisse der Spitzenfirmen

James Collins, Ex-McKinsey-Berater, und Jerry Porras, Professor an der Stanford University, haben eine interessante mehrjährige Studie zum Thema Strategie und Erfolg lanciert.[245] Die Forscher stellten sich die Frage: »Was unterscheidet Spitzenunternehmen von sehr guten Unternehmen?« Hierzu haben sie 18 Unternehmen identifiziert, die über Jahrzehnte einen Erfolgskurs mit einer außerordentlichen Performance belegen konnten. Diese Top-Liga wurde mit den jeweils zweiten der entsprechenden Branche verglichen, also mit Unternehmen, die ebenfalls einen beachtlichen Erfolgsausweis nachwiesen. Diese Referenzfirmen waren ganz und gar nicht erfolglos im Business unterwegs, sondern bewiesen ihre große Kompetenz mit sehr guten Ergebnissen, auch über viele Jahre hinweg. Das durchschnittliche Gründungsdatum der untersuchten Unternehmen war 1897. Seit diesem Stichjahr untersuchten die beiden Forscher die Gilde der Topunternehmen in einer Langzeitperformancestudie über rund 100 Jahre hinweg.

Die 18 »Besten der Besten« aus der Collins/Porras-Studie bezeichneten die Forscher als »visionäre Unternehmen«. Visionäre Firmen sind Branchenführer und in ihren Geschäftsergebnissen Top-Performer. Die Konkurrenz richtet sich in ihrem Verhalten auf diese Spitzenreiter aus. Sie dienen oft als Vorbilder für Best Practice oder Benchmarking (Abbildung 61). Hätte man 1926 einen US-Dollar in die Gruppe der visionären Unternehmen investiert, wären daraus Ende 1990 6556 US-Dollar geworden. Ein Investment in den Dow Jones hätte bloße 455 US-Dollar gebracht, und die Gruppe der Topreferenzen (jeweils die Zweiten der Branche) hätte nur 955 US-Dollar erzielt. Die visionären Unternehmen waren also in ihrer Return-on-Investment-Performance gewaltige 665 Prozent leistungsfähiger als die »visionsärmeren« Unternehmen und sogar stattliche 1530 Prozent erfolgreicher als der allgemeine Markt. Warum sind visionäre Unternehmen so außerordentlich erfolgreich?

Visionäre Unternehmen verstehen sich nicht – wie man meinen könnte – als Produktinnovatoren, sondern als »Organisationsinnovatoren«.

- Sie setzen nicht auf eine visionäre Geschäftsspitze, sondern fördern bei ihren Führungskräften und Mitarbeitenden engagiertes Denken und Handeln, um das bestehende Geschäft gemeinsam vorwärtszutreiben. Sie bewahren, pflegen und entwickeln ihren Geschäftskern immer innovativ weiter.
- Zugleich stimulieren sie auch ihren Fortschritt, indem sie neue Spitzenleistungen durch Innovationen anstreben.
- Visionäre Firmen sind »authentisch«. Echtheit ist wichtig: Tradition und Werte haben einen hohen Stellenwert.
- Ihre Strategie ist nicht von einzelnen Führungskräften abhängig, sondern sie versuchen, möglichst viele Führungskräfte von ihren langfristig orientierten Zielen zu begeistern.

- Visionäre Unternehmen empfinden sich als »elitär«. Ihren Vorsprung sichern sie sich durch ein hohes Engagement im Bereich der Weiterbildung und Mitarbeiterförderung.
- Ihre Zielsetzungen stecken sie anspruchsvoll und hoch.
- Sie schaffen aber immer wieder auch Freiräume für Experimente, um Neues auszuprobieren.
- Die Führungsinstrumente integrieren sie zu einem Ganzen, das heißt, sie koordinieren Strategien, Planungen, Programme, Projekte, aber auch Werte.
- Sie konzentrieren sich auch auf (scheinbare) aber relevante Kleinigkeiten.

Abbildung 61: Spitzenunternehmen und ihre Erfolgslogik

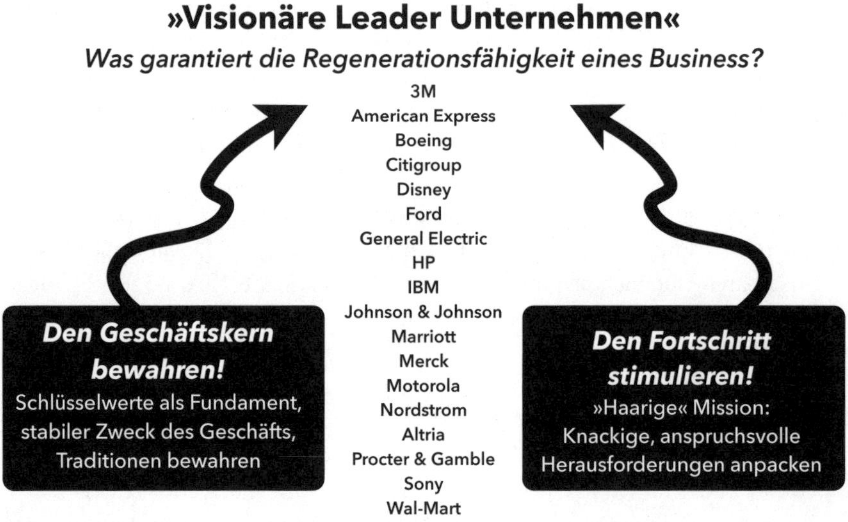

»Visionäre Leader Unternehmen«
Was garantiert die Regenerationsfähigkeit eines Business?

3M
American Express
Boeing
Citigroup
Disney
Ford
General Electric
HP
IBM
Johnson & Johnson
Marriott
Merck
Motorola
Nordstrom
Altria
Procter & Gamble
Sony
Wal-Mart

Den Geschäftskern bewahren!
Schlüsselwerte als Fundament, stabiler Zweck des Geschäfts, Traditionen bewahren

Den Fortschritt stimulieren!
»Haarige« Mission: Knackige, anspruchsvolle Herausforderungen anpacken

Den beiden Forschern fiel auf, dass diese Firmen ihren Zweck nicht darin sahen, den Shareholder Value (Aktionärsvermögen) immer weiter zu vergrößern, sondern strategische Ziele setzten, die man als »längerfristige Geschäftspositionierung« bezeichnen kann. Ganz im Gegensatz zur klassischen Doktrin der Business Schools ist für diese Spitzenfirmen nicht die Gewinnmaximierung das oberste Ziel ihres Handelns sondern ihre Langfristentwicklung. Sie fühlen sich durch und durch von ihrer Geschäftsidee beseelt. Diese Businessidee motiviert Führungskräfte und Mitarbeitende nachhaltig, setzt kreative und inspirierende Kräfte frei und schafft ein Gefühl, sich für etwas Sinnvolles einzusetzen. Eine finanzielle Zielsetzung könnte eine derart motivierende Breitenwirkung nie entfalten. Doch die Geschäftsideologie regt nicht nur an, sie schafft auch Schub für die Gestaltung der Zukunft. Die Unternehmen der Top-Liga bewahren ihre ideologischen Kernwerte und stimulieren gleichzeitig ihre zukünftige Entwicklung. Daraus leiten Collins und Porras drei strategischen Gestaltungsprinzipien ab:

1. *Unternehmensidee vor Produktidee (Motto: Clock building, not time telling)*
   Nicht das Erbringen der Leistung soll im Zentrum stehen, sondern das Etablieren eines stabilen, robusten Systems zur Leistungserstellung. Mitarbeitende und Führungskräfte sind eher an einer das Alltagsbusiness überragenden Geschäftsidee orientiert als an den einzelnen Produktideen selber.
2. *Wider die Tyrannei des Entweder-oder (Motto: No tyranny of the »or«)*
   Die Topunternehmen sind bestrebt, widersprüchliche Zielsetzungen unter einen Hut zu bringen. Sie setzen auf Kostensenkung, Qualitätssteigerung und Innovation gleichzeitig. Sie folgen einem »Sowohl-als-auch«, anstatt dem »Entweder-oder«. Eine reine Lehre gibt es für sie nicht. Business muss Kompromisse eingehen und praktisch erfolgreich sein.
3. *Kernwerte statt Profitorientierung (Motto: More than profits: preserve the core, stimulate progress)*
   Die Fixierung auf den Gewinn greift für sie zu kurz. Ihre Kernideologie entfaltet umfassendere Effekte. Doch auch das krampfhafte Festhalten an einer Kernideologie wäre falsch. Die Vision muss anpassbar an neue Verhältnisse und Situationen sein, aber ohne sich selbst zu verleugnen oder zu stark zu biegen.

Um diese strategischen Gestaltungsprinzipien in die Praxis umzusetzen, bieten die beiden Autoren fünf Konzepte:

1. *Konzept des »BHAG« (BHAG = Big Hairy Audacious Goals)*
   Auffallend ist, dass sich die Spitzenunternehmen äußerst anspruchsvollen Zielsetzungen widmen. »BHAG« sind »große«, »haarige« und »kühne, etwas unverfrorene« Zielsetzungen. Sie streben nach oft verwegenen, riskanten, gewagten Zielen. Derartige Zielsetzungen sind von Leidenschaft, Gefühl und Überzeugung geprägt. Sie beleben die Vorstellungskraft der Mitarbeiter und sind daher oft einfacher fassbar als gewöhnliche technisch-abstrakte Zielsetzungen der Geschäftsleitungen. So verfolgte z.B. Nike in den 60ern das Ziel »Crush Adidas«, Honda in den 70er Jahren »Yamaha Wo Tsubusu«, was übersetzt heißt »Wir zermalmen, quetschen und schlachten Yamaha«, oder die Stanford-Universität in den 1940er Jahren »Wir werden die Harvard-Universität des Westens«.
2. *Konzept der »Kult-Kultur« (cult-like cultures)*
   Unternehmen müssen ihre Kultur beachten und pflegen. Google ist ein aktuelles Beispiel für ein Unternehmen, welches mittels Architektur, Einrich-

tung, Führungsprinzipien, Arbeitsstil und Personalwahl seine kulturelle Geschäftsdimension aufwändig pflegt.
3. *Konzept der »Ideenumwälzung« (Try a lot of stuff, keep what works)*
Mehr Ideen sind besser als wenige. Diese Ideen- und Meinungsvielfalt gilt es zu fördern und vor allem auch zuzulassen. So werden neue Ideen auch gehört und in Entscheidungsprozessen einbezogen.
4. *Konzept der »Führung von innen« (home-grown management)*
Unternehmen sollten ihre Führungscrew von innen entwickeln und nur in seltenen Fällen Top-Positionen von außen besetzen. Nur so kann sich eine produktive längerfristige Ideologie (die aber auch zum Wandel fähig sein muss) entwickeln.
5. *Konzept der »kontinuierlichen Verbesserung« (Good enough never is)*
Ganz im Sinne der asiatischen Orientierung auf die kontinuierliche Verbesserung existiert ein »gut« für Spitzenunternehmen nicht, sondern immer nur ein »besser«.

Auch wenn sich die Strategien und Taktiken der Spitzenunternehmen immer wieder den Notwendigkeiten des Marktes, der Kunden oder der Wettbewerber anpassen, pflegen sie ihr Wertesystem. Diese überdauernden Prinzipien sind vor allem für die Führungskräfte und Mitarbeitenden ein Fixstern in Zeiten hoher Veränderungsdynamik. Derartige Unternehmen sind »built to last«, das heißt, sie bauen Grundstrukturen, die den Wogen der Veränderung im Business standhalten. Konzentriert sich ein Unternehmen nur auf Aktionen wie Kostensenkung, Restrukturierung und kurzfristige Gewinnmaximierung, so ist auch die Einstellung der Mitarbeitenden dem Unternehmen gegenüber eine völlig andere.

Konträr anders funktionieren Start-ups oder viele internetbasierte Unternehmen, die von Anfang an auf Strukturen, Prozesse und Systeme bauen, die man als »Wegwerforganisation« mit »Wegwerfstrategien« bezeichnen kann. Diese Unternehmen sind in der Sprache von James Collins »built to flip«, also nur für den jetzigen Moment gebaut.[246] Sie haben eine Aufgabe wie den Start-up zu erfüllen, sind nur Mittel zum Zweck und werden nach Erledigung rekonfiguriert.

Damit wird deutlich, dass eine clevere Strategie für nachhaltigen Erfolg zwar notwendig, aber nicht hinreichend ist. Die Strategie muss von den Führungskräften und Mitarbeitenden mit Engagement getragen und immer wieder gepflegt werden. Erfolg oder Misserfolg ist von vielen Faktoren abhängig. Die größten strategischen Fehler sind aber keine Folge davon, dass das Management strategisch relevante Entwicklungen und Chancen im Markt oder im weiteren Umfeld verpasst. Das Hauptproblem ist, dass die Führungscrew kulturellen Aspekten und »ideologischen Themen« zu wenig Beachtung schenkt.

Strategiekritik: Warum Strategie schlecht funktioniert, aber notwendig ist

> *Die Fähigkeit, schneller als die Konkurrenz zu lernen, ist vielleicht der einzig wirkliche Wettbewerbsvorteil der Zukunft.*
> Arie de Geus

Strategie im Alltag: Zwischen Lust und Frust

Das amerikanische Businessmagazin *Fortune* berichtet, dass nur etwa 10 Prozent der Strategien erfolgreich von Unternehmen in der Geschäftspraxis umgesetzt werden.[247] Dies ist überraschend wenig. Der durch seine provokanten Thesen bekannte Managementberater Tom Peters bemerkt hierzu lakonisch, dass die Einschätzung des Fortune Magazins sogar »enorm überrissen« sei. Dies wirft ein Licht auf den Zustand des heute praktizierten strategischen Managements.

Viele stürzen sich mit großer Freude, ja sogar Euphorie in das Thema, sind aber dann von seinen Resultaten enttäuscht. Die strategische Planung büßte in manch einem Unternehmen viel von ihrem strahlenden Image als der »Schlüssel für bahnbrechenden Erfolg« ein.

Eigentlich erstaunt dies nicht, wenn man sich vor Augen führt, wie »wolkenartig« der Begriff der »Strategie« definiert wird. Wir wissen zwar intuitiv, was eine Strategie ist, doch »griffig« fassen lässt sich die Idee nur schlecht. Jeder Autor hat hierfür seine eigene Definition zur Hand. Auch die Wissenschaft und die professionelle Beratung haben uneinheitliche Vorstellungen. Wenn man das Gebiet genauer durchforstet, so entdeckt man, dass man für viele strategische Empfehlungen im Nu ein Gegenrezept findet. Hier stellt sich nun die Frage: Wieso kommen wir im Business doch nicht ohne Strategien aus?

Management heißt, heute Entscheidungen für die Zukunft zu treffen. Der Job des Managers lässt ihm keine andere Wahl, als die Zukunft seines Geschäftsumfelds zu antizipieren, sich zu überlegen, mit welchen Angeboten er seine Kunden faszinieren könnte, wie er die oft widersprüchlichen Interessen verschiedener Gruppen ausbalanciert und wie er seinen Mix aus kurz- und langfristigen Zielen optimiert. Hierbei hilft ihm die Strategie, da sie seinem Denken und Handeln Richtung gibt, Sinn schafft und die Absichten konkretisiert.

Strategisches Denken führt dazu, dass die eigenen Fähigkeiten und Stärken erkannt, attraktive Chancen und potenzielle Risiken abgeschätzt und Handlungsalternativen beurteilt werden. All dies verbessert den Entscheidungs- und Lernprozess. Die einzige Alternative hierzu ist ein »Sich-Durchwursteln«.

Geschäftsparadigma: Den wahren Gegner erkennen

Nicht die aggressive Konkurrenz stellt die größte Hürde für eine attraktive Strategie dar. Es ist auch nicht der Staat mit seiner unattraktiven Steuer- und Standortpolitik oder den immer schwerfälligeren Bürokratieanforderungen. Den wahren Gegner einer Strategie tragen wir unseren Köpfen herum. Es ist unser »Paradigma«.

Der Wissenschaftstheoretiker Thomas Samuel Kuhn versteht unter einem »Paradigma« ein vorherrschendes Denkmuster, welches das Handeln lenkt.[248] Dieses bestimmt die Art der Fragen, die zugelassen werden, wie Sachverhalte definiert und Ereignisse interpretiert werden. In der Praxis spricht man auch von Betriebsblindheit. Die Managementlehre verwendet hierfür den Begriff der »dominanten Geschäftslogik«, die das Denken in gewohnte Bahnen lenkt und Ereignisse in bekannten Mustern erscheinen lassen. Diese dominanten Denkmuster führen zu dominanten Handlungsmustern. Wie kommt es dazu? Menschen streben nach Konsens und Harmonie in der Gemeinschaft, um Konflikte zu vermeiden. Der Psychologe Irving Janis nennt dieses Phänomen »Groupthink« (Gruppendenken).[249] Die eigene Meinung passt sich ein gutes Stück der Gruppenmeinung an. Dies führt zu Konstellationen, bei denen die Gruppe einen Sachverhalt positiv bewertet, die einzelnen Mitglieder individuell aber zu einem umgekehrten Schluss kommen würden. Die dominante Geschäftslogik[250] und der Druck der Gruppe verkleinern somit den Spielraum des individuellen Denkens und reduzieren das Spektrum möglicher Ideen und Lösungen. Die Kreativität wird reduziert, und die Gruppe neigt dazu, bekannte, akzeptierte Entscheidungsregeln anzuwenden. Das Ergebnis dieses Prozesses ist offensichtlich: Tendenz zum Konventionellen, Tendenz zur Durchschnittslösung und Tendenz zum »Herdenverhalten«. Strategisch ist dies gefährlich.

Dominante Denkmuster finden sich überall wo Menschen zusammen sind: in der Familie, in der Projektgruppe, in Verbänden, in der Branche, in der Geschäftsleitung und im Aufsichtsrat. Charismatische Persönlichkeiten oder eine engagierte Führungscrew setzen Standards des Denkens und Verhaltens, etablieren Regeln und Routinen des »Doing Business around here«, die sich zu Dogmen für das ganze Unternehmen entfalten. Je erfolgreicher ein Unternehmen, umso tiefer setzt sich dieses Denkmuster in den Köpfen fest.

Die Lern- und Wissenschaftstheorie zeigt, dass wir uns immer wieder in unserem individuellen und sozialen Verhalten auf derartige Denk- und Handlungsmuster ausrichten. Wir nehmen überall ein Stück dieser Muster aus Familie, Freundeskreis, Verein, Unternehmen, Kirche oder aus unserer Nation mit. Erfolgreiche Regeln haben aber auch etwas Gutes: sie funktionieren meistens. Damit erleichtern sie unser Handeln im Alltag. Aber sie funktionieren eben nur meistens. Und in Zeiten hektischer Turbulenzen und gravierender Veränderungen greifen diese Rezepte weniger gut und haben weniger lange Bestand. Das Geschäftsparadigma ist eine große Hürde für die Kreation innovativer Strategien. Dieser »Gegner« in unseren eigenen Köpfen muss von Strategen erkannt werden, um Chancen für gedankliche Auswege aus dem gewohnten Muster zu finden. Denn: Strategie ist Differenzierung und nicht Konvention.

Paradigmen haben einen zusätzlichen Nachteil: Sie sind ansteckend. Neue Mitarbeiter sind oft noch nicht durch die vorherrschenden Ansichten kontaminiert. Sie denken und handeln frei nach ihrer eigenen Logik. Doch dabei ecken sie immer wieder unliebsam an, bis sie durch die soziale Anpassung zu »Normalos« werden. Erfolgreiche Unternehmer sind sich dessen bewusst. Von dem inzwischen verstorbenen Steve Jobs, dem Gründer und früheren CEO der Apple Inc., stammt das Bekenntnis: »Im Business sind Routine und Dogma meine größten Feinde.« Und die engagierte, unkonventionelle deutsche Unternehmerin Beate Uhse merkt an: »Nicht die eingespielte, harmonische Routinearbeit bringt ein Unternehmen nach vorne.«[251] Richtig. Es ist das offene, freie, radikale, selbstkritische, kreative, innovative strategische Querdenken.

Dieses Denken, welches die blinden Flecken des Gewohnten durchbricht, wird durch den Abbau von Arroganz und Herrschaftswissen ermöglicht. Hierfür sind die notwendigen Konstellationen zu schaffen, die zulassen, dass in Strategieprozessen auch die Geschäftsdogmen selbst zur Disposition stehen. Wie können derartige Konstellationen entworfen werden? Es empfiehlt sich, möglichst unterschiedliche Sichtweisen auf das strategische Themenfeld zu werfen. Bei der Gestaltung der Zukunft darf es keine Tabuzonen geben. Hierzu können Kunden, Mitarbeitende, Berater, Trendforscher, Designer, Lieferanten oder andere kritische Außenstehende für bestimmte Fragestellungen in den Strategieprozess einbezogen werden.

Stolpersteine: Hindernisse auf dem Weg zum Erfolg

Die Reise durch die Strategielandschaft hat gezeigt, dass es viele Hebel gibt, die mehr oder minder wirksam zum Erfolg führen. Doch diese Hebel eignen sich oft nur in bestimmten Unternehmens- und Marktkonstellationen. Eines steht fest: Eine generell gültige Erfolgsstrategie ist bis dato nicht gefunden. Es ist fraglich, ob es diese angesichts der immensen Komplexität des Business überhaupt existieren kann.

Das strategische Management ist keine Rezeptlehre; ganz im Gegenteil, es will zum Nachdenken animieren. Seine Ergebnisse zeigen, welche Aspekte des Geschäfts für Unternehmer und Führungskräfte für die Zukunftsgestaltung und Zukunftssicherung wichtig sind. Doch der Weg zum Erfolg ist mit vielen Stolpersteinen gepflastert.

Stolpersteine der Strategie-Entwicklung

- *Limitiertes Strategieverständnis:* Viele Führungskräfte verfügen über ein lückenhaftes Verständnis zum Thema Strategie, d.h. sie kennen die Möglichkeiten und Grenzen zu wenig. Daraus resultiert eine Überschätzung der Wirkungskraft von Strategien (»Über-Nacht-Erfolge«) und eine Unterschätzung des benötigten Aufwands zu ihrer Realisierung. Strategie wird mit »Wichtigkeit« oder »Dringlichkeit« verwechselt. Wichtige Verkaufsziele, wichtige Personalziele, wichtige Beschaffungsziele sind nicht zwingend strategisch. Sieht man sich in Unternehmen um, so scheint heute praktisch alles »strategisch« bedeutsam zu sein. Der Begriff wird inflationär gebraucht und verliert damit seinen Sinn. Strategie sucht das Übergreifende, das Ganzheitliche, nach dem springenden Punkt, dem großen Zusammenhang, dem nächsten entscheidenden, erfolgskritischen Schritt zur Zukunftsgestaltung.
- *Visionsdefizit:* Erstaunlich vielen Unternehmen fehlt eine begeisternde und differenzierende Geschäfts- oder Zukunftsvision. Vergleicht man zum Beispiel verschiedene Leitbilder oder Dokumente zur Corporate Mission miteinander, so sind viele der Aussagen beliebig austauschbar formuliert. Erst eine profilierende und inspirierende Vision verleiht dem Geschäft Profil, weist in eine gewünschte Richtung, schafft Sinn bei den Beteiligten und entfaltet eine gemeinsam getragene Zukunftsdynamik.
- *»Analysitis« oder überbordender Analyseaufwand:* Generell wird kritisiert, dass sich die Strategiearbeit zu stark auf die Analyse konzentriert. Sie kümmert sich andererseits in vielen Fällen zu wenig um die Synthese, also um das Big Picture. Es ist leichter und weniger verfänglich, Datenberge mit Verve zu analysieren, anstatt kreative, frische und zukunftssichernde Geschäftsideen zu entwerfen. Die vielen Schemen, Verfahren und Tabellen faszinieren den Nutzer. Und schon ist er vom Virus der »Analysitis« infiziert. Viel zu viele Details zerstören den Blick für das Ganze. Zudem messen viele Planer den quantitativen Hard Facts eine höhere Bedeutung zu als den weicheren Informationen, wie Meinungen, Ansichten, Vorstellungen oder

Ideen. Eine Strategie lebt aber gerade von diesen frischen Ideen und Impulsen. Strategie ist nicht nur Analyse, sondern vor allem ein schöpferischer Akt der Synthese, des Zusammenführens und Gestaltens.
- *Zielunklarheit:* Viele strategische Aussagen sind viel zu unklar, interpretationsbedürftig oder gar in einem ausufernden Prosastil formuliert. Ziele sind klar, eindeutig, knapp, nachvollziehbar und messbar (beobachtbar) zu formulieren. Ebenso sind sie durch intensive Information, Kommunikation und im Dialog zu erläutern, um Fehlinterpretationen und Missverständnisse zu vermeiden.
- *Begrenzte Strategiemitwirkung:* Nachteilig ist, dass sich in vielen Firmen nur ein auserkorenes, kleines Spitzen-Gremium mit der Zukunftsgestaltung auseinandersetzt. Impulse sind auf breiterer Basis einzuholen, um ein reichhaltiges Bild der Ausgangslage zu zeichnen und um kreative Geschäftsimpulse einzubringen. Eine breiter angelegte Strategie-Crew ist auch für die Umsetzung ein effektiver Multiplikator. Die strategischen Entscheide fällt aber nur das Top-Management, denn es trägt auch die Verantwortung.
- *Tool-Gläubigkeit:* Strategische Planer kümmern sich liebend gern um Methoden und Instrumente statt um Inhalte, Themen, Fragestellungen oder Herausforderungen. Die Methodenfixierung engt das strategische Denken ein und erhöht den Aufwand rund um den Strategieprozess. Es sind nicht die eingesetzten Methoden, welche den strategischen Erfolg garantieren, sondern die engagierte Diskussion über die Ergebnisse.

Stolpersteine der Strategie-Umsetzung

- *Mangelndes Feu Sacré:* Das Management unterlässt es, ein »Feu sacré« in Führungsmannschaft und Belegschaft zu entfachen, denn eine Strategie ist immer nur so wirksam wie das Engagement der Beteiligten. Die Führungsriege, aber auch Schlüsselarbeitskräfte und möglichst auch die weitere Belegschaft sollten die wesentlichen strategischen Ziele mittragen. Untersuchungen zeigen, dass nur rund 40 Prozent der mittleren Führungskräfte und weniger als 5 Prozent der Mitarbeiter die Vision ihres Unternehmens verstehen. Diese Identifikation mit den wichtigen Zukunftszielen erfolgt nicht automatisch, sondern nur durch engagierte Führung. Vertrauen, Information und Kommunikation sind Bausteine dazu.
- *Einbezug der existierenden Managementsysteme:* Eine weitere zentrale Aufgabe der Führung ist die Überführung einer Strategie in konkrete, erkennbare und messbare Resultate. Strategische Ziele finden ihren Sinn erst in den erzielten Ergebnissen. Dem Aspekt der Umsetzung strategischer Absichten wird in der Regel zu wenig Beachtung geschenkt. Die Formulierung von strategischen Zielen und Absichten ist wohl ein wichtiger Schritt für

den Erfolg eines Unternehmens, aber alleine nicht ausreichend. Jede Strategie bleibt ohne den Einbau in die vorhandenen Management- oder Führungssysteme Wunschdenken.
- *Ungenügende Alltagswirkung:* Eine Strategie muss ihre Wirkung im Alltag entfalten. Strategie ist in der Gegenwart relevant und nicht erst in der Zukunft. Alltagsentscheide sind im Sinne der neuen, aktuellen Strategie zu fällen. Diese Verbindlichkeit soll möglichst für alle sichtbar gemacht werden. So wird die Kursänderung und der Wandel sichtbar.
- *Mangelnde Zieleinbindung:* Strategie ist nicht nur für die oberste Management-Crew relevant, sondern soll das gesamte Unternehmen auf Kurs bringen. Dies gelingt nur, durch die Einforderung von strategischen Beiträgen von allen Bereichen, Abteilungen etc. in Form von Projekten, Initiativen, Programmen oder persönlichen Zielsetzungen.
- *Isolierte Entlohnungssysteme:* In vielen Unternehmen sind die Zielsetzungen und das Entlohnungssystem nicht mit der Strategie vernetzt. Anreize haben nur selten einen strategischen Bezug. Diese sind mit den Quartals-, Semester- oder Jahresergebnissen verknüpft anstatt mit strategischen Zielsetzungen.
- *Ressourcenzuteilung:* Auch die Ressourcenzuteilung erfolgt in den wenigsten Unternehmen strategiebezogen. Meist werden die »lautstärksten« und nicht die strategischen Bereiche vorrangig mit Ressourcen (Finanzen, Personal, Material, Zeitbudgets) bedacht.
- *Trägheit der Organisation:* Ein häufig beobachtbarer Stolperstein ist die Behäbigkeit der Organisation selbst, welche Veränderungen verunmöglicht. Sie funktioniert nach dem Prinzip: »Neue Strategie, weiter wie bisher.« Ein strategiefokussiertes Change Management gehört zu jeder erfolgreichen Strategieumsetzung. Hierzu gehört auch ein konsequentes, längerfristig orientiertes Nachhaken durch das Management.
- *Mangelhaftes Strategie-Controlling:* Wie alle Managementprozesse benötigt auch die Strategie ein Controlling, welches systematisch Fortschritte/Rückschritte erkennt. Die Kommunikation im Unternehmen ist oft zu stark auf das laufende Geschäft ausgerichtet und kaum auf strategische Fortschritte. 45 Prozent der Führungskräfte wenden keine Zeit für strategische Fragen auf. 85 Prozent setzen für strategische Themen weniger als eine Stunde pro Monat ein.[252]
- *Revisionszyklen der Strategie:* Strategiemeetings finden oft an festen Terminen im Jahr statt. Treten unerwartete Ereignisse im Markt oder durch das Verhalten der Wettbewerber auf, passt dies nicht zum gewohnten Planungszyklus. So werden wichtige, aber aktuelle Strategiethemen, wenn es sich nicht gerade um bedrohliche Ereignisse handelt, auf die geplanten Jahresmeetings verschoben. Ein derart verstandenes Planungsprozedere führt geradewegs zur »strategischen Arteriosklerose«, die keine spontanen Strategieanpassungen zulässt.

Ausblick: Zukunft der Strategie

> Our biggest risk ist not taking any risk.
> In a world that is changing really quickly,
> the only strategy that is garanteed to fail,
> is not taking risks.
> Marc Zuckerberg

Revolutionär: Echte Strategien sind radikal

Die Globalisierung, verschärfte Wettbewerbsdynamik, volatile Märkte, fordernde Kunden und die neuen Technologien prägen die Geschäftslandschaft von heute. Das renommierte *Fortune Magazin* hat führende CEOs weltweit tätiger Konzerne interviewt, um herauszufinden, welche Erfolgsregeln den Businesserfolg massgeblich bestimmen (Abbildung 62).[253] Das Heft konstatierte, dass die Ära des globalen, hoch dynamischen Wettbewerbs dringend ein Set frischer, an die hohe Dynamik angepasster Erfolgsregeln benötige.

Die Strategie-Experten Gary Hamel und C. K. Prahalad propagieren »radikale« Strategien und Innovationen, um in diesem Wettlauf um die Zukunft ganz vorne mitzuspielen. Die beiden muntern das Management dazu auf, das Business »neu zu erfinden«. Erfolg in Zeiten des Hyper-Wettbewerbs fußt auf dem gelenkten Wechselspiel von radikalem Erneuern und Zerstören. Im Buch *Das revolutionäre Unternehmen* geht Gary Hamel sogar noch einen Schritt weiter:[254] Er stellt selbst die Businesskonventionen der Branche zur Disposition. Auch Branchengrenzen sind heute nicht mehr fest vorgegeben. Sein Motto lautet: »Wer Regeln bricht, gewinnt.«

Hamel und Prahalad üben harsche Kritik am konventionell durchgeführten Strategieprozess. Dabei kritisieren sie nicht das Strategie-Konzept selbst, sondern die Strategiearbeit, wie sie in vielen Unternehmen heute immer noch praktiziert wird. An den Strategiediskussionen wird die Komplexität des Business von den Planern und Führungskräften simplifiziert, wodurch die Reichhaltigkeit der Chancen zerstört wird. Viele der strategischen Planungen sind oft nur eine Verlängerung der Vergangenheit (Extrapolation) in die Zukunft. Hinzu

Abbildung 62: Erfolgsregeln im Business in Anlehnung an Fortune Magazin

Spielregeln im Wettbewerb (gestern)	Spielregeln im Wettbewerb (heute)
„Große Hunde dominieren die Straße" - Größe ist der zentrale Erfolgsfaktor.	„Größe beißt zurück." Agilität ist der zentrale Erfolgsfaktor.
Sei Nr. 1 oder Nr. 2 in jedem Geschäft, das du betreibst.	Suche Nischen. Kreiere Nischen. Dominiere Nischen.
Massenmarkt: Dominanz durch Größe, Machtverhalten, Verdrängung der Konkurrenz	Nischenmarkt: Vorsprung durch Innovation, Nutzenstiftung beim Kunden, Kundenfokussierung
Der Shareholder Value lenkt das Managementverhalten.	Der Kunde ist der ultimative Entscheider über den Erfolg.
Sei schlank und sparsam.	Sei schlank, sparsam und achte aber auch auf die Flexibilität. Werde professionell im Wandel-Management.
Bewerte deine Führungscrew und Mitarbeitenden offen, klar und eindeutig.	Wecke die Leidenschaft in der Führungscrew und bei den Mitarbeitenden.

kommt, dass das Management viel zu stark an Geschäften der Gegenwart interessiert ist, anstatt sich für die Gestaltung des Morgen zu engagieren. Durch den Verlust der Langfristorientierung gehen attraktive Chancen verloren.

Gary Hamel empfiehlt, sich auch mal das Gegenteil der Berater-Empfehlungen zu überlegen: »Warum denn nicht umgekehrt?« Nimmt man Innovation wirklich umfassend ernst, dann sind Produkt- und Technikinnovationen nur erste Schritte. Sie bedeuten in den wenigsten Fällen einen echten Strategiewandel. Der Wettbewerb findet aber nicht nur auf der Produktebene, sondern immer mehr auf der Ebene der Geschäftsmodelle selbst statt. Wer bietet die smartesten Geschäftskonzepte? Die »Geschäftsmodellinnovation« ist die Domäne der Herausforderer, Gestalter, Marktführer und Newcomer. Ihr strategischer Ansatz ist nicht der frontale Angriff, sondern viel mehr die smarte Umgehung des Bekannten. Gerade dies macht sie auch für etablierte Unternehmen so gefährlich. Die wirklichen Themen der Strategie sind für Gary Hamel daher: »… nicht Gegenwart gegen Zukunft, sondern das orthodoxe gegen das wildes Denken.«[255]

Doch lässt sich das Thema »Strategie« wieder in Schwung bringen? Hamel propagiert einen »frischen« Ansatz, der auch besser zu den heutigen Herausforderungen der hohen Wettbewerbsdynamik und -aggressivität unserer Geschäftswelt passt:[256]

- Strategie heißt neugierig nachforschen, wie das Business, die Märkte und die Kunden heute »ticken«. Hierbei sind Trendbrüche interessanter als Entwicklungen.
- Strategie heißt nicht, das gleiche Business nur intensiver fortzusetzen, sondern das Business zu expandieren.
- Strategie muss zukunftsorientiert sein, das bedeutet, die Zukunft des Geschäfts ist zu gestalten und zu sichern.
- Strategie und Innovation sind eng miteinander zu verweben und gehören zusammen. Innovation ist umfassend zu verstehen: Produkte, Services, Prozesse, Strukturen, Geschäftsmodelle.
- Strategie muss frische Perspektiven, Impulse oder Innovationen für das Business in der Zukunft entwerfen.
- Strategie muss offen für Überraschungen und Veränderungen sein.
- Strategie sollte in Kernkompetenzen denken und weniger in aktuellen Geschäften.
- Strategie heißt zugleich »Schöpfung« und »Revolution«.

Gary Hamel schlägt drei innovative Pfade vor, um Strategien radikaler und revolutionärer zu entwerfen. Beim ersten Pfad fokussiert er die Grenzen des Angebots, beim zweiten auf die Grenzen des Marktes und beim dritten auf Grenzen der Branche.

1. *»Sprengen der Produktgrenzen«*
Hierzu sind folgende Fragen zu stellen: Wie kann das Leistungsangebot radikal aufgewertet werden? Welche Produkte und Services wären für den Kunden revolutionär? Was wäre ein echter Fortschritt für den Kunden? Wie können unsere Produkt-/Service-Grenzen überschritten werden? Hier bietet sich zum Beispiel die Nutzung einer neuen, innovativen Technologie an, durch die das Angebot entweder massiv leistungsfähiger oder für den Kunden massiv preisgünstiger wird.
2. *»Sprengen der Marktgrenzen«*
Hierzu sind folgende Fragen zu stellen: Wie können neue Märkte erobert werden? Wie kann die Zielgruppendefinition erneuert werden, um das Marktpotenzial auszuweiten? Lassen sich einzelne Zielgruppen zusammenfügen, um attraktive Märkte für unsere Leistungen zu entwickeln?
3. *»Sprengen der Branchengrenzen«*
Hierzu sind folgende Fragen zu stellen: Wie kann das Gesamtangebot radikal aufgewertet werden, indem die konventionellen Branchengrenzen über-

schritten werden? Welche Entwicklungen sind am Rand der Branche zu beobachten? Löst sich unsere Branche auf? In welche Richtung entwickelt sie sich? Betrachtet man die Wertschöpfungsketten branchennaher Firmen, lassen sich durch eine Re-Kombination einzelner Komponenten attraktive Geschäftsmodelle entwerfen.

Abbildung 63: Pfad der revolutionären Strategieentwicklung

Strategie als »revolutionärer Akt«

Warum muss eigentlich alles wie immer sein?
Was gilt im eigenen Business als feste Tradition? Muss es das so sein?
Was würden Mitglieder des Unternehmens »nie« ändern? Ist das nötig?

Warum nicht anders als andere?
Welche Regeln herrschen in unserer Branche vor? Warum sind diese sinnvoll?
Was würden Branchenvertreter »nie« ändern? Was könnten wir ändern?

Ergeben sich Geschäftschancen aus »Neuem«?
Gibt es neue Technologien? Gibt es neue Kundenverhaltensweisen?
Treten neue Wettbewerber auf? Öffnen sich neue Märkte?

Ergeben sich Geschäftschancen aus »Kernkompetenzen«?
Auf welchen besonderen Fähigkeiten und Ressourcen fusst unser Geschäft?
Welche Geschäfte könnte man damit auch noch (potenziell) angehen?

Ergeben sich Geschäftschancen aus »Dehnung«?
Welche nahe liegenden Branchen tangieren unser Geschäft?
Wie könnte die eigene Wertschöpfung effizienter gestaltet, erweitert oder durch Vernetzung von neuen Aktivitäten erhöht werden?

Das Management, welches als Erstes die Tür zur Zukunft aufstößt, bestimmt die Regeln, nach denen dann auch die Konkurrenz spielen muss (Beispiel: Nestlé mit Nespresso-System; Abbildung 63). Wer Regeln bricht, gewinnt.

»Schau in irgendeine Branche, und du entdeckst drei Arten von Unternehmen. Es gibt diejenigen, welche die Regeln entwerfen (rule makers). Dies sind die Herausforderer, welche die Branche begründen. [...] Dann folgen diejenigen, welche nach diesen Regeln spielen (rule takers). Es sind die Unternehmen, die den Industrie-Lords ihre Ehre erweisen. [...] Und dann gibt es diejenigen, welche die Regeln neu schreiben. Dies sind die Regelbrecher (rule breakers). Sie kümmern sich weder um Konventionen, noch haben sie Respekt für das Bestehende. Sie werfen die industrielle Ordnung über den Haufen. Dies sind die Unerzogenen, die Radikalen, die Branchenrevolutionäre.«[257]

Aktivisten statt Verwalter: Das Ende der Regentänze

Viele der Planungs- und Strategie-Events, die in Unternehmen alljährlich stattfinden, sind mit einem Regentanz der Eingeborenen während der Trockenzeit vergleichbar.[258] Sie sind zu einem Ritual verkommen. Jeder Regen, der später einmal fallen wird, belegt dann natürlich die Wirkung des perfekten Tanzens und rechtfertigt das engagierte Weitertanzen. Doch Tanzen und Wetter sind voneinander unabhängige Ereignisse. Praktiker sollten nicht das Tanzen perfektionieren wollen, sondern sich um ein möglichst realitätsnahes Verständnis der komplexen Wetter-Zusammenhänge kümmern. Auch die Beratergilde kümmert sich mit großem Einsatz um eine beeindruckende Tanzakrobatik, um ihre Rolle als Tanzlehrer zu festigen.

Gary Hamel und C. K. Prahalad empfehlen in *Wettlauf um die Zukunft*, dass Führungskräfte sich weniger um ihre jährlichen Strategierituale kümmern sollten.[259] Mehr Aufmerksamkeit und Engagement ist dem strategischen Denken (strategizing) entgegenzubringen. Der Strategieexperte Gary Hamel hat diese Idee weiterentwickelt. Eine neue Strategie sollte zumindest eine »radikale Geschäftsinnovation« beinhalten. Das bedeutet, auch kritische Themen, Unkonventionelles, Tabus und Radikales müssen auf den Tisch. Um dem Strategischen selbst wieder mehr Gewicht zu geben, hat Gary Hamel zehn Prinzipien für ein neueres, radikaleres Strategieverständnis entwickelt.[260] Diese präsentieren sich in Anlehnung an seine Ausführungen folgendermaßen:

1. *Strategien müssen wieder »strategisch« sein.*
Strategieprozesse dürfen nicht routinehaft abgewickelt und formuliert werden. Strategien müssen sich vor allem mit dem Neuen, Unerwarteten, Überraschenden und Veränderten auseinandersetzen.
2. *Strategien müssen subversiv sein.*
Strategisches Denken soll auch an den Grundfesten des heutigen Business rütteln. Strategien müssen einen echten Fortschritt für das Unternehmen und seine Geschäfte bringen.
3. *Erfahrung ist ein schlechter Ratgeber für die Zukunft.*
Erfolgreiche Erfahrungen sind für die Zukunftsgestaltung gefährlich. Sie führen dazu, dass man sich ihrer wieder bedient. Was gestern noch als erfolgreich galt, kann strategisch morgen schon obsolet sein. Vor allem langgediente Führungskräfte auf den oberen Hierarchieetagen verteidigen gerne vehement die heute existierende Ordnung. Warum eigentlich? Was einst seine Richtigkeit hatte, muss morgen nicht wieder gültig sein. Wandel ist keine Schuldzuweisung an die Vergangenheit.
4. *Revolutionäre und Aktivisten sind gesucht.*
Wer frisches Denken in den Strategieprozess einbringen will, sollte auf der

Suche nach Querdenkern, Nonkonformisten, Impulsgebern, Aktivisten und Visionären sein. In jedem Unternehmen finden sich derartige engagierte Personen, die sich für Wandel, Erneuerung und Umbruch einsetzen.

5. *Die Beteiligung der Betroffenen ist anzustreben.*
Immer wieder hört man, dass Individuen den Wandel scheuen. Dem ist nicht so. Sie möchten nur verstehen, wohin die strategische Reise in die Zukunft gehen soll, warum Veränderungen gerade jetzt notwendig sind und welchen Beitrag sie zur Veränderung leisten können. Kommunikation zu strategischen Themen ist ein Wesensmerkmal erfolgreicher Strategie-umsetzung. Daher gilt: Informieren, erläutern und begründen.

6. *Die Strategieentwicklung ist zu demokratisieren.*
Strategien sollten nicht durch einen kleinen professionellen, elitären Zirkel entwickelt werden. Je mehr Ideen und Impulse zusammenkommen, umso fruchtbarer und reichhaltiger wird die Strategieentwicklung. Die Entscheidungen zu strategischen Stossrichtungen bleiben trotzdem in den Händen der dafür Verantwortlichen.

7. *Multiplikatoren sind gesucht.*
Nicht nur die oberste Geschäftsleitung hat sich um die Realisierung von Strategien zu kümmern. Dies ist zentrale Aufgabe jeder einzelnen Führungskraft. Jeder hat sich um die Zukunftsgestaltung und Zukunftssicherung seines Verantwortungsbereichs im Sinne der strategischen Ziele zu kümmern. Auch die Mitarbeiter sollten wichtige strategische Absichten kennen, um im Geschäftsalltag strategiekonform zu agieren.

8. *Vielfalt ist »Gold«.*
Innovation entsteht durch eine neue Sicht des Bekannten. Daher sind die Perspektiven immer wieder zu wechseln: Kundenperspektive, Kostenperspektive, Effizienzperspektive, Technologie-Perspektive Wettbewerberperspektive etc.

9. *Die Strategieentwicklung hat »top down« und »bottom up« zu erfolgen.*
Sowohl von oben nach unten als auch von unten nach oben sollten die Situationsbeurteilungen und strategischen Ideen fließen.

10. *Das Ende kann nicht der Ausgangspunkt sein.*
Es kann nicht von Anfang an klar sein, welche strategischen Lösungen gefunden werden. Verfolgt man dasselbe wie vorher, so ist eine Strategie nicht vonnöten. Die strategischen Ergebnisse müssen auch nicht allen Führungskräften passen, sondern haben nur den einzigen Zweck, das Business vorwärtszubringen.

Die beiden McKinsey-Berater Lowell L. Bryan und Claudia I. Joyce bemerken in ihrem Buch, dass die Unternehmenszukunft in erster Linie durch eine »Mobilisierung der Köpfe« beginnt.[261] Die bessere Geschäftsidee schlägt die gute.

Erfolg im Wettbewerb wird zu einem »Brain Game«, einem Spiel um das cleverere Geschäftskonzept. Um aus einem normalen Geschäft ein »Smart Business« zu machen, kann das strategische Management einen nachhaltigen Beitrag leisten. Ideen, Vorschläge, Erkenntnisse und Impulse bietet es hierzu viele. Fertige Rezepte aber nur wenige.

Abschließend sei hier nochmals betont, dass der Businesserfolg (fast immer) eintrifft, wenn es dem Management gelingt, nicht nur durch den Einbezug engagierter Köpfe eine smarte Strategie zu entwerfen sondern zudem die Hände und Herzen der Mitarbeitenden zu mobilisieren.

Strategie-Check: Zukunftsthemen finden

*Der wahre Gegner im Wettbewerb
sitzt im eigenen Kopf.*
Ralph Scheuss

Was bietet der Strategie-Check?

Ein themenfokussiertes strategisches Denken und Handeln ist wichtig in einer Zeit des globalen Hyper-Wettbewerbs, da es ganzheitlich nach Chancen und Risiken sucht. Gerade in einem turbulenten Umfeld, in dem mit Hochdruck an der Abwicklung des Tagesgeschäfts gearbeitet wird, verwischen sich allzu rasch strategische Fragestellungen, oder komplexe Themen werden durch den Alltagsstress vor sich hergeschoben.

Der vorliegende Strategie-Check ist ein praktischer Wegweiser durch das Dickicht des modernen strategischen Managements. Er hilft, die für das eigene Business relevanten Schlüsselthemen für Vorsprung, Innovation und Wachstum zu identifizieren. Zudem gewährleistet er den Überblick, thematisiert die zukunftsrelevanten Themen und gibt Richtung für die Entwicklung einer strategischen Perspektive. Der Strategie-Check klopft systematisch alle Strategiefelder in Bezug auf Aktualität und Relevanz für die eigene spezifische Geschäftssituation ab. Er funktioniert als Themen-Selektor für strategisch wichtige Fragen. So steuert er dann in der Folge auch die Daten- und Faktensammlung, identifiziert die notwendigen Analysefelder und gestaltet die Diskussions- und Entscheidungsagenda für die Strategie-Crew mit.

Wie setzt man den Strategie-Check ein?

Im Aufbau lehnt sich der Strategie-Check an die Strategie-Palette und damit auch an die Struktur des vorliegenden Buches an (Abbildung 64).

Abbildung 64: Themenfelder für den Strategie-Check

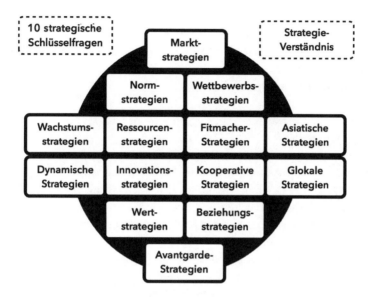

Die folgenden Regeln sind für die Realisierung eines Strategie-Checks in der Praxis zu beachten:

- Der Strategie-Check ist vor dem eigentlichen Strategiemeeting durchzuführen. Sein Zweck ist es, die relevanten strategischen Diskussionsthemen (Zukunftsthemen) für das eigene Business zu identifizieren.
- Diese Zukunftsthemen bestimmen die strategisch relevanten Fragen, die zu beantworten sind. Dies ist ein nicht unerheblicher, wichtiger Schritt im Rahmen der Strategiearbeit, denn wer die falschen Fragen stellt, wird kaum die richtigen Antworten durch den Strategieprozess erhalten.
- Die Ergebnisse des Strategie-Checks bestimmen anschließend wesentlich die Strategie-Agenda des Strategieentwicklungsprozesses mit. Die Agenda der Strategiearbeit ergibt sich einerseits aufgrund der aktuellen, konkret anstehenden Herausforderungen sowie andererseits aus den selektierten Themen des Strategie-Checks. Hierbei setzt der Strategie-Check bewusst einen Kontrapunkt zur gewohnten Routine und zur Kurzfristorientierung am Tagesgeschäft der Führung. Dieser vorgelagerte Schritt balanciert die Optik zwischen akut Aktuellem und längerfristig Relevantem, zwischen Dringlichem und Wichtigem, zwischen Notwendigem und Möglichem.

- Die Ergebnisse dieser Vorprüfung bestimmen auch die Suche nach Daten, Trends, Informationen und Analysen. Bis zum Strategiemeeting ist die Informations- und Datenbasis anhand der identifizierten Schlüsselthemen aufzuarbeiten.
- Wichtig für den Strategie-Check und die Strategiearbeit ist es, sich nicht in Details zu verheddern. Strategie sucht das »Big-Picture«. Daten, Analysen, Ideen und Interpretationen sind zu einem ganzheitlichen Bild zu verweben. Strategien sind Antworten auf derartige herausfordernde, ganzheitlich betrachtete Konstellationen.

Der vorliegende »Strategie-Check« kann in der Praxis in zwei Varianten durchgeführt werden:

- *Strategie-Check für die Bestimmung der Inhalte der Strategie-Agenda*
  Der Strategie-Check kann sowohl als Leitfaden wie auch als Fragenkatalog für das strategische Arbeiten eingesetzt werden. Der Leitfaden führt den Strategen systematisch zu den wichtigen strategischen Themenbereichen. Die dazu vertiefenden Fragen sollen die strategischen Diskussionen anregen. Der Strategie-Check konkretisiert die Themenagenda des Strategieprozesses.
- *Strategie-Check für ein professionelles Strategic Issues Management*
  Strategic Issues sind für den zukünftigen Erfolg kritische Schlüsselthemen oder für das Business zentrale strategische Herausforderungen. Das Identifizieren der richtigen Schlüsselthemen ist einer der wichtigen Schritte des strategischen Denkens und Arbeitens überhaupt: »Welches sind die wichtigsten und dringenden Fragen, vor denen das Business heute und in absehbarer Zukunft steht?« Denn nur wer die richtigen Fragen beantwortet, erhöht mit den Antworten seine Chancen auf Erfolg. Hier empfiehlt sich ein Vorgehen in fünf Schritten:

1. Verteilen Sie den Strategie-Check als Dokument vor der Strategietagung an alle Mitglieder des Strategieteams.
2. Die Mitglieder sollen *nicht* die einzelnen Fragen konkret beantworten, sondern nur die besonders wichtigen Fragestellungen für die jetzige Geschäftssituation aus ihrer persönlichen Sicht identifizieren und »highlighten«.
3. Anschließend sind die Dokumente über alle Mitglieder hinweg auszuwerten und zentralen Fragestellungen (= Mehrfachnennungen) konkret zu sammeln.
4. Diese Strategic Issues oder strategisch relevanten Zukunftsthemen gehören dann auf die zu diskutierende, abzuarbeitende Agenda für die Strategiemeetings.

5. Insbesondere für diese Schlüsselthemen sind vor dem eigentlichen Strategiemeeting im Anschluss auch entsprechende Daten, Fakten oder Trends zu sammeln, um die Konstellation und die Businesssituation professionell beurteilen zu können.

Check I: 10 Strategische Schlüsselfragen

Der Strategie-Check der »10 strategischen Schlüsselfragen ist ein Test, der eine bereits vorliegende Strategie in Bezug auf ihre Erfolgschancen bewertet. Zu jeder Fragestellung existiert aber kein Richtig oder Falsch. Und am Ende gibt es weder ein Gut noch Schlecht und schon gar keine Punktzahl. Standardisierte Testresultate kann es hier per se nicht geben, denn sonst wäre das strategische Management gar eine einfache Sache und jeder Firmenchef wäre ein Super-Gewinner im Wettbewerb. Dieser Check verfolgt einen anderen Zweck.

Wissenschaft und Erfahrung lehren, dass es robuste Qualitätsindikatoren für gute strategische Führungsarbeit gibt.[262] An diesen muss sich jede Strategie messen lassen. Strategie ist in erster Line zukunftsfokussiertes, resultatorientiertes Denken und konsequentes, fokussiertes Handeln. Die folgenden Testfragen wollen den strategischen Dialog in der Führungs- und Strategie-Crew anregen und auf strategisch wesentliche Themen fokussieren. Daher eignet sich dieser Kurz-Check ideal für Meetings zur Strategy-Review.

Die folgenden zehn Schlüsselfragen dienen als Diskussionsimpulse für den strategischen Dialog:

1. *Bringt unsere Strategie merkliche, beobachtbare Fortschritte?*
   Ganz im Sinne von Winston Churchills Bonmot: »Egal wie elegant die Strategie, man sollte sich von Zeit zu Zeit mal um ihre Resultate kümmern.« Greift die Strategie? Zeigt sie Veränderungen in die gewünschte Richtung? Ist Bewegung erkennbar? Welche Fortschritte sind im Markt und unternehmensintern erkennbar? Was haben wir erwartet und was haben wir erreicht? Wo sind wir auf Kurs, wo nicht? Warum?
2. *Lässt sich die Strategie in den Führungssystemen (Managementsystemen) erkennen?*
   Wurde die Strategie in Zielsetzungen, Massnahmenpakte (Projekte, Aktionen, Initiativen, Programme, Abteilungs- und Bereichsziele) übersetzt? Wird mit diesen Managementsystemen geführt und gearbeitet? Sind die individuellen Zielsetzungen der Führungskräfte und Schlüsselmitarbeitenden strategieorientiert vereinbart? Werden die Strategievorgaben auf breiter Basis akzeptiert? Werden Fortschritte periodisch erfasst und kommuniziert?

3. *Reduzieren wir mit der Strategie die Komplexität des Geschäfts?*
Unternehmen werden im Zeitablauf immer schwerfälliger. Vereinfachen wir unternehmensseitig: Strukturen, Prozesse, Systeme, Mitarbeiterkommunikation? Vereinfachen wir marktseitig: Kundenbeziehungen, Kaufprozesse, Marktauftritt, Profilierung, Angebotsprozesse, Neukundengewinnung, Marktkommunikation, Angebotspalette, Serviceangebote?
4. *Stärkt die Strategie unsere Kundenorientierung?*
Wird das Geschäft mit den bestehenden Kunden ausgebaut? Werden Neukunden mit der Strategie hinzugewonnen? Werden margenattraktive Kunden besonders gepflegt? Wird das Geschäft mit den besonders zufriedenen Kunden ausgebaut? Werden unzufriedene Kunden besonders gepflegt? Werden abgesprungene Kunden zurückgewonnen? Wird die Kundenzufriedenheit merklich gesteigert? Wird der Nutzen der Angebote für die Kunden erhöht (Nutzeninnovationen)?
5. *Werden die Ressourcen strategiebezogen zugeteilt?*
Werden Personal, Material, Finanzmittel etc. anhand der strategischen Prioritäten zugewiesen, umverteilt oder abgezogen?
6. *Differenziert die Strategie uns vom Wettbewerb, seinen Angeboten und seinem Verhalten prägnant?*
Auf welche Wettbewerbsvorteile setzen wir? Woran erkennen die Kunden unsere Vorteile gegenüber alternativen Anbietern? Differenziert die Strategie gegenüber anderen Wettbewerbern klar und erkennbar? Was bieten wir speziell, einzigartig oder besonders? Stärkt die Strategie unsere Position im Wettbewerb? Wer überholt wen im Wettbewerb? Warum?
7. *Setzt unsere Strategie auf Innovation?*
Nur Innovation bringt Fortschritt. Machen wir innovative Fortschritte in den folgenden Themen: Neue Produkte? Neue Services? Neue Angebote? Neue Prozesse? Neue Strukturen? Neue Geschäftsmodelle? Hat unsere Innovationdynamik zu- oder abgenommen? Ist die Innovationsrate (Anteil am Umsatz) des Unternehmens zu niedrig, grad richtig oder zu hoch?
8. *Stärkt die Strategie die Agilität unseres Geschäfts/Unternehmens?*
Fokussiert sich die Strategie auf die Themen: schneller, einfacher, günstiger, flexibler, zuverlässiger? Sind Flexibilitätsfortschritte erkennbar?
9. *Entwickeln sich unsere Fähigkeiten (Wissen, Skills) im Gleichschritt mit der strategischen Entwicklung weiter?*
Sind das Talent-Management und die Human Resources auf die strategischen Herausforderungen ausgerichtet? Welche Knowhow-Fortschritte wurden erzielt? Welche neuen Talente wurden gewonnen? Wissen wir, welches Know-how wir in naher Zukunft brauchen bzw. nicht mehr brauchen?

10. *Verbessert die Strategie unsere Margen?*
Sinken die Kosten mindestens im Gleichschritt mit unseren Konkurrenten? Können wir den Kunden attraktive Preismodelle bieten? Verdienen wir mit allen unseren Produkten und Services Geld? In welchen Bereichen können wir unsere Preisvorstellungen durchsetzen, wo nicht? Warum?

Check II: Strategie-Verständnis

Klären Sie vor der eigentlichen Strategiearbeit das Strategie-Verständnis der Mitglieder des Strategieteams. Es ist eine nicht unerhebliche Voraussetzung für jede wirkungsvolle Strategiearbeit, dass ein minimaler Konsens in der Führungscrew herrscht. Zu beachten ist, dass die Vorstellung zu Strategie nicht »lehrbuchmäßig richtig« zu sein haben. Doch ein Konsens muss darüber gefunden werden, welchen Zweck und welche Funktionen die strategische Ausrichtung im Unternehmen für Führungskräfte und Mitarbeitende zu erfüllen haben.

- Strategieverständnis: Was verstehen wir in unserem Haus unter »Strategie«? Stellen Sie dem Strategie-Team die obige Fragen und achten Sie dabei auf Gemeinsamkeiten und Unterschiede in den Antworten. Entwickeln Sie im Rahmen einer Aussprache eine Unité de Doctrine zum Thema Strategie und deren Funktion im gesamten Führungsprozess: Was heißt Strategie für uns? Was heißt Strategie für uns nicht? Welche Business-Themen erachten wir als »strategisch«, welche als »operativ«? Wie spielen Strategie, Planung und Führung zur Zukunftsgestaltung und Zukunftssicherung bei uns zusammen?
- Strategieprozess: Wie organisieren wir den Strategieprozess im Jahresablauf?
Wer entscheidet über strategische Fragen, wer entwickelt strategische Antworten? Wie wirken die oberen Führungskräfte und weitere Schlüsselmitarbeitende an der Strategieentwicklung mit? Wie wird die strategische Ausrichtung kommuniziert, aktualisiert und in griffige Zielsetzungen (Ebene Bereiche, Gesellschaften, Organisationseinheiten, Schlüsselpersonen) transferiert? Wer lenkt den Strategieprozess im Unternehmen?
- Strategiecontrolling: Wie steuern wir den strategischen Fortschritt?
Wie effektiv und wie effizient ist der Steuerungsprozess? Lässt er sich wirkungsvoller und effizienter gestalten? Wie passend ist die interne und externe Informationsbasis für die Unternehmenssteuerung? Wann steht eine Strategie-Revision und ein Strategie-Update an?

- Strategisches Fenster: Welche bisherigen Strategieaussagen sind obsolet? Veraltete Strategien sind gefährlich. Alle strategischen Aussagen sollten daher mit einer Art »Verfallsdatum« (d.h. Laufzeit bis zur nächsten materiellen Überprüfung) versehen werden. Veraltete oder nicht mehr präzise formulierte Strategieaussagen müssen aktualisiert oder entrümpelt werden. Setzen Sie bei wichtigen Strategien ein Verfallsdatum, an dem das Thema zur Überprüfung aufgegriffen werden muss?
- Strategie-Aktualität: Welche strategischen Themen sind aktuell? Gibt die Strategie Antworten auf die aktuellen, absehbaren Herausforderungen? Was verändert sich im Umfeld merklich? Ergeben sich daraus neue Chancen, tauchen neue Gefahren auf? Mit welchen strategischen Fragen beschäftigt sich die Konkurrenz oder die Branche? Tauchen neue Konkurrenten (z.B. Start-ups) auf? Welche Entwicklungen finden an den Branchengrenzen statt? Wie verhalten sich andere Strategische Gruppen in unserer Branche?
- Managementsysteme: Wie leistungsfähig ist unser Führungsinstrumentarium? Um eine maximale Wirkung zu entfalten, müssen Führungsinstrumente und Steuerungsgrößen ineinandergreifen, also kompatibel sein. Trennen Sie zwischen operativem, strategischem und normativem Management? Warum macht diese Trennung in Ihrem Geschäftskontext Sinn beziehungsweise keinen Sinn? Mit welchen Führungsinstrumenten steuern Sie die Geschäftsentwicklung? Genügt dieses Führungsinstrumentarium?
- Normatives Management: Welchen Werten fühlen wir uns verpflichtet? Verstehen die Mitarbeitenden und Führungskräfte, warum diese Werte für das Business wichtig sind? An welchen Traditionen halten Sie fest? Werden die Werthaltungen gelebt? Kann das Wertsystem vereinfacht, prägnanter oder griffiger gestaltet werden?
- Strategisches Management: Wie erzielen wir Vorsprung, Innovation und Wachstum? Auf welche »Erfolgspotenziale« (Kernkompetenzen, Wettbewerbsvorteile) setzt das Business? Wie profilieren wir uns (Einzigartigkeit, Alleinstellungsmerkmale)? Wie attraktiv ist diese Positionierung aus der Perspektive der Kunden? Welche Geschäfte sind heute besonders attraktiv? Welche Geschäfte peilen wir morgen an?
- Operatives Management: Mit welchen Instrumenten steuern wir unser Tagesgeschäft? Woran erkennen wir Fortschritte/Rückschritte? Wie gehen wir mit Abweichungen um? Wie funktioniert unser Berichtsystem (Reporting)?
- Basisinstrumente: Welchen Nutzen erbringen unsere Führungsinstrumente für die Unternehmens- und Geschäftssteuerung?

Wie aktuell sind Leitbild, Vision, Mission? Sind diese Grundsatzdokumente knapp, präzise und griffig formuliert? Werden sie von Mitarbeitenden und Führungskräften verstanden und gelebt? Sind wirklich alle Dokumente oder Aussagen notwendig? Lassen sich strategischen Kerninhalte auf Führungsmottos verdichten, um die Kommunikation zu verstärken?
- SWOT: Kennen alle im Unternehmen unsere aktuellen Chancen/Gefahren bzw. Stärken/Schwächen?
Auf welche Stärken baut unser Business? Werden diese weiter ausgebaut? Werden neue notwendig? Welche Schwächen hemmen unsere Zukunftsentwicklung? Wurden die wirklich behindernden Schwächen abgebaut? Welche attraktiven Chancen in Markt und Wettbewerb bieten sich? Werden diese rechtzeitig angepackt? Welche Gefahren könnten unser Geschäft in Zukunft behindern? Wo tauchen neue, mögliche Risikofelder am Horizont auf? Verfügen wir über ein Risikomanagement?

Check III: Marktstrategien

Marktstrategien konzentrieren sich auf das Herzstück jeder Strategiearbeit: Kunden, Märkte und Produkt-/Serviceangebote. Viele der anderen strategischen Themen sind zwar wichtig, aber ohne eine erfolgreiche Marktstrategie nicht realisierbar. Die Marktstrategien haben daher den Primat unter den Businessstrategien.

- »4P«-Strategien (Products): Wie attraktiv ist unsere Angebotspalette? Was bieten wir? Was bieten wir nicht? Warum nicht? Könnte das Angebot gestrafft werden, könnte es erweitert werden? Lässt sich das Sortiment für Kunden prägnanter gestalten? Werden alle Optionen der Attraktivitätssteigerung (Design, Qualität, Service, Emotionalisierung etc.) genutzt? Ist die Produkt-/Services-Pipeline für die kommenden Jahre skizziert? Welche Leistungen werden abgebaut, welche erneuert, welche aufgebaut? Warum? In welchem Produktlebenszyklus befinden sich die jeweiligen Angebote?
- »4P«-Strategien (Price): Wie ist unsere Wettbewerbsfähigkeit in preislicher Hinsicht zu bewerten? Bieten wir unseren Kunden Preisvorteile? Wie haben sich die Margen entwickelt? Wie reagieren Umsatz und Deckungsbeiträge auf Preissenkungen der Konkurrenz? Auf welche Top-Umsatzträger setzen wir? Auf welche Top-Ertragsbringer setzen wir?

- »4P«-Strategien (Place): Welche Vertriebskanäle sind für uns besonders attraktiv?
Welche Vertriebswege boomen, welche schrumpfen oder welche Alternativen können eingesetzt werden? Werden alle möglichen Vertriebskanäle genutzt? Passen die Angebote und Preise zu den Vertriebswegen? Lassen sich Vertriebspartnerschaften bilden?
- »4P«-Strategien (Promotion): Wodurch intensivieren wir die Kommunikation mit unseren Kunden?
Welche Promotionsinstrumente (Werbung, Verkaufsförderung, Verkäufersteuerung, Social Media etc.) werden eingesetzt? Welche bewähren sich, welche nicht?
- »4C«-Strategien (Customer Value): Wie gestalten wir den »Value« unserer Angebote für Kunden im Vergleich zu Alternativen der Konkurrenz?
Die »4C«-Strategien werden komplementär zu den »4P« genutzt. Der »4C«-Ansatz ist inspirierend dank rigoroser Kundenorientierung. Wie stark denken Führungskräfte und Mitarbeitende in der Perspektive der Kunden? Wie oder wo merkt der Kunde den Fortschritt dieser Kundenperspektive? Vergleichen Sie nicht nur die Preise und Konditionen, sondern vergleichen Sie vor allem den Kundennutzen von Konkurrenzangeboten: Wer bietet mehr, wer bietet weniger, wer bietet anderes? (Beachten Sie die Regel: »Es gibt keine teuren Angebote, sondern nur solche, die es nicht wert sind.«)
- »4C«-Strategien (Cost to the Customer): Wie lässt sich die Preis/Value-Relation für den Kunden verbessern?
Beachten Sie die ganzheitlichen Beschaffungs- und Nutzungskosten für den Kunden, damit er ein Angebot überhaupt kaufen/nutzen kann: Was bieten wir »mehr« zu gleichen Kosten? Wie lässt sich der Nutzen für den Kunden weiter steigern bzw. seine Gesamtkosten für unser Angebot senken, um unsere Attraktivität auszubauen?
- »4C«-Strategien (Convenience): Wie lässt sich die »Bequemlichkeit« des Einkaufens, Beschaffens und Nutzens für den Kunden verbessern?
Können wir dem Kunden Sicherheiten (z.B. Garantien) bieten? Was können wir vereinfachen, beschleunigen oder an Bequemlichkeit zusätzlich bieten?
- »4C«-Strategien (Communication): Wie können wir individueller auf Kundenwünsche reagieren?
Wie lässt sich der Dialog mit dem Kunden intensivieren? Wie bauen wir die Kundenloyalität (Kundenbindung) aus?
- Profit-Pools: Sind weitere attraktive Geschäftsfelder auszumachen?
Welche attraktiven Geschäfte lassen sich um das eigene Kerngeschäft (in vorgelagerten oder nachgelagerten Stufen) ausmachen? Welche potenziell at-

traktiven Margen oder Absatzvolumen in naheliegenden Geschäften könnten für eine Expansion unseres Geschäfts attraktiv sein? Bieten sich eventuell Optionen für neue Partnerships, Mergers oder Akquisitionen?
- Konkurrenzverhalten: Wie verhalten wir uns gegenüber der Konkurrenz? Wie hat sich unsere Marktstellung entwickelt (Ausbau oder Abrutschen)? Welches Wettbewerbsverständnis haben wir: Sind wir Herausforderer, Marktführer, Nischenbesetzer, Kopierer oder Mitläufer? Hat ein Wettbewerber seine Rolle im Marktauftritt verändert? Welche konkurrierenden Unternehmen gehören zu den Gewinnern, welche zu den Verlierern, und was sind die Gründe für diese Entwicklung?

Check IV: Normstrategien

Normstrategien verweisen auf die Instrumentensets professioneller Beratungshäuser. Viele Methoden und Verfahren sind für einen umfassenden Strategie-Check im Vergleich zu ihrem praktischen strategischen Nutzen sehr aufwändig und wenig ergiebig. Nichtsdestotrotz werden im Bereich der Normstrategien einige zentrale strategische Themen angeschnitten.

- Erfolgsfaktoren: Auf welche strategischen Erfolgsfaktoren setzen wir? Welches sind unsere wichtigen strategischen Erfolgsfaktoren (zentrale Stellschrauben für Erfolg)? Sind diese Erfolgsfaktoren Veränderungen unterworfen? Wie wird die Entwicklung der strategischen Erfolgsfaktoren für jedes Geschäftsfeld beobachtet und weiterverfolgt? Haben wir unsere Stellung je Erfolgsfaktor verbessert/verschlechtert? Sind neue Faktoren beachtenswert, bzw. andere kaum mehr relevant?
- Marktattraktivität: Welche Märkte oder Marktsegmente wachsen, welche schrumpfen?
Wie verändert sich die Attraktivität der Märkte? Wie reagieren wir darauf? Entwickeln wir uns entlang der Attraktivität der Märkte weiter?
- Marktstellung: Bauen wir unsere Marktstellung aus? In welchen Aspekten verlieren wir an Boden?
Wie hat sich die Marktstellung (für jedes Geschäftsfeld einzeln betrachtet) verändert? Verschieben sich die Marktanteile? Wer profitiert, wer verliert? Welche Gründe führen zu dieser Entwicklung?
- Kapazitäten: Werden Kapazitäten auf-, aus- oder abgebaut?
Wie verändert sich die Auslastung? Wie optimal läuft die Wertschöpfung? Konnten Effizienz, Wertschöpfung und Marge verbessert werden? Wie lauten die Begründungen zu den tatsächlichen Entwicklungen? Schöpfen wir Effizi-

enzgewinne aus? Wird die gesamte Wertschöpfungskette immer wieder weiter vereinfacht und/oder in ihrem Prozess beschleunigt?
- Technologienutzung: Machen wir technologische Fortschritte? Wurden die Angebote weiterentwickelt (Innovationen, Verbesserungen, Qualitäten)? Lassen sich technologische Fortschritte (Automatisierung, Innovationen, Normierungen etc.) ausmachen und nutzen?
- Portfolio-Spektrum: Ist unser Portfolio ausgeglichen? Werden für zentrale Angebots- bzw. Geschäftsformen Portfolios als Vergleichstools genutzt (z.b. Portfolios zum Vergleich verschiedener Angebote, Geschäftsbereiche, Investitionsfelder, Länder, Tochtergesellschaften)? Balancieren wir Investments und Ausschöpfung? Wie ausgewogen präsentiert sich unser Portfolio? Wo muss weiter investiert und ausgebaut werden? Wo sollten wir uns (kurz-, mittel-, langfristig) zurückziehen beziehungsweise desinvestieren?

Check V: Wettbewerbsstrategien

Sich möglichst einzigartig und differenziert zu positionieren, ist ein Wesenskern einer erfolgreichen Businessstrategie. Das Ausrichtung zur Erzielung eines Vorsprungs ist der Inhalt der Wettbewerbsstrategien.

- Wettbewerbsvorteile: Wodurch erringen wir Vorsprung? Wettbewerbsvorteile lassen sich in unterschiedlichen Bereichen aufbauen. Besonders wichtig ist es, die Wettbewerbsvorteile kundenorientiert und nicht nur konkurrenzorientiert auszurichten: Welche Art von Wettbewerb ist in unserem Business erfolgskritisch (z.b. Preis-, Image-, Design-, Qualitäts-, Service-Wettbewerb), um einen Vorsprung zu etablieren und diesen längerfristig zu sichern? In welchem Themenfeld tobt der Wettbewerb um Vorsprung am härtesten? Bauen wir sukzessive unsere eigene Stellung aus?
- »Porter-Strategien«: Sind wir aus Kundensicht klar und eindeutig positioniert? Wie ist das Unternehmen mit seinen einzelnen Geschäftseinheiten wettbewerbsmäßig aufgestellt? Wo herrschen in der eigenen Wertschöpfungskette Vorteile, die genutzt werden können? Wodurch soll Vorsprung errungen werden (Differenzierung: Kostenführerschaft, Spezialisierung, Fokussierung)? Wie stellen wir strategische Fortschritte fest?
- Skalenvorteile (Volumenwettbewerb): Nutzen wir die Vorteile der Volumenproduktion? Werden die Effekte größerer Volumen systematisch ausgeschöpft und kostenmäßig realisiert?

- Verbundvorteile (Synergievorteile): Nutzen wir Verbundvorteile? Werden potenzielle Synergien genutzt? Optimieren wir die Herstellungsprozesse?
- Zeitvorteile (Zeitwettbewerb): Gehen wir mit dem Faktor Zeit strategisch um? Werden die Prozesse vereinfacht und beschleunigt? Achten wir darauf Prozesse rasch, zügig und termingerecht durchzuführen? Setzen wir auf den Faktor Tempo?
- Wissens- und Fertigkeitsvorteile (Lernwettbewerb): Erweitern und vertiefen wir unser Business-Know-how kontinuierlich?
- Lernen wir aus Erfahrung dazu? Wie nutzen wir dieses Wissen? Wurde das Business-Know-how ausgebaut und (intern) weitergegeben? Wie erkennen und steuern wir Lernfortschritte? Konnten neue Spezialisten hinzugewonnen werden?
- Innovationswettbewerb: Entwickeln wir immer wieder marktfähige Innovationen? Setzen wir innovative Impulse im Markt?
Wer verfügt über das attraktivste Angebot für den Kunden? Warum? Was bieten wir? Wie häufig bringen wir Innovationen auf den Markt? Sind wir ein innovatives Unternehmen?
- Qualitätswettbewerb: Verbessern wir unsere Qualität systematisch und merklich? Woran merkt dies der Kunde?
Wer im Markt bietet die höchste Qualität und den besten Service? Was bringt das? Wie können wir dies ebenfalls erreichen und eventuell sogar übertrumpfen? Macht sich die erhöhte Qualität ertragsmäßig bemerkbar?
- Customer-Value-Wettbewerb: Haben wir unsere Angebotsattraktivität und den Kundennutzen gesteigert?
Wer gewinnt dank attraktiverem Overall-Angebot über den ganzen Lebenszyklus des Angebots hinweg? Was heißt das strategisch für unser Angebot?
- Verfügbarkeitswettbewerb: Haben wir die Lieferzeit und Lieferverlässlichkeit für den Kunden verbessert?
Wer gewinnt dank höherer Lieferflexibilität? Wie relevant ist dieses Kriterium? Wie verbessern wir unsere Lage?

Check VI: Ressourcenstrategien

Die Ressourcenstrategien legen den Finger auf die Kernkompetenzen eines Business.

- Ressourcenvorteile: Haben wir unsere Kernkompetenzen ausgebaut?
Wie passt die Weiterentwicklung der Kernkompetenzen zur Geschäfts- und zur Marktentwicklung? Haben wir die notwendigen Kernkompetenzen für

zukünftig attraktive Geschäfte? Konnten Spitzenfähigkeiten in den Geschäftseinheiten ausgebaut werden? Wurden neue Schlüsselpersonen hinzugewonnen? Wie tragfähig für die Zukunft sind die heute vorhandenen Kernkompetenzen (Talentbasis)? Werden für das Geschäft von morgen noch dieselben Kernkompetenzen benötigt?
- Dynamische Fähigkeiten: Haben wir unser Agilität und Reaktionsfähigkeit im Umgang mit dem Wandel gesteigert?
Wie professionell ist das Management im Umgang mit Veränderung und Wandel? Wie rasch werden neue Herausforderungen identifiziert und angepackt? Wie schnell kann sich das Unternehmen an veränderte Konstellationen anpassen? Wie flexibel sind die Mitarbeitenden und Führungskräfte (Veränderungsbereitschaft)? Wie rasch werden neue Trends aufgegriffen? Wie schnell und konsequent werden Probleme angepackt und gelöst? Wie rasch werden getroffene strategische Entscheide umgesetzt? Wie professionell und effizient werden Projekte abgewickelt?

Check VII: Wachstumsstrategien

Wachstumsstrategien widmen sich, wie der Name schon vorgibt, dem wichtigen Thema des quantitativen Geschäftswachstums. Die Fragen in diesem Sektor lenken die Strategiediskussion auf eine mögliche Geschäftsexpansion.

- Marktdurchdringung: Bauen wir unsere Marktstellung kontinuierlich aus? Wie lassen sich unsere bedienten Märkte weiter systematisch durchdringen? Ansatzpunkte: Ausbau von Standorten, Vertriebs-Push, Werbe-Push, Loyalitätsprogramme, Verkaufstrainings, Konkurrenzverdrängung (Rabatte, Events).
Marktentwicklung: Wie entwickeln wir unsere Märkte weiter? Welche neuen Märkte oder neuen Zielgruppen zeigen offene, noch unausgeschöpfte Potenziale? Welche Märkte wären für eine Geschäftserweiterung attraktiv? Ansatzpunkte: Expansion in neue geografische Märkte; Erweiterung der Zielgruppen; Bearbeiten neuer Kunden/Kundengruppen.
- Produktentwicklung: Mit welchen Produktneuerungen (Innovationen) bauen wir unser Geschäft kontinuierlich aus?
Wie kurbeln wir das Geschäft durch Innovationen an? Ansatzpunkte: Produkt-/Angebotsinnovationen, Service-Innovationen Sortimentsgestaltung, Leistungsbundling oder -unbundling.
- Diversifikation: Diversifizieren wir unser Geschäft?
Wie ließen sich unsere Geschäftsmodelle erweitern? Ansatzpunkte: neue

Geschäftsfelder, Innovationen für neue Märkte, Geschäftsmodellinnovation, Start-ups etc.
- Multiplikationsstrategien: Bauen wir unser Geschäft durch Multiplikation aus?
Nutzen wir alle Multiplikationsoptionen für Wachstum? Ansatzpunkte: Franchising, Licensing, Sub-Contracting.
- Vernetzungsstrategien: Bauen wir unser Geschäft durch Partnerships aus? Welche Partnerships könnten Wachstumschancen erschließen? Welche Partner sind schon vergeben? Welche möglichen Partner stehen noch offen? Ansatzpunkte: Akquisition, Joint Ventures, Mergers, Allianzen.
- Kerngeschäftsexpansion (Wachstum entlang der Wurzel): Welche Themen zur systematischen Expansion unseres Geschäfts gehen wir aktiv an? Wie erweitern wir unser Wachstum im Kerngeschäft? Wie entwickelt sich die Attraktivität des Kerngeschäfts längerfristig? Welche weiteren frischen Geschäfte (am Rande bestehender Aktivitäten) könnten angegangen werden oder wären vertieft abzuklären? Wohin entwickeln unsere Konkurrenten ihr Geschäft weiter? Ergeben sich Chancen für die Expansion des Kerngeschäfts in neuen Geschäftsfeldern, bei neuen Zielgruppen oder in neuen Märkten?
- Long Tail: Wie lässt sich das Geschäft mit Kleinteilen ausbauen? Bieten sich Wachstumschancen im »Long Tail« des Business?

Check VIII: Fitmacher-Strategien

Insbesondere in geschäftlich turbulenten Zeiten ist es strategisch enorm von Vorteil, das eigene Business so schlank wie möglich aufzustellen. Doch dies kann nicht in einem einmaligen Akt geschehen, sondern ist als permanenter Prozesses zu gestalten. Hierbei unterstützen die »Lean Strategies«.

- Benchmarking: Wie vergleichen wir uns mit den Besten der Branche? Wer bietet die besten Prozesse in der Branche? Wie kann von diesen Spitzenunternehmen gelernt werden? Wie kennen wir die Strukturen und Prozesse der Konkurrenten oder vergleichbaren Drittunternehmen? Welches Unternehmen verfügt über die »Best Practices«? Wie lässt sich diese Informationsbasis ausbauen? Welche Lerneffekte und Maßnahmen lassen sich ableiten?
- Reengineering und Geschäftsprozessmanagement: Welche Prozesse müssen verschlankt werden und wie stellen wir Fortschritte fest?
Der Schlüssel für eine hohe Effizienz liegt in den Geschäftsprozessen. Diese

sollten von Zeit zu Zeit grundsätzlich ihre Berechtigung belegen. Wie werden ablaufende Routinen und Prozesse gesteuert und hinterfragt? Welches sind die kostenintensivsten Prozesse? Lassen sich diese vereinfachen und effizienter organisieren? Sind alle Prozesse wirklich notwendig? Wodurch sind Fortschritte messbar und erkennbar?

Check IX: Asiatische Strategien

Asiatische Strategien zeichnen sich insbesondere durch eine hohe Lernorientierung (d.h. auch durch das Kopieren von Lösungen Dritter) und meist weniger durch »strategische, innovative Würfe« aus. Die asiatischen Ansätze folgen eher der Philosophie der kleinen, dafür aber sehr konsequenten Schritte. Im Fokus stehen zwei Perspektiven: erstens die Ausrichtung an der Qualitätssteigerung aus Kundensicht und zweitens die Effizienzsteigerung entlang der gesamten Wertschöpfung.

- »7-S«-Kompatibilität: Sind wir strategisch umfassend (harmonisch) aufgestellt?
  Wie passen zentrale Führungskomponenten (Strategie, Strukturen, Prozess, Human Resources, Kultur, Führungssysteme etc.) zusammen? Ergeben sie ein harmonisches Ganzes: z.B. Vision und Werthaltungen zur strategischen Ausrichtung, Strukturen zu Managementsystemen, der Stil des Hauses zu den Fertigkeiten und Kernkompetenzen?
- Kundenorientierung: Machen wir Fortschritte in der konsequenten Ausrichtung unserer Aktivitäten für den Kunden? Leben wir Kundenorientierung?
  Wie ausgeprägt ist die Kundenorientierung im jeweiligen Geschäftsfeld? Kann die Kundenorientierung Fortschritte verzeichnen? Woran sind Fortschritte im Bereich der Kundenorientierung festzumachen?
- Qualitätsorientierung: Welchen Stellenwert hat Qualität in unserem Business und welche Fortschritte sind bei uns erkennbar?
  Wie ausgeprägt ist die Ausrichtung im jeweiligen Geschäftsfeld auf die Verbesserung von Qualität und Service? Woran werden Fortschritte festgemacht?
- Effizienzorientierung: Arbeiten wir schlank und schnell im gesamten Unternehmen? Woran erkennen wir Fortschritte in allen relevanten Bereichen?
  Wie ausgeprägt ist die Ausrichtung an Effizienz und Produktivität entlang der Wertschöpfungsprozesse? Woran werden Fortschritte festgemacht? Wie steuern wir dieses Thema?
- Mitarbeiterorientierung: Wie fördern und fordern unsere Mitarbeitenden?

Wie ausgeprägt ist die Mitarbeiterorientierung im jeweiligen Geschäftsfeld? Wodurch werden Fortschritte sichtbar? Wie steuern wir dieses Thema?

Check X: Dynamische Strategien

Die dynamischen Strategien legen ihr Augenmerk auf den Wandel. Dieser Strategietyp bietet zwar eine frische Denkperspektive, aber nur wenige praktische, konkret nutzbare Instrumente. Trotzdem sind einzelne Themen aus diesem Gebiet wichtig.

- Frühaufklärung: Haben wir ein brauchbares System der Früherkennung für strategische Fragen?
Wer kümmert sich um das Aufspüren von Trends und zukunftsrelevanten Informationen? Wie identifizieren Sie Zukunftsthemen? Auf welchen unternehmensexternen und -internen Informationen basiert die Strategie? Wie kann das Volumen der Daten, Informationen, Trends etc. reduziert und verdichtet werden? Wie präsentiert sich das Big Picture?
- Timing-Strategien: Wie gehen wir mit dem Faktor Zeit um?
Wann ist der ideale Zeitpunkt, um eine Strategie, Maßnahme oder Aktion zu lancieren? Eine Strategie ist vor allem dann besonders erfolgreich, wenn ihr Einsatzzeitpunkt passt. Strategie und Einsatzzeitpunkt müssen reif für einander sein. Wie kann das Timing von Strategien, Maßnahmen und Aktionen verbessert werden? Wann lohnt es sich, Pionier zu sein, wann eher Imitator oder Nachfolger?
- Exit-Strategien: Wissen wir, wann wir bestimmte erfolgskritische Themen verlassen, wenn sie keinen Erfolg zeigen?
Kennen wir den idealen Zeitpunkt zum Verlassen sich negativ entwickelnder Geschäfte? Kennen wir die Zeitspanne, bis Projekte, Initiativen oder andere Maßnahmen Resultate zu erbringen haben? Wurden für Schlüsselprojekte derartige Zeitlimits gesetzt?

Check XI: Innovationsstrategien

Innovation ist einer der grundlegenden strategischen Hebel für Vorsprung, Differenzierung und Wachstum. Innovationen sind dabei nicht nur kundenseitig in Produkten und Angeboten zu lancieren, sondern vor allem auch im Bereich der internen Prozesse und Strukturen.

- Innovationsdynamik: Wie steigern wir unsere Innovationsdynamik? Welchen Anteil am Gesamtbusiness machen Innovationen aus? Wie intensivieren und beschleunigen wir kreative und innovative Prozesse? Packen wir alle Arten von Innovationen an: Produktinnovationen, Prozessinnovationen, strukturelle Innovationen, technologische Innovationen, Geschäftsmodellinnovation? Werden schrittweise Verbesserungen angegangen, oder werden eher sprunghafte Innovationen zur Steigerung der Aufmerksamkeit in den Märkten realisiert? Wie oft kommen Neuerungen auf den Markt? Versteht sich das Unternehmen als Trendsetter im Bereich der Innovationen? Spricht das Management über Innovation mit allen Bereichen (auch den internen und den Support-Bereichen)?
- User-Innovationen: Wie verstärken wir Innovationsprozesse gemeinsam mit unseren Kunden? Werden Innovationen zusammen mit den Kunden entwickelt? Wie kann dieser Prozess verstärkt werden?
- Verbund-Innovationen: Wie verstärken wir Innovationsprozesse gemeinsam mit unseren Kunden? Wird die Innovationsthematik auch im Verbund mit attraktiven komplementären Dritten (Universitäten, Fachhochschulen, Forschungsinstitute) lanciert? Beobachten Sie auch Innovationen bei Start-ups oder anderen Drittunternehmen systematisch?

Check XII: Kooperative und »glokale« Strategien

Diese Strategiekategorie sucht nach Ansätzen für Vorsprung durch Partnerschaften oder Allianzen. In einer global vernetzten Wirtschaft kann die eigene Position auch via Kooperationen und Partnerschaften deutlich ausgebaut werden. Kooperationen schaffen Kompetenz- und Zeitvorteile, bedingen dafür aber einen größeren Aufwand für die Koordination und zur Reduktion von Komplexität.

- Partnerships: Bieten sich Kooperationen im Vertrieb, in der Produktion, in Forschung und Entwicklung an? Wurden geschäftlich attraktive Kooperationen eingegangen und ausgebaut? Wie werden Fortschritte erkannt, gemessen und weitere Maßnahmen lanciert? Werden Synergiefelder systematisch gesucht und erkennbar ausgeschöpft? Wie werden diese Partnerships gemanagt und weiterentwickelt?
- Internationalisierung: Wird das Geschäft international erweitert? Welche globalen Märkte sind attraktiv? Werden alle strategischen Optio-

nen betrachtet: u.a. Franchising, Lizenzierung, Tochtergesellschaften, Vertriebsstandorte, Verkäufer-/Berater-Netzwerk, Servicenetzwerk?
- Outsourcing/Insourcing: Setzen wir auf unsere Kernkompetenzen? Wird die Fertigungstiefe und Wertschöpfung aus strategischer Perspektive optimal ausbalanciert? Welches sind Kernprozesse, die wir nie auslagern? Welche Fortschritte haben in diesen Kernprozessen gemacht? Wie können wir die Outsourcing-Partner beeinflussen?

Check XIII: Wert-, Beziehungs-, Avantgarde-Strategien

In Zeiten des Hyperwettbewerbs spielt die Kundenperspektive eine besonders zentrale Rolle. Wertstrategien konzentrieren sich auf den Customer Value (Kundennutzen), also den vom Kunden persönlich wahrgenommenen Wert eines Produkts oder einer Dienstleistung. Beziehungsstrategien sollen die Loyalität der Kunden stärken. »Verrückte« Strategien setzen auf Überraschungsmoment und Unkonventionalität.

- Steigerung des Kundennutzens: Bauen wir den Kundennutzen systematisch weiter aus im Vergleich zu alternativen oder substituierenden Konkurrenzangeboten?
Die folgenden Aspekte führen zu »Value-Innovationen«: Wie lässt sich der Customer Value für den Kunden merklich steigern? Lässt sich der Einkaufsprozess für den Kunden vereinfachen? Lässt sich die Produktivität des Kunden in seinem eigenen Umfeld verbessern? Kann dem Kunden mehr Convenience (Bequemlichkeit, Service) geboten werden? Lassen sich die Risiken im Umgang mit den eigenen Produkten für den Kunden abbauen? Kann das Image der eigenen Leistungen merklich gesteigert werden?
- Beziehungsstrategien: Wie verbessern wir die Kundenzufriedenheit? Wie kann die Kundenloyalität gesteigert werden? Wird eine »Strategie für Neukunden« und eine »Strategie für Bestandskunden« verfolgt? Wie werden Fortschritte in diesen beiden Strategieansätzen ermittelt? Wie lässt sich die »Aufmerksamkeit« des Kunden für Ihre Angebote steigern? Wie kann das Angebot in seinem »Erlebniswert für den Kunden« gestärkt werden?
- »Verrückte« Strategien: Ergeben sich Geschäftschancen aus unkonventionellem, überraschendem Verhalten?
Welche Start-ups oder Newcomer sind im Markt besonders erfolgreich? Warum sind sie das? Lassen sich daraus strategische Verhaltensfolgerungen ableiten? Welche Regeln herrschen in der Branche? Ergeben sich Geschäftschancen aus Regelbruch und Überraschung?

Anmerkungen

1. Steinmann & Schreyögg, 2013
2. Porter, 2013, S. 15 ff.
3. Mintzberg & Lampel, 2014; Mintzberg, et al., 2014
4. Mintzberg & Waters, 1985, S. 257 ff.; Mintzberg, et al., 2009
5. Hamel, 2000, S. 34
6. Kirsch, 1997, S. 290 ff.
7. Gälweiler, 2005; Bleicher, 1992; Bleicher, 2004
8. Pümpin & Amann, 2005; Welge, et al., 2016
9. Toffler, 1974; Toffler, 1988; Kahn, 1983; Naisbitt, 1988; sowie Ulrich, 2001
10. Ansoff, 1984, S. 462 ff.
11. Mintzberg, et al., 2009; Mintzberg & Lampel, 2014
12. Andrews, 1994
13. Ansoff, 1965
14. Porter, 1999; Porter, 2013
15. Peters & Waterman, 1982
16. Bogner & Thomas, 1993
17. Quinn, 1980
18. Pettigrew, et al., 2006
19. Black, 2003; Hamel & Prahalad, 1996
20. Hannan & Freeman, 1993
21. Mintzberg, 1992
22. Ulrich, 1984
23. Scheuss, 2012; Simon & von der Gathen, 2010
24. Scheuss, 2012
25. Müller-Stewens & Lechner, 2011; Rüegg-Stürm, 2003; Scheuss, 2012; Scheuss, 2012
26. Scheuss, 2004
27. Andrews, 1994
28. Rappaport, 1998; kritisch auch: Kennedy, 2001
29. Carroll & Buchholtz, 2016; Porter & Kramer, 2011
30. Hamel & Prahalad, 1992, S. 75 ff.
31. Hamel, 1996, S. 69 ff.
32. Tichy, 1983
33. Hamel & Välikangas, 2003

34. Scheuss, 2008; Hamel, 2002
35. Abell, 1978, S. 21 – 28; ebenso: Boone & Kurtz, 2013, S. 48 ff.
36. Perreault Jr., et al., 2014; vor allem auch: Kotler, et al., 2015
37. Bitner & Booms, 1981; ebenfalls Aaker, 2016
38. Lauterborn, 1990, S. 26 ff.; Schultz, et al., 1996; Scheuss, 2008
39. Kotler, et al., 2010
40. Yoon, 2005, S. 52 ff.
41. Gadiesch & Gilbert, 1998 S. 144 ff., sowie www.bain.com
42. Kotler, et al., 2015
43. Levitt, 2006, S. 1 ff.
44. Neubauer, 1999; Tellis & Golder, 1996; Buzzell & Gale, 1987; Malik, 1987; vergleiche auch: www.pimsonline.com
45. Henderson & Gälweiler, 1984
46. Hinterhuber, 2011
47. Schneider, 2005; Baum, et al., 2014
48. Scheuss, 2012
49. Channon, 1999, S. 158 ff.; Egan & Thomas, 1998, S. 89 ff.; Sommerlatte & Walsh, 1993, S. 322 ff.; Sommerlatte & Walsh, 1993
50. Porter, 1999
51. in Anlehnung an Yip & Hult, 2011, S. 171 ff.
52. Porter, 2008, S. 83
53. insbesondere Kapitel 3 in: Porter, 1999
54. Porter, 2008, S. 78 ff.
55. Porter, 2013; Burgess, 1989
56. Beachte: Die Value Chain Wertkette ist nicht mit der Supply Chain Wertschöpfungskette zu verwechseln. Die Supply Chain wird auch als Lieferkette oder Versorgungskette bezeichnet. Sie fasst die Wertbeiträge aller Komponenten eines Produktes von der Idee bis zur Vermarktung über alle Stufen der Wertschöpfung über sämtliche beteiligten Unternehmen zusammen. Die Value Chain hingegen betrachtet die Wert- und Kostenkomponenten in nur einem einzigen Unternehmen vgl. www.supply-chain.org.
57. Gilbert & Strebel, 1987, S. 28 ff.; Müller-Stewens & Lechner, 2011, S. 201 ff.; zudem auch für globalen Wettbewerb: Scheuss, 2007
58. Fleck, 1995
59. McGrath, 2013a; McGrath, 2013b
60. McGrath, 2013a; vergleiche auch Brian, 2014, S. 4 ff.
61. Hamel & Prahalad, 1996
62. Pümpin & Amann, 2005; Pümpin & Geilinger, 1988
63. siehe www.thinkers50.com
64. Pfeffer & Salancik, 2003; Prahalad & Hamel, 1990
65. Prahalad & Hamel, 1990, S. 79 ff.; auch die Überlegungen von Pümpin & Amann, 2005
66. Barney, 1991, S. 99 ff.; Marquardt, 2003; Krüger & Homp, 1997
67. Cohen & Levinthal, 1990, S. 128 ff.; Zahara & George, 2002, S. 185 ff.

68. Teece, et al., 1997, S. 509 ff.; Helfat, et al., 2007
69. vergleiche hierzu auch die Ausführungen zu Agility von Williams, et al., 2013
70. Krystek & Müller-Stewens, 1993; Burmeister, et al., 2002; Gomez & Probst, 2002
71. Eisenhardt & Martin, 2000; Möhlenbruch & Wichert, 2007
72. Proff, 2007
73. Werner, 1996; Werner, 2013
74. Hutzschenreuter, 2006
75. A.T. Kearney Consultants Value Building Growth Study; Kröger, et al., 2000
76. Ansoff, 1999; Ansoff, 1965; Ansoff, 1984
77. Pepels, 2013, S. 110 ff.
78. Meffert, et al., 2015, S. 246 ff.; Kreikebaum, 1997, S. 134 ff.
79. Zook, 2004; Zook, 2010
80. Zook, 2010; Zook, 2007
81. Zook & Allen, 2011; Zook & Allen, 2012; Zook & Allen, 2012
82. Ansoff, et al., 1990
83. Palich, et al., 2000, S. 155 ff.
84. siehe zum Beispiel: www.franchiseportal.de oder www.franchiseportal.ch
85. Underhill, 1996; Hamel, et al., 1989, S. 139 ff.
86. Doz & Hamel, 1998
87. Anderson, 2007; Anderson, 2010
88. siehe Deutsche Gesellschaft für Qualität www.dgq.de; European Foundation for Quality Management www.efqm.org, Swiss Association for Quality www.saq.ch, Austrian Foundation for Quality Management www.qualityaustria.at
89. Hendricks & Singhal, 2000, S. 234 ff.
90. Farni, et al., 2002
91. Dertouzos, et al., 1989
92. Hammer, 1990, S. 104 ff.; Hammer & Champy, 2003
93. Hammer & Champy, 2003, S. 70
94. Peters, 24. Mai 2006; sowie Osterloh & Frost, 2006
95. Womack, et al., 2007; Womack & Jones, 2013; Glahn, 2010
96. Kagermann & Österle, 2007; Chopra & Meindl, 2009
97. Pascale & Athos, 1986
98. Peters & Waterman, 2012
99. Peters & Waterman, 2012
100. Ohmae, 2009; Ohmae, 1991
101. Ouchi, 1993
102. Ohno, 2013; Masaaki, 2013
103. Jochum, 1999; Jusko, 2007; Dennis, 2006
104. Friedman, 2007
105. Brown & Hegel, 2005, S. 35 ff.
106. Rodriguez, 2005; Brown & Hegel, 2005, S. 5 f
107. Scheuss, 2007
108. Hamel, 2007
109. Fine, 1999

110. Bettis & Prahalad, 1995, S. 5 ff.
111. Krystek & Müller-Stewens, 1993
112. zu den Instrumenten der Zukunftsforschung: World Future Society www.wfs.org; Cornish, 2005; Steinmüller & Steinmüller, 2004
113. Grove, 1999
114. Abrahamson, 2000, S. 95 ff.
115. McGahan, 2004
116. Markides & Geroski, 2004
117. Gerpott, 2005, S. 202 ff.
118. Stacey, 2011, S. 195 ff.; Stacey, 1992
119. siehe auch die weiterführenden Überlegungen in Malik, 2015
120. Gomez & Probst, 2002; Gomez & Probst, 2007 und vor allem Vester, 2002
121. Dörner, 2003
122. Malik, 2015
123. Greiner, 1994, S. 322 ff.
124. De Geus, 2002
125. Wyles, et al., 1983
126. weiterführend Malik, 2015; Stacey, 2011, vor allem auch Stacey, 1992
127. Brown & Eisenhardt, 1998
128. Brown & Eisenhardt, 1998
129. Lévi-Strauss, 1973
130. Lehner, 24. - 26. August 2003
131. Levinson, 2008
132. Brown & Eisenhardt, 1998
133. Deuringer, 2000
134. Lewin, 1947, S. 5 ff.
135. Scheuss, 2012
136. Bonsen zur & Herzog, 1999, S. 81 ff.; Bonsen zur, 2007, S. 91 ff.
137. siehe www.worldcafe.com; sowie Brown & Isaacs, 2005
138. Weisbord & Janoff, 2000; Weisbord, et al., 2007
139. Seliger, 2015
140. Owen, 2008
141. Cooperrider & Whitney, 2005
142. Kotter, 2012; Kotter, 2014; vgl. auch das Management des Change-Prozess, in: Scheuss, 2012
143. Kotter, 2014 und Scheuss, 2012
144. IBM-GlobalBusinessServices, 2006
145. Jaruzelski & Dehoff, 2007, S. 47 ff.
146. Dutta, et al., 2015
147. Hauser, et al., 2006, S. 687 ff.; Tushman & Anderson, 2004; Tushman & O'Reilly, 2002
148. Porter, 2000, S. 244
149. Hill & Brandeau, 2014
150. Scheuss, 2010, S. 72 ff.

151. Hughes, 1996, S. 89 ff.
152. Schumpeter, 1997; Nefiodow, 2007; Schäfer, 2008
153. Peters & Austin, 1999
154. Tushman & O'Reilly, 2002
155. Govindarajan & Trimble, 2005; Govindarajan & Trimble, 2005
156. Morrison, 2004
157. Quinn, 2014, S. 96 ff.
158. Leifer, et al., 2000
159. Kawasaki, 2015
160. Sommerlatte & Walsh, 1993, S. 298 ff.
161. Utterback & Abernathy, 1975, S. 639 ff.; Utterback, 1996; Abernathy & Utterback, 1978, S. 40 ff.; Abernathy & Clark, 1985
162. Teece, 1998, S. 55 ff.; Teece, 2006, S. 1131 ff.
163. Moore, 2005; Moore, 2008
164. Rogers, 2003
165. Christensen, 2016; Christensen, et al., 2010, S. 98 ff.
166. Christensen, et al., 2010, S. 67 ff.
167. Chesbrough, 2006; auch Gassmann & Enkel, 2006, S. 132 ff.
168. Seybold, 2006
169. Prahalad & Ramaswamy, 2004
170. Howe, 2006; Runge, 2007, S. 132 ff.
171. Hippel, 1994, S. 429 ff.
172. Hippel, et al., 1999, S. 47 ff.; Lilien, et al., 2002, S. 1042 ff.; Hippel, 2006
173. Lilien, et al., 2002, S. 1042 ff.
174. Reichwald & Piller, 2009
175. Markides & Geroski, 2004, S. 48 ff.
176. Henderson & Clark, 1990, S. 9 ff.; Abernathy & Clark, 1985 S. 3 ff.
177. Anderson & Tushman, 1991, S. 26 ff.
178. Knyphausen-Aufsess & Meinhardt, 2002
179. Chesbrough, 2006; vergleiche auch: Osterwalder, et al., 2011
180. vertiefend zu den Geschäftsmodellen: Gassmann, et al., 2013
181. Brandenburger & Nalebuff, 1997; Dixit & Nalebuff, 1993; Dixit & Nalebuff, 2010
182. Hoffmann & Wratschko, 2005
183. Bovet & Martha, 2000; Tapscott, et al., 2000
184. Brandenburger & Nalebuff, 1997; Dixit & Nalebuff, 2010; Dixit & Nalebuff, 1993
185. Harrigan, 1988, S. 205 ff.; Bleicher, 1992, S. 267 ff.
186. Goold, et al., 1994; Proff, 2006 und Proff, 2007
187. Bartlett & Ghoshal, 2002; Prahalad & Doz, 1999
188. Nicht zu verwechseln mit dem Begriff des Outsourcing ist das »Offshoring«. Beim Offshoring werden Geschäfte oder Tätigkeiten ins Ausland verlagert. Das Outsourcing muss nicht länderübergreifend erfolgen.
189. Werner, 2013, auch Werner, 1996

190. Friedman, 2007
191. Fung, et al., 2007
192. Prahalad & Hart, 2002; Prahalad, 2006 Treacy & Wiersema, 1997
193. Soni, 2012; Govinderarjan & Timble, 2012
194. Ghemawat, 2011
195. Treacy & Wiersema, 1997
196. Slywotzky, 2008; Slywotzky, 1995; Slywotzky, 1999
197. Evans & Wurster, 2000
198. Heuskel, 1999
199. Kim & Mauborgne, 2005; Kim & Mauborgne, 2002, S. 76 ff.
200. Kim & Mauborgne, 2005, S. 7
201. Scheuss, 2012: Erweiterte Darstellung der dazugehörigen Strategie-Tools
202. Levine, et al., 2011
203. Peppers & Rogers, 2005
204. Peelen & Beltman, 2013; Bruhn & Homburg, 2005; Bruhn, 2011; Rapp, 2005
205. in Anlehnung an Diller, 1995
206. Reinartz & Kumar, 2002, S. 4 ff.
207. Pine, 1999; Pine & Gilmore, 2000
208. Simon, 1971, S. 40 ff.
209. Davenport & Beck, 2002; aber auch Scheuss, 1999; Scheuss, 2010
210. Scheuss, 2008
211. Roberts, 2005
212. Pine & Gilmore, 2000
213. Gilmore & Pine II, 2007
214. Evans & Wurster, 2000
215. Shapiro & Varian, 1998
216. Hax, et al., 2001 Vertiefung der Lock-in-Strategien
217. IBM-GlobalBusinessServices, 2010
218. Scheuss, 2010, S. 38 ff.
219. D'Aveni, 2007; D'Aveni, 1994
220. D'Aveni & Gunther, 2007, S. 26
221. Duggan, 2013
222. Obolensky, 2014
223. Markides, 2011
224. Markides, 2011, S. 99 ff.
225. Birkinshaw & Gibson, 2004, S. 47 ff.
226. Sull, 2005
227. Sull, 2005; Sull, 2006
228. Sull, et al., 2015; Eisenhardt & Sull, 2001, S. 107 ff.; Sull & Eisenhardt, 2012
229. Kao, 1997
230. Ridderstrale & Nordström, 2002, S. 29
231. Ridderstrale & Nordström, 2005; Ridderstrale & Nordström, 2002
232. Ridderstrale & Nordström, 2005, S. 213 ff.
233. IBM-GlobalBusinessServices, 2006

234. Charan & Colvin, 1999, S. 69 ff.
235. Hrebiniak, 2013
236. Karlgaard, 2014
237. Govindarajan, 2016; Govindarajan & Trimble, 2005; Govindarajan & Trimble, 2005
238. vor allem zum MbO-Konzept Drucker, 2006 und zur Führungsarbeit Drucker, 1993
239. Lafley & Martin, 2013
240. Kaplan, et al., 2004; Kaplan & Norton, 2008; Kaplan & Norton, 2001; Kaplan & Norton, 1996; Kaplan & Norton, 2006; Friedag & Schmidt, 2015
241. Horváth & Partners, 2005
242. zur kritischen Bewertung der Strategy Maps Haeseler & Hörmann, 2005
243. Buzan & Lötscher, 2005
244. Kaplan & Norton, 2006; Kaplan & Norton, 1996; Kaplan & Norton, 2001; aber auch Venkatraman, et al., 1993, S. 139 ff.
245. Collins, 2000; Collins, 2011; Collins & Porras, 2003; Porras, et al., 2007
246. Collins, 2000
247. Mintzberg, 2013, insbesondere auch Charan & Colvin, 1999, S. 69 ff.
248. Kuhn, 2003
249. Janis, 1982
250. Prahalad & Bettis, 1986, S. 485 ff.
251. Uhse, 2001
252. Norton, 1996
253. Morris, 2006; Welch & Byrne, 2003; Welch & Welch, 2005; Welch & Welch, 2007
254. Hamel, 2000
255. Hamel, 2002, S. 134
256. Hamel, 2002; Hamel, 1996; Hamel, 2007; Bernhut, 2001, S. 37 ff.
257. Hamel & Prahalad, 1992, S. 271; Hamel, 2002, S. 11 eigene Übersetzung
258. Ackoff, 1977, S. 36 ff.
259. Hamel & Prahalad, 1996
260. Hamel, 1996, S. 69 ff.; Hamel, 2007; Hagel & Brown, 2005
261. Bryan & Joyce, 2007
262. Bradley, et al., 2011; Favro, 2013

Literatur

Aaker, D. A., 2016. *Strategic Market Management.* Hoboken(NJ): John Wiley.
Abell, D. F., 1978. Strategic Windows. *Journal of Marketing,* July, Band Vol. 42, pp.~21–26.
Abernathy, W. J. & Clark, K. B., 1985. Innovation: Mapping the winds of creative destruction. *Research Policy,* Band 14(1), pp.~3–22.
Abernathy, W. J. & Utterback, J. M., 1978. Patterns of industrial innovation. *Technology Review,* Band 64, pp.~254–228.
Abrahamson, E., 2000. Change without pain. *Harvard Business Review,* Band 78. Jg., Nr. 4, pp.~75–81.
Ackoff, R. L., 1977. The Corporate Rain Dance: Most planners ride into the future facing the past. It's like trying to drive a train from its caboose. *Wharton Magazine,* Band Vol. 1, No. 2, pp.~36–41.
Anderson, C., 2007. *The Long Tail: Der lange Schwanz. Nischenprodukte statt Massenmarkt. Das Geschäft der Zukunft.* München: Hanser.
Anderson, C., 2010. *The Long Tail.* [Online] Available at: www.wired.de
Anderson, P. L. & Tushman, M. L., 1991. Dominant Design. *Research Technology Management,* Mai/Juni.
Andrews, K., 1994. *Concepts of Corporate Strategy.* New York City(NY): McGraw-Hill.
Ansoff, H. I., 1965. *Corporate Strategy.* New York City(NY): McGraw-Hill.
Ansoff, H. I., 1984. *Implanting Strategic Management.* Englewood Cliffs: Prentice Hall.
Ansoff, H. I., 1999. *Strategisches Management.* Stuttgart: Schäffer-Poeschel Verlag.
Ansoff, H. I., Lindsey, L. & Beach, S., 1990. *Implanting Strategic Management.* London: Financial TImes Prentice Hall.
Danemiller, T., 2000. *Whole-Scale Change: Unleashing the Magic in Organizations.* Oakland(CA): Berrett-Koehler Publishers.
Barney, J. B., 1991. Firm resources and sustained competitive advantage. *Journal of management,* Band 17. Jg., Nr. 1, pp.~99–120.
Bartlett, C. A. & Ghoshal, S., 2002. *Managing Across Borders – The Transnational Solution.* Boston: Harvard Business School Press.
Bartsch, B., 2006. Das Beste ist wegzulaufen: Chinesisches Gastgeschenk gibt Nachhilfe in Kriegskunst. *Berliner Zeitung,* 21. April.

Baum, H.-G., Coenenberg, A. G. & Günther, T., 2014. *Strategisches Controlling*. Stuttgart: Schäffer-Poeschel Verlag.

Bennis, W. G., 1994. *Schlüsselstrategien erfolgreichen Führens. Das Beste von Mr. Leadership*. Berlin: ECON.

Bernhut, S., 2001. Leading the Revolution: Gary Hamel. *Ivey Business Journal, Improving the Practice of Management*, Juli/August.

Bettis, R. A. & Prahalad, C. K., 1995. The Dominant Logic: Retrospective and Extension. *Strategic Management Journal*, Januar, 16(1), pp.~5–14.

Birkinshaw, J. & Gibson, C., 2004. Building Ambidexterity Into an Organization. *MIT Sloan Management Review*, Sommer, 45(4), pp.~47–55.

Bitner, M. J. & Booms, B. H., 1981. Marketing Strategies and Organizational Structures for Service Firms. In: J. H. Donelly & W. R. George, Hrsg. *Marketing of Services*. Chicago(IL): American Marketing Association.

Black, R. J., 2003. *Organisational Culture: Creating the Influence Needed for Strategic Success*. London: Dissertation.Com.

Bleicher, K., 1992. *Das Konzept des integrierten Management*. Frankfurt/New York: Campus.

Bleicher, K., 2004. *Das Konzept Integriertes Management: Visionen – Missionen – Programme*. Frankfurt/New York: Campus.

Bogner, W. C. & Thomas, H., 1993. The Role of Competitive Groups in Strategy Formulation – A Dynamic Integration of Two Competing Models. *Journal of Management Studies*, 30(1), pp.~51–67.

Bonabeau, E. & Meyer, C., 2001. Swarm Intelligence: A Whole New Way to Think About Business. *Harvard Business Review*, 79(5), pp.~106–115.

Bonsen zur, M., 2007. Dynamic Facilitation. *Zeitschrift für Organisationsentwicklung*, Band 3, pp.~91–95.

Bonsen zur, M. & Herzog, I., 1999. Großgruppenkonferenzen: Foren für den schnellen Wandel. In: J. Graf, Hrsg. *Seminare 2000: Das Jahrbuch der Management-Weiterbildung*. Bonn: Gerhard May, pp.~81–94.

Boone, L. E. & Kurtz, D. L., 2013. *Contemporary Marketing*. Mason(OH): South-Western College Pub.

Bovet, D. & Martha, J., 2000. *Breaking the Supply Chain to Unlock Hidden Profits*. New York(NY): John Wiley & Sons.

Bradley, C., Hirt, M. & Smit, S., 2011. Have You Tested Your Strategy Lately?. *McKinsey Quarterly*, January.

Brandenburger, A. M. & Nalebuff, B. J., 1997. *Co-opetition*. New York(NY): Crown Business.

Brian, L., 2014. Strategy, Organization and Leadership in a New Transient-Advantage World. *Strategy & Leadership*, April, Issue 42, pp.~4–13.

Brown, J. & Isaacs, D., 2005. *World Café: Shaping our Futures through Conversations that Matter*. San Francisco(CA): Berrett-Koehler Publishers.

Brown, J. S. & Hegel, J. I., 2005. Innovation Blowback: Disruptive Management practices from Asia. *The McKinsey Quarterly*, Band 1, pp.~35–45.

Brown, S. L. & Eisenhardt, K. M., 1998. *Competing on the Edge: Strategy as Structured Chaos*. Boston: Harvard Business Review Press.

Bruhn, M., 2011. *Kundenorientierung: Bausteine für ein exzellentes Customer Relationship Management*. München: Deutscher Taschenbuch Verlag.

Bruhn, M. & Homburg, C., 2005. *Kundenbindungsmanagement: Strategien und Instrumente für ein erfolgreiches CRM*. Wiesbaden: Gabler Verlag.

Bryan, L. L. & Joyce, C. L., 2007. *Mobilizing Minds: Creating Wealth from Talent in the 21st Century Organization*. New York(NY): McGraw-Hill Education.

Brynjolfsson, E., Hu, J. Y. & Smith, M. D., 2006. From Niches to Riches: The Anatomy of the Long Tail. *Sloan Management Review*, 47(4), pp.~67–71.

Burgess, G. H., 1989. *Industrial Organization*. Lebanon(IN): Prentice Hall.

Burmeister, K., Neef, A., Albert, B. & Glockner, H., 2002. *Zukunftsforschung und Unternehmen Praxis, Methoden, Perspektiven*. Essen: Z_punkt.

Buzan, T. & Lötscher, S., 2005. *Mind Map: die Erfolgsmethode. Die geistigen Möglichkeiten steigern und optimal nutzen*. München: Goldmann Verlag.

Buzzell, R. D. & Gale, B. T., 1987. *The PIMS Principles: Linking Strategy to Performance*. New York(NY): The Free Press.

Campbell, A., Goold, M., Alexander, M. & Whitehead, J., 2014. *Strategy for the Corporate Level: Where to Invest, What to Cut Back and How to Grow Organisations with Multiple Divisions*. Hoboken(NJ): John Wiley & Sons.

Carroll, A. B. & Buchholtz, A. K., 2016. *Business and Society: Ethics and Stakeholder Management*. Chula Vista(CA): South-Western College Publishers.

Channon, D. F., Hrsg., 1999. *The Blackwell Encyclopedic Dictionary of Strategic Management*. New York(NY): Wiley-Blackwell.

Charan, R. & Colvin, G., 1999. Why CEOs fail. *Fortune Magazine*, 21 Juni.

Chesbrough, H. W., 2006. *Open Innovation: The New Imperative for Creating and Profiting from Technology*. Boston(MA): Harvard Business Review Press.

Chopra, S. & Meindl, P., 2009. *Supply Chain Management: Strategy, Planning and Operation*. Upper Saddle River(NJ): Prentice Hall.

Christensen, C. M., 2016. *The Innovator's Dilemma: When New Technologies Cause Great Firms to Fail*. Boston(MA): Harvard Business Review Press.

Christensen, C. M., Kaufman, S. P. & Shih, W. C., 2010. *Innovation Killers: How Financial Tools Destroy Your Capacity to Do New Things*. Boston(MA): Harvard Business Review Press.

Christensen, C. M. & Overdorf, M., 2000. Meeting the Challenge of Disruptive Change.

Harvard Business Review, Band 2, pp.~66–76. Clausewitz, C. v., 2008. *Vom Kriege*. Hamburg: Nikol.

Cohen, W. M. & Levinthal, D. A., 1990. Absorptive Capacity: A New Perspective on Learning and Innovation. *Administrative Science Quarterly*, 35(1), pp.~128–152.

Collins, J., 2000. Built to Flip: A battle is under way for the new economy: Which side are you on?. *Fast Company*, Februar.Band 32.

Collins, J., 2011. *Der Weg zu den Besten. Die sieben Managementprinzipien für dauerhaften Unternehmenserfolg*. Frankfurt/New York: Campus.

Collins, J. & Porras, J. I., 2003. *Immer erfolgreich: Die Strategien der Topunternehmen.* Stuttgart: DVA.

Collis, D. J. & Montgomery, C. A., 2008. Competing on Resources: Strategy in the 1990s. *Harvard Business Review,* Juli/August, Band 86, p. 140.

Cooperrider, D. L. & Whitney, D., 2005. *Appreciative Inquiry: A Positive Revolution in Change.* Oakland(CA): Berrett-Koehler.

Cornish, E., 2005. *Futuring: The Explanation of the Future.* Washington(WA): The World Future Society.

Dörner, D., 2003. *Die Logik des Misslingens: Strategisches Denken in komplexen Situationen.* Reinbek: rororo.

Davenport, T. H. & Beck, J. C., 2002. *The Attention Economy: Understanding the New Currency of Business.* Boston(MA): Harvard Business Review Press.

De Geus, A., 2002. *The Living Company: Habits for Survival in a Turbulent Business Environment.* Boston(MA): Harvard Business Review Press.

Dennis, P., 2006. *Getting the Right Things Done: A Leaders Guide to Planning and Excecution.* Cambridge(MA): Lean Enterprise Institute.

Dertouzos, M. L., Lester, R. K. & Solow, R. M. a. t. M. C. o. I. P., 1989. *Made in America: Regaining the Productive Edge.* Boston(MA): MIT Press.

Deuringer, C., 2000. *Organisation und Change Management – Ein ganzheitlicher Strukturansatz zur Förderung organisatorischer Flexibilität.* Wiesbaden: Deutscher Universitäts-Verlag.

D'Aveni, R. A., 1994. *Hypercompetition: Managing the Dynamics of Strategic Maneuvering.* New York(NY): Free Press.

D'Aveni, R. A., 2007. *Strategic Supremacy: How Industry Leaders create Growth, Wealth, and Power through Spheres of Influence.* New York(NY): Free Press.

D'Aveni, R. A. & Gunther, R., 2007. Hypercompetition: Managing the Dynamics of Strategic Maneuvering. In: *Das Summa Summarum des Management.* Wiesbaden: Springer, pp.~83–93.

Diller, H., 1995. *Kundenbindung als Zielvorgabe im Beziehungs-Marketing, Arbeitspapier Nr. 40,* Erlangen: s.n.

Dixit, A. K. & Nalebuff, B. J., 1993. *Thinking Strategically: The Competitive Edge in Business, Politics, and Everyday Life.* New York(NY): Norton & Company.

Dixit, A. K. & Nalebuff, B. J., 2010. *The Art of Strategy: A Game Theorist's Guide to Success in Business and Life.* New York(NY): Norton & Company.

Doz, Y. L. & Hamel, G., 1998. *Alliance Advantage: The Art of Creating Value through Partnering.* Boston(MA): Harvard Business Review Press.

Drucker, P. F., 1993. *Management: Tasks, Responsibilities, Practices.* New York(NY): HarperBusiness.

Drucker, P. F., 2006. *The Practice of Management.* New York(NY): HarperBusiness.

Duggan, W., 2013. *Strategic Intuition: The Creative Spark in Human Achievement.* New York: Columbia Business School Publishing.

Dutta, S., Lanvin, B. & Wunsch-Vincent, S., 2015. *The Global Innovation Index 2015: Effective Innovation Policies for Development,* Genf: CORNELL, INSEAD, WIPO.

Egan, C. & Thomas, M. J., 1998. *The CIM Handbook of Strategic Marketing: A Practical Guide for Designing and Implementing Effective Marketing Strategies – The Chartered Institute of Marketing.* Burlington(MA): Elsevier Science.

Eisenhardt, K. M. & Martin, J. A., 2000. Dynamic Capabilities – What are they?. *Strategic Management Journal,* 21. Jg.(10–11), pp.~1105–1121.

Eisenhardt, K. M. & Sull, D. N., 2001. Strategy as Simple Rules. *Harvard Business Review,* 79 Jg.(1), pp.~106–119.

Evans, P. & Wurster, T. S., 2000. *Web Attack: Strategien für die Internetrevolution.* München: Hanser Fachbuch.

Farni, F., Völker, R. & Bodmer, C., 2002. *Erfolgreiches Benchmarking in Forschung, Entwicklung, Beschaffung und Logistik.* München: Hanser.

Favro, K., 2013. How Leaders Mistake Execution for Strategy (and Why that Damages Both). *strategy+business,* 11 Februar.

Fine, C. H., 1999. *Clockspeed: Winning Industry Control in the Age of Temporary Advantage.* New York(NY): Basic Books.

Fleck, A., 1995. *Hybride Wettbewerbsstrategien: Zur Synthese von Kosten- und Differenzierungsvorteilen.* Wiesbaden: Deutscher Universitätsverlag.

Friedag, H. R. & Schmidt, W., 2015. *Balanced Scorecard.* Freiburg im Breisgau: Haufe-Lexware.

Friedman, T. L., 2007. *The world is flat: A brief history of the twenty-first century.* New York(NY): Picador.

Fung, V. K., Fung, W. K. & Wind, Y., 2007. *Competing in a Flat World: Building Enterprises for a Borderless World.* Upper Saddle River(NJ): FT Press.

Gälweiler, A., 2005. *Strategische Unternehmensführung.* Frankfurt/New York: Campus.

Gadiesch, O. & Gilbert, J. L., 1998. Profit Pools: A Fresh Look at Strategy. *Harvard Business Review,* 76(3), pp.~139–147.

Gassmann, O. & Enkel, E., 2006. Open Innovation: Die Öffnung des Innovationsprozess erhöht das Innovationspotenzial. *zfo – Zeitschrift für Organisation,* 75(3), pp.~132–138.

Gassmann, O., Frankenberger, K. & Csik, M., 2013. *Geschäftsmodelle entwickeln: 55 Innovative Konzepte mit dem St. Galler Business Model Navigator.* München: Hanser.

Gerpott, T. J., 2005. *Strategisches Technologie- und Innovationsmanagement.* Stuttgart: Schäffer-Poeschel.

Ghemawat, P., 2011. *World 3.0: Global Prosperity and How to Achive It.* Boston: Harvard Business Review Press.

Ghyczy, T. v., Oetinger, B. v. & Bassford, C., 2001. *Clausewitz on Strategy: Inspiration and Insight from a Master Strategist.* Hoboken(NJ): Wiley.

Gilbert, X. & Strebel, P., 1987. Strategies to outpace the competition. *Journal of Business Strategy,* Band 8, pp.~28–36.

Gilmore, J. H. & Pine II, B. J., 2007. *Authenticity: What Consumers Really Want.* Boston(MA): Harvard Business Review Press.

Glahn, R., 2010. *Rendite steigern durch innovatives Verbesserungsmanagement oder wie Sie gemeinsam mit Ihren Mitarbeitern betriebliche Prozesse auf Weltklasseniveau erreichen.* Ansbach: CETPM Publishing.

Gomez, P. & Probst, G. J. B., 2002. *Vernetztes Denken: Ganzheitliches Führen in der Praxis.* Wiesbaden: Springer.

Gomez, P. & Probst, G. J. B., 2007. *Die Praxis des ganzheitlichen Problemlösens: Vernetzt denken, unternehmerisch handeln, persönlich überzeugen.* Bern: Haupt Verlag.

Goold, M., Campbell, A. & Alexander, M., 1994. *Corporate-Level Strategy: Creating Value in the Multi-Business Company.* Hoboken(NJ): John Wiley & Sons.

Govindarajan, V., 2016. *The Three Box Solution: A Strategy for Leading Innovation.* Boston: Harvard Business Review Press.

Govindarajan, V. & Trimble, C., 2005. *10 Rules for Strategic Innovators: From Idea to Execution.* Boston(MA): Harvard Business Review Press.

Govindarajan, V. & Trimble, C., 2005. Neue Geschäfte in etablierten Unternehmen. *Harvard Business Manager,* August, Band 27, pp.~20–34.

Govinderarjan, V. & Timble, C., 2012. *Reverse Innovation: Creat Far From Home, Win Everywhere.* Boston: Harvard Business Review Press.

Greiner, L. E., 1994. Evolution and Revolution as Organizations Grow. In: L. A. Mainiero & C. L. Tromley, Hrsg. *Developing Managerial Skills in Organizational Behavior: Exercises, Cases, and Readings.* Upper Saddle River(NJ): Prentice Hall.

Grove, A. S., 1999. Nur die Paranoiden überleben: Strategische Wendepunkte vorzeitig erkennen. In: München: Heyne.

Haeseler, H. R. & Hörmann, F., 2005. Strategy Maps: Eine echte Bereicherung. Die Konzepte ›Activity-Based Costing‹, ›Balanced Scorecard‹ und ›Strategy Maps‹ im kritischen Rundblick. In: G. Seicht, Hrsg. *Jahrbuch für Controlling und Rechnungswesen.* Wien: s.n., pp.~317–331.

Hagel, J. I. & Brown, J. S., 2005. *The only sustainable edge: Why business strategy depends on friction and dynamic specialization.* Boston(MA): Harvard Business Review Press.

Hamel, G., 1996. Strategy as Revolution. *Harvard Business Review,* Juli/August, 74(4), pp.~69–82.

Hamel, G., 2000. Das revolutionäre Unternehmen. *gdi-impuls,* Band 4.

Hamel, G., 2002. *Leading the Revolution: How to Thrive in Turbulent Times by Making Innovation a Way of Life.* Boston(MA): Harvard Business Review Press.

Hamel, G., 2007. *The Future of Management.* Boston(MA): Harvard Business Review Press.

Hamel, G., Doz, Y. L. & Prahalad, C. K., 1989. Collaborate with your competitors and win. *Harvard Business Review,* 67(1), pp.~133–139.

Hamel, G. & Prahalad, C. K., 1992. Strategy as Stretch and Leverage. *Harvard Business Review,* 71(2), pp.~75–84.

Hamel, G. & Prahalad, C. K., 1996. *Competing for the Future.* Boston(MA): Harvard Business Review Press.

Hamel, G. & Välikangas, L., 2003. The Quest for Resilience. *Harvard Business Review*, 81(9), pp.~52–65.

Hammer, M., 1990. Reengineering Work: Don't Automate, Obliterate. *Harvard Business Review*, 68(4), pp.~104–112.

Hammer, M. & Champy, J., 2003. *Business Reengineering: Die Radikalkur für das Unternehmen*. Frankfurt/New York: Campus.

Hannan, M. T. & Freeman, J., 1993. *Organizational Ecology*. Boston: Harvard University Press.

Harrigan, K. R., 1988. Strategic Alliances and Partner Asymmetries. In: F. J. Contractor & P. Lorange, Hrsg. *Cooperative Strategies in International Business: Joint Ventures and Technology Partnerships between Firms*. Lanham(MD): Lexington Books, pp.~3–30.

Hauser, J., Tellis, G. J. & Griffin, A., 2006. Research on Innovation: A Review an Agenda for Marketing Science. *Marketing Science*, 25(6), pp.~687–717.

Hax, A. C., Wilde, D. L. & Thurow, L., 2001. *The Delta Project: New Sources of Profitability in a Networked Economy*. Basingstoke(Hampshire): Palgrave Macmillan.

Helfat, C. E. et al., 2007. *Dynamic Capabilities: Understanding Strategic Change in Organizations*. Hoboken(NJ): Wiley-Blackwell.

Henderson, B. D. & Gälweiler, A., 1984. *Die Erfahrungskurve in der Unternehmensstrategie*. Frankfurt: Campus.

Henderson, R. M. & Clark, K. B., 1990. Architectural Innovation: The Reconfiguration of Existing Product Technologies and the Failure of Established Firms. *Administrative Science Quarterly*, März, 35(1), pp.~9–30.

Hendricks, K. B. & Singhal, V. R., 2000. Implementing effective total quality management (TQM) programs and financial performance: A synthesis of evidence from quality award winners. In: C. Ichniowski, D. I. Levine, C. Olson & G. Strauss, Hrsg. *The American Workplace: Skills, Compensation and Employee Involvement*. Cambridge: Cambridge University Press, pp.~234–272.

Heuskel, D., 1999. *Wettbewerb jenseits von Industriegrenzen: Aufbruch zu neuen Wachstumsstrategien*. Frankfurt/New York: Campus.

Hill, L. A. & Brandeau, G., 2014. *Collective Genius: The Art and Practice of Innovation*. Boston: Harvard Business Review Press.

Hinterhuber, H. H., 2011. *Strategische Unternehmensführung: I. Strategisches Denken, Vision, Ziele, Strategie*. Berlin: Erich Schmidt Verlag.

Hippel, E. v., 1994. Sticky Information and the Locus of Problem Solving: Implications für Innovation. *Management Science*, 40(4), pp.~429–439.

Hippel, E. v., 2006. *Democratizing Innovation*. Cambridge(MA): MIT Press.

Hippel, E. v., Thomke, S. & Sonnack, M., 1999. Creating Breakthroughs at 3M. *Harvard Business Review*, Sept./Okt., Band 77, pp.~47–57.

Hirsch, E. D., Kett, J. F. & Trefil, J. Hrsg., 2002. *The New Dictionary of Cultural Literacy*. Boston(MA): Houghton Mifflin Harcourt.

Hoffmann, W. & Wratschko, K., 2005. *Management von Allianznetzwerken*. Wien, Wirtschaftsuniversität.

Honsel, G., 2006. *Aufmerksamkeitskurven: Die Hype-Zyklen neuer Technologien.* [Online] Available at: http://www.spiegel.de/netzwelt/tech/aufmerksamkeits-kurven-die-hype-zyklen-neuer-technologien-a-443717.html

Horváth & Partners, 2005. *Highlights der Balanced-Scorecard-Studie,* Stuttgart: s.n.

Howe, J., 2006. The Rise of Crowdsourcing. *Wired Magazine,* Juni, 14(6), pp.~1–4.

Hrebiniak, L. G., 2013. *Making Strategy Work: Leading Effective Execution and Chance.* London: Financial Times Prentice Hall.

Hughes, G. D. C. D. C., 1996. Turning New Product Development into a Continuous Learning Process. *Journal of Product Innovation Management,* 13(2), pp.~89–104.

Hutzschenreuter, T., 2006. *Wachstumsstrategien: Einsatz von Managementkapazitäten zur Wertsteigerung.* Wiesbaden: Deutscher Universitätsverlag.

IBM-GlobalBusinessServices, 2006. *Expanding the Innovation Horizon: The Global CEO Study 2006,* Somers NY: s.n.

IBM-GlobalBusinessServices, 2010. *Global CEO Study Unternehmensführung in einer komplexen Welt,* s.l.: s.n.

Janis, I., 1982. *Victims of Groupthink: A Psychological Study of Foreign-Policy Decisions and Fiascoes.* Boston(MA): Cengage Learning.

Jaruzelski, B. & Dehoff, K., A. H., 2007. The Customer Connection: The Global Innovation 1000. *Strategy + Business,* Winter, Band 49, pp.~68–85.

Jochum, E., 1999. *Hoshin Kanri oder Management by Policy (MbP),* Frankfurt: s.n.

Jusko, J., 2007. Strategic Deployment: How to think like Toyota. *Industry Week,* Nov, 256(11), pp.~34–37.

Kagermann, H. & Österle, H., 2007. *Geschäftsmodelle 2010: Wie CEOs Unternehmen transformieren.* Frankfurt: Frankfurter Allgemeine Buch.

Kahn, H., 1983. *The Coming Boom: Economic, Political and Social.* New York(NY): Simon & Schuster.

Kao, J., 1997. Jamming: The Art and Discipline of Business Creativity.

Kaplan, R. S. & Norton, D. P., 1996. *Balanced Scorecard – Translating Strategy into Action.* Boston(MA): Harvard Business Review Press.

Kaplan, R. S. & Norton, D. P., 2001. *Die strategiefokussierte Organisation.* Stuttgart: Schäffer-Poeschel.

Kaplan, R. S. & Norton, D. P., 2006. *Alignment: Mit der Balanced Scorecard Synergien schaffen.* Stuttgart: Schäffer-Poeschel.

Kaplan, R. S. & Norton, D. P., 2008. Mastering the Management System. *Harvard Business Review,* Januar, 86(1), p. 62.

Kaplan, R. S., Norton, D. P. & Steffens, D., 2004. *Strategy Maps: Der Weg von immateriellen Werten zum materiellen Erfolg.* Stuttgart: Schäffer-Poeschel.

Karlgaard, R., 2014. *Soft Edge: Where Great Companies Find Lasting Success.* Hoboken: Jossey-Bass (Wiley).

Kawasaki, G., 2015. *The Art of Start 2.0, The Time-Tested, Battle-Hardened Guide for Anyone Starting Anything.* London: Penguin Books Ltd.

Kennedy, A. A., 2001. *Das Ende des Shareholder-Value: Warum Unternehmen zu langfristigen Wachstumsstrategien zurückkehren.* London: Financial Times Prentice Hall.

Kim, W. C. & Mauborgne, R., 2002. Charting Your Company's Future. *Harvard Business Review,* Juni, 80(6), pp.~76–83.

Kim, W. C. & Mauborgne, R., 2005. *Der blaue Ozean als Strategie: Wie man neue Märkte schafft, wo es keine Konkurrenz gibt.* München: Carl Hanser Verlag.

Kirsch, W., 1997. *Wegweiser zur Konstruktion einer evolutionären Theorie der strategischen Führung.* München: Kirsch Herrsching.

Knyphausen-Aufsess, D. z. & Meinhardt, Y., 2002. Revisiting Strategy: Ein Ansatz zur Systematisierung von Geschäftsmodellen. In: T. Bieger, et al. Hrsg. *Zukünftige Geschäftsmodelle: Konzept und Anwendung in der Netzökonomie.* Berlin: Springer.

Kotler, P., Armstrong, G., Wong, V. & Saunders, J., 2010. *Grundlagen des Marketing.* Hallbergmoos: Pearson Studium.

Kotler, P., Keller, K. L. & Opresnik, M. O., 2015. *Marketing-Management: Konzepte – Instrumente – Unternehmensfallstudien.* Hallbergmoos: Pearson Studium.

Kotter, J. P., 2012. Accelerate! How the most innovative companies capitalize on today's rapid-fire strategic challenges – and still make their numbers. *Harvard Business Review,* November.Issue 11.

Kotter, J. P., 2012. *Leading Change: An Action Plan From the World's Foremost Expert on Business Leadership.* Boston(MA): Harvard Business Review Press.

Kotter, J. P., 2014. *Accelerate (XLR8)! Building Strategic Agility for a Faster-Moving World.* Boston: Harvard Business Review Press.

Kröger, F., Träm, M., Rockenhäuser, J. & McGrath, J., 2000. *Der entschlüsselte Wachstumscode: Strategien zur Wertsteigerung von Unternehmen.* Wiesbaden: Gabler.

Krüger, W. & Homp, C., 1997. *Kernkompetenz-Management: Steigerung von Flexibilität und Schlagkraft im Wettbewerb.* Wiesbaden: Gabler.

Kreikebaum, H., 1997. *Strategische Unternehmensplanung.* Stuttgart: Kohlhammer.

Krystek, U. & Müller-Stewens, G., 1993. *Frühaufklärung für Unternehmen: Identifikation und Handhabung zukünftiger Chancen und Bedrohungen.* Stuttgart: Schäffer-Poeschel Verlag.

Kuhn, T. S., 2003. *Die Struktur wissenschaftlicher Revolutionen.* Berlin: Suhrkamp.

Lafley, A. & Martin, R. L., 2013. *Playing to Win: How Strategy Really Works.* Boston: Harvard Business Review Press.

Lauterborn, R., 1990. New Marketing Litany: Four P's passé, C-words take over. *Advertising Age,* Oktober.Band 26.

Lehner, J. M., 24. – 26. August 2003. *The strategic process as a sequence of linear and recursive sub-processes: The interaction between planning and bricolage.* Fontainbleau, s.n.

Leifer, R. et al., 2000. *Radical Innovation: How Mature Companies can Outsmart Upstarts.* Boston(MA): Harvard Business Review Press.

Levine, R., Locke, C., Searls, D. & Weinberger, D., 2011. *The Cluetrain Manifesto: The End of Business as Usual.* New York: Basic Books.

Levinson, J. C., 2008. *Guerilla Marketing des 21. Jahrhunderts: Clever werben mit jedem Budget.* Frankfurt/New York: Campus.

Levinson, J. C. & Godin, S., 2000. *Das Guerilla Marketing Handbuch: Werbung und Verkauf von A bis Z.* München: Heyne.

Lévi-Strauss, C., 1973. *Das wilde Denken*. Berlin: Suhrkamp.

Levitt, T., 2006. Innovative Imitation. In: T. Levitt, Hrsg. *Ted Levitt on Marketing*. Boston(MA): Harvard Business Press, pp.~1–16.

Lewin, K., 1947. Frontiers in Group Dynamics II. *Human Relations*, 1(2), pp.~143–153.

Lilien, G. L. et al., 2002. Performance Assessment of the Lead User Idea-Generation Process for New Product Development. *Management Science*, 48(8), pp.~1042–1059.

Malik, F., 1987. Messbare Erfolgspotenziale: PIMS – Profit Impact of Market Strategies. *gdi-impuls*, Band 3, pp.~53–60.

Malik, F., 2014. *Führen, Leisten, Leben: Wirksames Management für eine neue Welt*. Frankfurt/New York: Campus.

Malik, F., 2015. *Strategie des Managements komplexer Systeme: Ein Beitrag zur Management-Kybernetik evolutionärer Systeme*. Bern: Haupt.

Manas, J., 2008. *Napoleon on Project Management: Timeless Lessons in Planning, Execution, and Leadership*. Nashville(TN): Thomas Nelson.

Markides, C. C., 2011. Strategy in turbulent times. In: J. Law, Hrsg. *Business: The Ultimate Resource*. London: A&C Black.

Markides, C. C. & Geroski, P. A., 2004. *Fast Second: How Smart Companies Bypass Radical Innovation to Enter and Dominate New Markets*. San Francisco: Jossey-Bass.

Marquardt, G., 2003. *Kernkompetenzen als Basis der strategischen und organisationalen Unternehmensentwicklung*. Wiesbaden: Deutscher Universitätsverlag.

Masaaki, I., 2013. *Gemba Kaizen: A Commonsense Approach to a Continuous Improvement Strategy*. New York(NY): McGraw-Hill.

McGahan, A. M., 2004. *How Industries Evolve: Principles for Achieving and Sustaining Superior Performance*. Boston(MA): Harvard Business Review Press.

McGrath, R. G., 2013a. Plädoyer für ein anderes Kurzfristdenken. *Harvard Business Manager*, August, 35(8), pp.~56–65.

McGrath, R. G., 2013b. *The End of Competitive Advantage: How to Keep Your Strategy Moving as Fast as Your Business*. Boston: Harvard Business Review Pressy.

Meffert, H., Burmann, C. & Kirchgeorg, M., 2015. *Marketing: Grundlagen marktorientierter Unternehmensführung*. Wiesbaden: Gabler Verlag.

Miller, P., 2007. *Schwarm-Intelligenz: Weisheit der Winzlinge*. [Online] Available at: http://www.spiegel.de/wissenschaft/natur/schwarm-intelligenz-weisheit-der-winzlinge-a-497478.html

Mintzberg, H., 1992. *Structure in Fives: Designing Effective Organizations*. Upper Saddle River(NJ): Prentice Hall.

Mintzberg, H., 2005. *Manager statt MBAs: Eine kritische Analyse*. Frankfurt/New York: Campus.

Mintzberg, H., 2013. *The Rise and Fall of Strategic Planning*. New York: Free Press.

Mintzberg, H., 2014. Five P's for Strategy. In: H. Mintzberg, J. B. Lampel, J. B. Quinn & S. Ghoshal, Hrsg. *Strategy Process: Concepts, Contexts, Cases*. Philadelphia(PA): Trans-Atlantic Publications.

Mintzberg, H., Ahlstrand, B. & Lampel, J. B., 2009. *Strategy Safari: The complete Guide through the Wilds of Strategic Management.* Harlow: FT Prentice Hall.

Mintzberg, H. & Lampel, J. B., 2014. Reflecting on the Strategy Process. In: H. Mintzberg, J. B. Lampel, J. B. Quinn & S. Ghoshal, Hrsg. *The Strategy Process: Concepts, Context, Cases.* Philadelphia(PA): Trans-Atlantic Publications.

Mintzberg, H., Lampel, J. B., Quinn, J. B. & Ghoshal, S., 2014. *The Strategy Process: Concepts, Context, Cases.* Philadelphia(PA): Trans-Atlantic Publications.

Mintzberg, H. & Waters, J. A., 1985. Of Strategies, Deliberate and Emergent. *Strategic Management Journal,* Band 6, pp.~257–272.

Möhlenbruch, D. & Wichert, G. v., 2007. *Ressourcen- und Kernkompetenz-Management.* [Online] Available at: http://www.conomic.de/deutsch/5_publikationen/artikel.html

Moore, G. A., 2005. *Inside the Tornado: Strategies for Developing, Leveraging, and Surviving Hypergrowth Markets.* New York(NY): HarperBusiness.

Moore, G. A., 2008. *Dealing with Darwin: How Great Companies Innovate at Every Phase of Their Evolution.* New York(NY): Portfolio.

Morris, B., 2006. The New Rules. *Fortune Magazine,* 24 July.

Morrison, A., 2004. Corporate Innovation: Going beyond Innovation. *Henley Incubator,* 4. November.

Müller-Stewens, G. & Lechner, C., 2011. *Strategisches Management: Wie strategische Initiativen zum Wandel führen.* Stuttgart: Schäffer-Poeschel.

Naisbitt, J., 1988. *Megatrends: Ten New Directions Transforming Our Lives.* New York(NY): Grand Central Publishing.

Nefiodow, L. A., 2007. *Der sechste Kondratieff: Wege zur Produktivität und Vollbeschäftigung im Zeitalter der Information.* Sankt Augustin: Rhein-Sieg-Vlg.

Neubauer, F. F., 1999. Das PIMS-Programm und Portfolio-Management. In: D. Hahn & B. Taylor, Hrsg. *Strategische Unternehmungsplanung – Strategische Unternehmungsführung: Stand und Entwicklungstendenzen.* Heidelberg: Springer.

Norton, D., 1996. *Building a Management System to Implement your Strategy,* Boston: s.n.

Obolensky, N., 2014. *Complex Adaptive Leadership: Embracing Paradox and Uncertainity.* Farnham UK: Ashgate Publishing Group.

Oetinger, B. v., Ghyczy, T. v. & Bassford, C., 2014. *Clausewitz: Strategie Denken.* München: dtv.

Ohmae, K., 1991. *The Mind of the Strategist: The Art of Japanese Business.* New York(NY): Mcgraw-Hill Education.

Ohmae, K., 2009. *Next Gobal Stage: The Challenges and Opportunities in our Borderless World.* Upper Saddle River(NJ): FT Prentice Hall.

Ohno, T., 2013. *Das Toyota-Produktionssystem.* Frankfurt/New York: Campus.

Osterloh, M. & Frost, J., 2006. *Prozessmanagement als Kernkompetenz: Wie Sie Business Reengineering strategisch nutzen können.* Wiesbaden: Gabler.

Osterwalder, A., Pigneur, Y. & Wegberg, J., 2011. *Business Model Generation: Ein Handbuch für Visionäre, Spielveränderer und Herausforderer.* Frankfurt: Campus.

Ouchi, W. G., 1993. *Theory Z: How American Business Can Meet the Japanese Challenge.* New York(NY): Avon Books.

Owen, H., 2008. *Open Space Technology: A User's Guide.* New York(NY): Mcgraw-Hill Education.

Pümpin, C. & Amann, W., 2005. *SEP Strategische Erfolgspositionen: Kernkompetenzen aufbauen und umsetzen.* Bern: Haupt.

Pümpin, C. & Geilinger, H., 1988. Strategische Führung. *Die Orientierung,* Band 76.

Palich, L. E., Cardinal, L. B. & Miller, C. C., 2000. Curvilinearity in the diversification-performance linkage: An examination of over three decades of research. *Strategic Management Journal,* February, 21(2), pp.~155–174.

Pascale, R. T. & Athos, A. G., 1986. *The Art of Japanese Management.* London: Penguin Books.

Peelen, E. & Beltman, R., 2013. *Customer Relationship Management.* New York(NY): Pearson Education.

Pepels, W., 2013. *Produktmanagement: Produktinnovation, Markenpolitik, Programmplanung, Prozessorganisation.* München: Oldenbourg Wissenschaftsverlag.

Peppers, D. & Rogers, M., 2005. *Return on Customer: Creating Maximum Value From Your Scarcest Resource.* New York(NY): Crown Business.

Perreault Jr., W. D., McCarthy, E. J. & Cannon, J. P., 2014. *Basic Marketing: A Managerial Approach.* New York(NY): McGraw-Hill Education.

Peters, T., 24. Mai 2006. *Management Innovation.* New York, HSM.

Peters, T. & Austin, N., 1999. *Leistung aus Leidenschaft: A passion for Excellence.* Hamburg: Hoffmann und Campe.

Peters, T. J. & Waterman, R. H., 2012. *In Search of Excellence – Lessons from America's Best-Run Companies.* New York(NY): HarperBusiness.

Pettigrew, A. M., Thomas, H. & Whittington, R., 2006. *Handbook of Strategy and Management.* Lodon: SAGE Publications.

Pfeffer, J. & Salancik, G. R., 2003. *The External Control of Organizations: A Resource Dependence Perspective.* Stanford(CA): Stanford Business Books.

Pine, B. J., 1999. *Mass Customization: The New Frontier in Business Competition.* Boston(MA): Harvard Business Review Press.

Pine, B. J. & Gilmore, J. H., 2000. *Erlebniskauf: Konsum als Ereignis, Business als Bühne, Arbeit als Theater.* Berlin: Econ.

Pohl, G., 2006. *Der Long Tail: Das dünne Ende der Ladenhüter.* [Online] Available at: http://www.spiegel.de/netzwelt/web/der-long-tail-das-duenne-ende-der-ladenhueter-a-447490.html

Porras, J., Emery, S. & Thompson, M., 2007. *Success Built to Last: Creating a Life That Matters.* New York(NY): Plume.

Porter, M. E., 1996. What is Strategy?. *Harvard Business Review,* Nov/Dez.pp.~59–78.

Porter, M. E., 1999. *Wettbewerb und Strategie.* Berlin: Econ.

Porter, M. E., 2000. Clusters and the New Economy. In: C. Edquist & M. McKelvey, Hrsg. *Systems of Innovation: Growth, Competitiveness and Employment.* London: Edward Elgar Publishing.

Porter, M. E., 2008. The Five Competitive Forces that Shape Strategy. *Harvard Business Review,* Januar, pp.~79–93.

Porter, M. E., 2013. *Wettbewerbsstrategie: Methoden zur Analyse von Branchen und Konkurrenten.* Frankfurt/New York: Campus.

Porter, M. E. & Kramer, M., 2011. Creating Shared Value. *Harvard Business Review,* Januar-Februar, 89(1–2), pp.~62–77.

Prahalad, C. K., 2006. *Der Reichtum der Dritten Welt: Armut bekämpfen, Wohlstand fördern, Würde bewahren.* München: FinanzBuch.

Prahalad, C. K. & Bettis, R. A., 1986. The Dominant Logic: A New Linkage between Diversity and Performance. *Strategic Management Journal,* Nov/Dez, 7(6), pp.~485–501.

Prahalad, C. K. & Doz, Y. L., 1999. *The Multinational Mission: Balancing Local Demands and Global Vision.* New York(NY): Free Press.

Prahalad, C. K. & Hamel, G., 1990. The Core Competence of the Corporation. *Harvard Business Review,* Mai-Juni.pp.~79–91.

Prahalad, C. K. & Hart, S. L., 2002. The Fortune at the Bottom of the Pyramid. *strategy + business,* First Quarter, Band 26, pp.~1–14.

Prahalad, C. K. & Ramaswamy, V., 2004. *The Future of Competition: Co-Creating Unique Value With Customers.* Boston(MA): Harvard Business Review Press.

Proff, H., 2006. *Maximierung des Mehrwertes der Muttergesellschaft durch konsistente Gesamtunternehmensstrategie.* [Online] Available at: https://www.zu.de/forschung-themen/service/zu-schnitte.php

Proff, H., 2007. *Dynamische Strategien: Vorsprung im internationalen Wettbewerbsprozess.* Wiesbaden: Springer.

Quinn, J. B., 1980. *Strategies for Change: Logic Incrementalism.* New York(NY): McGraw-Hill.

Quinn, J. B., 2014. Strategic Change: Logical Incrementalism. In: H. Mintzberg, J. B. Lampel, J. Quinn, B. & Ghoshal, S., Hrsg. *The Strategy Process: Concepts, Context, Cases.* Philadelphia(PA): Trans-Atlantic Publications.

Rüegg-Stürm, J., 2003. *Das neue St. Galler Management-Modell: Grundkategorien einer integrierten Managementlehre.* Bern: Haupt.

Rappaport, A., 1998. *Creating Shareholder Value: A Guide for Managers and Investors.* New York: Free Press.

Rapp, R., 2005. *Relationship Management: Das Konzept zur Revolutionierung der Kundenbeziehungen.* Frankfurt/New York: Campus.

Reichwald, R. & Piller, F., 2009. *Interaktive Wertschöpfung: Open Innovation, Individualisierung und neue Formen der Arbeitsteilung.* Wiesbaden: Gabler.

Reinartz, W. & Kumar, V., 2002. The Mismanagement of Customer Loyalty. *Harvard Business Review,* 80(7), pp.~86–95.

Ridderstrale, J. & Nordström, K. A., 2002. *Funky Business: Wie kluge Köpfe das Kapital zum Tanzen bringen.* Harlow: Financial Times Prentice Hall.

Ridderstrale, J. & Nordström, K. A., 2005. *Karaoke-Kapitalismus: Fitness und Sexappeal für das Business von morgen.* München: Redline.

Roberts, K., 2005. *Lovemarks: The Future Beyond Brands*. New York(NY): powerHouse.

Rodriguez, G., 2005. *Can we all get along?*. [Online] Available at: http://www.gelfmagazine.com/archives/can_we_all_get_along.php

Rogers, E. M., 2003. *Diffusion of Innovation*. New York: Free Press.

Runge, T., 2007. Die Masse macht's. *Brand Eins*, September, pp.~132–137.

Schäfer, A., 2008. *Die Kraft der schöpferischen Zerstörung: Joseph A. Schumpeter. Die Biografie*. Frankfurt/New York: Campus.

Scheuss, R., 1987. Guru, Forscher, Feldherr, Die 3 Rollen dynamischer Führungskräfte: Management-Entwicklung für morgen. *Harvard Business Manager*, 25 März, Issue 2, pp.~23–27.

Scheuss, R., 1999. *Crazy Business: Vernetzter, cleverer, schneller, persönlicher, strahlender*. Regensburg/Düsseldorf: Metropolitan.

Scheuss, R., 2004. *Business Update: So machen Sie sich und Ihr Unternehmen stark für den Hyper-Wettbewerb*. Regensburg/Berlin: Metropolitan.

Scheuss, R., 2007. *Der Sprung des Drachen: Strategien gegen Produktkopierer, Qualitätsanbieter und andere Hyper-Wettbewerber aus China*. Frankfurt/New York: Campus.

Scheuss, R., 2008. *Die 5 Zukunftsstrategien: Trends, Ideen, Impulse für mehr Innovation, mehr Wachstum, mehr Geschäft*. Regensburg/Berlin: Walhalla Metropolitan.

Scheuss, R., 2010. *Zukunftsstrategien: Worauf es in der Ära des wilden Wettbewerbs wirklich ankommt*. Regensburg/Berlin: Walhalla.

Scheuss, R., 2012. *Change Tools: Wandel bewirken, Super-Teams gestalten, Engagement mobilisieren*. Regensburg/Berlin: Walhalla.

Scheuss, R., 2012. *Strategie Tools: Richtung geben, Vorsprung sichern, Innovationen lancieren*. Regensburg/Berlin: Walhalla.

Scheuss, R., 2012. *Trend Tools: Zukunft entdecken, Perspektiven finden, Chancen nutzen*. Regensburg/Berlin: Walhalla.

Schneider, D., 2005. *Unternehmensführung und strategisches Controlling: Überlegene Instrumente und Methoden*. München: Carl Hanser.

Schultz, D. E., Tannenbaum, S. & Lauterborn, R. F., 1996. *The New Marketing Paradigm – Integrated Marketing Communications*. New York(NY): McGraw-Hill.

Schumpeter, J., 1997. *Theorie der wirtschaftlichen Entwicklung: Eine Untersuchung über Unternehmergewinn, Kapital, Kredit, Zins und den Konjunkturzyklus*. Berlin: Duncker & Humblot.

Seeger, C., 2010. *Harvard Business Manager Edition 1/2010: Die besten Ideen von Peter F. Drucker*. Hamburg: Manager Magazin.

Seidel, E., Jung, R. & Redel, W., 1988. *Führungsstil und Führungsorganisation, Band I: Führung, Führungsstil*. Darmstadt: Wissenschaftliche Buchgesellschaft.

Seliger, R., 2015. *Einführung in Großgruppenmethoden*. Heidelberg: Carl-Auer Verlag.

Senger, H. v., 2006. *36 Strategeme für Manager*. München: Piper.

Senger, H. v., 2007. *Die Kunst der List: Strategeme durchschauen und anwenden*. München: Beck.

Seybold, P. B., 2006. *Outside Innovation: How Your Customers Will Co-Design Your Company's Future.* London: Collins.

Shapiro, C. & Varian, H. R., 1998. *Information Rules: A Strategic Guide to the Network Economy.* Boston(MA): Harvard Business Review Press.

Simon, H. A., 1971. Designing Organizations for an Information-Rich World. In: M. Greenberger, Hrsg. *Computers, Communication, and the Public Interest.* Baltimore(MD): The Johns Hopkins University Press.

Simon, H. & von der Gathen, A., 2010. *Das große Handbuch der Strategieinstrumente: Alle Werkzeuge für eine erfolgreiche Unternehmensführung.* Frankfurt/New York: Campus.

Slywotzky, A. J., 1995. *Value Migration: How to Think Several Moves Ahead of the Competition.* Boston: Harvard Business Review Press.

Slywotzky, A. J., 1999. *Profit Patterns: 30 Ways to Anticipate and Profit from Strategic Forces Reshaping Your Business.* New York(NY): Wiley.

Slywotzky, A. J., 2008. *Upside: Sieben Strategien, um Herausforderungen in unternehmerische Chancen zu verwandeln.* Frankfurt/New York: Campus.

Sommerlatte, T. & Walsh, I. S., 1993. Das strategische Management von Technologien. In: A. Töpfer & H. Afheldt, Hrsg. *Praxis der strategischen Unternehmensplanung.* Landsberg: Moderne Industrie.

Sommerlatte, T. & Walsh, I. S., 1993. Unternehmensstrategien für den europäischen Markt. In: A. Töpfer & H. Afheldt, Hrsg. *Praxis der strategischen Unternehmensplanung.* Landsberg: Moderne Industrie.

Soni, P., 2012. *Govindarajan, Vijay; Timble Christ: Create Far From Home, Win Everywhere (Besprechung).* [Online] Available at: www.paransoni.net/2013/02/reverse-innovation-critique.html.

Stacey, R. D., 1992. *Managing the Unknowable: Strategic Boundaries Between Order and Chaos in Organizations,.* Hoboken(NJ): Jossey-Bass.

Stacey, R. D., 2011. *Strategic Management and Organisational Dynamics: The Challenge of Complexity to Ways of Thinking about Organisations.* Upper Saddle River: Prentice Hall.

Steinmüller, A. & Steinmüller, K., 2004. *Wild Cards: Wenn das Unwahrscheinliche eintritt.* Hamburg: Murmann.

Steinmann, H. & Schreyögg, 2013. *Management: Grundlagen der Unternehmensführung Konzepte – Funktionen – Fallstudien.* Wiesbaden: Springer Gabler.

Sull, D. & Eisenhardt, K. M., 2012. Simple Rules For a Complex World. *Harvard Business Review,* September.

Sull, D., Eisenhardt, K. & Regina, S., 2015. *Simple Rules: Einfache Regeln für komplexe Situationen.* Berlin: Econ Verlag.

Sull, D. N., 2005. Strategy as active waiting. *Harvard Business Review,* 1 Sep, 83(9), p. 120.

Sull, D. N., 2006. *Good Things Come to Those Who Actively Wait.* [Online] Available at: http://www.ft.com/intl/cms/s/0/c5600918–965a-11da-a5ba-0000779e2340.html #axzz403V96Fzu [Zugriff am 15 February 2016].

Sun, T., 2008. *Die Kunst des Krieges.* Hamburg: Nikol.

Tapscott, D., Ticoll, D. & Lowy, A., 2000. *Digital Capital: Harnessing the Power of Business Webs*. Boston(MA): Harvard Business School.

Teece, D. J., 1998. Capturing Value from Knowledge Assets: The New Economy, Markets for Know-how, and Intangible Assets. *California Management Review*, 40(3), pp.~55–79.

Teece, D. J., 2006. Reflections on Profiting from Innovation. *Research Policy*, 35(8), pp.~1131–1146.

Teece, D. J., Pisano, G. & Shuen, A., 1997. Dynamic Capabilities and Strategic Management. *Strategic Management Journal*, Aug, 18(7), pp.~509–533.

Tellis, G. J. & Golder, P. N., 1996. First to Market: First to Fail? Real Causes of Enduring Market Leadership. *MIT Sloan Management Review*, 37(2), pp.~65–75.

Tichy, N. M., 1983. *Managing Strategic Change: Technical, Political and Cultural Dynamics*. New York: John Wiley & Sons.

Tischler, L., 2004. How do I Love Thee? Let me Plot the Graph. *Fast Company*, 1 Juli.

Toffler, A., 1974. *Der Zukunftsschock*. München: Droemer Knaur.

Toffler, A., 1988. *Die dritte Welle. Zukunftschance*. München: Goldmann.

Treacy, M. & Wiersema, F., 1997. *The Discipline of Market Leaders: Choose Your Customers, Narrow Your Focus, Dominate Your Market*. New York: Basic Books.

Tushman, M. L. & Anderson, P. Hrsg., 2004. *Managing Strategic Innovation and Change: A Collection of Readings*. Oxford: Oxford University Press.

Tushman, M. L. & O'Reilly, C. A., 2002. *Winning Through Innovation: A Practical Guide to Leading Organizational Change and Renewal*. Boston(MA): Harvard Business Review Press.

Uhse, B., 2001. *Ich will die Freiheit für die Liebe: Beate Uhse Autobiographie*. Berlin: List Taschenbuch.

Ulrich, H., 1984. *Management (gesammelte Aufsätze)*. Bern: Haupt. Ulrich, H., 2001. *Systemorientiertes Management*. Bern: Haupt.

Ulrich, H. & Probst, G. J. B., 1995. *Anleitung zum ganzheitlichen Denken und Handeln: Ein Brevier für Führungskräfte*. Bern: Haupt.

Underhill, T., 1996. *Strategic Alliances: Managing the Supply Chain*. Tulsa(OK): Pennwell. Utterback, J. M., 1996. *Mastering the Dynamics of Innovation*. Boston: Harvard Business Review Press.

Utterback, J. M. & Abernathy, W. J., 1975. A Dynamic Model of Process and Product Innovation. *OMEGA, The International Journal of Management Science*, 3(6), pp.~639–656.

Venkatraman, N., Henderson, J. C. & Oldach, S., 1993. Continuous Strategic Alignment: Exploiting Information Technology. *European Management Journal*, 11(2), pp.~139–149.

Vester, F., 2002. *Die Kunst vernetzt zu denken: Ideen und Werkzeuge für einen neuen Umgang mit Komplexität*. München: Deutscher Taschenbuch Verlag.

von Ghyczy, T., von Oetinger, B. & Bassford, C., 2001. *Clausewitz on Strategy: Inspiration and Insight from a Master Strategist*. New York(NY): Wiley.

Weisbord, M. & Janoff, S., 2000. *Future Search: An Action Guide to Finding Common Ground in Organizations and Communities*. San Francisco(CA): Berrett-Koehler.

Weisbord, M., Janoff, S. & MacNeish, J., 2007. *Don't Just Do Something, Stand There!: Ten Principles for Leading Meetings That Matter.* San Francisco(CA): Berrett-Koehler.

Welch, J. & Byrne, J. A., 2003. *Was zählt: Die Autobiographie des besten Managers der Welt.* Berlin: Ullstein.

Welch, J. & Welch, S., 2005. *Winning: Das ist Management.* Frankfurt/New York: Campus.

Welch, J. & Welch, S., 2007. *Winning: Die Antworten auf die 74 brisantesten Managementfragen.* Frankfurt/New York: Campus.

Welge, M. K., Al-Laham, A. & Eulerich, M., 2016. *Strategisches Management: Grundlagen, Prozess, Implementierung.* Wiesbaden: Springer Gabler.

Werner, H., 1996. Marktorientierte versus ressourcenorientierte Produktentwicklung. *IO Management,* 65(11), pp.~23–27.

Werner, H., 2013. *Supply Chain Management: Grundlagen, Strategien, Instrumente und Controlling.* Wiesbaden: Springer Gabler.

Williams, T., Worley, C. G. & Lawler III, E. E., 2013. The Agility Factor. *strategy+business,* 15 April.

Womack, J. P. & Jones, D. T., 2013. *Lean Thinking: Ballast abwerfen, Unternehmensgewinn steigern.* Frankfurt/New York: Campus.

Womack, J. P., Jones, D. T. & Roos, D., 2007. *The Machine that Changed the World.* London: Simon & Schuster UK.

Wyles, J., Kunkel, J. & Wilson, A. C., 1983. Birds, Behavior, and anatomical Evolution. *Proc.Natl. Acad. Sci. USA,* 31 July, Band 80, pp.~4394–4397.

Yip, G. & Hult, T. M., 2011. *Total Global Strategy.* Upper Saddle River(NJ): Prentice Hall.

Yoon, Y., 2005. Ausbruch aus dem Lebenszyklus. *Harvard Business Manager,* August. pp.~52–63.

Zahara, S. A. & George, G., 2002. Absorptive Capacity: A Review, Reconceptualization, and Extension. *Academy of Management Review,* 27(2), pp.~185–203.

Zook, C., 2004. *Beyond the Core: Expand Your Market Without Abandoning Your Roots.* Boston(MA): Harvard Business Review Press.

Zook, C., 2007. *Unstoppable: Finding Hidden Assets to Renew the Core and Fuel Profitable Growth.* Boston: Harvard Business Review Press.

Zook, C., 2010. *Profit from the Core: A Return to Growth in Turbulent Times.* Boston(MA): Harvard Business Review Press.

Zook, C. & Allen, J., 2011. The Great Repeatable Business Model. *Harvard Business Review,* November.

Zook, C. & Allen, J., 2012. Repeatability: How Compnies Create Enduring Businesses in a World of Constant Change. *World Financial Review,* 16 July.

Register

10x-Faktoren 157
3-Boxen-System 288 ff.
3C 139–141
3M 136, 190, 239, 302
4C-Strategie 44, 59, 326
4P-Strategien 42, 59, 325 ff.
7P-Strategie 43
7S-Bezugsrahmen 272
7S-Modell 135
Abell, Derek 40
Abernathy, William J. 197
Abschöpfungsstrategie 58, 60
Absorbierende Kapazitäten 93
Absorptive capacity 93
Accenture 117, 285
Acht Akzeleratoren 182
Acquisitions 102, 110, 116, 118, 228
Actavis 77
Adidas 243, 262, 284, 303
ADL-Portfolio 64
Agfa 93, 132
Agilität 77, 84, 92, 96 ff., 131, 147, 150 ff., 172, 178, 181, 183, 267, 269–272, 274, 279, 282, 312, 322, 330
Ahlstrand, B. 26
Air Berlin 74
Air France 130
Akamai 281
Alcon 106
Alexander, Marcus 224
Alignment 34, 294, 298–300
Allianz 92, 94 ff., 103, 116–118, 124, 199, 331, 334

Amazon 15, 37, 77, 119 ff., 157, 160, 208 ff., 217, 239, 285
Ambidexterity 277
Ambidextrous organizations 212
Analysitis 308
Ansoff, Igor H. 25, 36 ff., 103 ff., 106–108, 112 ff., 154
Ansoff-Matrix 103 ff., 106–108
Apple 15, 20, 25, 70, 81, 88, 93, 106, 151, 160 ff., 194 ff., 212, 217, 262 ff., 268, 274, 276, 282, 285, 292, 307
Appreciative Inquiry 180
Architektonische Innovationen 214
Arme Hunde-Geschäfte 58, 60
Arthur D. Little (ADL) 64 ff., 196, 285
Asiatische Strategien 132–151, 332
AT&T 22
Atari 136
Athos, Anthony 134
Attention Economics 261
Audi 25, 51, 81, 88–90, 239, 249, 316
Aufmerksamkeit 35, 46, 58, 104, 111, 198, 261–263, 267, 271, 287, 315, 334 ff.
Auftauphase 179
Ausstiegsregeln 281
Austin, Nancy 189
Avantgarde-Strategien 41, 269–286, 335
Avon 195
Axa 234

Bain&Company 103
Balanced Scorecard 130, 291–299
Baldridge Award 122

Ballastsituationen 225
Bang & Olufsen 116
Barrieren 72 ff., 101, 272
Bartlett, Christopher 229
Basisinnovationen 187–189
Basiskompetenzen 91 ff.
Basistechnologien 188, 196
Bateson, Gregory 163
Baummodell 88 ff.
BCG-Portfolio 58
Beer, Stafford 163
Benchmarking 16, 90, 123 ff., 156, 289, 301, 331
Benetton 116, 243
Best Practices 16, 124, 289, 331
Best product features 238
Best Strategy 124
Best total cost solution 238
Best total customer solution 238
Beteiligungen 118
Beziehungsstrategien 41, 255–268, 285, 335
Big Hairy Audacious Goals (BHAG) 303
Big Picture 17, 20, 95, 156, 166, 308 5, 320, 333
Birkinshaw, Julian 277
Bite 107
Blauer Ozean 245 ff.
Blue-Ocean-Strategie 246–248, 253 ff.
BMW 81, 102, 239, 241, 249
Boden der Pyramide 233
Body Shop 15, 116, 217, 282
Boeing 136, 222, 302
Bootstrapping 149–151
Booz Allen Hamilton 184, 186
Boston Consulting Group 56, 58, 242
Boston-Effekt 56 ff.
Boston-Matrix 58, 61, 63
Boston-Portfolio 57–59
Brain Game 317
Branchengrenzen 240–243, 311, 313, 324
Brandenburger, Adam 218 ff., 223
Branding 75, 222, 262 ff., 267, 271

Bricoleur-Strategie 175
Bridgestone Tire 147
Brown, Shona 172, 174, 176–178
Bryan, Lowell L. 316
Brynjolfsson, Eric 119
Budgetierung 23, 167
Built to flip 304
Built to last 304
Bush-Administration 40
Business Migration 240 ff.
Business Policy 22
Business Process Management (BPM) 131
Businessstrategie 30 ff., 290, 325, 328
Buyer Utility Map 253
Buzan, Tony 298

Callaway 247
Campbell, Andrew 224
Canon 89, 93, 123, 133, 195, 214
Cap Gemini 117
Cardinal, L.B. 114
Case 133
Cash-Cow 59 ff.
Cash-Cow-Geschäfte 60
Casio 132
Caterpillar 133
Celesio 114
Cemex 280
Champy, James 126 ff.
Chan, Kim W. 244
Chancen 16, 24–26, 31–34, 37, 51 ff., 55, 77, 82 ff., 93 ff., 96 ff., 101, 110 ff., 137, 139, 155, 157 ff., 162, 165, 174, 176, 181, 206, 218, 220, 223, 228, 231, 233, 241, 247–250, 256, 266, 270 ff., 277, 279, 281–284, 304, 306 ff., 311 ff., 318, 320, 324 ff., 331
Chancenregeln 281
Change Management 169, 270, 310
Chaos 152, 172 ff.
Charitou, Constantinos D. 193
Chasm 200

Chesbrough, Henry 206, 216
Choiceboards 260 ff.
Christensen, Clayton M. 202, 204 ff., 217
Chrysler 67, 102, 139
Churchill, Winston 321
Cisco 96, 117, 137, 163, 281, 285
Citizen 132
Clan-Bildung 263
Clariant 109
Clark, Kim B. 213–215
Clockspeed 153
Cluetrain-Manifest 255 ff.
Coca-Cola 36, 151, 199
Co-Creation 207 ff., 221, 237, 263, 267
Collins, James 301, 303 ff.
Collis, David J. 87
Communication 45, 326
Competitive Edge 288
Convenience 45, 105, 253, 326, 335
Co-opetition 219
Copy-Cats 52
Core competencies 283
Core competents 283
Corporate-Parenting-Matrix 225
Cost to the Customer 44, 326
Cost-Leadership 74
Crocs 106 ff.
Cross-Selling 102, 257
Crowd Sourcing 208
Customer Innovation 207
Customer Lifetime Value 236, 258
Customer Relationship Management (CRM) 125, 130, 207, 256 ff.
Customer Value 44, 236, 326, 329, 335

d'Aveni, Richard 271–274
Dachangjiang 150
Daewoo 117 ff.
Daimler-Benz 102
de Geus, Arie 169 ff., 305
DeBeers 109
Deere 133
Degenerationsphase 45, 47

Dekonstruktion 242
Dell 15, 151, 195, 217, 285
Deming, William Edwards 121 ff., 134, 147
Deming-Zyklus 121
Design 21, 48, 88, 109, 118, 129, 132, 215, 222, 234, 263, 265, 271, 276, 285, 288, 325
Designschule 26
Desinvestitionsstrategie 60
Deutsche Bank 25
DHL 215
Differenzierung 17, 24, 27, 74 ff., 80 ff., 112, 125 ff., 141, 217, 227 ff., 239, 247 ff., 250 ff., 282, 293, 307, 328, 333
Differenzierungsstrategien 68
Disney 107, 136, 302
Disruptive Innovation 202 ff., 217
Distributionsstrategie 43, 45
Diversifikation 103, 105–107, 111, 113 ff., 243, 245, 330
Diversifikationsstrategien 114
Dominant design 214 ff.
Dominante Geschäftslogik 306
Dominantes Design 198, 213
Dörner, Dietrich 165 ff.
Downsizing 125, 127
Doz, Yves 118
Drucker, Peter 147, 218, 290
Ducati 132
DuPont 136
Dynamic Capabilities 92 ff., 96
Dynamische Fähigkeiten 93 ff., 97, 330
Dynamische Strategien 41, 152–183, 333

EasyGroup 114
easyJet 74, 217
eBay 208, 217, 247, 285
Economies of Competence 68
Economies of Know-how 67
Economies of Scale 66 ff., 100, 260
Economies of Scope 67, 261
Economies of Skills 68
Economies of Speed 67

Edeka 116
Eisenhardt, Kathleen 172, 174, 176–178, 279
ELG 114
Emotionalisierung 262 ff., 267, 325
Entlernen 154
Erfahrung 55 ff., 67, 86, 103, 105, 110, 112 ff., 127, 170, 182, 202, 209, 256, 264, 275, 315, 321, 329
Erfahrungskurveneffekt 55, 66
Erfindung 186 ff.
Erlebnisökonomie 264
Ertragsmechanik 185, 216
Evans, Philip 242, 266
Expansion 63, 103, 108–110, 117, 133, 138, 167, 327, 330 ff.
Experience economy 264
External strategic fit 37
Exxon 136

Facebook 151, 174, 208, 274, 280
Factory Outlet Center 203
Fähigkeitsstrategien 285
FAO Schwarz 264
Fast Company 262
Fast Second 162
Fedex 215
Ferrari 262
Fertigkeitsvorteile 68, 329
Finanzperspektive 293
Fine, Charles H. 153
First Mover 160–162, 202
First-Mover-Strategie 161 ff., 202
Fit 36–38, 162
Fitmacher-Strategien 41, 121–131, 331
Five P's 18
Flache Strategien 231
Fleck, Andree 81
Flextronics 285
Flüchtiger Vorsprung 82
Focus 298 ff.
Fokusebenen 30
Fokussierung 27, 56, 102, 202, 239, 299, 328

Fokusstrategie 74
Follower 160–162
Ford 99, 219 ff., 237, 244 ff., 302
Ford Motor Company 237
Ford, Henry 215, 237, 244
Fragezeichen 57–60
Fragezeichen-Geschäfte 59 ff.
Franchising 115 ff., 331
Fremde 225 ff., 259 ff.
Fressnapf 116
Friedmann, Thomas L. 149, 231
Führungsgrundsätze 29 ff.
Fuji 93
Fujifilm 37, 132
Fujitsu 117
Fünf Porter-Kräfte 72
Fünf-Kräfte-Modell 71, 73, 85, 219
Fünf-Kräfte-Schema 33
Funktionsregeln 281
Funktionsstrategie 31
Fury 107
Fusion 67, 102, 118, 130, 139, 168, 180

Gadiesh, Orit 49
Gälweiler, Aloys 22
Gazprom 243
Gefahren 26, 31 ff., 34, 154 ff., 158, 162, 223 ff., 271, 277, 324 ff.
Gefrierphase 179
General Electric/GE 22, 39, 52 ff., 58, 110, 302
General Motors/GM 22, 117 ff., 147, 244
Geroski, Paul 160, 211 ff.
Gerpott, T. J. 161
Geschäftsfeld 17, 24, 30 ff., 51, 53, 57, 59, 62, 69, 71–73, 80, 83, 87, 91, 98, 103, 108 ff., 113 ff., 155, 168, 177, 180, 216, 224, 229, 232, 291, 326 ff., 331–333
Geschäftsmodell 14, 16, 21, 39, 50 ff., 78, 83, 93, 107, 109–112, 114, 116, 120, 140, 151, 174, 176, 185, 192–195, 203–205, 212, 215–217, 225,

Register | **363**

236, 240, 245–247, 249, 266, 270 ff.,
276, 284 ff., 312–314, 322, 330
Geschäftsmodellinnovation 216 ff., 286,
312, 331, 334
Geschäftsmodellmultiplikator 212
Geschäftsorchestrators 232
Geschäftsprozesse 25, 90, 124 ff., 127,
129–131, 192 ff., 208, 216, 230–232,
331
Geschäftsprozessmanagement (GPM)
129–131, 331
Gewinndenken 49 ff.
Gewinnmuster 240
Ghemawat, Pankaj 235
Ghoshal, Sumantra 229
Gibson, Christina 277
Gilbert, James L. 49
Gilmore, James H. 264
GlaxoSmithKline 105
Globalisierung 25, 93, 105, 132, 139,
149, 187 ff., 221, 227 ff., 231 ff., 235,
265, 269, 311
Glockenverlauf 200
Glokale Strategien 41, 227–235
Glückliches Atom 134
Gonindarajan, Vijay 190
Good Practices 124
Google 15, 20, 37, 76, 160, 174, 176,
247, 262, 267, 274, 280, 285, 303
Goold, Michael 224
Greiner, Larry E. 12, 166–168
Greiner-Kurve 167
Groupthink 306
Grove, Andrew 157
Gruppendenken 306
Gucci 262

*Hamel, Gary 19, 37–40, 85 ff., 88, 97,
118, 152, 244, 311–313, 315*
Hammer, Michael 125- 127
Haniel 114 ff.
Hanley 191
Hanomag 133
Harley-Davidson 263, 282, 285

Harrigan, Kathrin 224
Harsanyi, John 218
Harvard University 22, 27, 34, 53, 86,
125, 213, 218, 223 ff., 303
Heavy Users 207, 209
Henderson, Bruce D. 56
Henderson, Rebecca M. 213–215
Herausforderer 12, 51 ff., 73, 132 ff.,
150, 160, 193 ff., 312, 314, 327
Heuskel, Dieter 242
Hidden Assets 103, 110
High Velocity Markets 178
Hitachi 133
Hito kane mono 141
Honda 14, 37, 89, 132, 150, 303
Horváth & Partners 296
Hoshin Kanri 147 ff.
HP (Hewlett-Packard) 100, 117, 147
HTS 115
Huawei 96, 276
Hurwicz, Leonid 218
Hybride Innovationsstrategie 81
Hybride Varietätsstrategie 81
Hybride Wettbewerbsstrategien 80
Hyper-Wettbewerb 97, 223, 269–274,
280, 311, 318

IBM 37, 117, 161, 190, 217, 240, 269,
285, 302
Identität 30, 170, 264
Ikea 15, 20, 48, 77, 217, 248, 262, 274
Ilford 93, 132
Illy 262
Inditex 77, 195
Industrial Economics 70 ff.
Informationsüberflutung 261
Infotech-Strategien 265
Inkrementelle Innovation 191 ff., 194,
213
Innovation 46 ff., 57, 62, 68 ff., 74–76,
81, 83, 91, 102 ff., 105, 107 ff., 112,
115, 117, 124, 139, 141, 150–152,
158, 160, 162, 171, 173, 181, 184–
217, 222, 227, 234 ff., 244, 246 ff.,

249, 270–273, 276, 280, 283, 289, 294, 301, 303, 311–316, 318, 322, 324, 328–331, 333–335
Innovationsarchitektur 213
Innovationsdilemma 204
Innovationsforschung 195
Innovationsgewinn 198
Innovationskernkompetenz 212
Innovationsmanagement 16, 83, 196, 202
Innovationsmuster 191, 195, 210
Innovationspfade 197
Innovationsprozesse 124, 185, 192, 206, 210 ff., 294, 334
Innovationsstrategien 41, 57, 184–217, 333
Innovationsthemen 184
Innovationstypen 213
Innovationswettbewerb 69, 93, 329
Inszenierung 263 ff.
Integratoren 243
Intel 117, 124, 131, 136, 157, 179, 208, 245, 281, 288
Interaktive Wertschöpfung 207 ff.
Internal strategic fit 37
Internationalisierung 105, 221, 227–229, 334
Internationalisierungsstrategien 227, 229
Invention 112, 186
Investitionsstrategie 58–60
iStock Photo 208

Jamming 279 ff.
Janis, Irving 306
Japanische Strategien 132
JetBlue 74
Jobs, Steve 307
Johnson & Johnson 136, 302
Joint Ventures 103, 116 ff., 300, 331
Jomini, Antoine-Henri 275
Jones, Daniel T. 129, 136, 301
Joyce, Claudia I. 316
Just-in-Time 129, 143, 145

Kahn, Hermann 24
Kaizen 45, 81, 129 ff., 143, 145 ff.
Kamps 116
Kanban 16, 143, 145 ff.
Kaplan, Roger S. 292, 298–300
Karlgaard, R. 288
Kawasaki, Guy 194
Kearney, A.T. 101
Kerngeschäft 103, 108–112, 138, 202, 230, 326, 331
Kernkompetenz(en) 16, 21 ff., 24, 28, 64, 77, 83, 85–99, 113 ff., 126, 129 ff., 135, 138, 176, 204 ff., 212, 219, 225, 231, 233, 242–245, 264, 267, 283–285, 291, 313 ff., 324, 329 ff., 332, 335
Kernkompetenzen-Portfolio 90
KLM 130
Kludging strategy 159
Kluft 175, 199–202
Know-how-Vorteile 67, 220
Kodak 39, 93, 132
Kognitionsschule 27
Kolonialisten 212
Komatsu 133, 147
Kombi-Strategien 78
Kompetenzführerschaft 90 ff.
Kompetenzvorteile 68
Komplexitäts- und Chaostheorie 172
Kondratieff, Nikolai 187, 189
Kondratieff-Zyklen 187–189
Konfigurationen 29, 261
Konfigurationsschule 29
Konica 93, 132
Konkurrieren 63, 85, 128, 190, 196, 199, 205, 216, 218 ff., 223, 241 ff., 244, 249, 251 ff., 283, 291, 327
Konsolidierer 212
Kontinuierliche Innovation 195, 203
Konzeptstrategien 285
Kooperationsformen 116
Kooperative Strategieformen 219
Kooperative Strategien 41, 218–225
Kooperieren 219

Koopetition 219, 224
Kostenführerschaft 27, 46, 57, 73 ff., 77, 79 ff., 217, 228, 239, 247 ff., 264, 328
Kotler, Philip 42 ff.
Kotter, John P. 181–183
KPMG 292
Kreative Zerstörung 186
Kreidler 132
Kuhn, Thomas Samuel 302
Kulturschule 28
Kumar, V. 258 ff.
Kundenloyalitätsstrategien 258
Kundennutzen 87, 91 ff., 127, 186, 216, 218, 236, 242, 245, 247, 249 ff., 253, 258, 291, 326, 329, 335
Kundennutzenkarte 253
Kundenperspektive 293, 216, 326, 335
Kundenwert 236

Lampel, J. B. 26
Land's End 88
Langfristplanung 23 ff.
Late Mover 161 ff.
Lead-User 156, 210
Lead-User-Innovation 210
Lean Management 127–129
Lean Thinking 128
Learning capability 97
Leffley, A. G. 290
LEGO 111 ff., 262
Leica 93, 133
Leistungsführerschaft 77
Leistungswettbewerb 69
Leitbild 29, 174, 177, 292, 308, 325
Lenovo 93
Lernfähigkeit 97, 151, 170, 283
Lernschule 28
Lessons learned 28
Levi-Strauss, Claude 175
Levitt, Theodore 45, 52
Lewin, Kurt 179
Lexus 81, 146, 204
Li & Fung 232
Limitierung 262 ff.

Linux 206, 210
Living Companies 170
Lizenzierung 105, 115, 335
Lockheed 103, 190
Lock-in-Strategie 267
Logischer Inkrementalismus 192
Longines 132
Long-Tail-Strategie 119
Longxin 150
Lotus 71
Lovemarks 262
Loyalitätsportfolio 259
Lucent 96
Lückenanalyse 107
Ludwig-Erhard-Preis 122
Luhmann, Niklas 163
Luther, Martin 255

Machtschule 28
Management von Kernkompetenzen 86
Management-by-Objectives-System (MbO) 147, 290
Managementphilosophie 29, 143
Markenmanagement 262
Market based strategy 27
Market-based view 71, 97
Market-view based strategy 68
Markides, (Constantinos) Costa 53, 160, 193, 211 ff., 276
Marktanteils-/Marktwachstums-Portfoliomatrix 58
Marktattraktivität 61–63, 77, 86, 90, 101, 327
Marktattraktivitäts-/Wettbewerbsstärken-Portfoliomatrix 61
Marktdoktrin 27, 71, 97 ff.
Marktdurchdringung 103 ff., 106–108, 112, 116, 330
Marktdurchdringungsstrategie 104, 106, 108
Markteinführungsphase 46
Marktentwicklung 20, 24, 32, 37, 71, 103, 105–108, 329 ff.
Marktentwicklungsstrategie 105–108

Marktexpansion 105
Marktführer 38, 51 ff., 57, 59, 89, 111, 199, 204 ff., 210, 214, 245, 312, 327
Marktgrenzen 249, 313
Marktpenetration 104 ff.
Marktpionier 160
Markträume 245–247, 249 ff., 253
Marktstrategien 41–52, 230, 234, 325
Marriott 136, 302
Martin, Roger L. 290
Maserati 71
Maskin, Eric 218
Mass Customization 260, 267
Mass Customizing 256, 260 ff.
Maturana, Humberto 163
Matushita 133, 195
Mauborgne, Renée 244 ff., 249
McCarthy, Jerome 42 ff.
McDonald's 15, 67, 116, 136, 262
McGrath, Rita 82 ff.
McGregor, Douglas 142
McKinsey 61, 134, 137, 139, 239, 285
McKinsey-7S 134 ff.
McKinsey-Matrix 61–64
McKinsey-Portfolio 61, 63
McNealy, Scott 25
Meinhardt, Yves 216
Mercedes 67, 81, 241, 249, 264
Merger 102 ff., 110, 116, 118, 137, 220, 327, 331
Metropolitan Opera 285
Microsoft 15, 20, 76, 117, 151, 210, 212, 246, 267 ff., 285
Militärstrategie 40
Miller, C.C. 14
Mindshare-Strategien 261
Mini (Cooper) 249, 262
Minolta 93, 133
Mintzberg, Henry 18 ff., 26, 85
Mission 29, 38, 112, 124, 147, 164, 174, 302, 308, 325
Mission Statement 29, 38
Mitläufer 51 ff., 327
Modulare Innovationen 214

Moleskine 262
Mondavi 262
Monitoring 95, 154, 273
Montgomery, Cynthia A. 87
Moore, Geoffrey A. 199 ff., 202
Morgenstern, Oskar 15
Morrison, Andy 191
Motorola 117, 213, 234, 276, 302
Motto 30, 146, 160 ,274, 303, 311, 325
Multifaktorenportfolio 61
Multiplikation 103, 115, 133, 161 ,228, 331
Multiplikatoren 211 ff., 316
Mutter 225 ff.
Myerson, Roger 218
Mylan 77

Nachahmerstrategien 76
Nachfolger 160–162, 333
Naisbitt, John 24
Nalebuff, Barry 218 ff., 223
Nash, John 218
Navigieren 18, 20 ff., 163
Nestlé 25, 36, 105 ff., 229, 314
Netzwerkorganisation 181
Newcomer-Geschäftsmodell 205
Next Success Strategy 276
Nicht-Nullsummenspiele 218
Nike 15, 56, 155 ff., 191, 239, 243, 261 ff., 266, 271, 284, 290, 303
Nikon 133
Nintendo 246
Nippon Denso 147
Nischenbesetzer 51 ff., 327
Nissan 132
Nokia 96, 98, 234
Nordsterne 147 ff.
Nordström, Kjell 255, 282, 302
Normstrategie 41, 53–65, 274, 327
Nortel 281
Norton 132
Norton, David P. 292, 298–300
Novartis 106

Nullsummenspiel 218
Nutzeninnovationen 109, 245–247, 250–253, 322

O`Reilly, Charles 190
Obi 116
Objectives 147 ff., 290
Ocean-Minded 107
Ohmae, Kenichi 139–141
Ohno, Taiichi 143, 146
Ökologische Schule 28
Olympus 93
Omega 132
One to one 16, 256
One World 222
Opel 118
Open Innovation 206, 208, 221, 237
Open Space 180
Open-Source-Ansatz 210
Orchestratoren 243
Oricon 281
Orientierungsgrößen 21
Ouchi, William 12, 141–143
Outlearning 118
Outpacing 79–81
Outside Innovation 207 ff.
Outsourcing 16, 26, 57, 92, 149 ff., 208, 220, 230–232, 241, 257, 300, 335
Outsourcing-Strategien 230
Overengineering 206
Overshooting-Falle 204

P&G (Procter & Gamble) 147, 290, 302
Pacing strategy 159
Palich, L.E. 114
Papa Johns 232
Paradigma 306
Parenting 224 ff.
Pareto-Prinzip 119
Partnerschaften 97, 102, 116–118, 170, 219 ff., 224, 228, 230, 280, 326, 334
PARTS-Modell 223
Pascale, Richard 134
Patching 176–178

Pattern 18, 240
P-D-C-A 121
Pentax 93, 133
PepsiCo 137
Perspektive 12, 18, 21, 26–28, 31, 37, 44, 50, 66, 73, 77, 82, 85, 96 ff., 102, 113 ff., 126, 142, 144, 151, 163 ff., 175, 186, 193, 255, 266, 284, 286, 292–295, 297, 313, 316, 318, 324, 326, 332, 335
Peters, Tom 127, 134, 136 ff., 139, 187, 189, 305
Phasen der dynamischen Stabilität 159
Phasen der radikalen Veränderung 159
Philips 221, 229, 234, 239
Phone House 116
Pilkington 169
Pine, Joseph B. 264
Pioniere 46, 76, 160 ff., 211 ff., 243
Pionierrente 162
Pionier-Strategien 76
Pipeline of Competitive Advantages 82
Pisano 94
Plan 17 ff., 39, 121, 148
Planung 17, 23, 26, 31–34, 78, 96, 121, 165, 172, 175 ff., 193, 219, 274, 290, 302, 305, 311, 323
Planungsschule 26 ff.
Ploy 18
Poor Dog 59 ff.
Porras, Jerry 301, 303
Porsche 51, 71, , 89 ff., 282
Porter U-Kurve 75
Porter, Michael 17, 27, 33, 36, 66, 68, 70–73, 75–78, 80, 82, 85 ff., 97, 185, 219, 239, 241, 244, 246, 328
Portfolio 24, 57–65, 90, 92, 114, 172, 229, 259, 274, 328
Portfolioanalyse 57, 172
Position 18, 37, 39, 51, 54, 57, 59, 63 ff., 69, 75, 80, 87, 164, 194, 202, 218, 230, 271, 273, 278, 322, 344
Positionierungsschule 27
Potenzialkompetenz 91 ff.

Prahalad, C.K. 37 ff., 85 ff., 88, 97, 207, 233 ff., 244, 311, 315
Praktika 133
Preis- und Konditionenwettbewerb 69
Preisstrategie 42, 44, 74, 114, 201
Primat des Handelns 137
Prioritätsregeln 281
Produkt/Markt-Portfolio 58
Produkt-/Markt-Wachstumsmatrix 104
Produktentwicklung 44, 75, 103, 105–108, 117 ff., 161 ff., 192, 227, 235, 281, 330
Produktentwicklungsstrategie 105 ff., 108
Produktgrenzen 313
Produktinnovationen 109, 186, 197, 285, 334
Produktkopier-Strategie 52
Produktlebenszyklus 45 ff., 48, 54, 60, 64, 196 ff., 325
Produkt-Markt-Kombination 31, 216
Produktpionier 212
Produktstrategie 42, 44
Profit Impact of Market Strategies (PIMS) 53 ff., 59, 100
Profit Pools 49 ff., 326
Promotionsstrategie 43, 45
Prozessinnovationen 186, 197, 217, 285, 334
Prozessperspektive 126, 294
Pseudoinnovationen 204
Puch 132
Puma 243
Pümpin, Cuno 12, 22 ,85

Quinn, James Brian 192

Radikale Innovation 289, 192 ff., 213–215
Ramaswamy, V. 207
Ranbaxy 77
RAND 103
Rappaport, Alfred 35
Real Time Strategic Change (RTSC) 180

Rebundling 242
Red Bull 105, 285
Reengineering 19, 125–127, 130, 158, 331
Regenerationskompetenz 301
Reinartz, Werner 258 ff.
Repeatability-Modell 112
Resource-based view 28, 97
Ressourcen 15, 20, 23, 28, 33 ff., 37 ff., 40, 56, 58, 74 ff., 77, 83, 85–89, 94, 96 ff., 101, 116 ff., 125, 130, 136, 160 ff., 171, 175, 190–193, 197, 199, 226–229, 232, 242, 244, 271 ff., 277, 289, 291 ff., 294, 296–299, 310, 314, 322
Ressourcenperspektive 294
Ressourcenstrategien 41, 85–99, 329
Return on Investment (ROI) 54, 168
Rezeptmultiplikation 111
Ridderstrale, Jonas 255, 282
Rightsizing 125, 127
Road Mapping 156
Rogers, Everett M. 200
Rolex 132, 262, 283
Rollei 133
Ross, Daniel 129
Rover/Landrover 102
Rückzugsstrategie 60
Rule breakers 314
Rule makers 314
Rule takers 314
Ryanair 74, 86

Sachs 132
Sakichi, Toyoda 128
Samsung 93, 276
SanDisk 93
Sandoz 77
SAP 239, 297
Sättigungsphase 47
Scala 285
Scanning 95, 154 ff.
Schichtenspezialisten 242 ff.
Schlüsselkompetenzen 91

Schlüsselpersonen 34, 90 ff., 171, 174, 182, 283 ff., 290, 323, 330
Schlüsselprozesse 112, 126, 280, 292, 294
Schlüsseltechnologien 196
Schreyögg, Georg 17
Schrittmachertechnologien 196
Schumpeter, Joseph A. 184, 186 ff., 189, 213
Schwächen 31–34, 146, 230, 325
Schwarmintelligenz 208
Schweizer Uhrenindustrie 39, 213
Scientific Management 127 ff.
Seat 89 ff., 220, 222
Sechs Suchpfade 249
Seiko 132
Selten, Reinhard 218
Seybold, Patricia 207
Shapiro, Carl 267
Shared Value 36, 134 ff.
Shareholder Value 35 ff., 102, 292, 302, 312
Shell 169–171, 242
Shell-Studie 169–171
Shuen 94
Siemens 96, 137
Simon, Herbert 261
Simple Rules 279 ff.
Six Path Framework 249
Skalenvorteile 66, 328
Skoda 89 ff.
Skunk Works 183, 189 ff.
S-Kurve 156, 195–197
Skype 217
SkyTeam 117, 222
Sloan, Alfred A. 147
Slywotzky, Adrian J. 240
Soft Edge 288
Soft Side of Management 139
Sony 37, 48, 80 ff., 89, 93, 133, 195, 246, 302
Spannungen 173
Spieltheorie 15, 218
St. Galler Ansatz 24, 165

Stabilität 110, 159, 162, 166, 172 ff., 179, 258, 272
Stada 77
Stakeholder Value 35 ff.
Stammlandgeschäft 225
Star 58 ff.
Star Alliance 117, 222
Starbucks 20, 116, 195, 264, 274, 283
Star-Geschäfte 59
Stärken 26, 31–34, 37, 63, 88, 92, 113, 136, 140, 162, 176, 180, 230 ff., 245, 283, 306, 325
Steinmann, Horst 17
Sticky Information 209
Stolpersteine 307–309
Stora 169 ff.
Strategic Alignment 298 ff.
Strategic Alliance 116
Strategic Business Unit 53, 89
Strategic Change 178, 180
Strategic Decay 39
Strategic Gap Analysis 107
Strategic Inflection Points (SIP) 157
Strategic Intent 38, 273
Strategic Issue Management 25
Strategic Leverage 38
Strategic Patching 176 ff.
Strategic Stretch 37
Strategic Triangle 140
Strategic Window 40
Strategie als Set simpler Regeln 279
Strategie der Differenzierung 73–75
Strategie der Fokussierung 73, 75
Strategie der getarnten Positionierung 46 ff.
Strategie der Kostenführerschaft 73 ff., 79
Strategie der Kundenfokussierung 77
Strategie der Positionierung durch Herauslösen 48
Strategie der Rückwärtspositionierung 48
Strategie des aktiven Wartens 278
Strategie des Bombenwurfs 127
Strategie des Gegenwartsgeschäfts 277

Strategie des Zukunftsgeschäfts 277
Strategie-Agenda 319 ff.
Strategie-Begriff 15
Strategie-Check 11, 34, 41, 318–321, 325, 327–335
Strategie-Controlling 34, 178, 310
Strategiefokussiertes Unternehmen 298
Strategieform 18 ff., 24, 27, 34, 93, 219, 224, 230, 288
Strategieformulierung 24, 27, 34, 93, 224, 288
Strategieimplementierung 34, 287, 292
Strategiekritik 305–309
Strategie-Leinwand 250 ff.
Strategien-Tableau 103
Strategieoptionen 27, 73, 77, 104
Strategie-Palette 41, 318
Strategieportfolio 58
Strategieprofil 52, 250–252
Strategieschulen 26, 97
Strategieumsetzung 27, 34, 37, 135 ff., 142, 147, 224, 270, 287 ff., 290, 292, 296, 300, 310
Strategiewechsel 80, 82
Strategisch Lernen 168
Strategische (Projekt-)Landkarte 297
Strategische Allianzen 116 ff.
Strategische Ausgangslage 33
Strategische Ausrichtung 36, 177, 236, 284, 287, 323
Strategische Erfolgsposition (SEP) 22
Strategische Fitness 172
Strategische Frühaufklärung 154 ff.
Strategische Geschäftseinheiten (SGE) 31
Strategische Grundverhaltensweisen 73
Strategische Gruppe 21, 71, 249, 324
Strategische Initiativen 192, 273, 297
Strategische Innovationen 214, 217
Strategische Intuition 274
Strategische Lücke 107 ff.
Strategische Planung 24, 33, 168, 219, 305
Strategische Wendepunkte 157 ff.
Strategische Wendigkeit 94, 131

Strategischer Fit 36
Strategischer Wandel 178
Strategisches Dehnen 37
Strategisches Dreieck 139–141
Strategisches Erfolgspotenzial 21 ff.
Strategisches Fenster 38, 324
Strategisches Futuring 155
Strategisches Management 20–22, 39, 55, 82, 172, 244, 324
Strategisches Manövrieren 51
Strategisches Warten 277 ff.
Strategizing 315
Strategòs 15
Strategy as simple rules 279
Strategy Canvas 250 ff.
Strategy Execution 287–304
Strategy focused enterprise 299
Strategy Map 297–299
Strategy Shift 80
Sub-Contracting 103, 115, 331
Sull, Donald N. 277–279
Sumitomo 169
Sun Microsystems 25, 280
Sun Microsystems Computer 25
Supply Chain Management 130, 231 ff.
Suzuki 132, 150
Swatch 15, 48, 250
Switching Costs 161, 268
SWOT-Analyse 31–34
Systemische Strategie 162, 166

Takkt 114
Taktrate 153
Taylor, Frederick Winslow 127 ff.
Taylorismus 127
Technologische Innovation 81, 158, 199, 201, 214, 334
Teece 198
Teece, David J. 94, 198
Teece-Modell 198
Tesla 76
Teva/Ratiopharm 77
Theorie der Innovationsdiffusion 200
Theorie Z 307

Tichy, Noel 39
Timberland 284
Time-to-Market 67
Timing-Regeln 281
Timing-Strategien 160, 333
Tinkering strategy 159
Tissot 132
Tochter 61, 123, 194, 224–226, 229, 232, 328, 335
Toffler, Alvin 24
Top-Performer 276, 301
Toshiba 133, 232
Total Quality Management System (TQM) 81
TOWS 33
Toyoda, Eiji 128, 143
Toyota 37, 67 ff., 81 86, 128, 132, 143–147, 195, 204, 239
Toyota Management System 128, 143–145, 147
Transient competitive advantages 82
Treacy, Michael 238
Trend-Scouting 95, 155
Trimble, Chris 190
Tushman, Michael 190

Übergangsphase 179
Uhse, Beate 307
Ulrich, Hans 12, 24, 29
Umfeldanalyse 31 ff.
Umsatzdenken 49 ff.
Unbundling 105, 242, 330
Unlearning 154
Unternehmensanalyse 31 ff., 275
Unternehmensstrategie 24, 30, 42, 63, 140 ff., 224, 257
Unternehmerische Schule 27
UPS 232
Up-Selling 104, 257
US-Army 264
User Innovation 209 ff., 334
Utterback, James M. 197

Value Chain 78 ff.
Value Disciplines 238
Value Innovation 244, 335
Value Migration 240
Value-based-Managements 35
Value-Networks 219, 222
Varela, Francisco 163
Varian, Hal 46, 74, 105, 194, 219, 267, 320
Veränderungsstrategien 159
Verbundvorteile 67, 329
Verfallsdatum 177, 324
Verfügbarkeitswettbewerb 69, 329
Vernetzung 26, 30, 95, 103, 116, 122, 163, 165, 167 ff., 180, 187, 208, 227, 231, 269, 271, 297, 314, 331
Versace 262
Verschwendung 128, 146
Versionierung 262 ff., 267
Versioning 267
Vision 16, 21, 24, 27, 29, 34, 38, 104, 112, 147, 174, 177, 180, 182, 200 ff., 211, 270, 278, 292, 295, 297, 299, 301, 303, 309, 325, 332
Visionäre Unternehmen 301 ff.
Vodafone 36, 280
Voigtländer 133
Volkswagen (VW) 89 ff., 99, 204, 219, 256
von Foerster, Heinz 163
von Glasersfeld, Ernst 163
von Hippel, Eric 209 ff.
von Neumann, John 15
Vorsprung 14, 27 ff., 52, 58, 66 ff., 69–83, 85, 88, 91, 129, 143, 146, 161 ff., 187, 193 ff., 202, 223, 228, 232, 242, 271, 273, 282 ff., 288, 291, 302, 312, 318, 324, 328, 333 ff.

Wachstum 35, 46 ff., 49, 53, 59 ff., 63 ff., 86, 100–104, 108–112, 114, 116, 118 ff., 122, 167 ff., 170 ff., 185, 196 ff., 199, 293, 318, 324, 331 333
Wachstum, qualitativ 101

Wachstum, quantitativ 101
Wachstumsoptionen 107 ff.
Wachstumsphase 45 ff., 48, 167 ff.
Wachstumsstrategie 41, 56, 58 ff., 100–120, 330
Wachstumswellen 187
Wandelresistenz 158
Wandlungsfähigkeit 97
Wang Labs 136
War of Movement 77
War of Position 77
Warenhäuser 75
Waterman, Robert 134, 136, 139
Watzlawick, Paul 12, 163
Weak Signals 154
Webber 265
Wegwerfstrategien 304
Wertdisziplinen 238 ff.
Wertfalle 225
Werthaltungen 21, 29, 34, 134, 147, 324, 332
Wertkette 78 ff., 217, 220, 231
Wertkurve 251 ff.
Wertschöpfungsaktivitäten 216
Wertschöpfungsarchitektur 241f, 244
Wertschöpfungskette 16, 49 ff., 56, 60, 109, 115, 149, 208, 216, 219, 221, 237, 241–243, 271, 284, 314, 328
Wertschöpfungsnetzwerk 217, 220, 222, 231 ff.,
Wertstrategien 41, 236–254, 335
Wertwettbewerb 69
Wettbewerb 14, 16 ff., 22, 24, 27–31, 37, 54, 66, 68 ff., 71 ff., 77, 82 ff., 86 ff., 89–94, 97, 101, 117, 119, 122 ff., 126, 132, 140, 158, 171, 178, 184, 188, 193, 217, 219, 222, 224, 232, 238 ff., 241 ff., 247, 249, 251 ff., 254, 257, 264, 270–274, 277, 285, 289, 291, 298, 311 ff., 317 ff., 321 ff., 325, 328
Wettbewerbsarena 272, 276
Wettbewerbsintensität 71 ff., 271
Wettbewerbsstärke 61–63, 90

Wettbewerbsstrategien 41, 66–84, 328
Wettbewerbsvorsprung 82, 98, 271–273, 288
Wettbewerbsvorteile 17, 21, 24, 28, 30, 32, 40, 56, 66–68, 70–73, 76–78, 81 ff., 86, 88, 91, 94, 96f, 135 ff., 140, 146, 160, 203, 216, 246, 271 ff., 274, 284, 294, 298, 322, 324, 328
Wild Cards 156
Wilson, Allan C. 170 ff.
Win-win 218 ff.
Wipro 117
Wiserma, Fred 238
Wissensmanagement 169
Womack, James P. 129
World 3.0 235
World-Café 179
Wurster, Thomas 242, 266

Xella 115
Xerox 123, 147, 214 ff.
Xiomi 93
XLR8 181

Yahoo 280, 285
Yamaha 132, 150, 303
Yoon, Youngme 47
YouTube 208

Zara (Inditex) 77
Zeitvorteile 67, 128, 178, 220, 329, 334
Zenith 132 ff.
Zielsysteme 35
Zongshen 150
Zook, Chris 108–110
zu Knyphausen-Aufsess, Dodo 216
Zukunftskonferenzen 180
Zukunftsthemen 25, 318–335
Zündapp 132
Zusammenarbeit 12, 30, 44, 95, 129, 168, 173, 210, 219, 221, 223–226, 232, 270 ,272 ff.
Zwischen-den-Stühlen-Position 75 ff.

Fredmund Malik.
Strategie
Navigieren in der Komplexität
der neuen Welt

2013. 422 Seiten, gebunden

**Auch in englischer Sprache
und als E-Book erhältlich**

»Ein mächtiges Werk« *Impulse*

Nur mit der richtigen Strategie lassen sich heute die Entscheidungen treffen, die morgen den verteidigungsfähigen Marktanteil sichern und ein Unternehmen vor dem Untergang bewahren. Denn genau auf dieses künftige Bestehen am Markt zielt die richtige Strategie – nicht auf Gewinnmaximierung. In seinem komplett überarbeiteten Bestseller entwirft Fredmund Malik ein Navigationssystem, mit dem Führungskräfte die richtige Strategie für ihr Unternehmen entwickeln.

»Originelle und provozierende Ansichten« *manager magazin*

»Malik ist einer der erfolgreichsten Managementberater.« *Handelsblatt*

campus.de

Frankfurt. New York

Jörg Knoblauch, Benjamin Kuttler
Das Geheimnis der Champions
Wie exzellente Unternehmen die
besten Mitarbeiter finden und binden

2016. Ca. 224 Seiten, gebunden

Auch als E-Book erhältlich

So werden Firmen zu HR-Champions!

Unternehmen konkurrieren heute mit Firmen aus der ganzen Welt um die Toptalente. Doch was die Ikonen aus dem Silicon Valley können, das können die Unternehmen hierzulande auch! Jörg Knoblauch und Benjamin Kuttler präsentieren 30 Vorreiter des Personalmanagements – darunter Festo und die Verkehrsbetriebe Zürich – und kondensieren die Geheimnisse der Champions zu einer praxistauglichen Roadmap. Anhand des Online-Quicktests können Geschäftsführer und Personalleiter sofort überprüfen, wie weit sie schon sind auf dem Weg zur Personal-Exzellenz.

campus.de

Frankfurt. New York